# 回想の外交官生活

英　正道

# はしがき

一介の職業外交官に過ぎなかった私にこの「回想」を執筆する気を起こさせたのはインドの外交官のアフターブ・セット元駐日大使である。彼とは仕事の上での関係はなかったが、私が40年の外交官生活を終えて退官後に、友人たちと共に設立した日本英語交流連盟の会長として、当時在京インド大使であった同氏と親交が出来た。２０１５年に同大使は、日印交流への貢献が高く評価されて旭日大綬章を天皇陛下から親授されるために来日した。その折りに同氏と昼食を共にした際の会話がこの本を書く切っ掛けとなった。

当時私は中国の台頭で難しくなった日本のアジアにおける立ち位置について、外国に向けて生涯の最後の仕事として英語で一書を執筆したいと思っていた。「日本の外交についての本を英語で書こうと思っている」と言う私に、セット大使は即座に「寡聞にして自分は日本人の外交官が書いた英語のメモワールを見たことがない。日本外務省の色々な部局で、興味ある敗戦後の日本外交を体験している外交官として、貴方は是非メモワールを書きなさい。若し貴方が日本外交についてどうしても書きたいなら、それはメモワールの末尾に書けば良い」と強く回想録を書くことを勧められた。彼自身も50年にわたる日本との関りを中心のメモワールを出版されたばかりであった。

熟慮を重ねると、セット大使のこのアドバイスには幾つもの叡智があることが分かってきた。敗戦の荒廃からの奇跡的な復興とバブル崩壊に伴う転落という、半世紀余に日本が味わった比類のない栄枯盛衰を、内部からの眼で記述することには意味があるように思われた。国際政治学者のアカデミックな研究や歴史家の客観的な分析とは違って、日本外交が具体的にどのような過程で営まれているかについて当事者として書くこの作業に、余生を傾注する価値があるかもしれないとすら思うに至った。更にこの「回想」の中に、時代背景とそれぞれの時代の日本人の世界観などを適当に織り込めば、外国人の日本理解にも資するかもしれないと考えた。そういう次第で、私はセット大使のアドバイスに感謝しつつ、この「回想」を書くことにした。英訳も終えたので、遠くない将来英語で出版することを期待している

この「回想」は私という一人の日本人外交官が、40年にわたるその外交官人生の中で経験し、感じたことを素直に書いたものである。誇張したり、事実を歪めることは一切しなかった。ただ個人の記憶に基づく観察であるから、思い違いや記憶違いはあるかも知れない。その点はお許し頂きたいと思う。

「回想」を書いて見て、良く判ったことは、自分が如何に多くの人たちによって支えられて来たかであった。末尾であるが、私が40年にわたり共に働いた先輩、同僚たちに心からの謝意を捧げる。また私事で恐縮であるが、良き妻、パートナーとして私の外交官生活を支えてくれた妻への深い謝意を、本の扉で形式的に書くのではなく、この「はしがき」に書いておくことにした。私は外交官は一つの職業に過ぎないと思って来た。また身に付いている「天は人の上に人を作らず」の福沢精神から、個人的には今の叙勲制度には批判的であった。だから内々の叙勲の意向打診があった時に辞退した。ただ私は一生を夫のために献身した妻にとっては、夫の叙勲はある意味で、彼女の人生の総決算の晴れの機会でもあることを慮《おもんぱか》ることが無かった。十分の相談をしなかったことについてここに妻に詫びるものである。

２０１９年１月１日

英　正道

## 改訂新版刊行に当たって

拙著『回想の外交官生活』初版の刊行から一年を経過し、その間に友人たちから若干の間違いや記憶違いなどについての貴重なご指摘を受けた。筆者として幾つか書き漏らした点も気になって来た。また読者の便を考えて、人名別、事項別の索引を付け加えた。

改訂新版の出版に際し、細谷雄一慶大教授から身に余る暖かい解説を　頂戴したことに深く感謝している。また初版刊行の折り藤崎一郎元駐米大使から「霞関会会報」に頂戴した嬉しい書評も併せ掲載させて頂いた。

## 最終版刊行に当たって

二〇二二年末に英文メモワール Seeking an Honoured Place in the World が刊行された。時間的余裕に恵まれ、その際エピローグを大幅に改訂出来た。この最終版刊行に当たり、それに合わせてエピローグ部分を改めた。写真も出来る限りカラー版と取り替えた。煩を厭わずご尽力下さったグッドタイム出版の武津編集長に感謝する。

2023年4月15日

英　正道

# 「回想の外交官生活」　目次

# 第1章　外交官への道（1945年8月〜57年）



## 疎開から帰京

1945年8月に「あの戦争」（注）が終わった時、私は両親と2人の兄弟の5人で、軽井沢の山荘に疎開していた。あと一月で満12歳の誕生日を迎える小学校の6年生だった。その年の12月のとても寒い朝、トラックに家財を積み込んで父と共に助手席に乗り帰京した。荒川を渡り東京に入ると一面見渡すばかりの焼け野が原だった。

（注）私は歴史修正主義者ではないが、生まれたころに始まり、45年まで続いた戦争を「大東亜戦争」と呼ぶことにも「太平洋戦争」と呼ぶことにも抵抗がある。この戦争の呼び名については、後世に委ねることにして、多くの同じ気持の人と同様に「あの戦争」と呼ばせて頂きたい。

軽井沢から望む浅間山

４年前日本は英米始め多くの国との戦争を開始していた。戦況が日本に決定的に不利になり、時の政府は若い世代を守るために生徒を田舎に疎開させることを決めた。私の父は大学の教授だったから、東京に暮す必要がなかった。両親は子供たちを学校からの集団疎開に送らず、家族一緒に軽井沢の夏用の山荘に疎開することに決めた。私は一年半にわたって地元の学校に通った。家でも鶏、兎、山羊を飼い、庭にじゃがいも等の野菜を植えて、できる限りの食料の自給に努めた。同級生たちと麦踏みや炭の搬送などをやり農村の生活も味わった。友だちと山で栗を拾い、キノコを採集し、あけびや桑の実を食べた。「一億総動員」のモットーの下に全国民が戦争目的に貢献する時代だから、小学生も勤労奉仕で薬草を集めたり、蒸した桑の樹皮を繊維の素材として剥がすという程度の奉仕活動は行った。夏のための山荘だから狭いし、この地の厳しい冬の寒さは身に応えたが、食料が十分でなかったことを除けば、全く戦争から隔離されていた恵まれた牧歌的とも言える日々であった。だから私にとり厳しい敗戦の原体験は、帰京して眼にした焼け野が原の東京の惨めな姿だった。米軍の空襲は日本の主要都市や産業基盤を壊滅に陥れ、日本人の物質的な生活水準だけでなく、その精神をも根底から覆した。日本中が飢餓に悩み経済は破壊されていた。

私が飼った山羊

## 戦後の日本の姿

日本は連合国軍最高司令官総司令部（いわゆるＧＨＱ）、実質的には米国の占領下にあり、マッカーサー将軍が王のようなカリスマを以て君臨していた。米国の主要な関心は日本をほぼ恒久的に無力化させることであった。異質で危険と見なされた日本の戦前のシステムを欧米基準に合致するように根本的に変容させる目的で、進歩的内容を有し特異な平和主義を謳う「新憲法」が日本に強要されたのは、占領開始後僅か二カ月そこその時点だった。この憲法は明治憲法の改正の形をとることで法的継続性を辛うじて保ちつつ、46年の11月に天皇により公布され、47年5月から施行された。「新憲法」の制定は私が中学生時代のことであり、かつその経緯等は占領軍の厳重な検閲と言論統制によりすべての日本人の目から覆い隠されていたので、少年の目には新しい良い時代が始まったのだという印象しかない。

敗戦の衝撃と生存の本能で、日本人は新憲法採択後も続いた米国の軍事占領に対して全く抵抗をしなかった。歴史的にマルキシズムの影響の強い日本のインテリの間にはソ連への憧れと社会主義への傾斜が著しかった。また占領直後はGHQ内のニューディーラーたちと日本の左翼勢力の間には蜜月ともいえる状況があった。ストライキとデモが頻発し、ヤミ市だけに活気があり、町には障害を負った元兵士達、孤児達と米兵相手の街の女が溢れていた。日本は革命前夜の様相を呈していた。このような敗戦後の日本の様子は、ジョン・ダワーの名著「敗北を抱きしめて」に良く描かれている。

国際政治の上では主要戦勝5カ国が共同して世界の安全を保障するという国際連合は日本の降伏後2ヶ月ですでに作り上げられていた。戦後経済の面では、米国は圧倒的な経済力を背景に開放的で全世界的なガット、国際通貨基金（IMF）、世界銀行から成るブレトン・ウッズ体制を樹立させていた。日本はこのような世界の完全な埒外に有った。

私個人の生活に関しては、東京の家が戦災に会わなかったので、疎開から帰京して住むところがあったのは誠に幸運であった。ただ戦中戦後の「竹の子生活」で母の着物も大方消えてしまった。わが家の家計は極めて苦しく、私は両親が４人の子供を抱えて如何にこの戦後を生き抜いたのかと信じられない思いである。

日本の状況は次第に正常化の道を辿った。47年2月、歴史的なゼネストをＧＨＱが中止させたのを転機に流れの逆転が始まった。49年頃になると、いわゆる「レッドパージ」が始まり、日本の急進的な流れが変わりだした。50年6月朝鮮戦争の勃発で、米国の対日政策は１８０度の変換を見せた。米国は日本の再軍備を望み、左翼勢力の弾圧の傾向が強まった。50年6月には共産党指導者は公職から追放された。吉田首相は再軍備には抵抗し、米国の軍隊の日本駐留を認める代価を払っても、平和条約を調印するという現実的な路線を選択した。国内では「単独講和」か「全面講和」かという激しい議論があったが、日本は51年9月にサンフランシスコでソ連、中国等の社会主義諸国を除く大部分の国との間に平和条約を調印した。そしてこの条約が翌52年４月に発効するとともに、日本は独立を回復し、国際社会への復帰を果たしたのである。

## 自由に溢れた慶應高校

このような渾沌とした時代のなかで、私は49年４月に慶應高校に進学した。多摩丘陵日吉の丘の慶応高校は、草創の時期の学校らしい自由と活気に溢れ、私はこの高校での3年間は、有り余る自由な思考の時間に恵まれた。校長は寺尾琢磨氏で、生徒に自治を認め、個性が育つことを歓迎していた。私は友人たちと郵便切手研究会やライブラリークラブを立ち上げ、文化団体連盟で様々な文化活動を行う仲間が出来た。一年先輩には安東伸介（英文学）、林光（音楽家）、峰岸壮一氏（音楽家）等錚々たる人達がおられた。下から進学した小林陽太郎（国際派財

文化団体連盟の仲間たち

界人）、田久保春樹（ガン早期検診）、小島昌義（石油関係）、森直也（出版関係）、山川健一氏（ブラジル移住）等の既に親しい友人に加えて、新たに浅利慶太（演出家）、黒田寿郎（イラン哲学）、天野弘一（証券関係）、三浦和男（哲学）、宇田韶夫氏（ＮＨＫ）等の優れた友人を増やすことが出来た。

その他、下からの同級生には多くの医者がいたことをここで書いておきたい。成毛韶夫（今でも世界的に肺ガン手術に用いられている成毛マップで知られる外科医）や、予防医学を重視し健康医療を目指す「新赤坂クリニック」を創始した松木康夫両氏を始めとして、玉置憲一（病理学者）、入交昭一郎（病院長）、村田基生（歯科医）、富田恭弘（病院長）、本多虔夫（神経内科医）氏等である。これらの友人のお陰で、私は生涯を通じて健康維持に心配しないで済んだ。

私は3年間の高等学校生活を通じて、これらの極めて刺激的な仲間たちと、自由な雰囲気の中で青春を謳歌し、人生、文学、音楽、哲学等を論じた。振り返って見ると私にとって、慶応高校の3年間は人生でもっとも実りの多い時期だった。このような時間を持てたことは、私の人生にとっては誠に幸せだったというほかない。慶応高校の友人との切磋琢磨の日々を通じて、私の教養も議論する力や行動力も全てその礎石がおかれたと言っても過言でない。後の外交官生活でこれらの友人は、様々な機会に、優れたアドヴァイスを私に与えてくれたり、助けてくれたりした。ここ数年これらの友人の多くが次々に鬼籍に入っていることは誠に悲しいが、私は親しい友人こそ晩年の生活における最も貴重な宝であると思う。

52年3月卒業式の日私は約９００名の卒業生を代表して答辞を読むという光栄に恵まれた。私は「未来の光明は混乱の中から生まれてくる」と高らかに宣言して、多くの友と巣立っていったのである。私は慶応義塾大学の経済学部に進学した。

## 日吉から三田への大学生活

慶應大学では文系学部の最初の２年の教養課程は、日吉キャンパスで行われる。母校慶応は塾祖福沢諭吉の民主主義、自由主義思想を体した開明の砦ともいうべき立派な大学である。ただ日本の大学の中で慶應大学ほど「あの戦争」の惨禍に曝された大学は少ないのではないだろうか。三田、日吉、信濃町の主要なキャンパスは信濃町の病院も含め米軍の 爆撃で灰燼に帰した。真偽のほどは判らないが、愛国者だった小泉信三塾長が戦時中日吉キャンパスを海軍に貸与し、戦争末期ここに海軍軍令部が置かれたこともあったので、米国の恨みを買っていたと言われる。しかし軍事と全く関係なく、市街からも隔絶した三田山上にあった大学のキャンパスを狙って爆撃した米国空軍は全く非文明的と言わざるを得ない。それだけでなく焼け残った日吉の校舎は敗戦後米軍に接収され、有名な銀杏並木の左側には、米軍のかまぼこ兵舎が並んでいた。米軍の日吉キャンパス接収は漸く49年に解除された。私たちの世代は中学時代は間借り校舎を転々として、高校生活の大部分を、接収解除後の日吉第一校舎で送った。高校時代はちゃんとした校舎だったが、大学に進学すると一部の講義は、この寒々としたかまぼこ兵舎で行われた。

慶応では多くの先生は、勉強せよという以上に在学中に人生の良き友人を作れと教える。だから大学生活で重要なのは、必須の語学授業の時に会うだけとも言えるクラスメートより、ゼミの生活かクラブ活動で出来る友人たちである。実は私は高校を卒業する時に、文化団体連盟の活動で親しかった友人たちと、大学に進学したら一緒にサロンのようなクラブを立ち上げようと約束していた。こうして52年5月に、東京を過去、現在、未来に亘っ

学部卒業式の日　三田の丘で

て研究しようという「東京文化の会」が誕生した。高校を出てじきに「劇団四季」を立ち上げた浅利氏を除いた、高校時代の親友ほとんどが参加した。私もこのクラブで大学時代の少なからざる時間を過ごした。大学前半の日吉時代は、キャンパスも友人もほとんど同じだったら、三田に進むまでは高校の延長のような生活だった。「東京文化の会」で新たに親しくなったのは内藤峰夫（学校経営）、小早川敏彦（東京銀行）、鈴木光雄（自営業）氏などで、終世続く親交が始まった。という訳で日吉時代の大学生活は、学業も一通りはやったが、専らクラブの友人たちと銀座、三田、浅草の歴史散歩、江戸城の研究、喫茶店の探索、合宿など、ただ楽しく送ったと言って良いだろう。

57年三田祭に参加
銀座通りの研究

大学3年になりキャンパスも三田に移り、環境ががらりと変わった。いよいよ人生の進路を考えなければならなくなる。自分に合った職業は何だろうという青春の悩みに対する私の答えは早い時期に出ていた様な気がする。父が外交史の教授であったことから外交には興味があった。内外の激動する世界を見て、この国が世界の舞台で再び活躍するために尽くしたいという気持ちが高ぶった。趣味の郵便切手収集や父に来た美しい外国の絵葉書から外国は魅力に満ちていた。こういうものが私をして大学に入るころには、自分は外交官になるのだという心を決めさせていた。

## 外交官試験の難関

しかし実際問題として外交官試験の壁は越えられないほど高かった。私は疎開中の1年半を除けば、幼稚舎（小学校）から大学まで一貫して慶應義塾大学の教育を受けた。日本の私学の雄である慶應は、福沢諭吉と言う傑出した教育者が創設し、「独立自尊」のリベラルな雰囲気を持つ教育機関である。慶應の著しい特色の一つは、幼稚舎から大学まで「一貫教育」で、いずれかのレベルで一度慶應に入学すると、学業が極めて不十分な極く僅かのものを除き、入学試験なしで進学出来る。だから個人的に私は幼稚舎に入る時のメンタルテスト以外に競争試験というものを経験したことがなかった。日本では有名大学に入るには幾度も入学試験の試練を通過しなければならず、そのために徹底的に知識の詰め込みと記憶が必要となる。特に大学入試に当たって英語は極めて重要な必須の科目である。

下から慶應大学に進学するものはそのような試験地獄を経験しないで済むのは誠に幸いである。しかしながらその結果、私の英語力は他大学の学生に較べると決定的に不足していた。対して外交官試験は国立大学出身の俊秀がこぞって受験するので競争率は極めて高かった。毎年15名前後の採用に700人前後の受験者がいるという恐らく日本で最も難しい試験であった。もう一つの不利な点は外交官試験の大部分の試験官は官学からであったことである。

結果的に私学から合格者が出ることは極めて稀で、明治30年代に慶應出身者が外交官試験に合格しているが、それ以降私の知る限り慶應から外交官試験の合格者はいなかった。率直に言って極めて無謀な試みだった。それにもかかわらず大学4年の受験時には一次試験には合格したが、二次試験で不合格だった。慶應では落第でなければいわゆる「留年」ということは無いので、慶應の法科大学院に進んだ。友人は皆社会に巣立って行ったので、外交官試験受験に本気で取り組む環境も出来た。

しかし自分なりに相当勉強して臨んだ大学院の1年目、56年の7月に本郷の東大の教室で開かれた二度目の外交官試験の受験の時には大失敗をやってしまった。試験の数日前に親しい友人が家に陣中見舞いに持って来てくれた牛肉ですき

小泉信三元学長と父と私（右から）

57年7月試験場の
母校 三田幻の門

焼きをやり、食べすぎて猛烈な蕁麻疹《じんましん》が起きてしまった。毎日流動食のようになれの良いものを食べていた胃袋に突然大量の牛肉が入ったのだから無理もない。試験当日になってもいっこうに体中の発疹が消えない。近所の医者に抗ヒスタミン剤を注射してもらうと、発疹は止まるが、薬が切れると猛烈に発疹が出てくる。3日目にガタガタと震えが来た。母は止めろという。「こんなことでは死んでしまうよ」と言われたが、私は「僕は一年この日のために勉強したのだ、死んでも行く」と言い張った。心配する母が付いてきてくれて、赤門の向かい側の路地の中にある東大受験生が泊まる旅館に一室を借りてくれて、私は試験のクラスを終える毎にここに戻り、猛烈な熱を冷やしてもらった。何とか全部の試験科目を受験し、この年も一次試験には何とか合格して、秋の二次の面接に臨んだ。試験官が「今年駄目だったらどうする」と聞いた。反射的に「来年又頑張ります」と答えると「しっかりやりたまえ」。「アー。今年も駄目なのだろう」と天を仰いだ。採用は一次試験と二次試験の合計点で決まる由で、一次試験の成績が悪かったに違いない。予想通りこの年も不合格だった。

57年の外交官試験は私にとっては将に背水の受験だった。すでに大学4年、大学院1年と2度の挑戦もいずれも一次試験は通るが二次試験で敗退していた。いつまでも親がかりは続けられないから、今年落ちたら初志を果たせず、民間企業に就職することとなる。当時大学院出身者を採用する民間企業は日本鋼管しかなかった。私はどう見ても鉄屋は私の性格にあっていないと思った。幸い父の縁故で東京銀行の堀江薫雄氏にお目にかかり、大学出と同じ条件でなら受験を認めてあげるといわれ、外務省を落ちたら第一志望は東銀と決めた。

大学教授であった父は大学に残ることを示唆したが、法学部で教授になることは考えられなかったし、経済学者になるとしても、私は数学が苦手で既に決定的に出遅れていた。私は退官後も学問の道を選ばなかった。生涯を通じて学問の世界を選ばなかったのには秘めた理由があった。父は特に中國の租界の研究者として、戦争中軍関係の調査の仕事もしていた。そのため戦後「戦争協力者」を排除せよという占領軍の指令の下で大学内でしばらく極めて苦しい目に遭っていた。これを見ていて、私には学者の世界は徒弟的で相当に陰湿な世界であるという先入観が植え付けられていたからである。

　こんな私に神様が一つの幸運を恵んで下さった。前の年の秋の終わり、この年合格した東大出身の長谷川和年氏に軽井沢の星野の風呂場で偶々会った。長谷川氏は私が利用する郊外の私鉄の池上線の隣駅の石川台に住んでおられた。彼は私を励ましてくれて、「僕が外交官試験のために使ったプリントを上げる」と親切に云って下さった。私は好意に甘え彼の家まで押し掛け、懇切丁寧な外交官試験合格の秘訣をたっぷり伺った。「外交史は岡義武先生の薄い本一冊を何度も読んで覚えろ」とか、「ジュリスト等の月刊誌への試験官の寄稿や座談会での試験官の発言は絶対に見逃すな。そこに外交官試験の問題のヒントが得られる」等々、目から鱗の話を沢山伺った。外交史の教授の父のところには外交史の本が並んでいたし、国際法も平時国際法のみならず戦時国際法の本もある。私はこれらの本を片っ端から読んでいた。長谷川氏によれば「外交史は面白いので読みすぎる奴は必ず落ちる」のだそうだ。要するに余計なことには深入りせず、効率よく勉強することが合格の秘訣と判った。何度受けても合格しない訳が豁然と理解出来た様な気がした。こういう受験テクニックについては、東大生は前の年に受かった先輩から話を聞けるが、合格者のいない私学からの受験生の私に取っては、誠に貴重な話だった。長谷川氏のアドバイスがなかったら、或いは私は外交官試験

研修旅行の仲間たち（右から江藤、股野、瀬戸川の各氏と私）

にパスすることはなかったかも知れない。彼は後年中曽根総理の名秘書官を務めた。

57年の3度目の受験準備は初めて徹底的にした。前年の轍を踏まないように、母は食事に十分配慮してくれた。私は静かな夜に勉強が進む夜型なので、いきおい午後遅く起きて、明け方まで10時間ぐらい厳しく定めたスケジュールに従って勉強するという昼と夜が逆転する生活だった。裏庭に子供達のために父が建てた家で、冬の寒い夜はガスストーブで暖をとり勉強した。母がうどんを作り、寝る前に大きな土鍋をストーブの上に置いて行ってくれた。天麩羅が入った良く煮えたうどんは美味だった。「鳥は飛ぶ前には羽をすぼめるものだよ」との母の諭しもあって、女友達とのデートもきっぱり止めた。

何度か東大の講義をテンプラ学生で聴講した。最も苦手だった英作文能力を高めるために、和文英訳の通信添削を受けた。信じられない贅沢は、父が高橋通敏条約局長のご紹介で、小畑薫良氏の指導を受ける手筈をして呉れたことである。この方は当時外務省切っての英語の名人で、やかましい吉田首相のための英訳の仕事をしておられた。小畑氏の英作文のご指導は極めて有益で、私の冗長な文章が、一語か数語のフレーズで、一瞬にして引き締まり、香りを放つ文章になることを教えて頂いた。例えば「文化は色々な国に広がって行くものである」という内容について、私が数行を費やす長文を書くと、彼は'Culture transcends borders'と直される。私は英語のスタイルの重要性についての目を開かされた思いだった。Roget's Thesaurus の使い方を教えて下さったのもこの方である。

## 最後のチャンスで運命の女神の前髪を掴む

両親と兄弟達 (58 年 5 月)

私にとって最後の機会である試験の会場は奇しくも母校の三田の慶応大学の教室だった。そして運命は最後に私に微笑んで、その前髪を掴ませてくれた。体調も万全で、試験官の問題意識を察知して張ったヤマはほとんど当たった。小畑氏の指導で、苦手の英作文も楽勝だった。57年10月に私は遂に念願を果たして外交官試験に合格出来たのである。

外務省では外交官試験に合格すると、当時茗荷谷にあった外務研修所で公文書の書き方に始まり、日本文化についての一連の講義を受ける。外務省のクラブの霞友会館に合宿し、京都等への国内旅行もあった。先輩の経験談を伺うのは楽しかった。その後語学研修のため、2年から3年間外国の大学で勉強することが許される。これは吉田総理が引いた優れた路線である。彼は戦前の日本の外交官の語学力が低かったことを痛切に感じていた。敗戦後国際場裏でゼロから再出発しなければならない日本の外交官に高い語学力が必要と考えた。そのために合格者全員を外国の大学に留学させる制度を導入した。英語、フランス語、スペイン語等の比較的易しい語学は2年、ロシア語、アラビア語、中国語は3年言葉をみっちり勉強することになっていた。

私の研修国も英国と決まり、留学先の大学は夢にも思わなかったオックスフォード大学と決まった。天にも昇る心地とは、この頃の私の気持ちを言うのだろう。

# 第2章　オックスフォード留学からロンドンへ（1958年9月〜62年8月）



## 遂に日本脱出

私は58年9月に羽田発の南周り日航機で、大勢の友人に見送られて、意気揚々と日本を後にした。同じ英国で研修をする同期入省の佐藤嘉恭（官房長、駐中国大使）、斉藤邦彦（次官、駐米大使）、中村順一（儀典長、国立京都国際会館館長）氏と一緒だった。佐藤氏と私がオックスフォード、斉藤、中村両氏がケンブリッジに留学することになっていた。同期入省の都甲岳洋氏（駐露大使）はロシア語専攻で一足早く英国に渡っていた。遂に日本を脱出できたという嬉しさは例えようもなかった。プロペラ機の南周りの飛行で、マニラ、バンコック、カラチと飛んで、二日後にエジプトのカイロに着いた。型通り博物館でミイラを見、ピラミッドでラクダに乗って写真を撮った。バスの中で案内をかって出たアラブの少年に最後にお金をねだられて、怒って断ったのは今考えると大人気がなかった気もする。

その後アテネに寄り、市内を見て、深夜あまりにも沢山の人が町に溢れているのに驚いた。「ここでは生活は深夜に始まる」なんて洒落た科白を土地の人に言われて、やけに感心したことを覚えている。岬の先に立つポセイドンを祀るスニョンの神殿の夕暮れにギリシャ世界の息吹を胸いっぱいに吸い込んだ。

スニョン神殿のギリシャの娘たち

そして9月20日の夜ロンドンに着いた。航空会社の着陸前のサービスでロンドンの上空を旋回した飛行機の窓から、煌めく市の中心から四方八方へ広がる道路網の信号と走る車のライトで赤、青、橙のビーズのレースがクモの巣の様に広がる様の美しさに打たれた。翌朝ホテルで分厚いサンデー・タイムズ紙とオブザーバー紙を買い、これを持って近所の公園に出かけて、ベンチでこれを読み、英国人になったような気分を味わった。

ピラミッドの前でラクダに乗った私

早く大学の生活に慣れたほうがいいというので、ロンドン見物もそこそこにオックスフォードに汽車で向かった。その前に一年先輩の官補から学生はファースト・ネームで呼びあうが、日本の名前では中々覚えてもらえないので、クリスチャンではないがクリスチャン・ネームを付けるのが賢明、ただイニシャルが日本の名前と同じでないと手紙が来たときなど混乱すると言われた。正道のイニシャルはＭなので、Ｍで始まる名前を考えることにした。マイケルにしようかと思っていたら大使館の女性秘書が、断然マーティンが良いという。こうして私はマーティン・

ハナブサとして、オックスフォード大学で人生最高の2年間を送ることとなったのである。

## オックスフォードと英国

英国社会は階級社会だと云われる。王室があり貴族制度、叙勲制度が整備されていることは、王室を抱く社会を有する国にとっては範とされて来た。ただ英国の階級社会は、アメリカのように富による区別ではない。貴族が金持ちで、中流が貧乏というのではなく、生まれや育ちといった出自によるのであるが、いわゆる上流階級というのは中流出身者も受け入れる弾力性を持って収縮膨張しているように思われた。その基準は上流社会の規範を守るかどうかにあった。ちゃんとしたときにちゃんとした服装をして、倫理に反するある種のことは少なくとも表向きは絶対にしない。何よりも重要なのは喋る英語である。私がオックスフォードにいたころ、面白がって読まれていたのはナンシー・ミットフォードの「ノブレス・オブリージ」というユーモア本で、上流の英語U-English と非上流の non-U English の違いを面白おかしく書いていた。U英語では、初対面で紹介されたときの挨拶の時は How do you do? としか言わないとか、U英語では non-U の使う radio ではなく wireless という等面白かった

鼻へ抜けるようなオックスフォード・アクセントと母音の吃りは、上流の証とされていた。非上流の出身のものもオックスフォード生活の中でアクセントを変えることによって、その後の社会的な地位と相まって上流入りが可能となる。無理してアクセントを変えつつあるような友人もいた。反対にこれに反発して、地方アクセントを誇らしげに使うものもいた。

ケンブリッジも同様であるが、オックスフォードの生活は、英国の若者にとっ

カレッジ対抗レースに家族が集まる

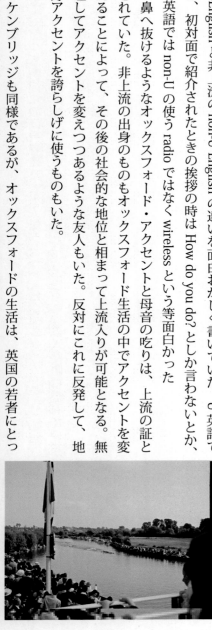

ては、自制を学びつつ、十分に自由な時間を与えられて自己の才能を試し、スポーツにせよ演劇にせよ音楽にせよ、好きなことを追い求め、自分の持つ可能性を確かめる、楽しくも大切な時期なのだ。現在では英国の教育制度は改革され、英国社会も大変革を遂げているが、60年代の英国では、オックスフォードまたはケンブリッジ大学での4年を過ごして、一芸に秀で、大学の中で名を成すことに成功した人間は、英国の社会で必ず成功すると思われていた。

殆どの学生はどこからかの奨学金を貰っていて、奨学金は現金で学生の手に渡らず、提供者から直接大学やカレッジに支払われる仕組みになっているようだった。学生はカレッジの中で朝昼晩と三食食事が出る。外食しないかぎり一銭も要らない。寮に住むものはクリーニング代やバーでの飲み代等各学期の所要経費が一括して請求される。学生が飲むのは大体ビターという生暖かいどろりとした英国風のビールで、晩飯の前には少なくとも1パイントは飲む。ビール代をお小遣いからその都度支払う必要はないのだ。

英国の友人達の手持ちのお小遣いの額の少ないのは驚きだった。貧乏カレッジだったせいもあろうが、学生は皆現金の持ち合わせはなく、極めてつましい生活をしていた。勿論例外的に大金持ちの子供はいるのだろうが、大半の学生は一学期に数ポンドしか自由に使えるお金を持っていなかった。外務省から派遣された日本の外交官補たちは大学の経費は本人が給料から払った。だから友人に「俺以外で自分のお金でここにいるのはインドのマハラジャの息子だけだ」と自慢した。給料と在外勤務手当てを支給されていたので、授業料や寮費（バッテル）を払っても毎月友人たちを一桁上回る数十ポンドの余力があった。

当時オックスフォード大学には20を越すさまざまな男子カレッジがあった。モー

2003年ほぼ半世紀ぶりに
再会したケン・ローチ
（世界文化賞受賞）

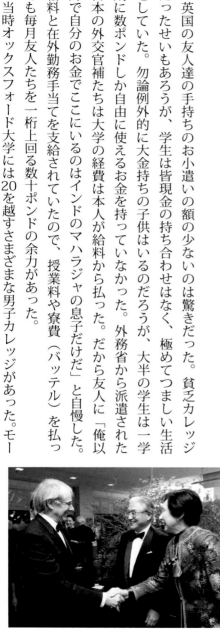

ドレンのようにお金持ちのカレッジや、セント・ジョンズのように新興階級、と言っても数百年前の、作ったものや、歴史の古いユニバーシティー・カレッジ、貴族的なベリオル、クライスト・チャーチ、全く新しいセント・キャサリン・カレッジなど。女性のカレッジは5つで、レディ・マーガレット・ホールが社会的な地位が高く、インテリはサマーヴィル・カレッジ、取っ付きやすい庶民的な女子学生はセント・アンズ・カレッジと相場が決まっていた。もちろん例外もあるが。

## 懐かしのセント・ピーターズ・ホール（SPH）

私が入れてもらったのは、1928年に隣接の教会の司祭のシャヴァッスの記念のために創立されたセント・ピーターズ・ホール（SPH）だった。蔦がからむカレッジの正面はオックスフォード・ユニオンのあるニュー・インズ・ストリートに面していた。ホールという名前にもかかわらず正真正銘のカレッジで、生徒は一年目は全員が寄宿生活が出来た。このカレッジは卒業後名前もセント・ピーターズ・カレッジと改められ、他のほとんどのカレッジと同様に、男女共学になった。

当時SPHはスポーツに強い生徒や一芸に秀でた学生や海外からの上質の留学生を取ろうとしていたようである。私はカレッジにとって初めての日本人だったので、学長のソーントン・デューズベリー神父はとても大事にして下さった。院生は寮でなく下宿に住むのが普通だが、お陰で私はカレッジの一番目立つ中庭の角のステアケース（階段）の地上階の角の部屋に一年住むことが出来た。このステアケースの住人は皆2年目の生徒でオルガン・スカラーで人格者のジョージ・プラット、高名なオックスフォード大学の演劇部で既に名を成して

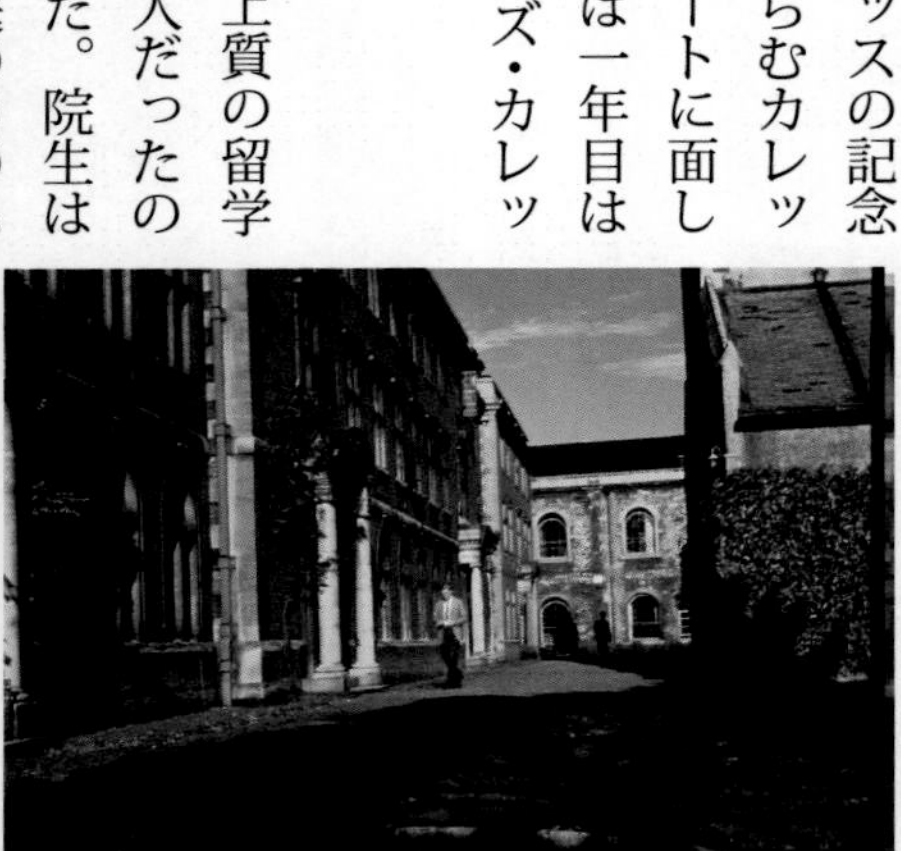

左のレンガ建ての建物の一番奥の
一階の角の部屋が私の住んだところ

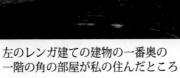

いるケン・ローチ（世界的な映画監督となり、２００３年に高松宮記念世界文化賞の映像部門で受賞したときに来日し、半世紀ぶりで東京で再会した）、マルコム・クーパー等カレッジの最も立派な生徒ばかりが入っていた。これらの上の階の住人たちには直にお茶に呼ばれたり、シェリー・パーティに呼ばれたりした。直ぐに親しい友人が出来たことにより、私は頗る順調にオックスフォード生活を始められた。

私の部屋は約20平方メートルの広さの機能本位の簡素な部屋で、ベッドが片隅に置かれ、ドアで洗面所に通じる。あとはテーブルと椅子が数個。三段の本棚、これが全てだった。そして正面に暖炉に見えるが本当の火が入らない電気ストーブがあり、その上に10数センチのマントル ピースが出っ張っている。その上方の壁に絵を掛けることが出来た。私は版画を数枚持参して時々掛け替えた。伝統的な浮世絵ではなくて、近代の作品、瀬戸内海鞆の浦の朝焼けの風景を描いた版画が特に気に入っていた。

このマントルピースの上に壁を背にして立て掛けられるのがいろいろなクラブのカードとシェリー・パーティ等への招待状である。クラブへの入会は確か2シリング位で、クラブに所属するとその学期の役員のリストと、その学期に有名人や有識者が招かれて講演するリストが書かれているカードをもらう。マントルピースに何枚かの二つ折りのカードを載せ、何枚かの招待状を立て掛ける。大袈裟に言えばマントルピースを一瞥するとその部屋の住人の生活の内容が明らかになる。成功している社交家か、政治に熱心な男か、つき合いの少ない内向的な男かが、良く判るのである。特に気取り屋で上昇志向の強い男達には、白い招待カードの数の多さが成功の尺度だ。

私の部屋のマントルピース

私の部屋の前はジュニアー・コモン・ルーム（ＪＣＲ）という廣縦長の部屋だった。ここは皆が新聞を読んだり、夕食の前に雑談に来るところ。ステアケースの地下にはビールが飲めるバーがあった。ここで飲んでも全てツケになっていて、学期末に請求書が来る仕組みになっている。このツケのことをバッテルという。作家のエヴェリン・ウォーは有名な小説「ブライズヘッド・リビジテッド」のなかでオックスフォードの学生生活をノスタルジックに描いているが、その中で主人公の伯父さんがオックスフォードに学ぶこととなった甥っ子の主人公に「中庭に面した一階の部屋に入ってはいけないよ、皆が勝手に部屋に入ってくるからね」とアドバイスする場面がある。確かにＪＣＲの真ん前の私の部屋は皆が夕食の前に手荷物を置いていったり、ガウンを置いていたりと、まるでクロークの有り様を呈することもあった。しかし英国人と友人になり英語を学ぶことを最大の目的とする私の留学目的からは、少しも悪いことでなく、むしろ優れた2年生の住むステアケースの、外に開かれざるを得ない場所を占める部屋に入れてもらったのは、学長の大いなる好意と感謝している。

ソーントン・デューズベリー学長は司祭で、その後カーディフの大司教になられた。少し鼻にかかった深い含み声で話す特長があり、人格的に立派な方だった。私の自慢はその学長を二度招待したことである。一度目は翌学期の2月に自分の部屋に、日本から持参の携帯茶道具でお茶を点てて招待して、大変に喜んで下さった。もう一度はメンバーが制限されたクラブ「タヴァナーズ・ソサエティ」の会長に就任した最後の学期に、私が年に一度の公式晩餐会を主宰し、その主賓としてお招きした。

正直に言って外交官試験に合格したと言っても、私の英語は極めて未熟だった。毎晩寮生はガウンを着て食事を一緒にするが、毎回別の学生と座ることになる。兎に角最初は相手の話が判らず、話をするのが苦痛だった。オックスフォードで何としても英語を磨こうというのが私の強い意志だった。英国人の学生と一緒に一年間

ソーントン・デューズベリー学長

寮に寄宿して、１００パーセント英語を使う生活を2年間送る。今様に言えば英語でのイマージョンの日々を送るわけだから、それだけでも相当な勉強になるのだが、私は発音と、会話と、作文に弱いことを知っていたので、特別努力した。

発音についてはオックスフォードに着いてから直ぐに、発音の先生を見つけてそこへ一月ほど通った。ネイティブではないから、耳が英語に慣れていないので、この年で完全に発音をマスターすることは不可能だ。でも苦手なRとLとの区別とか、日本人に特に難しいWの発音を集中的に直してもらった。Wの発音には口を思いきってすぼめるとか、Rの発音の前にウという発音を意識的にかぶせるというようなテクニックを学んだ。

会話と作文は量をこなすしかない。出来るだけ長い時間を英国人の友人たちと過ごすことにした。一年生として同じ時期に入った若い学生の中に気の合うのが3人出来て休暇中に一緒にスコットランドを車で旅行した。楽しい旅行だったが、24時間若い連中と一緒に暮らすのは結構精神的に骨が折れた。オックスフォード大学では先ずカレッジが入学を認め、一年後に大学の試験があり、これに落ちるとオックスフォードを去らねばならない。これを「セントダウン」されるという。大ショックだったのは一年後の大学の試験に、私のカレッジから3人の学生がセントダウンされたが、驚くべきことにこれらの全員が、私が1年間最も親しくしていた学生たちだった。偶然とは言え、貴重な友人を失ったことと、何か私に原因があるような気がしてしばらく落ち込んでしまった。

その結果私の友人はほとんど2年生が中心となった。彼らはより大人で、これらの連中とのつき合いは話も合い、会話能力の向上にも役立った。エスプリの利いた会話をするブライアン・ワトキンスや冗談が好きで芝居が

左からマルコム、ブライアンとヒュー

かったマルコム・クーパー、真面目なジョージ・プラットや吃りがちだが頭脳明晰なヒュー・タロール・クラーク、コスモス・クラブで仕事を一緒にしたドン・リード等多彩な友人が出来たことは有り難かった。

ジョージ・プラットとはすぐに打ち解けて、私の留学目的が英語の勉強が主眼と知るや、オルガン弾きとして朝晩のカレッジ内の教会のオルガンを弾くので忙しいのにもかかわらず、時間を作ってくれて一緒にバーナード・ショーの「ピグマリオン」を声を出して読んでくれた。オックスフォードの学生は芝居がかったことが好きで、エライザのセリフをコックニー訛りで裏声で読んでおどけて見せたり、親切だった。初めてのシェリー・パーティも彼の部屋で呼ばれたし、お返しのパーティーのためにシェリーを一緒に店に買いにいってくれたりもした。プレイハウスの街角で彼が「ハング・オン（一寸待って）」と全く知らないイディオムを使ったことをまざまざと覚えている。当時美味しくて安い南アフリカ産のシェリーが学生に人気だった。何本か買って、最初の学期、ミケロマス・タームの11月末に初めてのシェリー・パーティを自分の部屋でやった。彼は生涯を音楽に捧げた大学教授になった。

58年の冬ロンドンの大使館でのクリスマス・パーティから帰った私に、ドン・リードから電話が掛かって来た。ドンは動物学を専攻している2年生の愉快な明るい男で、学期の終わり頃に私がコスモス・クラブのレジ・レップ（カレッジの代表）なったときに、一緒に代表補佐を引き受けてくれた程の親しい友人になっていた。彼は親切にもクリスマスに サリーの彼の両親の家に来ないかと誘ってくれたのである。ギルフォードの駅にドンが迎えに来てくれていて、数マイル離れた彼の家に連れて行ってくれた。そんなに富裕な家ではなく中流の平凡な家だったが、暖かく迎えられた。ドンは彼のベッドを僕に明け渡し、自分はスリーピング・バッグに寝た。家族の

ジョージ・プラット

犬を連れるドン・リード

一員扱いで、皿洗いを手伝ったりワインを注いだりした。また隣の家のクリスマス・ランチにすぐ連れていかれ、その家の子供におもちゃになったりしたことも忘れられない。

家に着いた時に彼がお母さんを「これは継母である」と紹介したのには驚いた。聞くと父親が今のスエーデン人の母親と再婚したのだそうだ。しかし彼には暗いところなど微塵もなく、イヴには近所の友人のところでパーティがあるが、ディナージャケット（学生はDJと呼んでいた）を持ってきたかと聞かれた。まさかこんなところでDJが日常的に必要とは思わないから、当然持ってきていない。彼は「何とかするよ」と云って、友人の弟の小さめのDJを調達してきた。

数マイル離れた彼の友人の家はもう少し立派な家だった。同じスクールからオックスフォードに入った友人の家のようだった。近所の若い男女が10数人集まってイヴのパーティを楽しむという趣向。中には親しい男女の二人組もいて、結構おおらかに青春を謳歌している。どこの国も同じなんだなと思い、適当な女性はいないかと思うが、こちらの英語はまだ流暢とは言えず、また女性たちも日本人に特に関心を持つという感じではないので、ほとんど淋しい一人のクリスマスになったが、ドンの好意は忘れ得ない。

翌日ビーグリングがあるので一緒に行こうという。馬に乗り猟犬と野兎を追いかけてくたくたに疲れさせて殺す動物愛好家から目の敵にされている田舎に住む英国人の楽しみだ。こちらもドンも馬には乗れないので歩いてお供をした。林の中を朝10時頃から夕方の4時過ぎまで、ほとんど一日中追いかけて、兎よりこちらの方が、くたくたになった。お陰でズボンと靴が台なしになった。肝心の兎たちは幸運にも犬には見つからないように隠れていたので、戦果はなし。原野の中

ビーグリングに出掛ける

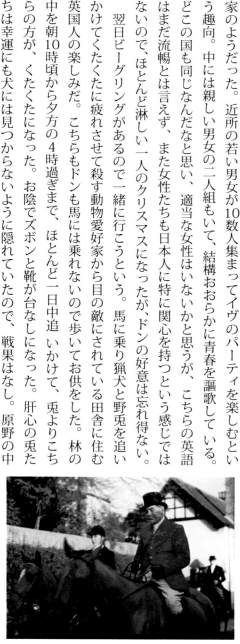

を真っ赤なジャケットを着て馬に乗った男たちが、尻尾を興奮して立てて振っている何十匹ものビーグルの群を率いて、走ってゆく姿は英国の田園画さながらで、後にも先にもこんな光景に出会ったことがないのだから、英国に来て直ぐにこんな田舎の生活を見せてくれた彼には感謝し過ぎることはない。

ヒュー・タロール・クラークは頭脳明晰で数学に長じていて、保険の基礎の数学を生業《なりわい》とするアクチュアリーを目指していたが、友人が共通していた。親切で私が時間に追われながら500ページに及ぶ大部の卒業論文を書くというオックスフォード生活最大の危機に面したときに私の長大な論文をすべて読んでくれて的確な意見を述べ、英語の表現も直してくれた。

このような素晴らしい友人たちに恵まれて、苦手だった私の作文能力は飛躍的に向上したと思う。今でも英語で物を書いて対外発信の努力を続けられるのも、オックスフォードの2年間に負うところが多い。

クレメンティ邸で中国服の順子

日本を出る前にケンブリッジを出て帰国した外務省の先輩の岡崎久彦氏（駐韓、駐サウディ・アラビア大使。後に日本切っての外交の論客となった）が友人として紹介してくれた女性に音楽学校「上野学園」を経営する石橋裕子女史がおられた。この人が親しい香港提督の未亡人のレディ・クレメンティさんという方を紹介して下さった。彼女は相当ご高齢であったがお元気な方で、ハイウィコムの森の中の大きな家に住んでおられた。休暇というとこのお宅に招待してくれた。お客さんというより家族の一員のような気安さで泊めていただいた。冬休み凍えるような寒さの中、若い甥御さんと一緒に近所の森を散歩したり、暖炉の前で本を読んだり、親切にしてもらったことは忘れ得ない。順子と婚約してから一緒に訪ねると大喜びで迎えてくれた。香港から持ち帰ったキャビン・トランクの中から出てきた中国服を着た順子の写真が当時を思い起こさせるものとしてアルバムに残っている。この人のところで上流の英国生活の一端に触れたのは、幸いだった。

## ウォルドック卿に国際法の指導を受ける

私は国際法でB.Litt. というポスト・グラデュエート学位を目指すことにした。オックスフォード大学の極めて特殊な教育システムは、一般の学生が目指すB.A. の取得には学生毎に一人の先生（チューター）がついて、毎週指定の長いリストの本を読んで、論文を書きこれをチューターと一対一で徹底的に議論する制度である。B.Litt. 取得を目ざす院生は、チュートリアルはないが、自分のペースで論文の下書きを書き溜めて、それについて学期ごとに数回の面会（スーパーヴィジョン）があるだけである。比較的に自由度が高いことに魅力があった。ただし２年で論文を提出して、数名の試験官のインタビューを受けて合格しないと学位はもらえない。

私のスーパーヴァイザーはオックスフォード大学の国際法の教授であるハンフリー・ウォルドック卿。私は慶応の法学部の大学院で英語で「国際連合の枠内での武力の行使」というテーマの修士論文を書いていたので、これを提出して、あるレベルに達していることを証明して、生徒として取ってもらえたのである。この人は令名高かったブライアリー教授の後釜で、後にハーグの国際司法裁判所の裁判長になった人である。教授方しか住まない学 生がいないオール・ソールズ・カレッジに先生の部屋があった。素晴らしいゴシックの重々しい建物の回廊を抜け、中世さながらの図書室を抜けて先生の部屋に行く。最初学位のテーマは「戦争の定義」にしようと思っていた。オックスフォード留学の主目的は英語の習得だから、論文書きは楽にしようという

オール・ソールズ・カレッジの中庭

ずるい心からこのテーマを選んだ。最初のスーパーヴィジョンの時、論文のテーマについて私の考えを説明すると、教授はそれなら「戦争と平和の相対性」という本があるから、まずそれを読みなさいという。読んでみると何のことはない、戦争というものについての客観的な定義なるものは存在しない、禁輸との関連で戦争状態の認定がなされる、捕虜の取り扱いについて戦争状態と認定できるかどうか判断するなどと、状況や目的に応じて戦争かどうかの判断がなされるということがこの分厚い本に書かれていた。戦争とは絶対的な概念ではなく、相対的に認定されるものだという、コモン・ロー的な考え方だと納得した。私の研究テーマは意味ないということが判ったので、次の面会の時にウォルドック教授にそう言うと一寸皮肉な顔をして、それじゃどうするという。私は国際連合の下の国際平和の維持に関心があったので、いかに平和を維持できるかということを法律的に研究してみたいというと、それでは国際連盟の下での平和の維持の軌跡をまず探求するんだなと云われた。

国際連盟の経験の研究はとても面白く、一年目の終わりに自分でも良くまとまったと思う20ページ程度の論文が出来た。国際連盟は最初は違法な戦争を始めた国には制裁を課すという考えに立っていたが、これは現実的でないと判り、次第に紛争の発生を予防するという考え方に変っていった。これをもう一年掛けて磨きをかけて学位論文に出来ないかと思った。私の甘い考えは教授の「なかなか良い第1章が書けたね」のひと言で吹っ飛んでしまった。

ウォルドック教授は、引き続き私に戦後出来た国際連合のもとでの平和維持の活動についても書くことを求めた。それから国連の安保理や総会の議事録を丹念に読むという地道な作業をするための図書館通いが始まった。インドが土侯国のハイデラバドを占領したケースや朝鮮戦争位迄は良かったが、オックスフォードの図書館にはまだ最新の国連文書が来ていなかったので、近年のケースについては判らなかっ

都知事選挙で明石氏の応援演説

た。最近までの国連の文書を入手しなければ論文は書けない。国連事務局では日本人で明石康さんという人が活躍していると噂で聞いていたので、明石氏に事情を説明する手紙を書いて資料を送ってもらえないかと依頼した。二度にわたり大量の文書が飛行便で届いたのには大感激した。これが私と明石氏との特異な関係の始まりで、その後も関心の共通性でしばしば会合で一緒になり、またニューヨーク総領事の時には国連事務次長を務めておられた明石氏とのお付き合いを深めた。彼がニューヨークから帰ってきたときに、国際文化会館での帰国歓迎会の音頭を取ったし、退官後日本英語交流連盟を立ち上げたときには彼に副会長になってもらった。仕事の上の関係は一切なかったにも拘わらず、99年に彼が東京都知事選挙に出馬したときには、市民レベルの応援組織を作り、最後には確認団体の代表代行までやるという、応援団長の仕事まで務めるという不思議なご縁となった。

## クラブ活動―コスモス国連クラブ

学生の中で政治に関心のある連中は、毎金曜日に英国議会と同じ作りの会議場を持つオックスフォード・ユニオンのディベートで絢爛たる話術を磨く。「この議会はこういう決議を採択します」というテーマで、論客がユーモア溢れる議論を戦わせ、ディベートが終わると聴衆は全員立ち上がって、賛成と反対に分かれた出口から出て、その決議が採択されたか否決されたかを競う。１９３３年2月9日のディベートが「この院はいかなる状況下でも国王、国家のために戦争に参加することを拒否する」という決議案を２７５票対１５３票で可決し、ヒットラーがこのことから英国がドイツと戦うことはないという間違ったメッセージを得たという伝説は有名である。

大学には保守党クラブ、労働党クラブ、自由党クラブがあり、学生たちは政治家宜しくイス取りゲームに余念が無い。ユニオンの会長になることは、政治への登竜門でもあった。グラッドストーンに始まり、戦後のヒース、最近のボリス・ジョンソン等の元首相はユニオン会長を務めた。戦後独立した旧英領植民地の多数の政治指導者時もその後政界入りしたトニー・ニュートンのような錚々たる若きエリートがここでユーモア溢れる弁舌を戦わしていた。因みにオックスフォードの学生の間の最高の名士は、ユニオンの会長、大学演劇部の会長と大学ボート部の正選手（ブルーと呼ばれる）である。

私が退官後同志と立ち上げて10年ほど会長を務めた日本英語交流連盟（ＥＳＵＪ）の主たる活動は、この英国議会方式のディベートだった。ＥＳＵＪの大学対抗英語ディベート大会は岡田真樹子女史、ミリントン夫妻等の熱心な会員の努力で、20年にわたり行われ、日本における議会方式の英語ディベートの普及に貢献したが、最近英国議会流ディベートも日本に定着し、その役割を終えた。

私は日本の外交官だから政党クラブ間のイス取りゲームに参加することはできない。正直に言ってディベートはあまりにも高度な語学力を必要とするので、私には逆立ちをしても無理だと始めから断念した。行動派の私は、ユニオンで毎金曜日の数時間他人のしゃべるのを受け身で聞くだけで過ごすのは、時間の無駄だと思ったので余り出席しなかったが、振り返るともう少し聞く耳を育てる機会として活用したら良かったと思う。

外務省入省が2年先輩でオックスフォードの先輩でもある妹尾正毅氏（駐ノルウェー大使）が大使館で官補の面倒を見て下さっていた。彼はセント・ジョンズ・カレッジ時代の親友のリチャード・フィンを私に紹介してくれた。リチャードは金属製のフレームのメガネを掛けた、一寸神経質そうなタイプの人だったが、親切で直ぐに彼のカレッジのクラブの会合に私をゲストとして招待してくれた。いろいろ話をすると、是非コスモス・クラブに入れという。当時アジアからの留学生が入り易かったのは、東アジア研究のファー・イースタン・クラブと南アジアからの学生が熱心な「マジョリス」だったが、私は最も国際性がある国連クラブである「コスモス」を選んだ。

オックスフォード大学の学期は三つの学期からなり、一学期は6週間である。最初の学期であるミケロマス・

タームは10月の半ばに始り、次学期のヒラリー・タームは翌年の1月半ばから、そして最終学期のトリニティー・タームは4月末に始まり6月末に終わる。私は最初のミケロマス・タームから、リチャードが熱心に会長をやっていた「コスモス・クラブ」のメンバーとなり、コスモスの主催するいろんな会合に顔を出すことにした。有名人の講師や、時事的に話題性に富むテーマについての専門家による講演会がほぼ毎週あちこちで開かれている。私はいつも最前列に座り、司会者が話の後、「質問をどうぞ」というと直ぐに手を上げることにした。何を質問するかを考えると気後れしてしまい、質問する機会を逸するので、手を上げて指名されてから考えることにして、まず手を上げた。英語で喋らせるように自分を追い込むという戦法だ。積極性で目立つように努めたのだ。一方セント・ピーターズ・ホールにはコスモス・クラブの代表（レジ・レップ）がいないことが判ったので、名乗りを上げた。一人では心細いし、スターベーション・ランチのこともあるので一緒に仲良しのドン・リードにも名を連ねてもらった。

こんなことをしているうちに私のオックスフォード最初の学期、ミケロマス・タームが過ぎていった。そして大きな展開が始まる。リチャードの口添えもあったと思うが、日本人で中々活動的な奴だという評判が立ったのだろう、次学期ヒラリー学期の委員会メンバーに立候補しろといわれる。知名度が低いから駄目だよというが、リチャード・フィン、マルコム・チャーチ、マイケル・ピッツ、マルキ・ムエンドワ等の役員は「我々で何とかするから」という。「ままよ」を立候補することを了承すると、期末の選挙でコスモス執行部の仲間が投票してくれたのだろう、何と7、8人の委員会のメンバーの一人として当選してしまった。委員の名前は次の学期のコスモス・クラブの二つ折りのカードに載り、一寸誇らしかった。カレッジにもそのことは伝わるし、カレッジの外で名前の売れる人にはカレッ

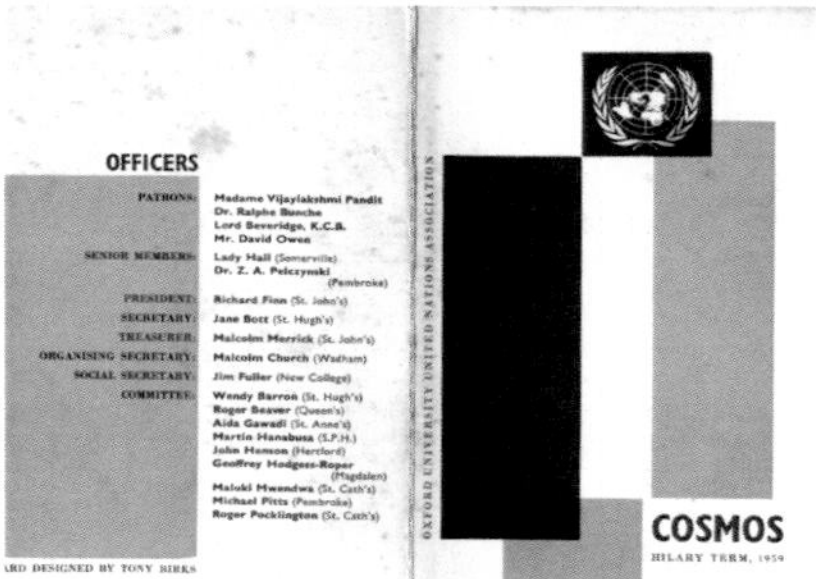

ヒラリー・タームのコスモス・カード（左側役員リストに載る）

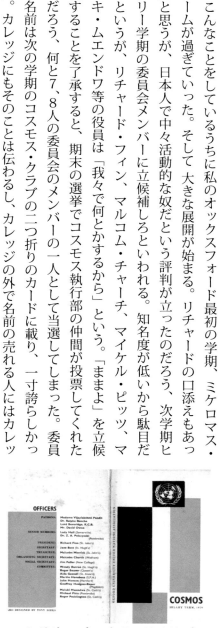

ジ内で関心が集まるという効果もあった。こんなことで次第にカレッジ内外の友人が急速に増えた。コスモスには結局オックスフォードに来た翌59年1月のヒラリー・タームから3学期の間、委員として再選され、他のカレッジの委員と一緒に仕事をした。終いには書記や会計の主要役員に立候補しろという圧力も出てきたが、一年目の終わりに婚約し、学位をもらわないと遊んでいたと云われるだろうから、どうしても論文を書き上げなければならないという状況になってきたので、残念ながらクラブ・ポリティックは無理と断念した。

振り返って見ると、コスモスでの経験は実に貴重だった。コスモスの委員会で仕事をして得た大きな収穫は英国人の委員会の運営のやり方を身をもって体験したことである。委員会の会合ではまず書記が前回の会合の模様を簡潔に要約した記録を読み上げ、これを皆で確認することで仕事を始める。委員は仕事を分担していて、それぞれの委員が進行状況を報告して、助けのいることについて協力を依頼する。議長はコスモスの会長が務め、直ぐに支援をどうするかを意見を求めて、委員の中からポスター張りの応援とか、講師の発見、依頼に努めるとか決めてゆく。15分ぐらいで会合はいつも終わる。それでクラブの運営がてきぱきと処理されてゆく。英国人は3人集まると委員会を作ると云われる程委員会好きである。それがどんな具合に進められるかを体験出来た。

コスモスで一緒に仕事をしたマルキ・ムエンドワとは後年、彼が国連ビルの中のエレベーターを上から降りてきたので、手を振り合った。お供を連れていたので偉くなったのだろうと、ケニヤの代表団リストを見たら上の方に法務大臣として彼の名があった。オックスフォードで知り合った友人の中で国王になった人がいる。レソトというアフリカの国のコンスタンス親王。長身の品の良い青年だった。国王となって改革を目指したが、保守派の伯父に追放されたとか風の便りに聞いた。インドから来ていたプレム・ジャーはその後インドの有力紙の主筆になったし、アルジュン・アスラニはインド外務省に入り、後年東京に大使としてやってきた。

私のオックスフォード生活を彩ったのみならず、後に日本でも実践してみたもう一つのコスモスの活動に、「スターベーション・ランチ」というものがあった。香港のサンシャイン・アイランドにある難民キャンプの運営経費を支援するための募金活動であるが、お金の集め方が面白い。

「スターベーション・ランチ」方式のお金の集め方は、オックスフォードの学費支払い方式を前提に出来た中々合理的なものだ。このランチを計画するものはカレッジの自分の部屋に、パンとミルクと募金箱を用意する。寮生は原則自寮の食堂でガウンを着て食事をしなければいけないが、「サインアウト」という制度があって、月に何回か学生は自分の寮以外で食事が出来る。入り口の名簿に名前を書くと、昼食については２シリング６ペンスが返ってくる。粗末なパンとミルクの食事を食べて、その２シリング６ペンスを寄付箱に入れてもらうのだ。主催者は経費を差し引いて、一学期８週間分の拠金額をコスモスにプールする。コスモスでは全学の殆どのカレッジにいる代表からこうして集められる募金をまとめてこの孤児センターに送金する仕組みであった。

何でも積極的にやろうという精神でオックスフォードの学生生活を送ろうと固く決心していたので、直ぐに自分の部屋でこのランチをやろうと考えた。そのためには学生会の同意と周知努力が必要だ。カレッジは自主的に運営されていて、学生会（ジュニアー・コモン・ルーム。通称ＪＣＲ）は会長を選び、さまざまなカレッジの 問題を議論するための総会を最後の学期に開く。脱線になるがこの会長の交替式は傑作である。ビール片手に寮生たちが見守る中、中庭の芝生の上で新旧会長がフラフープを競い、その後芝生の周りを玉子をスプーンで転がしながら一周する。学生も思い思いの仮装をしての大騒ぎである。私は４月末の ＪＣＲ 総会で発言を求めて、募金の目的を説明して、自分の部屋で開く毎週一回のランチに来てくれとアピールした。オックスフォードの学生生

JCR 会長交代の儀式

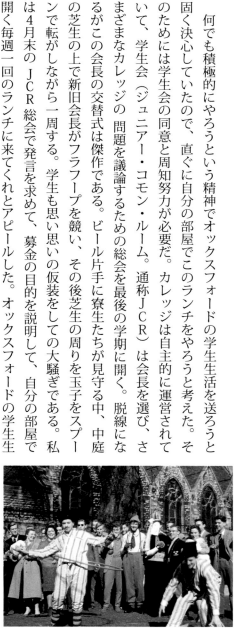

活を始めてから半年の月日が流れていた。

ドン・リードとの連名でカレッジのボードに張り出された案内状は "Please come along and let's starve in a friendly atmosphere!" と結ばれている。かくて59年のトリニティー・タームの第1週の4月30日の午後1時からベス・ステアケースの私の部屋で第1回の「スターベーション・ランチ」が開かれた。同じステアケースの住人であるジョージやマルコムが来たのは勿論、その他のカレッジの友人達が数十人来てくれた。いつも靴にフェルトのスパッツをしていて、庶民的なことを見下しているような、貴族的な雰囲気を持つジョン・ガスキンまでが来てくれたのは嬉しかった。この日で1ポンド9シリング6ペンスが集まった。この学期を通じて7回で12ポンド強が集まった。

## タヴァナーズ・ソサエティの会長になる

当時のオックスフォードでは、どのカレッジにも「排他的なクラブ」と称されるグループがあった。庶民的なセント・ピーターズ・ホールにも、ご他聞に洩れずそのようなクラブでタヴァナーズ・ソサエティというクラブがあった。ペーパー・リーディング・ソサエティで、他の名門カレッジのようにイートン校を出たものだけしか入れないクラブのように、門地による差別をしているクラブではないが、会員数が限られていて、確か15名弱のメンバー数だったと思う。資格はインテレクチュアルな議論が出来ることで、メンバーはカレッジで大きな顔をしていた。会員になるには一人が推薦してもう一人のメンバーがセコンドする。候補者について二人以上が入会に反対すると入れない。毎学期3回夕食後 JCRルームを独占して、ポートを飲みながら、会員が読むいろいろな主題のペーパーについて、意見を述べ合うというものである。時には遊びで意味が判らない単語を持ちだしてきて、皆が勝手にそれはこういう意味だと説明して、後で大笑いするという遊びもやっていた。十二音音楽についてのペーパーに、判ったような意見を述べるのは中々難しかった。

普通は一年経ったところで、新入生の中から適当なものを探しだしてメンバーにしてゆくのだが、幸いにも私は学生寮の2年生のみのステアケースで暮らしていたために、すぐにスポットされて、第二学期に入会が認められた。異例のことであろう。カレッジでの私の地位は非常に高くなり、一年生からは羨望の目で見られているような気がした。翌年の11月にはペーパーを読まないかと誘われた。「日本よ　どこへ行く?・Japan Whither?」と題するペーパーは好評だった。

分厚いノートがあり、毎回書記が会合の記録を残している。友人のジョージ・プラット、ピーター・カーティス、その友人のジェフ・ナイト等が次々に書記、会長となっていた。２年目の一学期ピーターが会長の時に私は会計に、二学期ジェフが会長の時に書記に選ばれ、２年目の最終学期に遂に会長になった。これはカレッジで社交的に成功者となったことを意味する。

タヴァナーズ・ソサエティでは英国社会の微妙な特質も経験した。ロビン・ハドソンという数学でファーストを取っている頗《すこぶ》る頭の良い友人を推薦したとき、反対するものが3人いた。はっきりそうとは口には出さないが、出身が余り良くないと言うことであるらしい。確かに英語は奇麗とは言えない。「彼のような優れたものを入れないのは可笑しい」と食い下がったら、その内の二人は説得に応じて反対しないと言ってくれたが、最後の一人は反対を変えなかった。しかし一人の反対では入会を拒否できない。ロ ビンは入会したが、果たして彼がこのクラブで居心地が良かったかどうかは判らない。後から思うと我ながら良くこんなことをしたものだと思う。

最後の学期の会長は特別に大変である。通常の会合の司会役のほかに、ＤＪを着る公式の年次晩餐会を計画して開催しなければならない。万事に積極的な私だが、学位論文 の執筆、結婚と大きなことが重なる最終学期に会長に就任するのは流石に躊躇したが、日本人がオックスフォードのこのようなクラブの会長になることも少ないだろうから名誉なことと考えて、思い切って皆の期待に応えることにした。

会長はこの年次晩餐会で講演をしてもらう人を探さねばならない。講師には私が「コスモス」の他に会員になっていた「ファー・イースタン・クラブ」や「マジョリス」の活動で知り合ったアッシュモレアン博物館で日本美術を研究しているピーター・スワン氏にお願いした。学長と私のモラル・チューターのワトソン舎監も招待した。JCRで全員一緒に撮った記念写真は、今でも私のお宝である。私がスワン先生とソーントン・デューズベリー学長の間にでんと座っている。ロンドンの大使館で官補長をしていて、オックスフォード生活に有益なアドヴァイスをしてくれた妹尾氏もゲストとして招いた。大変なことだったが皆が助けてくれて、成功裏に晩餐会は行われた。今となっては思い切って受けて本当に良かったと思っている。

タヴァナーズ年次晩餐会の後
JCRで撮った記念写真

## ディジョンの夏―ラテン世界を味わう

私は慶応高校の3年の時に第二外国語としてフランス語を選択した。佐分純一先生は熱心な生徒だけを対象に、どんどん進んでしまう方で、お陰で一年で易しい小説が読めるくらいまでのレベルに達していた。当時日本では実存主義が盛んで、サルトルやカミュは強いアピールを持っていた。私は外国の中では特にフランスに憧れていた。勉強机の前の壁にパリの地図を張って、街角のどこを曲がるとどこに出るかなどを一生懸命に覚えていたほどのフランス好き（フランコファイル）だった。

オックスフォードでの2年の研修期間の中間時点に長い夏休みがある。一年目の最終学期のトリニティー・タームが終わるのが6月末で次学年の新学期が始まるのは10月の10日頃であるから、3ヵ月半の休暇がある。同期の仲間がヨーロッパ大陸旅行をするので、私も一緒に自動車旅行をすることにするが、それにしても遊び切れるものではない。

ブルゴーニュ地方の中心にワインと練り芥子で有名なディジョンという町がある。ここにある有名な大学のフランス語のサマー・スクールは質が高いので人気が有った。6週間ここでフランス語を勉強することにした。出来ればフランス人の家に下宿したいと思って大学が推薦する家に申し込んだ。

ディジョンには同期の瀬戸川哲良氏が留学していた。研修時代カサノヴァと異名をとったほどのフェミニストだが、憎めないところのある人だった。東大出身だったが研修中から気が合った。彼に学校の推薦するその家に下宿して6週間サマー・スクールに参加すると手紙をすると、折り返し彼からその家は留学生を食い物にしている因業な下宿だ、自分も始め泊まったが喧嘩して出た、そんなところに泊まるよりも自分が良く知っているフランク家に話をしてやるという手紙が来た。それでは頼むと任せた。

何と洋品店をやっているフランク氏の夫人のクリスチアーヌと彼とはロマンティックな関係だったらしい。夫人は後に離婚して正式に彼の奥さんとなった。クリスチアーヌ夫人は大柄な溌剌とした美人で、日本が大好き人間。料理自慢で美味しいご馳走を作ってくれた。サラダにオリーヴ油とヴィネガー等のドレッシングをまぶすことが私の朝食時の仕事になった。この作業をフランス語で「サラダを廻す」と言うと知った。

毎日50語のフランス語の単語を覚えようと頑張った。私がへたばっているとクリスチアーヌは「マサ、サンカント・モ（50語）」と励ましてくれた。ただ彼女がフランス語で日本の話をしろというのには閉口した。一冊の本もないのだから、何を話すか迷った。迷った末学生時代を通してお稽古をして一番知っているのは茶道だから数回に亘って「お茶の話」をした。日本の茶道の起源は中国の喫茶習慣を禅僧がもたらしたことから始め、村田珠光、武野紹鴎のお茶の心を和歌に詠んだのを思い出しつつ、利休の侘《わび》茶への流れを解説し、「和敬清寂《わけいせいじゃく》」の茶道の精神を話してあげた。大変に喜んでくれた。

瀬戸川氏はクリスチアーヌと深い仲となり、彼女は離婚しベトナムに転勤となった瀬戸川氏を追って行く。結局彼は外交官の職を振って彼女と結婚し、パリで仲良く暮らした。モンマルトルの墓地を見下す5階建てのアパルトマンの最上階の部屋を買い取り、日本の桧材を取り寄せて和風の風呂を作り、友人たちは良く彼らを訪ね自慢のお風呂に入れてもらった。私も何度か訪ねたが、エレベーターの無い五階建ての建物の最上階でこれを毎日何回も歩いて上がったり降りたりのパリの生活は楽ではない。その彼が晩年茶道に興味を持ち、手紙でその昔ディジョンで夫人の家に下宿した時に、私が夫人への話のために作ったメモを読む機会があったと知らせて来た。クリスチアーヌも良くこんなものを保存していたものだ。そこには紹鴎→利休→私と書いてあり、それを見つけて驚いたと言って来たのは愉快だった。こんなことを書いたとは書いた当人は忘れている。人はいろんなことを書いたり喋ったりしてきているが、その内容は殆ど忘れているものだとつくづく思った。その瀬戸川氏は、晩年になりアルツハイマー病に冒された夫人の看病に疲れて、ともに死を選んだのは実に悲しいことだった。

ディジョンのサマー・スクールでは、暇があるとフランス語の美人教師やドイツから来た英語が滅法うまいアネリーズ嬢等とテニスをして過した。フランク夫妻にはディジョンの三つ星レストラン「三匹の雉」でご馳走してあげた。確かヴァシュランといった卵白を固めた美味しいデザートを良く覚えている。フランク氏の親戚の家を訪ねた時、あのドレフュス事件（注）の主人公のドレフュスの孫というお婆さんに会った。フランスの暗黒の過去に引き戻されたような不思議な気持ちがした。

（注）普仏戦争（1870~71）の敗戦で反ユダヤ主義が高まったフランスで、1894年陸軍参謀本部勤務のユダヤ人のドレフュス大尉が、ドイツのスパイであるとして冤罪判決を受けた事件である。作家エミール・ゾラは「私は糾弾する」と新聞紙上で大統領を糾弾し、フランス国論を二分する争いとなったが、曲折を経てドレフュスは1906年にようやく無罪となった。日本では大佛次郎がこの事件を扱った小説を1930年に書いている。

ディジョンは食道楽の町でもある。サマー・スクールの生徒も利用出来るディジョン大学の学生食堂では、昼の食事からしてフルコースだった。最後には半分に輪切りにした滅法美味しい赤いメロンが出てきた。この地方は美味しい料理に加え、カシス酒、バーガンディのワインで知られるが、フランク家の連中は余りお酒を飲まないので、残念ながらワインの修業は出来なかった。

私のフランス語はディジョンでの楽しい６週間の生活で随分と進歩したと思う。残念ながら英語を話す外交官として私は一度もフランス語圏の国に在勤せず、フランス語が必要なＯＥＣＤやジュネーヴのような国際機関のある任地にすら勤務することがなかったので、実戦でフランス語を使い、ブラッシュアップする機会には恵まれなかった。しかし最初にして最後の唯一の大使ポストのローマで、フランス語と姉妹語のイタリア語に苦戦したときに最も助けになったのはこのフランス語の知識だった。だから決して無駄な日々だったのではない。

私個人にとってディジョンの夏は、オックスフォードとは違った底抜けに明るいラテンの生活を、垣間見せてもらった夢のような日々だった。カンナの花が咲き乱れる町の中心の公園にはここ出身の動物のつるりとした大理石の彫刻を好んで作ったポンポンという彫刻家の作品がいくつも置かれていた。空は藍色に近い青さで、生涯最もリラックスした日々だったと、今でも振り返ると胸がキュンと締めつけられる。

この夏パリに在欧の同期の仲間が集まった時、ケンブリッジから斉藤邦彦氏が歴代官補引き継ぎのぼろ車でやって来た。一緒にニースからイタリアン・リヴィエラの海岸を走り、ピサを通りフィレンツェへ。ダヴィデ像など素晴らしい芸術に触れ、ここからベネチアへ向かう途中の山の中で車のラジエーターのチューブに亀裂が入り、フィレンツェに戻ることを余儀なくされた。休日でガレージも開いていないので、更に一泊し、夜に他にすることもないので映画館に入ると何と山本五十六の映画をやっていた。翌日ガレージに行くがイタリア語しか通じないので苦労した。ラヴェンナの教会のモザイクに大感激した。ベネチアから北上して、有名なドロミテ渓谷の山々を眺め、ブレンネル峠を抜けてスイスに入った。サンゴタルドのつづら折りの峠をラジェーターの加熱をなだめながら走り、マッターンホルンの切り立った姿に感嘆した。シャモニーでは斉藤氏とモンブランの峰を仰ぎ見つつ、ゴルフをやったのは忘れられない。クラブを振ると美しいモンブランの峰々が仰ぎ見られた。どこで斉藤氏と別れたのか覚えていないが、ヨーロッパ大陸の美酒に酔いしれて、私は9月22日にロンドンに戻ってきた。

シャモニーでゴルフ

## 一生の伴侶を得る

その間に人生で最大の問題である、一生の伴侶が決まった。オックスフォード留学中に私の外交官人生でかけがえのない伴侶となった大野順子と会い、結婚することにしたのである。順子はその時の駐英国大使大野勝巳の長女である。現実主義者の英国人は「お前が惚れたのか、彼女の親父がお前を選んだのかで意味が違う」という。親父が選んだのならお前は見込みがあると認められたのだから、大いに将来が嘱望されるという。

実は恋愛結婚でも彼女の親父が私に白羽の矢を立てたのでもない。れっきとした見合い結婚である。父と大野大使の共通の友人に、外務省の条約局長をしていた高橋通敏氏という学者肌の方が居られ、仲を取り持って下さったのである。

順子の兄の清は慶応大学法学部で東洋史を教えていた私の父のゼミの学生で、東京の私の家にも来たことがあり、そういう意味では全く知らない家族ではなかった。私も父の依頼で何か届けものをするために赤堤の大野邸の玄関まで行ったことがある。義兄となった清氏もオックスフォードのセントアントニーズ・カレッジでリチャード・ストーリー先生の下で勉強していた。

最終的に結婚するかどうか判らないから、デートをしていることは判らないようにしなければならなかった。オックスフォードから密かにロンドンに来て、順子の車でバージニア・ウォーターへ出かけた。奇麗な英国の典型的な庭のある静かなところだった。いろいろ話をして帰途お腹が空いたので、フィッシュ・アンド・チップスを食べた。大野大使に外交官がそんなものを立ち食いしてはいけないと大目玉を食った。

デートを二回したら、大野大使は「もう決めろ」という。これには参ったし、反発を感じた。順子に「君は親父のために結婚する必要はないんだよ」とはっきり言った。ディジョンでフランス語を勉強している間に順子は大胆にもパリに出てきた。一緒にパリを楽しみ、有名なシャンソニエの「マダム・パタシュー」にリムジーンで乗りつけると、「周恩来ご夫妻」とアナウンスされて歓迎を受けた。客に芸をさせ、断ると客のネクタイを切る。切ったネクタイが天井からぶら下がっている有名なこの店を大いに楽しんだ。歌を歌えというので、「さくら」をフランス語で訳して歌った。また大勢の相客たちと瀕死の白鳥踊りをさせられ見事2等になり、優勝者から半分送られて来たシャンパンを飲んだ。私はネクタイを切られずに済み、二人の間の理解も愛もこの旅行で深まり、私は結婚に踏み切ることにした。順子の母親は操子という実に優雅な夫人だった。どちらかというと頑固親父的な大野大使とは似ても似つかないおっとりした人だった。娘は母親に似るというので、これが決め手で結婚することにした。そう言うと家内は憤慨するのだが、事実だから仕方がない。

下宿の前で母と

ディジョンでの学生生活や夏休みの大陸旅行を楽しんで秋の初めにオックスフォードに戻って来て下宿（学生言葉で「ディッグス」という）探しを始めた。完全に出遅れていて適当な下宿は全て決まっていた。その中で恐らく下宿代が桁外れに高いので敬遠されていた候補が一軒だけ残っていた。オックスフォードの町のほぼ中心で最も優雅な通りであるボーモント通りに有った。この通りにはランドルフ・ホテル、アシュモレアン博物館、プレイハウス劇場があり、そのどん詰まりに庭に奇妙な鳥が沢山飼われているウースター・カレッジがある。暖炉と庭に面したガラス張りのベッドルーム（私は「冬のガーデン」と名付けた）が付いた素晴らしい下宿で、確か週5ギニー位だったと記憶する。相場は30シリングぐらいだからべらぼうに高い下宿だった。しかも大家のデイ夫人は高齢で気難しい人だった。私の他に一人アメリカ人学生のライバルがいたが、デイ夫人を熱心に口説いてやっとここを借りることが出来た。

ロンドンの大使公邸での婚約記念写真

オックスフォードの2年目が始まる前の10月始めに、ロンドンの大使公邸で婚約を発表した。数人の新聞記者が写真を取りに来て、一躍全国的に知られてしまった。「タトラー」という社交雑誌にもわれわれの写真が載り、この雑誌がカレッジで皆が集まるＪＣＲに置いてあったので、カレッジでも大騒ぎとなり、皆から「おめでとう」と言われた。

このようにして英国に渡って一年、その間に婚約、そして私は論文執筆という厳しい二年目のオックスフォードの生活に直面するのである。

国際法の分野でB.Litt. 論文を書くのは想像を遥かに超える大変なことだった。一方では私のオックスフォードの生活は、カレッジの外のクラブ活動でもカレッジ内の社交生活でも順風裡に発展して行き、2年目には佳境に入っていた。夏休みが終わり2年目の最初のスーパーヴィジョンの時、ウォルドック教授は並行的に指導している別の学生の名前を挙げて、彼の進歩に比べて私の論文執筆は非常に遅れていて、このままでは提出に至る見込みは乏しいだろうと厳しい顔で注意された。

「必ず仕上げます」と答えたが、私が大使の娘と婚約したことは新聞に写真入りで出ていたから、ウォルドック教授はこの学生は外交官としての将来は約束されたようなものだから、勉強などしないのではないかと思われたのかも知れない。

確かに順子は婚約後、愛車のヒルマンミンクスを駆って、時速100キロぐらいのスピードでA40を飛ばして時々オックスフォードにやって来ていた。いろんな友人のパーティに婚約者として顔を出すと大歓迎された。私も学者になるために勉強しているのではないから、論文をまとめる絶対的な必要はなかった。しかしカレッジは最初の日本人留学生が学位の取得に失敗すれば、これから日本人をとらなくなる恐れもあった。また婚約などして遊び暮らして論文が書けなかったなどと言われたくなかった。最大の要素は優等生で卒業した慶応出身者が、オックスフォード大学で上の学位を取れないというのは母校慶応の名折れだし、何と言っても私の誇りが許さなかったことである。石に齧《かじ》り付いても論文を仕上げると決意した。

## 厳しかった論文書き

論文の提出期限は60年の6月11日だから泣いても笑っても後8カ月しかない。確かに論文の執筆は大幅に遅れていた。なにしろ膨大な戦後の国連の平和維持活動の記録を渉猟して、そこに何らかの流れを見いだす作業は、結果が見えているわけではなかった。どういう結論を導くことになるか、最後まで見えてこないのだ。最後の2カ月は文字通り寝る時間も惜しんで、大量に国連記録等を読み、そして書く作業に没頭しなければならなかった。一つ大いに迷ったのは、前に触れたように最後のトリニティー学期に、タヴァナーズ・ソサエティの会長に挙げられ、年次晩餐会を主宰しなければならなかったことである。この晩餐会は6月10日で、論文提出日の前日である。その二日前に佐藤嘉恭、大野清両氏と三人で共催したオックスフォードの友人たちに別れを告げるサヨナラ・パーティも予定されていた。6月21日の結婚の日は迫り、日本から両親も到着する。刻々と論文提出の期限が迫るという最後の学期は目も回る忙しい生活だった。論文は500ページに及ばんとする大論文になった。これを6月11日の提出日までに3部作成して提出する必要がある。ドイツ製のタイプライターを駆使して来る日も来る日も書きまくった。最後に天啓のように結論が見えてきた。国際社会は、平和、つまり現状の回復、維持を目的に組み立てられた不完全ではあるが、一つの法体系であると言う結論である。

勿論自分でタイプを打って、3部の提出論文を作成することは出来ない。職業タイピストに頼んだが、多くの院生が論文提出時に向けて書いているので、その手配は大変だった。1人では駄目で、3人の職業的タイピストを捉まえて、こちらに一章、こちらに一章と分けてタイプを頼む。その間に最後の数章を猛烈な勢いで執筆し、ヒューに見てもらう。彼も忙しいのに何週間も私のために自分の時間を優先的に充ててくれた。勿論謝礼なんぞを期待してのことではない。「マーティンが大変だから助けてやるのは当たり前」という感じ。英国人の友情には心底頭が下がった。

かくして論文は完成。結婚後に、ユニバーシティー・カレッジの学長で英米法の泰斗のグッドハート教授とケンブリッジの国際法のフィッツジェラルド氏が試験官で面接インタビューがあった。しどろもどろの面接だったように記憶するが、無事パス。12月10日にシェルドニアン・シアターで白貂の毛皮の縁取りのある長いガウンを着て、学位をいただいた。大野の両親も見えて、翌日ランドルフ・ホテルでカレッジの学長、ウォルドック教授、グッドハート学長等を招いてお祝いの昼食会を開いて下さった。私のオックスフォードの2年間は類い稀な豊饒の時だった。色々な意味でその後の私を形成するに大いなる影響を与えた実りある時期だったと、感謝に堪えない。

後日談として、グッドハート教授は貴君の論文は立派な博士論文で、出版に値するとお褒めの手紙を下さった。

親切にも同教授はニューヨークの外交評議会の副会長をしておられた義弟のフランク・アルチュール氏に私の論文を送って出版の可能性を打診して下さった。その結果は、「立派な論文であるが、このままでは出版出来ない」ということであった。

もしそのままの形で出版できればと思い、私自身もサイモンズという出版社と出版の交渉をした。出版社は3人ほどの有識者の意見を徴した上、「出版を前向きに考えたいが、コンゴの事件について触れて欲しい」との条件を付けられた。60年に入りコンゴの内戦が激化して、遂に国連軍が送り込まれるようになっていた。この事件はいつ終わるか果てしないものと思われた。コンゴが終わっても次の紛争が起こるだろう。出版社が最新の事情を入れたいと希望するのは理解できるが、それに付き合うのは学者になるようなことで、二兎を追うべきでないと考えた。ロンドンの大使館の勤務も始まり、これに全精力を傾けるべきだった。出版社には「今のままのものに若干の手直しならいいが、新しい章を付け加えるのは困難だ」と伝えて、出版のことはきっぱりと諦めた。

B.Litt 学位取得記念写真

オックスフォードでの学生生活を終えるや否や、60年6月にケンジントン・パレス・ガーデンズの大使公邸で結婚式を挙げた。美しい6月の晴れた日に結婚式は神式で行われた。父君が神宮講学館大学教授の神主である御巫清尚参事官(駐カナダ大使)が祝詞を読んで下さった。大使である岳父が主催した式後のレセプションは盛大で、英国各界の名士、外交団、在英 の日本の友人たち、それにオックスフォードの英国の友人たちが出席してくれた。芝生の美しい裏庭は招待客で溢れた。

新婚旅行はドーヴァーの白い崖の上に立つセント・マーガレット・ベイのグランヴィル・ホテルで、カモメの鳴き声と沖合を通る船の汽笛を聞きながら過ごした。

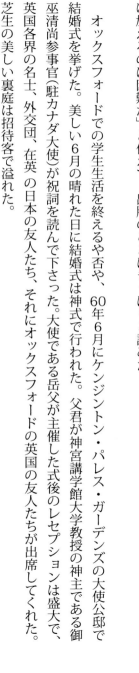

オックスフォードを卒業して直ぐに結婚したのは、研修終了後私が第三国へ転勤の可能性があったからである。研修が終わりいよいよ外交官としての生活が始まるわけである。私は本省は駐英大使の岳父の下での勤務を認めないだろうから、転勤の可能性は大きいと思っていた。意外にもロンドン大使館勤務となり、その後2年間岳父の下でロンドン大使館に勤務することとなった。

## 岳父の下でのロンドン大使館勤務

ここで当時の日本の外交について極めて簡単に述べておこう。52年サンフランシスコ平和条約締結により国際社会に復帰した日本は、米ソ間に冷戦が続く中、ソ連との間には領土問題があるので平和条約を結ばないままに56年に日ソ共同宣言を調印して、外交関係を樹立した。翌年国際連合へも加入した。国際社会への復帰は果たしたが、貿易面では関税上の差別に囲まれていた。戦争の傷跡と戦前の「安かろう悪かろう」の模造品の輸出の記憶も消えていなかった。55年に日本は関税及び貿易に関する一般協定（ガット）に加入したにもかかわらず、多くの国がその35条を援用して、日本には引き続き関税上の差別待遇を科した。貿易立国の道は険しかった。

結婚披露宴でオックスフォードの友人に囲まれて

英国については戦前繊維産業が日本の繊維産業と激しい角逐を繰り返したこともあり、特に日本への警戒感が強かった。反面国際貿易における英国の国際的な指導力は卓越していた。日本外交の切っ先はガット35条の援用撤回に向けられていた。岳父大野勝巳は事務次官の後58年5月から64年5月まで6年間駐英大使を務め、その間に日英通商航海条約の調印に向けて精力的に働いていた。その甲斐があって、61年10月にキッピング英国産業連盟事務総長一行の訪日が実現し、その報告書「A Look at Japan」が英国朝野に日本との経済関係を正常化するべきとの認識を強め、交渉が始まり妥結に至ったのである。

62年11月11日、マクミラン首相と訪英中の池田勇人総理の立ち会いの下で、ランカスター・ハウスで、ヒューム外相、エロール貿易相との間で日英通商航海条約が調印された。英国はガット35条の援用を止め、その後各国が追従したので、日本の国際貿易制度への完全な復帰が実現する端緒が開かれた。

私は岳父が寧日なく英国朝野に同調者を開拓し、親交を結ぶ人脈作りをする現場をよく観察した。あらゆる機会を逃さず日本理解の促進と英国朝野に昔の日英の親交関係を取り戻す意義を訴える努力を重ねていた。ケンジントン・パレス・ガーデンズ23番地の公邸では、午餐会、晩餐会、レセプションがひっきりなしに開かれていた。岳父は要人との一つの会見、一つの出会い、午餐会、晩餐会の出席者の人選、選ぶメニュー、ワインまでゆるがせにしない人で、それが大きな外交目的のために仕組まれていた。目配りも外務省から議会関係者、メディア、文化人と広範に亘っていた。ロンドンに勤務する日本の経済人、報道関係者、学者全てにも目配りは行き届き、さまざまな機会に組み合わせて、1プラス1が2にもなり、3にもなるいわゆるシナジー効果を狙っておられることが良く判った。日英議員連盟、日英経済研究所、日本クラブ等すべて大野大使の時に生まれている。当時部下であったのは日本外務省でも一騎当千の人物ばかりだった。中川融公使（国連大使、駐ソ大使）を要とし、その後主要国で名大使とうたわれた斉藤鎮男（国連大使）、本野盛幸（駐仏大使）、大川美雄（駐カナダ大使）氏などの方々がおられた。外交官の仕事の学び方には徒弟制度のような所がある。優れた大使の仕事ぶりを傍らで見ながら経験を積んで行くことは何よりも外交修行の上で計り知れない教育効果を持つ。従って重要な公館で勤務する機会の有無が随分影響する。若い頃に主要公館で勤務すると、有力な先輩に知られて引き立てられるということが喧伝されるが、そういう面も否定はできないが、重要な公館に勤務するのは優れた外交官が多く、その働きぶりを観察することの意義は極めて大きい。私自身外交官の卵として、お客に出す食事や酒の詳細まで目を見張り、客同士の相性にも気を配る岳父のやり方を見て多くを学べたのは幸運であった。

私の最初の任地ロンドンでの最初の仕事は、配属になったプレス班で英国のプレスに広報をすることであったが、英語が極めて達者で経験のある二世の宮川敬参事官が記者会見などを見事にさばいて居られ、プレスとの関係で駆け出し官補の私の出番は記録作りぐらいしかなかった。

ロンドンで始まった私の初の在外公館勤務に当たっては、兄のような暖かさで公私に亘り指導をして下さったのは本野盛幸氏であった。明治時代に祖父が外相を務めて以降、4代目に当たる外交官の血筋を引く方である。岳父大野の次官時代の秘書官を務め、英語とフランス語に堪能で、仕事も極めて有能な外交官だった。最後はニューヨーク総領事やフランス大使を務められた。同氏夫妻にはサウス・ケンジントンのフラットやその近くのビストロで良くご馳走になった。

本野氏は自分のモットーは「一任地一仕事」で、現在はロンドンに日本理解を促進する組織を作ることであると言われた。本野氏と後任の大川氏の努力で、英国の著名なジャーナリスト一家の一人レジナルド・カドリップ氏を説得して欧州における日本の出城のような役割を果たす日英経済研究所が実現した。

## 私の「一任地一仕事」―教科書是正工作

私は本野氏の「一任地一仕事」の言葉に大変に魅せられ、私は自分も同じような考えでこれからの外交官生活を送ろうと決心した。広報・プレス班に勤務するので、英国の教科書に広く見られる誤った日本記述を是正する仕事を始めた。本省からの指示でなく在英大使館として自発的に始め たことである。当時の英国には日本への反感が溢れていて、ピッカデリー大通りに「武士道の残虐行為」と言った反日の見せ物小屋が立っていると言う状態で、悪意がなくとも、日本のことを正しく教科書で教育すると言うような状況ではなかった。しかも英国には日本のような教科書の検定制度がなく、パブリック・スクールの地理の教師などが、適宜資料を集めて好きなように教科書を書いていた。多くの書き手がいるが、反面これらの人が正しく書き直して呉れれば効果が上がることが期待された。私は英国の学校で使用されている教科書を集めて、書き手のリストアップを行ない、不適当な記述があれば、これを指摘して書いた人に手紙を出して直接正確な情報を提供すると言う活動を始めた。英国人は基本的にフェアな国民性を持っている。フェアに色の付かない情報を提供し続けるうちに相当の効果が出てきた。

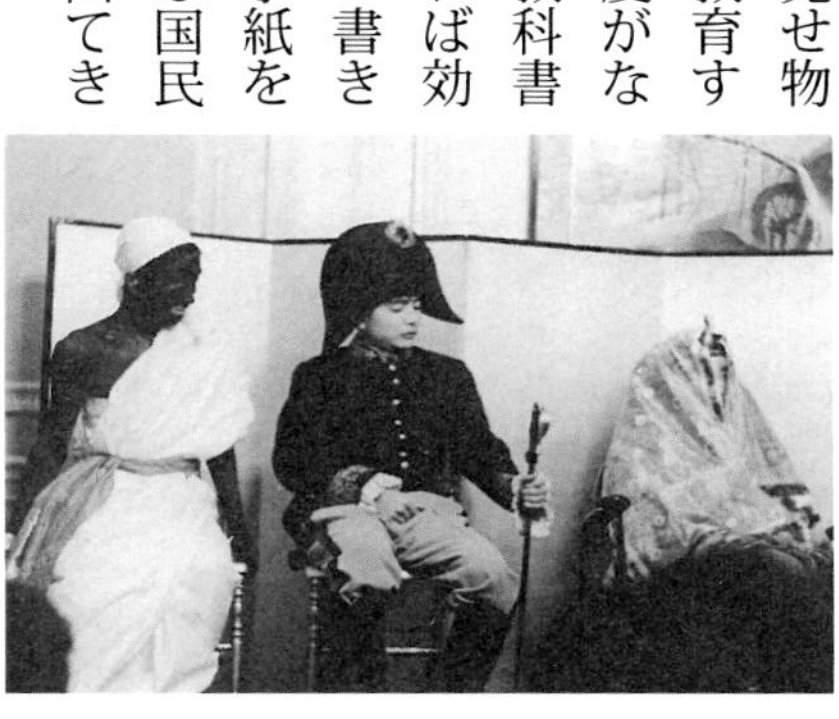

クリスマスにヌクルマを演じる私とナポレオンを演じる斉藤氏

教科書だけでなく当時世界中で国際関係の仕事するものにとり必携の「政治家年鑑（Statesman's Yearbook）」などに対しても重点的に情報の提供を行った。しばらくして日本の新聞に著名評論家の木村毅氏が、この年鑑の最新号に掲載されている日本関係の参考文献が非常にアップ・ツー・デートで感心したと言うコラム記事を載せられた。彼は勿論これが在英大使館の官補の努力の結果とは知らなかっただろう。

## 若竹会の思い出

当時ロンドンには日本協会があり、元駐日大使のエスラー・デニング卿が会長で、戦前の在日武官のピゴット少将や日本と商売上の関係が深かったセール大佐等の親日家の会員がおられたが、皆お年を召していて、お世辞にも活発な組織とは言えなかった。若い世代の会員はこれを不満として、若竹会という別組織が出来ていた。若竹会の会員は一緒に郊外に遠足をしたり、会報を出したり、活発に活動していた。日本協会の旧世代の老人たちはこれを大いに悲しんでいた。

若竹会は、日本人は三菱商事の槙原稔氏が中心で、私の記憶では、他に今井智之（シェル）氏、岩永礼子さん、宇田信一郎（ＮＨＫ）氏等がいた。若い英国人はジョン・ゲットラップ、マイク・イシャーウッド両氏が中心で、他にキース・サーリー氏、デンプスターさん、グラーム・ウィレット氏等がメンバーだった。

大の親日家ピゴット氏

槙原氏は私が英国に来る前に東京の外務研修所で、ハーバード大を出られて帰国早々の飛びっきり英語に堪能な講師として、研修生のわれわれに英語の演説の指導等をされていたので知己であった。夫人は三菱創業家の岩崎家ご出身の美しく魅力に溢れた方だった。私は若竹会の会合に積極的に参加してこの会の人たちと親交を深めた。同時に日英両国の懇親を願う組織が二つに分裂して存在することは、長い目で見たら好ましくないと説いた。究極的に若竹会が日英協会の下部の組織となり、両組織が合流することになったのは良かったと思う。

槙原夫妻とはその後ワシントン、ニューヨークでほぼ同時期に在勤し、公私にわたる親交が出来ただけでなく、私が深く関った「アフリカ月間」や「イタリアにおける日本」年などの募金では支援の先頭を切って頂いた。世界各地で人生を併行して過したという不思議なご縁とも云うべきで、ここで深くご夫妻に感謝の意を述べて置きたい。

## プロトコール勤務から帰国へ

一年後、大使の秘書の役割であるプロトコール部に移った。当時のロンドン大使館は日英通商航海条約を実現するという大野大使の目的に皆が一丸となって働いている大野一家のようなところがあり、また同氏は私情を挟むところの全く無い極めて公平な人物であった。むしろ私には極めて厳しい態度で臨んでいると感じたことすらある。何れにせよ徒弟制度の外交サービスの中で立派な親方から外交官として掛け替えのない貴重なものを体験として学んだのである。当時ロンドン大使館では代々新入りの官補はまずプレス部に、ついで2年目にプロトコール部に配属替えとなることになっていた。斉藤総務参事官は上司の大使が岳父であると言う理由で、その秘書をさせないようなことは狭量な配慮だとされて、私の場合にも大使館の人事の通常のロテーションを変えるようなことをされなかった。私はこのことについて斉藤鎮男氏には深く感謝している。

帰国を控えた62年5月には家内とアイルランドを旅行した。ダブリンを振り出しに、車でキラーニー国立公園を抜け、ゴールウェーの海岸では素晴らしい夕日を眺めた。一度持参のテントを張って一夜を過したが虫嫌いの家内に忌避されて、生涯一回限りの経験となった。アイリッ シュ・コーヒーに魅せられ、特殊なグラスを買ったが、メイド・イン・ジャパンで驚いた。緑の鮮やかなこの島で過した一週間は忘れられない楽しい日々であった。62年8月末、私は妻となった順子と連れ立って、４年にわたる実り多い英国生活を終えて帰国した。

キラーニー国立公園で馬車に乗る

# 第3章　日本の援助の揺籃期（1962年9月～66年5月）

国連「開発の十年」
出来立ての「援助村」に配属される
開発援助委員会（DAC）の思い出
東南アジア開発閣僚会議

## 国連「開発の十年」

まず最初にあの頃の援助を取り巻く内外情勢について述べて置くのが妥当であろう。国連加盟国の数が発足時の1945年の51カ国から1965年に118カ国に増加したことに示されるように、戦後多くの旧植民地が政治的独立を遂げた。これらの新興国の経済成長の問題が国際社会の注目を集めるようになってきた。61年のケネディ米国大統領（1961～63年）の登場は、この問題の緊急性を一層際立たせた。国連総会は同大統領の提唱を受け、60年代を「開発の十年」と名付け、1970年までに途上国が年率5％の成長を達成することと、先進国は国民所得の1％を目処に途上国への資金の流れを増大することを決めていた。

戦後世界を悩ませた「ドル不足」問題も徐々に解消して、マーシャル・プランにより欧州諸国も経済復興を遂げ、日本も経済大国への道を走り始めていた。米国は途上国援助は、先進国が一致して果たすべき義務と考え、ヨーロッパ諸国や日本に援助努力の強化を求める様になっていた。米国は理想主義者のケネディ大統領の下に61年には開発援助庁や平和部隊を発足させ、合理的な開発援助を指向していた。米国は、「平和憲法」の下では日本に多くの防衛負担を期待出来ないこともあり、経済発展を遂げ始めた日本にも援助の一翼を担わすことが、最も合理的な長期政策と判断したのであろう。既に60年1月に日本は、米国の要請をいれ、開発援助委員会（ＤＡＣ）の前身である開発援助グループ（ＤＡＧ）に当初からのメンバーとして参加していた。欧州諸国も援助組織の強化を図り、日本でも援助がこれからの重要な国策となると理解されていた。

60年代の初頭の日本の一人当たりＧＤＰは５００ドルか７００ドルぐらいだったが、日本は54年にコロンボ計画に参加して、技術協力を暫時拡大していた。フィリピン、インドネシア、ビルマ（ミャンマー）、ベトナムに供与された賠償はこれらの国の経済開発に貢献していた。日本は輸出の振興を図らねばならなかったので、輸出入銀行が輸出信用を供与していた。58年に円借款がインドに供与された。「あの戦争」についてのこの国の公正な立場が好感されていたのと、何よりもインドは鉄鉱石と石炭の供給国として重要だったからである。インド以外には借款は、戦後処理との関係で韓国と中華民国の2カ国にしか供与されていなかった。

援助は途上国との関係で重要であるばかりでなく、米国始め先進国との外交においても重要であった。外務省は対外関係を総括する立場から、援助問題で主導権を発揮したかったが、実際には財政、金融を司る大蔵省、貿易と産業政策を主導する通産省や省庁対立の緩衝組織としての経済企画庁と協調しなければならなかった。61年に貿易金融を行う輸出入銀行に加えて、途上国に政府借款を供与する目的とする海外経済協力基金が創設されたが、省庁対立の結果としてこの組織の主管官庁は経済企画庁だった。この「四省庁体制」の下で、揺籃期の日本の途上国援助が進められていた。日本政府内で援助担当部局は拡大を続け、取りまとめ官庁である外務省にも「援助村」が生まれつつあった。

## 出来立ての「援助村」に配属される

英国から帰り、62年9月に本省勤務となった私は、経済協力局の政策課に配置された。当時の経済協力局は、日本の援助活動が質量共に増大するにつれ、今後発展する局として重視されていた。局長は重厚な西山昭氏（駐カナダ大使）で、各課の課員には後に外務省で主要なポストを占めて外務省を担うこととなる俊秀が揃っていた。私が配置された政策課の課長は片上一郎氏（駐イスラエル大使）で、首席事務官は栗山尚一氏（次官、駐米大使）だった。私は次席事務官としてこの課に来た。主たる仕事は、経済協力開発機構（ＯＥＣＤ）未加盟の日本が唯一メンバーになっていた開発援助委員会の担当だった。

どこの国でも外交政策は外務本省がつくる。在外公館は外交機能の目と耳として極めて重要であるが、頭脳ではない。国の政策作りに参画したいと思う者は、たとえ給料が安くても本省勤務を希望する。外交は継続性が重要だから重要な外交課題を担当している者は在任期間が長くなる。優秀な人物は一度別の部署に移っても時を隔てて古巣に帰ってくる。そういう訳で機能局である条約局や経済局は、国際レベルで高い経験と知識が要求されることもあり、「畑」や「スクール」になりやすい。同じ意味で相手国の特殊性や語学の特殊性から、ロシア、中国、アラブ世界には地域的な専門家グループが生まれる必然性がある。当時そういう意識はなかったが、40年にわたる私の外務省生活を振り返ると、私はジェネラリストであったが、その中では色々な段階で経済協力と深いご縁があったので「経協畑」の人間であったといえるだろう。「援助村」での最初の本省勤務が私の外交官人生にかなり決定的な影響を及ぼしたと思う。

その頃経済協力局では沢木正男経済協力課長（駐インドネシア大使）が剛腕を振るっていた。警察庁から人を引っこ抜いて首席事務官にしたり、兎に角型破りの人物だった。経済協力課は拡大しつつあった国別の具体的な援助案件を扱っていて活気があった。後に国会議員となり環境大臣を務めた大木浩氏が首席事務官を勤め、その下に宇川秀幸（駐ブラジル大使）や西山健彦（ＥＵ代表部大使）氏等の俊秀が活躍していた。中級、専門職の極めて優秀な事務官が揃っているのは偉観だった。

さて私のボスの政策課長の片上一郎氏は温厚な性格もあり、また沢木氏とは同期入省の誼で二人は仲良くしていたのは有り難かった。しかし政策課員は隣の経済協力課長からも指示や命令が来るので気苦労が多かった。私は沢木氏とはどうも肌が合わなかった。不運も有って、沢木課長の私の第一印象は良くなかったようだ。政策課に発令直後オックスフォードの先輩の宇川秀幸氏に会ったら「同じ局だから発令後すぐ挨拶に来い」と言われたので、着任早々に挨拶に行った。政策課と経済協力課は間仕切りの無い大部屋で隣合わせだったが、始めての本省勤務で私は様子が判らず、奥の所にいる人物に「宇川さんはどこの席ですか？」と聞いた。この人物が沢木氏であった。沢木氏は私のことを、大課長に平事務官の席を聞くとは何と失礼な奴だと思っただろう。彼は顎をしゃくって、一言も言わずに前の席を示した。これが彼との最初の出会いで、私も随分傲慢な怖い人だなと思った。

私はじきに沢木課長と衝突してしまった。と言うのはボスの片上課長がパリの会議に出張になって不在になった途端に、隣の沢木課長から「経済協力政策ペーパーを作るから局の事務官は全員集合せよ」という命令が出た。私は隣の課長の言うことは聞けないと拒否した。怒った沢木氏は怖い顔をして「どうしても協力しないか」という。私は「いやしくも政策課の課員である以上、局全体の作業ということならいざ知らず、隣の課長の指示は受けません」とはっきり言い切った。彼は「判った」といって、局長室に飛び込んで行き、直ぐに戻ってきて、私に「局長の了承を取った。局の仕事としてやる」という。これでは仕方がない。政策ペーパー作りに参加した。手荒いスタートだったが、時が経つにつれ生白い私が泥臭い経済協力の仕事を積極的にやることを彼は評価してくれるようになったようだ。彼は後に経済協力局長になった。私も後年に経済協力局長だった時には、彼の経験と剛腕に期待して「マルコス疑惑」後、海外経済協力基金についての懇談会の委員になって頂いたりした。沢木氏は外務省を退官した後東急の総帥の五島昇氏に可愛がられ、東急の顧問になると、後輩を時々ゴルフに誘って下さる頼れる先輩の一人となった。晩年には顔を合わす度に「なあ、経済協力局長をやり、ニューヨーク総領事になったのはお前と俺だけだな」と極めて親しい仲となった。案外我々は似た者同士だったのかも知れない。

## 開発援助委員会（DAC）の思い出

ケネディ大統領の元で理想主義的な開発途上国援助を始めようとしていた米国は、他の援助供与国にも出来る限り米国と同じ哲学ややり方を採らせようと画策した。旧植民地との関係を復活しようという下心のある英、仏、蘭、ポルトガル、スペイン等に開明的な援助をやらせるという狙いもあったのだろう。

そのような米国の思惑を体して作られた組織が、マーシャル援助の被援助国であった欧州諸国の経済政策を統一する機能を果たしていた欧州経済開発機構（OEEC）の下部組織の開発援助グループであった。欧州の戦後復興組織であったOEECは、61年9月に先進国クラブとも言うべきOECDに改組されていた。日本も将来的にはOECDへの参加を希望していたので、その取っ掛かりにしたいという思惑から、改組後OECDの三大主要委員会の一つである開発援助委員会となる予定の開発援助グループへの当初からの参加には前向きであった。ある意味でDACはOECDへの入口であり、またここでの日本の評価は、引き続くOECD本体への日本の参加を占う意味でも重要であった。

開発援助委員会には当時20数カ国が参加していて、OECDの事務局のあるパリのシャト・ド・ラ・ミュエットで頻繁に会合を開いていた。パリの大使館から書記官が出席していたが、重要な会議には本省から局長、課長、それに担当官の私が出席した。ＤＡＣの最も重要な会合は加盟国の援助政策と実績についての年次評価会議であった。加盟メンバーは事務局のガイダンスに従い、援助政策と実績について毎年分厚い報告書を英文で提出する。審査を受けるだけでなく、メンバー2カ国が交替で審査国にもなって、他の国の政策を評価した。いかにもアメリカ主導の委員会運営であった。政策課での私の仕事の中核は、その英文の年次報告書を、援助に関係ある大蔵省、通産省、経済企画庁と協議しながら作成することだった。各国加盟国の年次審査の他に、ＤＡＣにはツー・ステップ・ローンとかひも付き援助の廃止（アンタイング）とか贈与比率等についての作業部会があった。各国の援助政策の統合を図る目的で、アメリカの強い働きかけがあり、問題によっては対応が難しかった。米国は合理的な新しい開発理念を追及していて、輸出機会の増進に走りがちな各国にこの場で教えを垂れるという姿勢だった。お陰で私はこの2年間で最先端の援助哲学や援助技術を勉強することが出来た。後年経済協力局長になった時に政策課時代の経験と知識は非常に役立った。ウィラード・ソープＤＡＣ議長が訪日した際には京都までご案内した。

DAC ソープ議長を京都に案内

援助には多くの省庁が関係していたので、ＤＡＣ報告書の作成は外務省だけでは出来ず、大蔵省、通産省、経済企画庁の担当官と毎日密接に協議し、やり合いながら作らねばならない。取りまとめ官庁の悲しさ、延々と続く各省会議で各省庁が好き放題に云うことを、まとめて翌日のタタキ台を夜遅くまで作る。そんなことに生き甲斐を感じる毎日でもあった。何ヶ月も費やして連日夜遅くまで働いて、年次報告書を作成し、これを持って局長のお供でパリで開かれる審査会議に出席する。

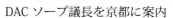

過酷な労働環境は私の身体を損ねた。最初の年は役所で下腹部が痛み出し、神田の同和病院(現在の明和病院)に緊急入院し、家内が来る暇もなく破裂する寸前の盲腸を摘出された。翌年はパリで会議が終わって報告書を書き終えた途端に、背中に激痛が走った。腎臓結石だったのだが、良く分らないままクリニックに入院。美人の看護婦さんは親切で中々良かったが、何やらカプセルを渡されフランス語でこれをしなさいと云う。字引を引くと座薬とあった、これが何だか良く分らない。間違ってもいけないので「分らない」といったら、後ろ向きにされズボンもパンツも引き下ろされてお尻の穴に座薬なるものを押し込まれた。結石特有の激しい痛みは、内田宏参事官（駐仏大使）に抱きかかえられて、タンカに乗せられ、ゴトゴトと病院の廊下を転がされているうちに嘘のように消えてしまっていた。恐らく小さな石は尿道を通り抜けたのだろう。しかし直ちに退院させてはくれない。3、4日毎日大量に水をのみ、尿瓶に小便を集める。小便が沢山集まると美人の看護婦さんが、「ビアン・フェ（良くやった）」と褒めてくれた。石を出すためにぴょんぴょん跳ねて過ごした。この時私を抱きかかえてクリニックに運んで下さった内田氏は、後年駐仏大使を務められたが、ラテン文化の源のイタリアについては深い知識と敬意を持っておられ、退官後は日伊協会の副会長としてお世話になった。ご縁とは不思議なものである。

## 東南アジア開発閣僚会議

60年代前半の東南アジアでは英、仏、オランダ等のヨーロッパ旧植民国家が何とかその権益を確保しようともがいていた。英国はシンガポールを死守すべくマレイシア連邦結成を目論んでいた。インドネシアは西イリアンの領有を巡りオランダと武力抗争を続けるだけでなく、マレイシアとの対決姿勢を強め、「コンフロンテーション政策」を追求し、65年1月には国連から脱退を宣言した。米国はフランスを引き継ぎベトナムへの介入に次第に深入りし、65年2月に米国は北爆を開始。ベトナム戦争は泥沼化した。こういう新興独立国の反植民地運動に、冷戦が微妙な影を投げ掛け、地域の共産党が次第に勢力を伸ばしていた。東南アジアは将に政治闘争の大鍋の中で沸き立っていたのである。

政策課に来て約一年半の64年4月、リンドン・ジョンソン米大統領（１９６３～69年）はバルティモアで重要な演説を行い、その中で米国はベトナムに平和が訪れるならベトナムに10億ドルの投資をする用意があるという提案をした。しかしアジア諸国はこの提案を全く無視した。局内での議論のうちに、ここは一つアメリカに恩を売るためにも、日本が一肌脱ぐべきだということになった。そのためは日本が東南アジア諸国へ援助を拡大することであるが、当時の財政当局は日本にそれだけの財政余力は無く、国際収支の天井もあるので、援助を増大させる余力は無いというものだった。

当時の外務大臣は日韓交渉で名をはせた椎名悦三郎氏であった。茫洋とした純国内派の政治家であるが、戦前岸信介氏の右腕として満州で辣腕を振るった実力者大臣で、省内の人気は抜群であった。今でも外務省員が大外相と名をあげる時の最右翼に来る立派な人物だった。大蔵省が頑として東南アジア援助に応じないと訴える西山局長に、椎名外相は「使い上手に、使われ上手」という言葉を述べて、上手く使われるようにお膳立てをすることを示唆した。毎週何度か局長のところに課長から事務官までが集まって局内会議が開かれて、どうすべきかを議論した。

最も新参であったが、政策課事務官として私は、「東南アジアの問題は域内国があまりにも政治に偏重していることである。国内の経済の開発に目が移れば次第に穏健な外交路線を取るようになり、ベトナム戦争も解決の方向を辿るだろう」と主張して、東京で東南アジア諸国の開発を担当している閣僚を招いた東南アジア開発閣僚会議の開催を提案した。外務大臣でなく開発担当の大臣を招くところが味噌であった。

しかし会議の真の成功のためには想像を遙かに上回る困難があった。経済協力局の真の狙いは当時例外的なインドと韓国と中華民国にしか供与していなかった円借款を、タイ始め東南アジア諸国に供与することにあった。米国やＤＡＣ諸国からは日本の援助の増大を求める強い要請があった。しかし大蔵省は外貨不足で日本にそういう能力はないとの一点張りで、この会議の結果としても援助を出すことは無いと言う姿勢だった。椎名外相は「援助のお土産など考えていない」、これは「ゆかた掛け外交」なんだと惚《とぼ》ける。ただ一緒に夕涼みをするのだというような感じで、兎に角国内を説得して会議の開催に漕着けた。65年に入りタイ、フィリピン、マレイシア、南ベトナム、ラオス、インドネシア、カンボジア、シンガポールの東南アジア8カ国に対して東京会議への招待が出された。

出席国は当然その後日本から援助が来ると思っているのだから、事務方は「ゆかた掛け外交」だけで終わらす訳には行かない。大蔵省の抵抗を破らなければならない。日本は官僚が大政策も決めて政治家はこれを嘉納《かのう》するというスタイルで政治が行われている。たとえ外務省の主張に理があろうとも、財政当局の同意がなければ、総理大臣と言えども、財政資金の支出を伴うことになる政策の実行は不可能であった。

大蔵省の説得のためには、彼らの「理論に弱い」体質を念頭に、理詰めの説得をすることも必要だった。当時経済協力局の若い事務官の間には、コンピューターの潜在能力に大きな関心があった。仕事が終わったあと、我々はエコノメトリックスの勉強もしていた。役所に導入された新しいコンピューターを使ってシミュレーションをすることに魅惑された。私はエコノメトリシャンの大西昭先生に委嘱して外務省のコンピューターを駆使して、同僚と一緒に、東南アジア諸国の援助必要額の算定と日本の援助能力の測定の作業を行なった。コンピューターを使って、国別に援助所要額を算定する作業はとても面白かった。シミュレーションと言っても単純に過去の統計を外挿する作業だった。日本の経済指標は時系列的に良く揃っていたが、時系列統計など存在しない国々については、ある限りの数値をいれたトレンド算定の作業を行ない、判らないところは適当にパラメーターの数字をいじった。若干の留保付きながら、シミュレーション作業は驚くべき結果を浮かび上がらせた。日本の援助能力予測の作業からは、財政当局が援助能力なしと言う理由に挙げる「国際収支の壁」について、日本は急速に貿易黒字体質となるというものだった。東南アジア諸国の援助所要量についてのシミュレーションは、援助の必要量はそう巨額ではないことが明らかになった。両方の作業結果を総合すると、これからの日本には東南アジア諸国を丸ごと援助する能力が生まれているという結果が浮かび上がってきた。

この検討結果をぶつけても大蔵省は反対の態度を変えなかった。唯経済企画庁の同僚は「英さん、この調査の通りですよ。我々が日本経済の将来予測をする際には、大幅な黒字が出ないようにパラメーターを一寸操作しているのです」と内々の情報を教えてくれた。不都合なデータは隠すという官僚の情報操作力を、私が身をもって体験した始めである。

対大蔵説得に加えて関係閣僚の教育も大変だった。日本側は外務大臣のみならず大蔵大臣、通産大臣、農林大臣等の経済担当大臣が出席する訳だが、出席する日本の閣僚には、参加国の経済状況、開発上の問題点などについて全くと言って良いほど知識がないと思われた。所詮当時の政治家にとっては、アジアとは韓国と中華民国で止まりだった。大陸を支配する中国とはまだ国交がなかった時代である。

そこで国別のペーパーの準備をして、会議参加国の経済事情とどういう開発上の問題点を抱えているかを説明することから始めなければならなかった。当時の日本の地域研究は非常に遅れていた。タイとかインドと言う主要国についてはアジア経済研究所の研究者の研究等があり、また傾聴すべき意見をお持ちの学者もおられたが、ベトナム等多くの国について国別の研究はほとんどなかった。そこで数少ない研究者や現地で暮らした商社マン等を外務省に招いて連日ヒアリングを行なった。夜までかかるヒアリングの後、深夜までその取りまとめをすると言う日々が続いた。最後に「東南アジア諸国の開発の現状と問題点」と題する調書が完成して、関係省庁に配られた。

大西昭教授の全面的なご指導の元に行なった最先端のコンピューターのシミュレーションである「日本の援助能力の測定」「アジア諸国の援助需要の測定」の作業は、日本の援助に理論的な合理性を与える最初の努力であった。また40名を越える学識経験者を総動員しつつ、心血を注いでほぼ私一人で取りまとめたと言える「アジア諸国の経済開発の現状と開発援助の方向」は、後の国別政策の嚆矢《こうし》といえるものだった。それは援助を援助国側の事情でなく、被援助国側の必要や要請に合致させるべきという理想主義の現れだったとも言える。時代を示しているのは、この国別政策報告書が中華民国（台湾）は扱いながら、国交未回復の中国（本土）を対象としていないことである。まだ日本の関心が低かったインド、パキスタン、セイロン（当時）とネパールまでが、この検討の対象となっているのは、これら諸国への援助について当時日本の関心があったと言うより、「インドと取り組まずして日本のアジア外交はない」という私の持論が反映されている。この三部作は内部資料であるので外部には全く知られていないが、日本の援助の歴史を論じる時には、いつか陽の光を当てて貰いたいと切望している。

日本の会議開催提案への反応は芳しいものではなかった。すぐに出席の回答を呉れたのは、タイ、フィリピン、マレイシア、南ベトナム、ラオスのみで、親米諸国だけだった。米国の招待でも同じような会議に出席したであろう。日本主催で違いを出せなければ意味がない。インドネシアとシンガポールの出席は不可欠である。西山経済協力局長は会議開催を下から稟議を上げても、中々ウンと言わなかった人だったが、流石に大臣決裁を得て開催が決まった以降は、別人になったように自ら動かれた。66年1月、彼は参加を渋るシンガポールとインドネシアの説得のために自ら東南アジアを訪問することに踏み切り、私に「ついて来い」と言われた。「お前は偉そうに東南アジア諸国の開発の現状とか問題点を語るが現地を見ていないじゃないか」と言われて、私は頭を掻いた。その通りで私の東南アジア体験は英国留学の南回りの飛行機が給油の時に立ち寄ったマニラとバンコックの空港だけで、田舎はおろか町にさえ一歩も出ていない。西山局長は訪問国の外務省の説得は程々にして、経済閣僚特に大蔵省関係者への説明と説得に重点を置いた。彼は「お前はシンガポール以外は会談に立ち会う必要は無い。各国の現状をお前の目で出来るだけ見てこい」と言って下さった。

私はこの時フィリピン、インドネシア、シンガポール、マレイシア、ペナン、南ベトナム、タイとカンボジアを訪問した。太っ腹な西山局長がシンガポールのリム・キム・サン蔵相に、我々に見せたことも無い恭しい態度で「ユア、エキセレンシー」と猫なで声を出したのには流石外交官だと心の中でうなった。シンガポールでの会談以外の会談には立ち会った記憶はない。私は飛行場に着くなり、西山局長と別れて、大使館員に地方を含めて視察を依頼した。この時取った8ミリの映画はベトナム戦争中のサイゴンの町の賑わいやジャカルタのメインストリートで立ち枯れ状態のウィスマ・ヌサントラの鉄骨などを写している。カンボジアでは館用車を出してもらいトンレ・サップ湖を廻って走り、東南アジアの米作りの田舎を視察し、シエム・リアップで一泊した。翌朝日の出前に宿を出て、午後まで8ミリの撮影機で念願のアンコール・ワットを取りまくった。この8ミリの映像記録は後年アンコール・ワットがポルポト軍により一部破壊される前のもので、当時の東南アジアの雰囲気を残す貴重な資料になったと思う。その後技術が進歩して8ミリ映画は全く廃れてしまい、映写機も壊れて映せなくなったので、ＤＶＤに作り直してある。

お目当てのインドネシアでは、会議招集数ヶ月後の65年9月30日に共産党によるクーデターの失敗があり、共産党は一掃された。日本の懸命の説得が効を奏して、遂にインドネシアは参加に踏み切った。その後カンボジアも出席に踏み切る。

66年4月東京で戦後日本が主導する最初の国際会議は、ラオス、マレイシア、フィリピン、タイ、南ベトナム、インドネシア、カンボジア、シンガポールと日本の9カ国の参加を得て成功裏に開催された。この会議は経済協力局が総力を上げて実現に漕ぎ着けたものである。恩田宗氏（駐タイ大使）、中村昭一氏（駐タンザニア大使）など多くの同僚の、東京での会議の開催準備とフォローアップの活躍は見事なものだった。会議は成功裏に終わり、椎名外相の求めた「使われ上手」の甲斐があって、これをきっかけに日本は東南アジア諸国の開発支援に本腰を入れるようになったのである。

タイ（68年1月に6000万ドル）、マレイシア（66年11月に5000万ドル）、インドネシア（70年6月以降商品援助等8000万ドル）、シンガポール（66年10月約59億円に相当する5000万シンガポールドル）、フィリピン（69年2月に日比友好道路借款）、ビルマ（69年に3000万ドル）等に円借款が続々と供与されることとなった。我々は華僑に支配されているコメ市場を自由化して、東南アジアに農業革命をもたらすことを夢見ていた。67年が「国際コメ年」であることを念頭に東京で農業開発会議を開催して、その結論としてライス銀行を作る密かな夢を抱いていた。この農業会議は岳父大野勝巳が議長になり東京で開催されたが、残念ながらライス銀行の考えは全く問題にならなかった。漁業分野では日本の進んだ漁業技術を東南アジア諸国に広めるための漁業センターの設立が決まり、タイとシンガポールにセンターが設置されることになった。

東京会議で始まった東南アジア開発閣僚会議は、参加国持ち回りで開催されることになり、翌年のマニラを振り出しに、73年に第8回会議が再度東京で開催された時には参加国はビルマ、オーストラリア、ニュージーランドを含む12カ国に拡大し、東南アジア経済支援の重要なグループを構成していた。東南アジア諸国は67年8月に「地域的強靭性を高める」目的で東南アジア諸国連合（ASEAN）を発足させ、次第に結束を深め、発足後10年を経て首脳会議が76年にジャカルタで開催された。東南アジア開発閣僚会議は75年に第10回会合をシンガポールで開催する予定であったが、76年2月に同地でＡＳＥＡＮ首脳会議が開催されると言う事情も有り、延び延びとなり遂にその後は開催されなかった。むしろ76年9月に日本は力をつけてきたＡＳＥＡＮとの間にフォーラムの設置を求め、77年3月にジャカルタで第1回の日本・ＡＳＥＡＮフォーラムが開催された。日本の東南アジアへの一方的な経済進出は、74年1月の田中総理の東南アジア訪問の際の反日デモに見られるように、地域の反撥を招くに至った。日本はこの地域とより調和の取れた親密な関係を築く必要に迫られ、77年の8月には「軍事大国とならず」「心と心の」交流を掲げる「福田ドクトリン」が生まれた。

振り返って見ると、外務省の思惑は見事に当り、66年の東南アジア開発閣僚会議以降、日本から大量の資金が東南アジアに流入することになった。東南アジア諸国はこの時期を境に経済開発に向けて舵を切ることとなったと総括しても過言ではないだろう。開発会議の成功は、外務省始め関係省庁の仲間たちも懸命の努力をした結果であることは言うまでもない。ただその構想を提唱して、お膳建ての中心の一人となったことは、私にとり素晴らしい経験であった。日本の外交で33歳の事務官でも「凄い」ことが出来た「良き時代」の話である。私の政策課勤務は4年近くなり、66年5月北米局北米課に配置替えとなった。

# 第4章　アメリカとの縁の始まり（1966年5月〜67年9月）

北米課に配置替え　日米漁業交渉
日米貿易経済合同会議の京都開催
森総務長官のお供で沖縄訪問

## 北米課に配置替え

66年5月北米局北米課に配置替えとなった。主としてカナダと漁業問題の担当ということだった。私は米国は極めて重要な国だから、早い時期に勉強の機会があると良いと思っていたので、勇んで仕事についた。

当時の日米関係には64年8月のトンキン湾事件以降のアメリカのベトナムへの介入拡大が影を落としていた。外務省内の多くの意見は米国のベトナム介入には懐疑的ないしは批判的だった。国内には反米、反戦の機運が漲っていた。

北米課の仕事はこれまで漁業と航空問題が主体だった（日米安保問題は隣の安全保障課が担当していた）が、64年6月に外務省内で沖縄・小笠原問題の主管が、アジア局から北米局に移管され、北米課の扱う仕事の内容が変わって来ていた。

私が北米課に配属になった時の課長は中島信之氏（駐オランダ大使）であったが、程なく枝村純郎氏（駐インドネシア、駐ソ大使）に代わり、私は首席事務官となった。枝村氏は昭和26年入省組で前向きな積極性を持つ人物だった。研修語学的にはスペイン語が専門の外交官だったが、英語の語彙の知識や表現力は、英国留学から帰った私の遠く及ぶところではなかった。

枝村課長はワシントンの大使館に勤務の気鋭の千葉一夫書記官（駐英大使）と気脈を通じて、当時国内で関心が高まってきた沖縄の本土復帰に向けて並々ならない熱意を持っておられた。私は有名な佐藤総理の「沖縄の返還なくして戦後は終わらない」というのは彼の作ったフレーズと思っている。沖縄の重要性の検討に付いて課を挙げて精力的な作業をしていた。私にも直ちに朝鮮戦争時の沖縄の役割に付いて研究して報告せよという下命があった。いろんな資料を渉猟して、「朝鮮戦争勃発時に米軍が沖縄基地から出動出来なかったら米国は朝鮮半島を守ることが出来なかった」と報告した。枝村課長の仕事ぶりから、当たり前と考えて軽々に結論を出すべきでなくキチンと詰めることが大切なことを学んだ。

同じ課には米国留学帰りで、優秀な有馬龍夫（駐独大使）、渡邊允（ジョルダン大使、儀典長、侍従長）両氏がいた。有馬氏は英語に堪能で、誰かの推薦で特に有能な人物ということで外部から特別に採用された米国通であり、昭和32年採用試験合格の私たちと同期扱いということだった。

私は随所で英国とアメリカの違いに悩まされた。在京米国大使館館員から掛かってくる電話でアメリカ訛りの英語を聞き取るのには苦労した。何よりも同僚に較べて肝心の米国についての私の知識の乏しさは明らかだった。夏休みが終わるころ子供の宿題の手助けをする父親から「独立当初の13州の名前を教えて下さい」調の質問が首席事務官の小生に廻ってくるのには閉口した。今ならこんな情報はパソコンで検索すれば直ぐに入手出来るが、そんな便利なものはなかった時代である。結構そういう横着な人がいて、返事がもたつくと「公僕のくせになんだ」と叱られた。

首席事務官は担当事務に加えて、「何でも屋」でもある。人事上の相談から、課の会計事務の統括、忘年会や懇親旅行の計画もやる。ワシントンの在米大使館がチャリティのためのガラ晩餐会を主催した時には、ドア・プライズと呼ばれる出席者が帰る時に持たせるお土産作りもやった。私は学生時代のクラブ活動の経験から、こういう仕事は得意だった。私は黄色と黒色の大胆な市松模様のビニール製の大きなトート・バッグを作り、これに入れる雑多なお土産の賞品を集めた。慶應の仲間にはさまざまな企業をやっていて小回りの利く友人が多くいて、助けてくれたのは有り難かった。このトート・バッグは大きなタオルなどを入れて海水浴に行くのに便利と、出席者に大好評だった。

## 日米漁業交渉

日本の水産業界は戦前から北太平洋で活発に底引き網漁業を行っていた。また捕鯨と並び、サケ・マス、タラバガニ、オットセイの漁獲は重要であった。敗戦後も独立回復の暁にはその継続を希望していた。他方米国、カナダの太平洋沿岸の漁業界は日本の漁業の復活を懸念し、平和条約の発効前の51年11月に東京で日米加三国の漁業会議が開かれた。この会議で勧告された条約案に基づいて、日米加漁業条約が52年9月に調印された。この条約の下で日米加漁業委員会が、北太平洋の漁業資源の保存に向けての科学的な検討を行うことになっていた。ここでは基本的に、特定魚種については、永続的な最大の捕獲量（ＭＳＹ）を越えない範囲内に漁獲量を制限するべきという科学的な考えが取られていた。ただこの年次会議はある意味ではセレモニーで、特定魚種に付いての実質的な交渉は利害関係国の間で行われた。

日本の漁業の根底には海洋の生産力は一定していて、ある種類が乱獲等で減少しても他の種類が増加するという哲学があるように思える。日本の考えを面白く云えば、オヒョウのような大きな底魚を乱獲して資源が減っても、スケトウダラがある。鱈を取り尽くしてもメルルーサが現れる。最後は海の雑草のイカを食べれば良いと言うわけである。日本は最後にすり身にしてかまぼこを作れば良いわけだ。これに反して欧米は概して特定の魚、たとえばサケ、ヒラメ、鱈ぐらいしか食べない。レストランのメニューに乗る魚は意外に限られている。そのため特定魚種の魚については永続的な漁業を可能にする最大限の水準の漁業を行うという哲学になる。端から観察して、日本と欧米の間のこのような漁業哲学の違いは興味深かった。

資源が枯渇傾向を示す中で、オットセイについては海上捕獲が禁止される代わりに米国、ソ連は陸上捕獲の一部を海上捕獲に既得権がある日本に提供するという取り決めが結ばれていた。オヒョウについては、日本の関心はそう大きくなく、米国とカナダの間で漁獲を制限する取極が出来て、日本もこれを尊重することになっていた。日米間で最も利害関係が対立していた重要な漁業は、公海上のサケ・マス漁業とアラスカ沿岸のタラバガニ漁業の二つであった。

最大の問題は日本の遠洋漁船による公海である太平洋沖合における大規模なサケ・マス漁業だった。というのはサケ・マス漁業の形態が日本と米国では、根本的に異なっていたからである。今では日本もそうなって来ているが、米国のサケ・マス漁業は、産卵のために米国の河川を遡上する時に捕獲する方式で行なわれている。これに反して日本は大船団が太平洋上の公海で捕獲していた。日本が大量のサケ・マスを公海上で捕獲するとアメリカの河川に遡上する魚が減少する結果となる。戦前から紛議のあったこの問題は、52年に日米間に「北太平洋の公海漁業に関する国際条約」が出来て、太平洋の公海上に東経１７５度に南北にいわゆる「抑止線」が引かれて、日本漁船はその東側では漁業を行わないことになっていた。日本の空には今でも信じ難い制限が米国の既得権のように残っているが、この条約も敗戦の結果生まれた不平等条約だった。しかし同時に資源の乱獲を防止しようとする世界的な趨勢に日本がどう対応するかの問題の一部でもあった。

サケ・マスは不思議な魚で何年も公海を回遊して大きくなって生まれ故郷の河川に回帰するのだが、その量は年により増減がある。豊漁の年は175度線の西に大きく廻って出てくる。豊漁年に日本が公海上で取りすぎるとアメリカに帰ってくるサケ・マスの量が減るので、米国はこの点について神経質だった。この線の西側に網の目のようなグリッドを引いて、日本政府は毎週日本漁船が捕獲した漁獲量を米国に通報する。この仕事は至って事務的で、水産庁から提供される数字を在京の米国大使館の担当官に通報するのであるが、私の担当であった。

もう一つの問題は、アリューシャン沖のタラバガニ漁業だった。タラバガニは缶詰として海外で好評で、高く売れる良い輸出品だった。国内水産業界の突き上げがあるので、日本としては容易に妥協出来ない問題だった。タラバガニについては、その国際法上の位置づけについても日米の考えは対立していた。米国はタラバガニは、海底に固着していると見て管轄権が米国にあると主張した。これに対して日本はタラバガニは、海中を移動するから魚と同様に扱うべきであると主張した。米国は64年5月にバートレット法を成立させた。この法律は、外国漁船の米国領海における漁業と大陸棚におけるにおける漁業生物資源（タラバガニを含む）の捕獲を禁止するものだった。その後日米間に交渉が行われて、64年に相互妥協によって、日本の既得権がある程度確保される取り決めが出来て、年間の漁獲量について合意することになっていた。

その後66年10月に更に米国は「12海里漁業水域」を設定し、この水域内の漁業資源への管轄権を主張したので、問題は一層複雑化した。66年末から半年にわたって、日米間で熾烈な外交交渉が行われた。

66年11月にカナダのバンクーバーで日米加の漁業国際会議の時、私は始めて太平洋を越えた。同地の水族館で開かれたレセプションがお洒落で極めて印象的だった。出張中氷河を見に行こうとレンタカーをして、始めてオートマティックな車を体験した。パワーステアリングは快調だったが、パワーブレーキは慣れるのに時間が掛かった。急ブレーキで助手席の同僚のおでこを、フロント・ガラスに危うく激突させるところだった。

バンクーバー会議の後引き続き66年末から正月に掛けてワシントンで、アラスカ沖のタラバガニ漁獲量に付いての交渉を含む漁業交渉があった。ニューヨークに降り立つ前の飛行機の上から始めて見た小さなマンハッタン島に高層ビル群が屹立する一種異様な光景は私に強烈な印象を残した。同じような体験をしたのは後年訪れたエルサレムのみである。エディンバラもアテネも岩山の上に位置するという点では、似たような地勢であるが、土台となる岩の中から強烈な磁力のようなものが発散されるのを感じたのはこの町とエルサレムの二つだけである。

私は水産庁代表の米国との交渉を補佐した。水産庁からワシントンの大使館に出向していた吉岡書記官が私の相方だった。伝説的な外務省の漁業専門家の川上健三氏も一緒だった。タラバガニ缶詰は海外で高く売れる輸出品で、当然国内水産業界の突き上げが強く、水産庁としても容易に妥協出来ない問題だった。武内龍次駐米大使が、交渉に当たる我々よりも強硬論で、安易な妥協をしてはいけないと繰り返し主張された。相手が大国でも主張はしっかりしなければいけないというのは当然のことだが、こういう硬骨漢も外務省にいたのだと今でも印象に残る。

日米双方譲らずこの交渉は長丁場の交渉となった。タラバガニ交渉は、米国側からコンピューター解析の結果と思うが、毎年捕獲されるタラバガニの甲羅の幅が年々減少していることを完膚無いまでに立証するデータの提出が決め手になった。資源が枯渇する危険性ありという米国の主張を日本は否定出来なくなり、漁獲量が更に制限される取り決めが結ばれた。しかしそれ以外の漁業問題をめぐる交渉は難航して、翌年に持ち越された。

67年の2月から約3週間ワシントンで、漁業交渉が延々と行われたが、妥結に至らないで、4月から場所を東京に移して、2週間にわたり交渉が行われた。私は同じ課の佐々木伸太郎事務官（ヨルダン大使）と二人で、2週間に亘る交渉会議の通訳をやらされ、大いに消耗した。4月末近く交渉は漸く妥結して、5月に東京で三木外相とジョンソン駐日米大使の間で「アメリカ合衆国の地先沖合におけるある種の漁業に関する交換公文」(略称「米国との漁業取極」) が調印され、日米漁業関係は一応安定した。

70年代に入り途上国の沿岸漁業資源要求も高まり、国連海洋法会議の議論が進展し、どの国も200海里排他的経済水域を設定したので、日本の遠洋漁業は不可能になるが、私が北米課で漁業問題を担当した時期は、ある意味では日本の遠洋漁業の撤退へ向けての過渡的な時期だったと言えよう。

## 日米貿易合同会議の京都開催

しかし何といっても北米課勤務時代の最も記憶に残る仕事は、66年の7月に日米貿易経済合同委員会の会合が、出来たばかりの京都宝ケ池の国立京都国際会館で開催された時に設営班長を務めたことである。61年のケネディ大統領と池田総理の間の首脳会談で、日米間の経済関係を緊密化する目的で、外務当局のみでなく経済閣僚も参加した会合を相互に訪問し あって開催することが合意された。61年11月に箱根で第1回会合が開かれた。その第5回会合が米国のラスク国務長官や経済閣僚数名の参加を得て日本で開催の運びとなっていた。当時の日本では最も重要な二国間会議と言える。折しもベトナム戦争反対の声が日本でも野に満ちていて、京都という土地柄だけに過激な学生のデモも予想された。この合同会議の開催場所として、出来立ての宝ケ池の国際会議場が選ばれたので ある。洛北宝ケ池畔に建てられたこの建物は建築家の夢が具現したと言う意味では立派なものだが、残念ながら機能軽視の法外な建物だった。一度の国際会議の経験もなしに、柿落しにこの会議場を使うのは無謀に近かったが、地元の熱意に押された政治的な選択だったのであろう。

一人の技師が複雑な同時通訳設備の構築に夜も寝ないで奮闘していた。私はこの人が倒れることないようにただ祈るのみだった。唯一最大の救いは、高山義三京都市長に乞われてこの国際会議場の事務方の責任者として有能な湯浅叡子女史がいたことである。彼女は若い頃ニューヨークに渡り、ハウス・ビューティフルという雑誌の編集に携わり、「渋い」という日本語をアメリカに流行らせた人で、センスは抜群に良かったし、調整能力に優れていた。何よりも実力者の高山市長がこの人に全幅の信頼を寄せていた。彼女は後年千里の万博会場跡地に出来た国立民族学博物館の館長に就任した梅棹忠夫先生に懇望されて、専務理事として博物館と千里文化財団を長年に渡って取り仕切った。また女性のロータリークラブと言われるソロプチミストの日本代表となり、関西で最もパワーのある女性になった。この人が会館で唯一の外国生活経験者だった。

出来立てほやほやのこの国際会議場は巨大な三角形をしていてすべての壁が垂直でなく、しかも中二階ばかりで複雑、巨大で館内には未だ全く案内指示ボードが無い。多数の報道関係者が集まるというのにプレスのための施設もほとんど無かった。景観的には素晴らしいが、使い勝手が極めて悪い巨大会議場で、その一部を使うのだ。私は覚悟を決めて、兎に角ボトムラインは、同時通訳施設が機能することと出席閣僚が会議室から別の会議室に迷うこと無く移動出来るようにすることの二点を確保することとした。非公開の会議だから、部外者が絶対に立ち入らないような使用区域の特定から始まり、首脳の動線の予測と会議室の確保が問題だった。トイレに手拭きも置いて無い。仕方がないから「クリネックスでも入れておいて下さい」と言うとクリネックスとは何ですかと聞かれた。

私は東京から設営班長で会議場のロジの責任者として10日ほど前に乗り込んだのであるが、一緒に来たのは準備段階では田中英男君という優秀な事務官ただ一人だった。手下の数が絶対的に少ないのに、国際会議に全く未経験な地元

日米貿易経済合同会議（京都）

職員と一緒に膨大な作業を短時間で済ますと言うのは一場の修羅場だった。

会館で代表団に資料のコピーを提供する作業ひとつ取っても大変だった。当時のコピー機はまだ湿式だったが、会議場には無くて代表団が宿泊する都ホテルに置かれていた。会議場で必要とするわずか数頁の文書でも何十部もコピーを作成して提供するのは気が遠くなるような作業だった。都ホテルまで行って作成して会議場に持ってくるのだが、宝ヶ池会議場と都ホテルの間の交通は、予想通り荒れ狂うベトナム反戦デモで分断され、連絡は大変だった。

われわれロジの事務方が2晩ほど徹夜同然で、やり挙げたロジの成果を検分に来た上司が、こともなげに制限区域の変更を求めた。これだけでも大変なのに、本会議場の正面の壁が淋しいと、高山市長が龍村の社長に依頼して製作して貰って掛けた巻き狩りの大きな錦織の立派な絵を、この上司は「平和な日米会議に狩りの図は不適切、プレスが批判する恐れもある」と言う理由で外せと言われた。地元の高山市長のご好意だから失礼にもなりますという私の意見も一蹴された。鋼鈑で裏打ちしてあるので大変に重い額を3人掛かりで何時間も掛けて、狭い螺旋階段からやっと持ち込んだのを知っている私は、呆れ返るこの指示には本当に頭に来た。世に物事の軽重が判らぬ人は多くいるが、皆が能力の限界を超えて働いていた現場で、些事に拘る上司の下に付いたのはわが身の不幸だった。湯浅女史は能力抜群で、巻き狩りの絵の最終段階での取り外し等々あらゆる難問の解決に地元との接点として私を助けて下さった。この人がいなかったらあの会議は成功しなかったかもしれないと今でも感謝している。私はタイムリミットのある膨大な仕事を片付けることを迫られ、この京都会議で、生まれて初めて自分の能力の限界を体験した。

## 森総務長官のお供で沖縄訪問

戦勝国が多くの血を流して獲得した土地を敗戦国に返還することは歴史的にも稀である。米国にも当初沖縄を一種の委任統治領にして米国が占領を続ける考えがあったようだが、流石に領土不拡大を旗印にしていた手前そうは出来なかった。52年発効のサンフランシスコ平和条約（第3条）で沖縄、奄美、小笠原諸島等は本土と切り離され、米国がこれら諸島を信託統治制度の下に置かない場合は統治権を継続出来るとされた。しかし日本が独立を回復すると、日本国内には米軍基地の存在は容認するが、領土として沖縄は当然日本に返還されるべきであると言う思いが強まった。同時に沖縄でも本土復帰を願う声が高まり、佐藤総理は米国と沖縄返還交渉をする決意を固めた。奄美諸島の返還は早期に53年に実現したが、沖縄本島には巨大な米軍基地が存在し、ベトナム戦争の激化と共に米国にとっての沖縄基地の重要性が高まり、本土復帰の壁は厚かった。その内に日本国内で、全面返還が当面無理としても機能別に日本に施政権を返還する、いわゆる部分返還の考えが現れた。森コンツェルンの御曹司の森清氏が総理府総務長官に就任すると、教育権に限りまず日本の施政権を認めさせるという考えが具体的に出てきた。

その森総務長官が66年の8月から数日間沖縄を訪問することになり、私は通訳も兼ねて外務省からお供を命じられた。現地で政治交渉をするというのではないが、外務省としても森長官の現地視察には微妙なところもあり、米側がどういう感じで迎えるか、私が同行して見てくるという使命もあった。

慣れない米国相手の北米課の首席事務官は私にとり相当に厳しい毎日で、京都会議の疲れもあり、私は大分消耗して青い顔をしていたらしい。だが森長官に同行のご挨拶に伺うと冒頭に「君大丈夫かい？」という発言があったのには驚いた。

一番困ったのはワトソン高等弁務官の歓迎昼食会での通訳だった。食事前のドリンクスでは日本人としては背の高い森総務長官も、雲突くような米側の大男の軍関係の人たちに取り囲まれ余り近づけない。アメリカ側は猛烈なアメリカ訛りで喋る。ワトソン高等弁務官が「私はハイコミッショナー（高等弁務官）であるが実際はハイコンミゼレーター（高等同情者）と思っています」と言うのを訳すのに目を白黒した。あまり通訳の仕事をしたことがなかったし、いきなりそういわれてもどういう意味か文脈が良く判らない私には殆ど理解不能であった。森総務長官も政治家だから昼食の席に着くといきなり「私が天下をとったら云々」と切り出す。幸い米側に二世のサンキーさんという日本語がよく判る優れた通訳がいて、私が詰まると取り繕ってくれたので何とか済んだ。外交官生活でその後もいろいろな場面で通訳をさせられたが、生涯あんなひどい目に遭ったことはない。一生忘れられない思い出である。

この出張は視察旅行で、沖縄本島だけでなく先島諸島の宮古、八重山まで小さな飛行機で回った。珍しい沖縄の風光を堪能出来た。アメリカの施政権のもとにあった琉球政府側も一行を大歓迎してくれて、どこでも空港に着くと長い車列が用意されていて、フロントグラスに搭乗者の名前が書き出されていた。

兎に角何とか仕事を終えて帰ることが出来たが、私はその後80歳を過ぎてもピンピンしているが、私の健康を心配してくれた森総務長官はその後しばらくして亡くなられた。誠に人の命は判らないものと思う。

67年佐藤・ジョンソン会談で、沖縄の返還方針が合意され、2年間の機微な交渉を経て、69年11月の佐藤・ニクソン会談で「核抜き、本土並み、１９７２年中の返還」合意が出来て、72年5月に返還が実現した。

ロンドンから帰って5年が経ち、政策課勤務が長かったので、北米課勤務は短く、2年そこそこで転勤になり、67年の10月にタイのバンコックに二等書記官として赴任した。本省勤務中に二人の娘が生まれたので、お手伝いも連れて５人の大所帯でバンコックに渡った。

# 第5章　在タイ大使館勤務（1967年10月〜70年6月）

南国での暮らし　　エカフェ（ECAFE）
東シナ海の資源報告書
経済協力の現場を体験
漁業開発センターの立ち上げに苦労

## 南国での暮らし

67年10月7日にバンコックの空港に着いた。涼しい機内から外へ出ると熱気がズボンの裾からじわりと上がってきた。兎に角蒸し暑いというのが第一印象。

翌日大使館に挨拶に行ってから直ぐに決めなければいけないのは住むところである。日本の外務省はロジ的な支援に乏しく、新任地への赴任者は前任者の家に住むのでなければ、着任後自分で住むところを探さねばならない。

ベトナム戦争は泥沼化していて米国は50万という大軍を派遣していたので、タイは米軍の兵士の後方の一大休息地となっていた。パタヤの海岸沿いの道には兵隊相手のバーなどが並んでいた。バンコックの町も活気に溢れ、近代化が始まっていて、郊外に向かって大きなスクムヴィット通りが伸びて、伝統的な運河（クロング）は次第に消えていた。この大通り沿いにソイという番号を振った小道が走り、市内に近い低番号のソイにはタイの富裕層が住み、外国人用の住居もあったが、何しろ急速に外国人人口が増えているので適当な住居は絶対数が不足していた。振り返れば余り賢明ではなかったのだが、私は南国に住む以上は庭に椰子の木が茂りその木陰でパラソルを差して寝そべるという生活をしたいとロマン溢れる夢を思い描いていた。子供も小さいので出来れば庭のある戸建ての家に住みたかった。

翌日から現地職員の人に案内してもらい、いくつかの候補住宅を見て回ったが、限られた住宅手当てを念頭にすると中々気に入った家はない。確かソイ73だったから相当に郊外になるエカマイ通りを家探しで車を走らせていると、米軍の黒人将校らしき人物が引っ越しの荷造りをしていた。調べるとバンコックのマーケット内で食料品を売っている華僑系の商人が持っている家と判った。早速中華街のマーケットにその商人を訪ねた。タイ風の味噌が山盛りになり、南国の食料品に溢れた店だったが、今まで嗅いだことのない強烈な異臭に辟易とした。幸いこの家は借り手が付いていなかったが、売り手市場の中で交渉上手の大家との我慢強い遣り取りの結果、子供が遊べる砂場付きでかなり広い芝生の庭に念願の椰子の木が半ダースほど植わっているこの家を借りることが出来た。風通しが良い家で、冷房は無かった。女中と門番も雇った。大使館員は例外なくタイ人の運転手を雇っていたが、事故ばかり起こすと評判が悪いので、私は自分で運転することにした。

この家には小さなヤモリと「トッケイ」と大声で鳴くのでトッケイと呼ばれる大きなトカゲがあちこちに住んでいた。野外マーケットで小さな駄犬と九官鳥を買った。子犬はパパイヤで飼われていたらしくこの果物が好きだった。九官鳥はタイ語で「何にも食べるものがないよ」と鳴いた。

子供のパーティも庭で出来たし、南国生活を楽しんだが、郊外が急に発展し

エカマイ通りの家と愛車

たために水道が追いつかず、二階に水が出なくなった。次いで水が汚れてきた。水圧が不足なので、ポンプで水を吸い出す家が出てきたので、水道管の中に水が無くなり、外から水道管の割れ目を通って地下水が水道水の中に混じるようになったのである。衛生上大問題なので移ることにした。今度は時間をかけて探したので町の中心にずっと近いソイ23の5階建ての立派なアパートの3階にフラットを見つけた。プールも有って、寝室にはクーラーが付いていた。広い居間の天井には大きなファンがゆっくりと回る。住み心地は格段に良くなった。近くに教育大学のキャンパスがあり、マンションの周りは蛍が飛ぶ自然に恵まれていた。

私の仕事は第一に国連の地域委員会であるアジア極東経済委員会（ＥＣＡＦＥ）とメコン委員会の常駐代表代理だった。代表の山戸徹参事官（駐ノルウェー大使）は他の仕事で忙しく、また部下に任せきる太っ腹な人だったので、私が実務のほとんどを仕切った。第二は東南アジア経済開発閣僚会議が切っ掛けで始まった日本の対タイ円借款の実現と第三には東南アジア漁業開発センター（ＳＥＡＦＤＥＣ）等の新しい地域開発機関をスタートさせる仕事であった。前任者の小宅庸夫書記官（駐アルゼンチン大使）の時代と較べて仕事が倍増していた。私の後任者は二人となり国際機関と援助それぞれ別の担当となったのだから、二人分の仕事をしていたと言えよう。日本の国力が着増していたからで、大使館の事務所も私の在勤中に新築の大きな近代的な建物に代わった。

赴任時の大使は関守三郎氏、公使は和田力氏（駐エジプト大使）で、直属上司は山戸徹参事官だった。3人とも個性豊かな猛烈派の外交官で、東京から出張する同僚は私がその3人の下でよく生きながらえていると笑ったものだ。大使はじきに温厚な後宮虎郎氏に代わって、私のバンコック在勤は専ら後宮大使にお仕えした。外務省からは政務、経済班に沢井昭之（駐ノルウェー大使）、荒木忠男（デュッセルドルフ総領事）、安藤浩氏がおられた。中でもタイ語の専門家の安藤氏には、着任後上司の許可を得て、事務所が始まる前の一時間ほど数人の館員と共にタイ語を教えて頂いた。タイ語は五声あり、発音を間違えると「馬」が「犬」になり、「来る」になる。サンスクリット起源の文字は見当もつかない難しいものだったが、昔の日本同様地方に出ると道路の標識はタイ語でしか書かれていない。せめて発音だけでも判らないと自分で車を運転して地方に出かけられない。忙しくなって数ヶ月も勉強出来なかったが、今でもタイのタクシーに乗って行きたいところを指示出来る程度には上達した。

大使館には各省から多くの出向者が来ていて大所帯だったが、皆優れた人物で和気藹々《わきあいあい》と仕事が出来た。大蔵省から悠揚迫ない大人の風格の岩崎文哉氏、通産省からは温厚な本多秀久氏、建設省からは水野昭氏で後に玉光弘明氏に代わった。農林省からは川口恵三氏、警察からは声が大きく豪快な大高時男氏などで、経済協力やエカフェで一緒に仕事をしたのは水野氏だった。アジアを愛して経済協力に情熱を持っていた同氏が後年アジア開銀出向中フィリピンでの公務中の飛行機事故で亡くなられたのは痛恨のことである。

家族構成が似ていて、近所に住み相性が良かったのは警察出身の大高氏で、家族ぐるみで良く一緒にパタヤの海の家に遊びに行ったり、麻雀、ブリッジを楽しんだ。二家族で車でチェンマイまで行った時には忘れられない経験をした。途中に泊まるホテルなど無い時代なのでヤンヒーダム のゲストハウスに泊まった。大高夫人は食あたりをした経験から、タイ料理が苦手となったので、ラーメン始め日本食をバンコックから持参した。最初の夜ゲストハウスで3階の部屋に泊まった。食料品を守るために、4枚のお皿に水を張り、その上に食料品を入れたプラスティックのボックスを載せて置いた。それにも拘わらず、嗅覚の鋭い蟻が地上から侵入して来て、我々が寝ている間にボックスの中に入り込んで食料品がほとんど駄目になってしまった。仕方なくチェンマイに着いた晩は中国料理店で食事をした。果たせるかな体調を崩した夫人を病院に入れるために大高氏と一緒にまだ暗い早暁のチェンマイ

パタヤの海岸で

市内を車で走って病院探しをした。大高夫妻が飛行機でバンコックに帰ったので、帰途は私が一人で家内、二人の娘とお手伝いと大高氏の二人の娘さんの6人の女性を車に乗せて、山賊が出ると言う山中のハイウェーを走った。山賊は道路に丸太を置き、車を止めて身ぐるみ剥ぐと言う。何事も無く山を下りて平野部に出た時は本当にホッとした。大高一家とは更に南の海岸に海水浴に行き、象の群れに出くわしたことなども忘れられない。大高氏とは退官後も家族的な親交が続いた。

## エカフェ（ECAFE）

エカフェは、ウ・ニュン事務局長の演説の十八番ではないが、西はアフガニスタンから東はフィジーまで、北は日本から南はオーストラリア、ニュージーランドまでの数10カ国が参加する大所帯で、貿易、産業・天然資源、運輸等々の主要委員会とその下での多数の作業部会や小委員会を持ち極めて活発な組織だった。秋から翌年の春まで各委員会が順次会合を持ち、それぞれ報告書をまとめ4月の総会で審議する。夏休みを除き通年、何かしらの会合が毎週開かれていた。私は国際会議は無経験だったが、サブとして事情に通じた地引嘉博氏（駐ブルガリア大使）がいて助けてくれた。彼は翌年米国から研修を済ませてジーパン姿で颯爽と赴任してきた野上義二氏(外務次官、駐英大使）と交替した。

日本からの代表団は日曜日に来て一週間の会合を終えると土曜日に帰国する。担当官の私は日曜日に代表団を飛行場に出迎えて、打ち合わせを兼ねて夕食、月曜日から会議で、毎晩各国の代表団と意見交換の夕食がある。金曜日に報告書をまとめる起草委員会の会合があり、報告書が採択されると散会。その後打ち上げのパーティ。そして土曜日の便で代 表団一行は日本に帰る。当時バンコックには「大黒」という日本料亭があって、ここでは日本では食べられない素晴らしいステーキが食べられた。何よりもカウンターで10数名が天麩羅を食べられたのは有り難かった。宗教上の禁忌からインド代表は牛肉は食べられない、パキスタン代表は 豚は駄目、菜食主義者も少なくない。カウンターに座り目の前で具材を揚げるのだから、ゲストは何を食べているのかはっきりしていて、しかも美味しいので日本側の天麩羅の設宴は最も人気があった。当然にお返しのディナーに呼ばれる。ほとんど毎晩何処かの国の主催のコクテルパーティか夕食会が平均して月に20回はあった。最高記録は一月に27回の晩餐会と言う記録である。外交官は胃袋がよほど強くないと勤まらない。

一週間の委員会会合が終わると、必ず報告書作成のために起草委員会が開かれる。日本人は英語で延々とやる起草委員会は嫌いな人が多いが、私はこれが面白くてたまらなかった。オックスフォードで勉強して英国アクセントの私が、訛りのひどいインド、パキスタンの代表と、どういう英語での表現が会議の記録として適当かを議論するわけだ。英語の能力だけでなく対案を出すタイミングの計り方、複数の代表団の間でいくつかの案について争っている時に、タイミング良く皆が受け入れられる妥協的な表現の提示をするのが重要であることを学んだ。3年近い常駐代表代理としての生活のなかで何10回となく起草委員会に出席したが、英語の議論についてこれほど良い勉強はなかったと思う。同僚の各国代表も皆若くて知的なゲームのような感じで意見を戦わしたものである。本省は大蔵省がうるさいので、財政的な負担を負う約束をしたととられる文言が最終報告書に入るかどうかにしか関心がなく、爾余のことは出先の代表が好きに処理出来たお陰である。

エカフェ会議場で

## 東シナ海の石油資源報告書

60年代の後半になりアジア地域諸国の間の協力関係が活発化してきて、エカフェはアジア開発銀行、メコン委員会、アジア経済計画開発研究所、アジア産業開発理事会等の組織を次々に立ち上げた。その一つに66年に発足したアジア沿海鉱物資源共同探査調整委員会（略称 CCOP）という舌を噛みそうに長い英語の名前の委員会が、各地で活発な海底資源の探査活動を行っていた。沿岸国は資源の開発に血眼になっていたので、日本も欧米域外国も積極的にこの活動を支援して、数年のうちにエカフェでも最も注目を集める活動の一つになった。日本でも東京水産大学の新野弘教授が熱心に推進し、彼の熱意が実って、CCOP活動として米国ウッズホール海洋研究所のK・O・エメリー博士と共同で68年10月から11月に掛けて、米国政府が提供した850トンの探査船ハント号が、東シナ海と黄海の広範囲な海域で地球物理学的な調査を行った。調査の結果は極めて驚くべきものだった。

69年5月にバンコックで開かれたCCOPの第6回会合に、「日本と台湾の間の浅い海床に、もしかするとペルシャ湾岸に優に匹敵する、世界でも最も豊富な石油・ガス資源の一つが存在する可能性がある」という報告書が提出された。

私は日本代表としてこの会議に出席していたので、これは大変な発見であると、急いで本省にこの報告書に付いて打電した。ただ事務官としては大失敗で、電報で送ったのは正解だが、石油資源発見の部分だけを電報にすれば良かったのに、忙しさにかまけて、会議の他の部分の報告も一緒に長い報告電報を打ってしまった。当時外務省は経費節減から電信量の節約令が出ていて、牛場外務次官があんな長い電報を打つとはけしからんと立腹され、本省から注意があり、私は上司から大目玉を食らってしまった。

しかしこれが発端となり東シナ海の石油資源開発問題が、さまざまな展開を見せた。日本と韓国は立場の相違を乗り越えて日韓大陸棚の共同開発についての協定を締結した。後年本省官房勤務となった私は、野党の反対で店晒しになっていたこの協定の国会承認のために、77年の2月から国会対策に駆り出された。協定が発効して九州沖で何本かの試掘が行われたがいずれも成果を得られなかった。

中国が尖閣諸島（中国名釣魚島）という小さな島嶼群について領有権を主張したのは、この報告書が出た後の、70年以降のことである。現在日中間で、軍事衝突を生みかねない程の最も機微な問題となっているのは尖閣諸島問題である。中国は東シナ海での大陸棚の石油・ガス資源の開発を進めており、尖閣諸島については、領有権主張もさることながらその背景には周辺海域の資源問題があることは疑うべくも無い。半世紀後にこのような大問題に繋がるなどということは、当時バンコックの日本大使館の二等書記官の私には予想も付かないことだった。

## 経済協力の現場を体験

タイに円借款が出ることになって日本とタイの間の関係は急速に深まった。タイも経済発展のスタート台に立っていた。私は二国間援助の実施を受け持っていたから、後年閣僚にまで出世する開発局のスノー博士や技術協力の受け入れを担当するＤＴＥＣのスチャート長官などのタイ政府の開発関係省庁の高官とは日常的な接触があった。東京のデスクで作られた政策を現場で実現するにはさまざまなギャップがある。この意味で優れたタイの若手官僚と切磋琢磨が出来たことは幸いであった。

日本の財政制度の基本である単年度主義を、事情が異なる外国の現場に当てはめることは至難の業である。年度終了までに技術援助プロジェクトを纏め挙げないといけないので、タイ政府の道路局長と南部タイに飛び、現場でグレーダー何台、ブルドーザー何台の追加入手と言う細部に至るまで二人で話し合って、何とかソンクラ道路建設センター・プロジェクトを予定期限内に完成させることが出来た。何しろ日本側は技術センターと思い、タイ側は道路建設プロジェクトと思っている。両国間にスタート時点から目的と思惑の食い違いがあるのだから調整は難儀する訳である。

仕事が終わりタイ道路局のお歴々と一緒に泊まったソンクラのホテルで夜ドアがノックされタイ政府差し向けの女性が入ってきたのには驚いた。倫理主義ばかりではなく篭絡されてはならないという一念でお引き取り願った。JICAの専門家たちから堅物過ぎてはタイ側の信頼にも係わるという不思議な事情も教わり、ハジャイでは夜の宴会で皆で大騒ぎを楽しんだのは忘れられない南国での想い出である。

最初の円借款の供与の時にはタイ外務省の俊英の経済局長のソンポン博士（後に駐日大使）と衝突した。事の発端は日本で出される円借款についてのプレス・リリースについて、私が念のためにタイ外務省に事前に知らせたことに始まる。その中の「この円借款はタイ政府の要請に基づき供与される」というくだりに、誇り高いタイを体現するソンポン経済局長が猛烈に反発した。彼は「いつタイはこんなものを日本に要請したのか。自分が知る限りタイ政府は日本に円借款の供与を要請したことはない」と言って、この部分の削除を求めた。確かに東南アジア開発閣僚会議から生れた円借款は、ある意味ではタイ外務省をバイパスして進められた気味はある。私は日本の援助は押し付けでなく被援助国の要請に基づくという基本方針を取っているので、削除には応じられないと受け入れなかった。彼はタイ外務省の衆目の認める出世株としての強い自負があり、オックスフォード出身の彼の舌鋒は鋭い。激しく遣り合ううちにソンポン局長は私に「これ以上話したくない、出て行って呉れ」と、出口を指差した。

私は仕方がなく一旦引き下がったが、翌日上司の山戸参事官と和田公使に一緒に来てもらって、もう一度同じことを上司から伝えてもらった。流石に先方も日本を正式に相手に喧嘩をするだけの根拠が無いと判断したのだろう。ソンポン局長は頰にタイの笑いを浮かべて本件は一件落着となった。

このエピソードから私は「一寸の虫にも五分の魂」があり、小国でもプライドがあることをしっかり学んだが、それにしてもソンポン氏のあまりにも失礼な態度を私はずっと忘れなかった。本件には後日談がある。仕返しの機会が数年後にやって来たのである。私がタイからワシントンに転勤後本省に戻り、南東アジア第一課長になっていた時に、このソンポン氏が駐日大使として任命され、アグレマンを出す事になり、儀典からタイの担当課長である私の意見を求めてきた。私は即答を避けた。一月ほどするとタイ大使館の館員が私に何故すんなりアグレマンが下りないのだろうかと内々聞きに来た。そろそろ潮時だと思い、アグレマンを出すことを了承した。私がやったことは外交の世界では無いことではない。英国で出版された本に、岳父の大野勝巳の駐英大使任命に当たり英国政府にアグレマンを求めたところ、次官の時に相性が悪かったデニング元駐日大使の反対で難航したことが書かれている。

おかしかったのはソンポン大使が着任して私のところに挨拶に見えた時、彼はバンコックでは見たこともないようなニコニコ顔で、更に私の肩を抱いて「兄弟よ」と言って、親愛の情を示したことである。激しい性格の人だけに、小生の激しさも感じて、いわば「おぬし、やるな。まあ、仲良くやろう」と言うメッセージだったと思う。私もそれ以上の他意はないので、その後は良き友人としてお付合いをさせて貰った。田中総理のタイ訪問の時に、彼は私に総理のタイ学生との対話という卓抜なアイディアを持ちかけて、一緒にこれを実現して、訪問を成功裏に実現したのだから、外交官人生における人のご縁は乙なものである。

## 漁業開発センターの立ち上げで苦労

タイ在勤中の仕事で最も苦労したのは、漁業開発センターであった。66年4月に東京で開催された東南アジア開発閣僚会議において日本は東南アジア諸国の漁業の振興のために日本の技術を提供することを約した。そのために国際的な機構として「東南アジア漁業開発センター」が創設されることになった。そしてその傘下にタイに漁業技術センターを、シンガポールに調査センターを設け、ここに域内参加国から研修生を集めて技術指導を行う。日本はそれぞれのセンターに訓練船と調査船を寄贈することを約束していた。一衣帯水である域内諸国の漁業関係者の間の親善関係の促進も狙った理想主義的な提案だったが、机上の空論の面も有った。関係国は自国のことのみを考えているので、日本側の理想主義との間には当初から食い違いが有った。そのことが現地で実際に実施して見ると次第に明らかになる。最初のつまずきは法律的なものだった。日本は2隻の船を国際機関に寄贈することを考えたが、どっこいそこには大きな壁が有った。世界の全ての船はいずれかの国に籍を置く。便宜的に置籍させることもあるが、何れにせよ何処かの国に属してその国が責任を負う。国際機関が船を所有するにはほとんど越え難い法律的な難点が有った。センターは国際機関だが、船はタイとシンガポールにそれぞれ属することとなった。そうするとどうしてもセンター所在国はセンター自体も含めて自国のセンターという気持ちになる。

私は東京で援助を出す算段をした立場から、今度は現場でそれを実行する側に廻ったのである。机上のプランを描くのは容易であるが、現場で実際に施行するにはまた別の苦しみが有ることを痛感させられた。タイ政府はメナーム川の河口のパクナームと言う場所（文字通りタイ語で河の口を意味する）に敷地を提供して、日本の援助でここに立派なセンターの施設　が造られた。猪野峻博士を長とする10名に上る日本側技術者もここに住居が提供された。しかし河口の開発地には巨大な蚊が棲んでいて、容赦なく技術者を襲う。遂に全員ここに住むことを嫌がり、バンコックに移ってしまった。タイ政府は日本側の理由で勝手にバンコックに住む日本人技術者の住居手当ては支払わないと言う。当然のことであるが、それでは誰が支払うのか？協定上はタイ側が負担するとなっているから、日本政府が支払うのは二重支払いになるので大蔵省は認めない。これも当然のことである。こう いう些細な問題が頻発する。タイの漁業省のナンバーツーだった巨漢のトアンタイ氏は好人物だったが、気位も高く時々閉口するようなこともあった。因みに漁業省のプリーダ長官（後に農業大臣になる）は戦時中の日本留学で日本には好意を持っていた。聞いて見ると当時のタイでは英国始め海外留学が途絶え、日本陸軍省の招聘計画に最も優秀な人物が選ばれ、軍も手厚くもてなしたそうである。大蔵大臣や中央銀行総裁を務めたソンマイ氏も同じ仲間で、田園調布のしっかりした家庭にホームステイし、田園テニスコートで日本人の子 女と親しくテニスをしたと言っていて、当時のことを話す時には眼を細めて懐かしそうにしていた。ソンマイ氏については、私が後に南東アジア一課長時代に、タイ蔵相のソンマイご夫妻を外務省の賓客として日本に招待した。同氏の母校の慶應大学から名誉博士号を授与されたことを大変に喜ばれた。

ソンマイ蔵相夫妻一行を日光に案内

　なんと言っても日本側の責任者の猪野峻博士は高潔な人格と高い能力があって、タイ側は深く尊敬していた。幸いタイ政府の水産部門には日本留学経験者が多く日本語を話す人も多くいて、仕事はやりやすかった。タイのセンターは理想と現実の狭間で綱渡りの運営が続いたが、猪野氏のお陰で円滑な運営ができた。私も訓練船に招かれ、タイ湾を周遊して取り立ての魚を船上でご馳走になった時は感激した。これに反してシンガポールのセン

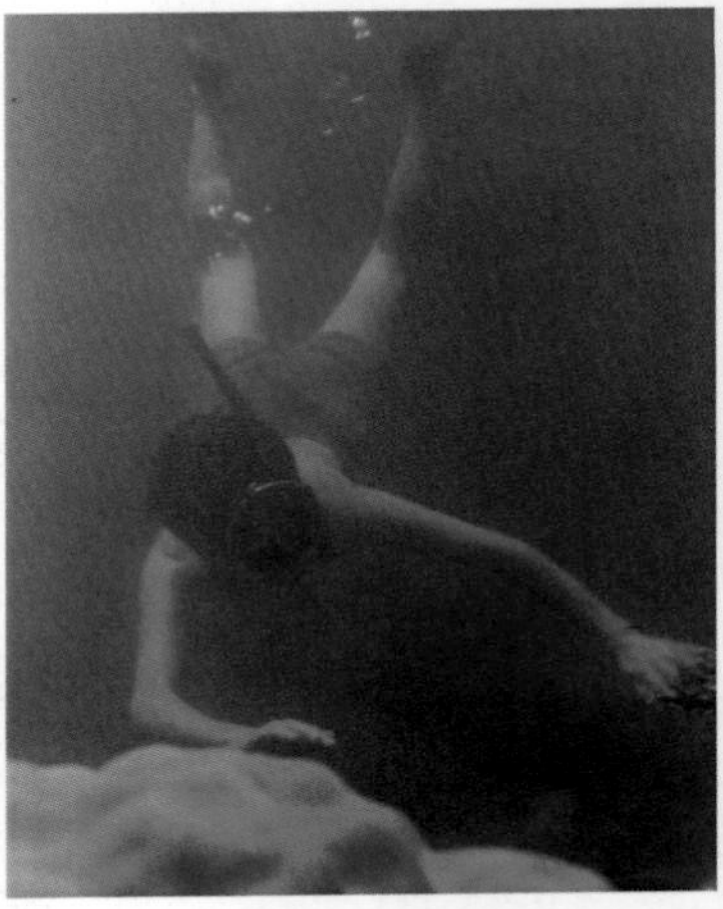

南国の海でダイビングを楽しむ私

ターは、水産部門の関係者にタイ側のような熱意がなく、中国人的な合理主義とソリが合わなかった。何とは無しにギクシャクとして来て、運営についても日本政府のフォローアップが乏しくなり「生み捨て」の様になってしまった。自助努力と継続的な援助のどこに境界を引くかと云うのはとても難しい問題である。運営費を日本側が出さなかったので、シンガポールのセンターは運営費の捻出に苦労し、調査船による漁獲物の売却をもって運営費を捻出するようになって行った。勢い調査と云うだけでなく好漁場を求めて漁業活動をする。残念なことだが後に日本政府寄贈の調査船は、ビルマ領水に入ったとて、ビルマ政府に拿捕されてしまい、シンガポールのセンターは開店休業となった。その後73年にフィリッピンに養殖部門が置かれたが、その潜在的な重要性に比しては、この構想の晩年は淋しかったというのが私の偽らざる感想である。

猪野氏は日本で初のスキューバ・ダイビングを始めた人だった。仕事を離れてであるが、彼にバンコックのホテルのプールを使って初歩のレッスンを教えてもらって、パタヤの海で潜ったのは忘れられない経験である。ただ現地で作る圧縮酸素には不純物も入っていて、口の中がカラカラに渇いてしまう。唾で舐めたところ咽喉が張り付いてしまい、呼吸が出来なくなり、7~8メートルの海中から海面まで慌てて上って助かるという危機もあり、それ以後スキューバ・ダイビングは止めにして、素潜りに留めることにした。パタヤの海には美しい南国の魚が群れをなして泳いでいた。

猿山で小猿に餌をやる ひろみ

　タイの在勤生活は今考えると良く身体が持ったと思うぐらいの忙しさだったが、私も若かったので楽しい思いでしかない。ただ私生活では次女のひろみが猿山の猿に噛まれるという大事件があった。母猿が猿山の子猿に手を伸ばす娘への愛情表現として噛んだようだが、その地域一体には狂犬も出るし、猿の口の中には近代医学が直せない黴菌が無数にいると言うので、大心配した。パスツール研究所で10日に亘り、あらゆる黴菌に免疫性を生むという太い注射をされた娘は本当に可哀相だった。あれから半世紀経っているのでもう発症することは無いだろう。私はバンコックに3年近く在勤して、70年の6月にワシントンに転勤になった。

# 第6章　70年代始めのアメリカ（1970年6月〜72年8月）

ワシントンへ　　ニクソン南部戦略と繊維交渉
議会ウォッチングとロビーング活動　　ニクソン・ショック
サンクレメンテ日米首脳会談　　ヒッピーの屯する民主党大会

## ワシントンへ

外務省で働く以上なるべく早い機会にアメリカを経験しておくことが望ましいことは明らかなので、私はこの転勤には満足だった。アメリカへの赴任の途次には時差調整のため一泊が認められているので、ロスアンジェルスに一泊した。5歳と7歳の二人の娘をディズニー・ランドへ連れて行った。黒人、メキシコ系、アジア系等肌の色の違う人たちに囲まれ、多民族国家の米国の圧倒される現実を肌で体感した。

70年6月1日の夜ワシントン郊外のダレス空港に着いた。大使館差し回しの館用車で空港から市内に向かう漆黒の闇の中を無数のホタルが飛び交うのが印象的だった。世界最強国のアメリカの首都がこんな牧歌的な環境の中にあることは驚きだった。

ポトマック船遊びで下田大使

当時のワシントン大使館の大使は硬骨漢として知られる下田武三大使で、その下には大河原良雄公使（駐米大使、駐豪大使）以下多数の外務省の俊秀《しゅんしゅう》が揃っていた。私は経済班の班長で、上司は菊池清明参事官（外務審議官、駐国連大使）、次いで野村豊参事官（駐ノルウェー大使）だった。在米大使館は一致協力して厳しさを増す対米関係に対処していたとは言え、内部では東京における各省縦割りの行政が反映されていた。大蔵省は外務省の下には絶対に立たないと言う考えで、大蔵省は日銀とその傘下の大銀行との間に情報網を作っていて、ワシントン大使館の中でも、財務班は別棟で独立王国を作っていた。通産省は、通商外交を主管したいと言うのが悲願である。これに対して、経済交渉には通産省以外の諸官庁がからんでいるので、外務省が取りまとめるという立場を譲るのは国益に反すると言うのが外務省の考えで、両省は反目を続けていた。通産省は傘下にジェトロのネットワークを有し、外務省とは別のルートでの活動も行っていた。私の着任時には平林勉書記官がおられたが、直に木下博生氏と交替した。木下氏は温厚にして有能な方で私とはウマが合って仲良く仕事が出来たのは幸せだった。経済班はほとんどが各経済官庁からの出向者でなる班であった。佐野宏哉（農林省）、赤羽隆夫（経済企画庁）、江田茂（労働省）、渡辺尚（建設省）、仲田豊一郎（運輸省）氏等とは在勤中は勿論、その後も親しくして頂いた。

住いもバンコック時代の友人の紹介で、幸運にもワシントン郊外の閑静な住宅地ベセスダにあるアメリカ的なの大きな家に住むことが出来た。車もビュークのスポーツ・ワゴンを買い、アメリカ的な生活を十分に味わえた。大使館の同僚も近くに住んでいて、快適な生活環境であった。

ワシントン郊外の家とスポーツワゴン

## ニクソン南部戦略と繊維交渉

私がワシントンの大使館に着任した70年代の始めにはベトナム戦争は不評で、戦費は増大し、米経済も国際的な競争力が落ちて来た。流石のアメリカも「大砲もバターも」は不可能となり、ニクソン政権は政治と経済、貿易と通貨を結びつけた、多角的な対外経済政策を追求しようとしていた。米国政府にとり競争力を失いつつある米国の国内産業の保護が大きな問題であった。日本からの繊維、鉄鋼、家電製品の輸入は激増していて、円の切り上げの必要性が唱えられていた。ニクソン大統領（1969～74年）の下で、共和党は南北戦争以来の怨恨で民主党支持の南部諸州を共和党側に切り崩すという所謂「南部戦略」を展開した。そのために南部の繊維業界保護のための日本からの繊維品の輸出制限が米国政治の俎上に上っていた。日米間ではこの問題を巡り、緊迫した交渉が繰り広げられていた。しかし日本国内では宮崎輝氏を戴く日本の繊維業界は規制に強硬に反対したため、日米交渉は難航していた。

野党民主党のミルズ下院歳出委員長は日本等極東の4カ国からの化繊とウール製品の輸入量を1967～68年のレベルにロールバックするクォータの設定をするいわゆるミルズ法案を提出して共和党政権に挑戦していた。政府間の交渉は延々と続いたが、沖縄の返還もあるので繊維問題は何とか解決しようという佐藤総理の意向を体して、東京から宮沢喜一通産大臣がやってきて、スタンズ商務長官と局面打開のための、最終的な交渉が始まった。私がワシントン到着後旬日を経ないことである。

新年を祝う大使館館員
（中央は牛場大使ご夫妻）

ウェリントンのアスパック会議の後、愛知揆一外務大臣も急遽ワシントン入りして、繊維交渉が極めて高度な判断を要する時期に入っていることを暗示していた。

宮沢・スタンズ両代表は連日交渉を重ねた。毎夕宮沢通産大臣のコンニャク問答のような記者会見が行われた。ある日交渉から帰ってきた宮沢大臣から一枚の英文のペーパーが降りてきて、日本語訳文を大至急作ってくれ、すぐ開く記者会見で配るという。ペーパーには「交渉は妥協点に至らず、中断される。some other time 開かれることを期待する」とあった。咄嗟に出てきた「いつの日か」という散文調の和訳はわれながら上出来だと思う。宮沢大臣は記者団からの質問に、文字通り「いつの日か」だという説明を繰り返していた。決裂後のニューヨーク・タイムズ紙やワシントン・ポスト紙の報道振りは公平で流石は大国アメリカと感心したが、日本の新聞は「最初のノー」と言う風な感情的なもので心配だった。

この時佐藤政権は日本の「戦後」を終わらせるための沖縄返還交渉を行っていたが、最大の難問は核抜きの返還が実現し得るかどうかであった。米政府は沖縄での譲歩の見返りに繊維の輸出制限を求める方針を取った。有名な「糸と縄の取引」である。沖縄がいわば人質にとられている日本側の交渉上の立場は弱かった。佐藤総理は国民に繊維貿易での米国への譲歩は沖縄返還への代償であることを率直に説明して、理解を求めることはしなかった。米側は総合的な外交戦略を有し、そのために中国カード、通貨調整カード等とさまざまなカードを使った。これに対して日本側は、関係省庁が省益優先で部分的に米側と交渉するのであるから勝ち目はなかったと言って良い。

当時の米国では、ソ連との冷戦に加えて、日本の経済力が深刻な脅威と映るようになり、なりふり構わずアメリカの国益を追求すると言う方向転換が図られていた。振り返って見ると、この時期こそが、その後90年代に入ってから20年間にわたる長い「冷たい日米経済戦争」の幕開けだったのである。このバトルでは軍事力の行使はないが、「核の傘」提供、経済力、技術力、戦略力等あらゆる力が使われたのである。この争いは通貨調整や構造協議等が続き、結局日本でバブルが弾け、経済が停滞し、ある意味で日本がアメリカへの脅威とは捉えられなくなるまで続いた。私はこれらの問題の直接的な担当者ではなく、間接的にもほとんど関っていないので、言及する資格がないので、この「回想」では触れていない。

## 議会ウォッチングとロビーング活動

71年を通じて私は経済班で稀有《けう》な経験を味わった。米国議会ウォッチングと議会工作、ホワイトハウスへのアクセスの獲得、下田大使の後任の牛場信彦大使のスピーチ・ライティング、ワシントンに棲息するさまざまなロビイストとの接触などは貴重な体験で、後年日米摩擦が最終段階に入った80年末からのニューヨーク総領事の活動に当たり、この時代の経験が直接、間接にどれだけ役に立ったか判らない。

議会との関わりの第一歩は、米議会で通過しそうな保護主義的な通商法案の帰趨をフォローすることであった。日本が作った日米貿易協議会（NBK）という団体の代表のダニエル・ミンチューという敏腕のロビイストと密接な連絡を取り、米議会情報入手に寧日《ねいじつ》がなかった。この組織には経団連事務局から糠沢和夫氏（経団連専務理事を経て駐ハンガリー大使）が出向されていて、同氏とはこの後永年にわたる相互研鑽の親しい関係が生まれた。

議会ウォッチングのお陰で、私は米国の議会の仕組みを良く勉強することが出来た。議事運営委員会の重要性、議員の心理、議員秘書や委員会で働く有能なスタッフの果たしている役割等を日々学んだ。重要法案にいろいろな修正条項が付いて、採決に至らず廃案になるか、採決されても最後は大統領の拒否権で流産するとか、議員の顔も立てつつ、議員と委員長との貸し借りが成立して行く過程には尽きせぬ興味が持たれた。それをお膳立てするスタッフの何と政治的で野心家なことか！「ベルトウェーの内」（注）という言葉があるが、平均のアメリカから隔絶したこの特別地帯の特殊な政治環境が理解出来た。

（注）ワシントンをぐるりと取り囲む環状道路（ベルトウェー）の内側の地域には、連邦議会、政府機関

が存在し、無数のロビー団体が活動している。

わが友ミンチュー氏もワシントンに棲息する有能で野心的な男だった。彼の周りには自由貿易を守ろうとするさまざまなロビーの代表者、いわゆるロビイストがグループを作っていた。これらのロビイストと外国に雇われたさまざまな外国の利益団体の利益を擁護、推進する法律専門家たち、自由貿易を標榜する議員のスタッフ等との接触が広がった。沖縄返還交渉に関係する政務班の議会工作と並んで、この時代のワシントン大使館の議会への食い込みは恐らく空前絶後だったのではないだろうか。自画自賛ではなく、アメリカの友人たちの中にも同じことを言うものがいる。

最大の議会工作は議会関係者の間に日本への理解者を増やすことだということが判ってきた。そこで米議会の委員会のスタッフや主要議員の補佐官をグループで日本に招くという計画を進めた。米国で最も重要と思われる集団である議会関係者に、何らの見返りを求めることなく、日本を良く知ってもらおうというだけが目的のこの招待計画は大成功だった。が直ぐに議会はこの種の招待を受けることを禁じてしまったので、この招請計画は確か2年で終わってしまった。というのは我々がやったと同じような招待計画を翌年韓国がやったのまでは良かったのだが、空港で現ナマを渡したとかで非難が生まれた訳である。外国による立法府のスタッフの「あご足付き」外遊は禁止となった。我々は招待を受けたものが公人として困ることの無いように、政府と一線を画した団体が招待するとか、接遇には十分配慮して慎重にこの招待計画を進めたが、韓国の人たちのやることは直接的で、節度を心得た日本人とは違うと思った。

繊維問題に戻ろう。業界の意を汲んで政府間交渉を決裂させた通産省は、71年の3月に日本側業界の自主規制という手に出る。72年の大統領選への出馬に色気を見せた民主党のウィルバー・ミルズ下院歳出委員長と取り引きをしたのだ。通産省お雇いのロビイストの法律事務所（ダニエルズ・フーリハン）が暗躍したのである。確かに自由貿易制度の下で、特定分野の輸出を政府間で規制する取り決めを結ぶことは明らかに「無理筋」である。自主規制というのはそれなりに巧妙な戦略だったが、日本側は大きなミスを犯してしまった。それでなくても野党である民主党側との取り引きなので、危険な賭けだったのであるから、政府は知らないことにしておくのが利口だった。どういう訳かわが官房長官は政府の意向として、この自主規制を歓迎し、「政府間交渉を打ち切る」という言わずもがなの談話を発表した。米国の大統領選挙も絡み、メンツを失ったニクソン大統領はこれに激怒する。ニクソンの功績にするような形で、政府間交渉を名存実亡の状況で終えることが出来れば、あれほど日米関係が悪化することは無かったのではないかと思う。通産省と外務省が協力して国のために知恵を出し合うようなことは、縦割りの行政の日本では永遠に無い物ねだりのことだろう。

## ニクソン・ショック

72年の選挙での再選を狙うニクソン大統領は、71年夏に中国との直接交渉とドルの金との兌換《だかん》停止を柱とする新経済政策と言う二つの切り札を切る。史上〝ニクソン・ショック〟と呼ばれるものである。対中政策の変更は何も日本を念頭に置いたものではなく、北ベトナムを支援するソ連と中国の双方に足がかりを持ち、局面の打開を図ろうと言うキッシンジャー補佐官の進めた戦略だった。西側陣営の中国共産党政権無視の政策は、フランスやカナダの離脱で既にほころび始めていた。国連で中華民国の代表権を維持するのは年を追う毎に難しくなってきていた。日本は重要事項指定方式とかさまざまの手続きを弄して中共締め出しの先頭に立っていたから、頭越しの米国の中国接近には大きなショックを受けた。事前に何の相談もなかったことが日本の立場を惨めなものにした。

新経済政策はまさに経済班の仕事だった。8月に入りニクソン政権が画期的な総合経済貿易政策を打ち出すという噂がワシントン雀の間で深まって行った。ニクソン大統領はコナリー財務長官、ピーターソン国際経済問題担当大統領補佐官等の経済閣僚と協議しているようだった。我々が最大の関心を持っていたのは日本を特定した差別的な貿易措置が取られることだった。通貨レートの調整も話題に上っていることは明らかだったが、深い帳の裏に隠れて良く判らなかった。運命の8月15日は確か土曜日だったと思う。午後からワシントニアン・ゴルフクラブで牛場大使も交えて大使館館員の懇親のゴルフが予定されていた。私は午前中に事務所に出てホワイトハウスの知己に電話をした。勿論彼は一切決定の内容を明かすことは無かったが、最後に一言「我々は理性的に行動するよ」と言ってくれた。これで対日課徴金のような差別措置の導入はなく、一般的な経済貿易政策が取られると確信した。ここで私は生涯で最大のミスを犯した。ワシントンではこの日に何らかの措置が発表されることは常識だった。私はその中で日本が差別的に取り扱われるかどうかに最大の関心があった。ただ東京はこの動きを察知していなかったということが後で分かった。ワシントンの我々にはこの日の夕方ニクソン大統領が重大発表を行うことは判っていた。そのことと対日差別措置はないと言う見通しを何故東京に報告して置かなかったのだろう。連日沢山の情報は送っていたので、東京は大きな流れを完全に把握していると想定していたが、矢張り一本極め付きの電報を打つ必要のあることを考えていなかった。

　私はホワイトハウスの友人の一言にホッとして午後ゴルフ場に向かった。この日は朝からヘリコプターが何台もキャンプ・デーヴィッドに向かって飛んでいるのが見えたし、ヘリの音が聞こえた。経済班の仲間たちと「あのヘリで皆キャンプ・デーヴィッドに集まっているんだな」と話し合った。私は上司の野村参事官と牛場大使に午前ホワイトハウスから入手した情報と対日差別措置はないと思うとの私の分析結果を伝えた。牛場さんは「そ

館員忘年会で寛ぐ

うか」と一言。東京に知らせて置けよと誰か言っていたら随分良かったと思う。外務省は個人プレーの役所で、担当者がしかるべく行動していることが暗黙の前提になっている。当然報告はしていると言うことであったのかも知れない。メディアは東京もワシントン大使館も完全に抜き打ちで日本はニクション・ショックにやられたと報じるものもあったようだが、事実は違う。ただこのニクソン・ショックの本質は、金とドルの兌換の停止で、これには全世界がアッと驚いた。金兌換の停止で、ドルは米政府への信任だけに依存する紙切れとなり、世界はこの時点から管理通貨制度に移行したと言う歴史的な瞬間だったということである。

夕方我々は在ワシントンの新聞記者からニクソン演説の予定原稿を入手した。ホワイトハウス近くを歩いていた経済企画庁から出向の赤羽隆夫書記官が顔見知りの日本人記者からコピーを入手したのである。新聞記者には報道の便宜のために重大発表文や解説記事を政府は解禁の時間を付して発表することがある。エンバーゴー（解禁日時）付きの発表という。面白いことにこの情報は外国大使館には提供されない。メディアは報復が怖いからほぼ絶対にエンバーゴー破りはしない。外国政府はエンバーゴーに拘束されないから、外国の首都から事前に情報が流れてしまう危険がある。発表を劇的に行うにはこういうことが必要なのだ。

赤羽書記官の大手柄で発表文が入手出来たのでワシントン郊外で大体似たところに住んでいた経済班の数人は直ぐに私の家に集まってニクソン演説の内容分析と要約作成を始めた。今だから言えるが、親しくしていた記者も作業に合流していた。彼らも事態が余りにも重大であるので、正確に何が起ったのか把握したかったので、普段は抜きつ、隠しつの対立関係の大使館と新聞記者が珍しい呉越同舟の共同作業をすることとなったのである。

後日談であるが、この作業に参画した日本経済新聞のワシントン特派員の吉田豊明氏とＮＢＫに経団連から出向していた糠沢和夫氏を中心に、帰国後73年8月に異業種の勉強会である「丸の内会」が出来た。同じ出身大学等さまざまなご縁から野村総合研究所の江口雄次郎氏（創価大学教 授）、日本エネルギー経済研究所の富館孝夫氏（常務理事）、日本鉄鋼連盟の戸田元弘氏（常務理事）、三菱化成の斉藤昌二氏（第3次行革審の会長となった同社鈴木永二会長の秘書として行革を進めるのに力があった人物である）、トヨタ自動車の大須賀洋みち氏（東京トヨタ社長）、中央公論社の岡田雄次氏（編集長、Ｗｉｌｌ誌編集長）、荒木光弥氏（国際開発ジャーナル編集長）という民僚、財界で勉強好きな面々がメンバーとなった。偶然のことだが官学出身者が一人もいないという面白い会で、その後半世紀近く続いている。当初毎月一回朝の7時半から東京駅に近い「丸の内ホテル」で朝食会の勉強会を行っていたのでいつしか「丸の内会」と称することとなった。メンバーには残念ながら他界されたり、身体が不調になったものもいるが、全員が退職後の現在も屡々《しばしば》会合して気の置けない雑談を交している。半世紀近いその間に定期的な朝食会に加えて軽井沢、湯河原や箱根での合宿、家族を含めた小旅行もやり、私が駐イタリア大使の時には、カプリ島からベネチアまでイタリアを案内したこともある。屈指の論客揃いで、私はいつもここでの議論には大いに啓発された。

丸の内会の仲間

さて金兌換の停止の発表でドルの減価は必至でドル・レートはフロートされることになり、各国政府は月曜日からの為替市場をほぼ一斉に閉鎖した。日本がいかにこういう修羅場に慣れていなかったかを物語るのは、日本政府は東京市場を開き続けたことである。達者な英語と豊富な経験で国際金融マフィアの一員であった大蔵省の柏木雄介顧問は、日本は厳しい為替管理しているから5億ドルが3日続く程度で済むだろうとの判断で、「様子を見てくる」と言って外国廻りの旅に出た。その間は市場を開いておけと指示して出発した由で、結果的に日銀は確実に減価することが判っているドルを無制限に買い込んだのである。初日日銀は約6億ドルを購入、２１００億円の円資金が市場に流出した。真偽は判らないが、勉強不足な大手銀行が手持ちのドルが減価して損失を出すのを、大蔵省が救済をしたのだとも言われている。結局日銀は12日間で42億ドルを買い、1兆円以上の円資金が支払われた。柏木顧問はヨーロッパからワシントンに来て、鈴木源吾世銀理事からすぐに市場を閉めなければ駄目だと言われて、東京市場も閉鎖されることになったと言われている。

これに関連してワシントンにいた私の面白い経験を書いておこう。71年7月10日、小宮隆太郎東大教授他36名の近代経済学者がクローリング・ペッグを提言した。木川田一隆同友会代表幹事もこれに同調した。怒った大蔵省は円の切り下げを主張することは国益に反するとして、これを禁じる通達を関係機関に出した。友人がこの「通達」をこっそり見せてくれたから確かである。今となるとそのコピーを取っておいたら良かったと思う。本国の政府がそういう公式の立場だから、出先は円の切り上げは必至などと言う意見を出すことも、まともな情報収集活動もしなくなる。

ニクソン・ショックの後の71年8月19日付けの「最近の日米貿易関係の問題点」と題する文書が私の手元に残っている。東京に呼ばれ経済閣僚会議で今後の方針に付いて駐米大使としての意見を求められていた牛場大使の参考のために経済班長として私がまとめた文書である。この文書には「この際何らかの方法による為替レートの調整と貿易及び資本の自由化の推進については大胆な解決策がとられることが望ましい」と結んでいる。私たちは帰国した牛場大使から政府首脳に円の切り上げは不可避であると述べてもらいたかった。しかし後で判ったことは、水田大蔵大臣から円の切り上げに付いて質問を受けた牛場大使は「これは私が意見を述べるべき問題ではないと思う」と答えたそうである。「戦艦牛場」と言われたあの実力者大使でも、公の立場では大蔵省には遠慮されたのであろう。

円の切り上げ圧力はどんどんと高まり、ニクソン政権は多角的な各国通貨の調整の方向にまとまりつつあった。

ある日大使館の情報文化班の班長の岡崎久彦参事官から「君は経済班にいるから通貨問題に詳しい米国の新聞記者を知らないか」と聞かれた。東京の大蔵省から通貨調整の見通しを聞かれた財務班が、情報ソースが乏しいので、大蔵省出身の人たちと仲良くしていた岡崎参事官に適当な新聞記者を紹介して欲しいと頼んだらしい。私は円の切り上げを国策に反するとして論じさせなかった帰結として、ワシントン大使館財務班は情報が入る筋を持っていなかったのではないだろうかと思う。まさか米政府に聞く訳には行かないので、この質問となったと思っている。

経済班としては財務班に遠慮して、通貨問題についての本省宛てには情報電報を一切打っていなかったが、私は学生時代から通貨問題に大きな関心を持っていたので、私なりに情報ソースを開拓してあった。ブルッキングス研究所の通貨の専門家のローレンス・クラウス氏とかジャーナル・オブ・コマース紙のリチャード・ローレンス氏などである。直ぐに電話で取材しそれをまとめて岡崎参事官に差し上げたが、結果的にかなり正確にドルの切り下げ率、その上に英、仏、独、日本がそれぞれ何パーセントを上乗せするかが予測されていた。

70年代初め対米輸出が拡大しているので日本人は旭日昇天の勢いだった。ニクソン大統領の新経済政策後の日本側の意気消沈振りは情けないほどであった。どうも日本人は、元気が良いと威だけ高になり、やられると直ぐにクシュンとなる国民性のような気がする。

この話は小生の外交官人生で、最も恥づかしいエピソードなので書きたくないが、自分にフェアでありたいので、敢えて恥を曝すことにした。

新経済政策の発表3日後の8月18日、牛場大使はコナリー財務長官に呼ばれた。大使は私に付いてこいと言われた。牛場・コナリー会談は財務班の所管事項である。近藤道雄財務公使に加えて経済班の私が同行するのだから、命令とはいえ居心地の悪い事甚だしい。

薄暗い長官室に入ると、向き合った皮製のずっしりしたソファーが置かれてあり、財務省側ソファーの一番奥にコナリー長官が、その右に米側次官等が2人程並ぶ。日本側はコナリー長官に向き合う形で牛場大使が座りその隣に近藤公使ついで小生が座った。

コナリー長官には南部訛りがあり、牛場大使の英語は迫力があるが、論理を追って話すと言うより、ポイントとポイントを繋げるような話し方で、コナリーも同じような話し方だった。間に1人置いて座った小生には、この2人が向き合って小声で話す遣り取りを、残念ながらフォロー出来なかった。時々聞き取れる単語から話の筋道を推測するしかなかった。

同席した以上一応報告電報を書かねばならない。わからない会談の報告電報だから酷いものだった。帰宅し休んでいると、深夜12時過ぎに野村参事官から自宅に電話があり、大使がカンカンだ、直ぐに牛場大使室に来いと言われる。怒鳴られると覚悟して、すっ飛んで行くと、大使は私に一瞥もせず、何も言わずに、自分で報告電報を書いておられた。弁解になるが、牛場大使が何の意思表示もされないので、雰囲気的にこちらから「座った位置が離れていて聞き取れなかったのです、申し訳ありません」と素直に釈明できなかった。牛場大使は「この男は使えない」と判断されたのだろう。私のひがみかも知れないが、その後は相手にされなかった様な気がする。外務省の厳しいところは、出来る者は使うが、指導はしないというものである。

## サンクレメンテ日米首脳会談

72年1月の佐藤・ニクソンのサンクレメンテでの首脳会談にはいろいろの想い出がある。この会談は沖縄返還を控え繊維問題を巡り、日米首脳の間で事態の収拾を計るために持たれたのであるが、私は経済班だったから会談そのものには関係なかった。首脳のみの会談記録は同席者がいないので、通訳をした外務省切っての英語の達人の赤谷源一審議官が記録を書いておられた。出来上がったものを読んで驚いた。その中に佐藤総理の発言として、「自分の後継者は福田大蔵大臣だ」と明言してある。当時在任8年目に入った佐藤総理の跡目を福田赳夫氏と田中角栄氏が激しく争っていた時である。この記録が外部に漏れたら政治的に大変だと思い、政務班長の木内昭胤参事官に伝えると、それはそうだと記録からその部分を削除し本省に報告した。官僚がこんなことを心配するのは余計なことだろうが、問題を起こしたくないという官僚の保身体質が私にも染み込んでいたのだろう。

政治の世界は一寸先は闇といわれるが、あの時点での佐藤総理の気持ちは福田氏だったのだ。だが沖縄の核抜き返還のためには繊維問題の解決が不可避であった。現実に佐藤総理がニクソン大統領に何と言ったのかは判らないが、巷間「善処する」と繊維問題の解決を約束したといわれている。激しく総理の座を巡り福田氏を追い上げてきた田中角栄氏は、7月の内閣改造で通産大臣に就任し、繊維交渉を電光石火のように解決し（10月15日）、結果的に見事総理の座を射止めたのである。ただ私はこれが日本のために本当に良かったかは判らないと思う。日中国交正常化は相当な無理をして強行されたし、田中氏の列島改造計画は空前の不動産バブルを生み出し、日本の自然環境を大きく破壊してしまった。歴史にイフは無いけれど、若し順番が佐藤総理が思っていたように、福田、田中だったら、もう少し穏やかにことが進められ、今の日本はもう少しまともな国家になっていたのではないかと思う。

私はこのサミット会談の後、仲良しの木下書記官とテキサス、ミシシッピに国内視察出張をさせてもらった。テキサスではダラスでケネディ暗殺の現場や新婚夫婦がハニムーンに行く人工色紛々たるサンアントニオの川沿いや志賀重昂の碑が在るアラモの砦も見た。ニューオリーンズでは有名なフレンチクォーターを探訪して、怪しげなバーに入り、ゲイと間違われたことや、シェブロン社の海上の石油掘削リグをヘリで訪れたことも忘れられない想い出だ。この時始めてフロートの付いた水上艇に乗り海岸に近い川に着水したのは生涯唯一の経験である。

ヒッピーの屯する民主党大会

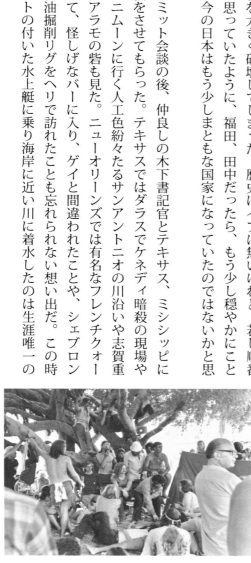

## ヒッピーの屯《たむろ》する民主党大会

ワシントン生活最後の忘れ得ない経験は72年7月のフロリダでの民主党の大統領選出大会を見学したことであろう。この時は民主党候補としてはサウスダコタ選出上院議員のマクガヴァン候補がベトナム反戦を掲げて日の出の勢いであった。民主党大会の会場周辺には大勢のヒッピーが屯して大騒ぎをしていた。私はこういう人たちが支持基盤で はマクガヴァンは最終的には大統領選挙では勝てないだろうと思った。果たせるかな11月の大統領選挙ではニクソン現職大統領が再選された。

ただニクソンの選挙陣営はこの年歴史的な失敗を犯す。フロリダの民主党大会の一月前の72年6月17日、ニクソン陣営側は情報入手のためにウォーター・ゲートにある民主党の選挙事務所への盗聴器設置のために「鉛管工」を侵入させるという有名な事件を起こす。私は相手陣営の選挙事務所に盗聴器を仕掛けるということは大変なことで、大統領選挙戦中に大問題になると思った。しかし不思議なことにこの事件は大統領選挙中には全く問題とならず、選挙結果には何ら影響を及ぼさなかった。しかしニクソン大統領再選後にさまざまな曲折を経て、この問題が時限爆弾のように炸裂して遂にニクソン大統領の弾劾裁判、74年8月のニクソン大統領の辞任、副大統領のフォード氏（彼自身は73年に辞任したスピロ・アグニュー副大統領の後任として「大統領の指名と上下両院の承認」で副大統領になった）が、大統領選挙戦を戦わないで大統領に昇格すると言う史上初の展開となった。そして4年後の76年には「ジミー・フー」のカーター民主党大統領の登場になるのである。

私のワシントン大使館勤務は2年間だったが、優秀な諸先輩の下で、下積みながら大使館の情報活動や外交交渉を学ばせてもらった。私の外交官生活で大変に貴重な2年間であった。

ディズニー・ワールドで

# 第７章　インドシナの激動（１９７２年８月〜75年８月）

「和製キッシンジャー」の下に配属　南東アジア一課長就任
日越国交正常化交渉　田中総理のタイ訪問　田中総理のタイ学生との対話
ラオスでナムグム・ダムを視察　大使館相互設置交渉の妥結
プノンペンの陥落と大使館員の引き揚げ
サイゴンの黄昏と邦人救出の失敗
滅んだ国の在京大使館のたどった運命　南北統一時期を正確に予測
対北越経済協力交渉

## 「和製キッシンジャー」の下に配属

72年８月に私はワシントンから帰国し、当時外務省の花形課の一つであった南東アジア一課の首席事務官に命じられた。課長は隠密ハノイ訪問などで「和製キッシンジャー」の異名を取った三宅和助氏（駐シンガポール大使）である。この課が担当する地域はインドシナ三国とタイ。東南アジアでは地殻的な変動が始まろうとしていた。

当時日米間に立ちこめていたのは疑心暗鬼の雰囲気であった。ニクソン大統領の電撃的な対中ショック外交で、対米協調路線を取ってきた日本は「二階に上がって梯子を外された」という気持ちである。日米二国関係では、核抜き沖縄返還と米国南部の繊維産業救済のための繊維交渉が絡み合って、世上「糸と縄との交換」と評された微妙な外交が進められ、72年４月に田中通産相の下で日本が米側の要求を丸呑みした日米繊維協定が成立し、翌

5月沖縄は目出たく日本に返還されていた。72年7月7日福田氏を破り総理に就任した田中総理は、私の帰国の翌月の9月に果断にも訪中し、アメリカに先駆けて中国と国交を回復してしまう。

66年の東南アジア開発閣僚会議以降日本の東南アジア援助が積極化し、東南アジアは「政治の季節」から「経済の季節」へと変わり始めていた。そのなかで泥沼のベトナム戦争が続き、キッシンジャーの対中接近も、中ソの間隙を縫って、何とかベトナムの泥沼から逃れる道を探ろうという基本戦略からのものであった。

インドシナからのアメリカの撤退は論外とされてはいたが、米国がいつか北越と何らかの妥協を行って事態の打開を図ることは予想できた。日本国内ではベトナム戦争に対し強い反対が横溢《おういつ》していて、歴代の政府は韓国のようなベトナム戦争における積極的な米国支援を行うことに強く抵抗してきた。このような消極的な考えが外務省内、特にアジア局内では主流であった。今から振返ると驚くべきことであるが、日本は憲法上の制約はあったとはいえ、南ベトナムに対して軍事的な支援は一切行わず、南の戦力増強となるような輸出もジャングル用の兵隊の履く靴を売る程度で、南越政府への経済的な援助も控えてきた。技術援助ですら地方大学の医師団を派遣する程度でお茶を濁した。ベトナム戦争反対とベトコンへの同情心は広く支持を得ていて、日本国内では左翼勢力を中心に北越承認論が高まっていた。日本の恐れは中国に対する外交同様に、米国が先に北越と手を握り、日本が取り残されることだった。

三宅課長は秘かに米国の爆撃下のハノイに入り、北越との対話のチャネルを開くことを目論んでいた。何とかして日本外交の自主性を示したいというのが、アジア局の願いだった。私は繊維交渉、円切り上げの対米経済外交から、こうした雰囲気の政治外交の渦中に飛び込んだ訳である。

当面の仕事は二つ。一つはパリで延々と続けられている米国と北越との間の交渉の進展を極めて注意深く観察し、変化の兆しをいち早く掴むことであった。この交渉では南越臨時革命政府（ＰＲＧ）の事実上の外相ということでビン女史がメディアに華々しく脚光を浴びていた。米越交渉の節目毎にパリで出される文書の行間を、ベトナム語の専門家でベトナム問題の権威である井上吉三郎事務官（駐ガボン大使）を中心とするスタッフが、注意深く分析するというクレムリノロジストのような生活が毎日続いていた。世界各地の在外公館からも日々興味ある情報が入ってきた。もう一つの仕事は北越とのパイプを強くすることで、担当課長のハノイ入りは、日本外交らしからぬ行動派の活動で、積極果敢な性格の三宅氏の存在があってこそ可能なものだった。しかしこの行動がある範囲を越えると、当然に米国の裏をかくことになるので、細心の注意を払わなければならない。米越交渉の進展と北越の対日態度の変化の注意深い観察から日本の取るべき路線を模索するというのは、極めて慎重に、しかし果断に行わなければならない外交であり、身が引き締まる日々が続いた。

南東アジア一課首席デスク

キッシンジャーの虚と実を取り混ぜた魔術師のような外交が遂に成功して、73年の1月に米国、南北ベトナムとPRG四者間にパリでベトナム和平協定（パリ協定）が成立した。私が南東アジア一課へ来て半年のことである。サイゴンは2年後に陥落して南越政府は消滅するので、後世一般に米国は和平協定調印の時点で南越を見捨てたと見なされるが、私は違うと思う。南越が生き延びる可能性もあったが、ウォター・ゲート事件で次第にニクソン大統領が窮地に立ち、約束通りの南越への軍事経済支援が行われなかったために、北と南の兵力比がその後の1年の間に逆転して、南側が守勢に立たされたことが基本的な原因だったと思っている。

米越間に和平協定が出来たので、日本も北ベトナムとの関係の確立に進まねばならなかった。米越間の和平取り決め成立の一月後の4月12日、三宅課長はハノイ入りした。この隠密訪問は、その国際政治上の意義において、キッシンジャーの華々しい外交に遠く及ぶものでは無かったが、日本人にとっては一服の清涼剤の効果があり、マスコミに注目されるところとなった。三宅課長もそのことをよく承知していて、日本外交の華々しい成果としてマスコミに売り込んだ。彼は帰国の飛行機の中でハノイ隠密行について一文をものにし、帰国後すぐに「文芸春秋」誌に寄稿した。もちろん編集長と事前に話し てあったに違いない。国会は三宅課長から直接話を聞きたいと、外務委員会は三宅課長の委員会出席を求めた。一課長が直接自分の外交活動を国会に報告するというのは極めて異例で、外務省は求められれば、大臣や担当局長から報告するが課長の出席、説明は出来ないと固執した。三宅課長は雲隠れした。それはそれで良いのだが、「文芸春秋」誌に彼のハノイ訪問記が出る。

一方で一課長が国会に出席して話すことを拒否しつつ、他方マスコミにハノイの印象を語るというのは政治的に極めて不適切ということになるのははっきりしていた。私は首席事務官として「文芸春秋」誌の田中健五編集長に原稿を没にして欲しいと交渉するが、当然聞き入れてくれない。もう印刷が進み、広告が出る寸前だった。仕方なく電車の中の吊り広告についてあまり目立つ様な広告をしないで欲しいと言うことで手を打った。幸いこれは大した政治問題にはならなかった。三宅課長の行動は国民的に人気があり、彼を攻撃するのは野党としても苦しかったのかもしれない。三宅課長の岳父は野党にも人気のある政治家の石田博英元労働大臣だったので、あるいは水面下で野党との間で、このことをそう問題にしないという取り引きがなされていたのかもしれない。こんなおまけまで残して、三宅課長は海外へ転出して行った。

夏休み課員のゴルフ
（右から２人目が三宅課長）

## 南東アジア一課長就任

私は三宅課長のこの華々しい隠密ハノイ訪問の後を受けて、73年の5月に南東アジア一課の課長に就任した。58年入省の同期の中で最初の課長だった。私がこの課の課長を務めた2年間に、米国のベトナムでの敗北と日本の対インドシナ外交の大きな政策変更が起こった。ある意味では歴史の転換点のような時期であり、私は外交官冥利に尽きるさまざまな経験をさせてもらった。

73年は日本についても、また世界にとっても大事件が頻発した年でもある。キッシンジャーの中国訪問、石油危機と中東戦争(10月)。日本にとって何といっても衝撃的な事件はこの年の8月に起こった金大中誘拐事件だった。当時の日本のアジア外交の最大の課題は日中国交正常化（72年９月）の後に起こった平和友好条約の締結に関連する反覇権条項の処理と日中航空協定などの実務処理協定の締結であり、日中関係は緊張していた。韓国の情報機関による日本からの韓国政治家の誘拐問題は、激昂する野党と国内世論を前に如何に幕引きをするかが難しい問題だった。いずれの問題も与野党間の鋭い政治的な対立の焦点になった。金大中事件について国会で質問すれば、翌日の新聞に必ず取り上げられたから、政治家は競ってほとんど同じ質問をあらゆる委員会で繰り返し質問した。外務省は説明委員に人を割り振るのが大変な状況だった。外交問題が内政の主戦場だった冷戦期の異常とも言える状況であった。

時のアジア局長は剛直で部下の人望のあった高島益郎氏（次官、駐オランダ大使）であったが、高島アジア局長は日中交渉と金大中問題という二大案件の処理と国内説明で忙殺されていた。そこで幸か不幸か対インドシナ外交はほぼ完全に南東アジア一課長に任されていたと言っても過言ではなかった。

課長に就任したときに日本が解決を迫られていた問題は三つあった。第一はＰＲＧの承認、第二は北ベトナムとの国交正常化、第三はハノイの大使館の開設である。大使館の設置に至るには「鶏三羽で３７００万ドル」と言われた南ベトナムに対する賠償と見合う額の資金を北越に供与する必要があった。当時の大平外相の秘書官の藤井宏昭氏（駐英大使）が、課長就任の挨拶に訪ねたときに私に述べた言葉が忘れられない。「君、傘には柄と骨と雨よけの布の三つの部分があるだろ。対ベトナム交渉にはＰＲＧ、北越との国交、大使館設置の三つの要素がある。傘は同じ材料でも役に立つ傘にも、おちょこの傘にもなる。君の仕事はこの三つの要素を組み立てて、使える傘にすることだよ」

ＰＲＧの承認は日本が一方的にすればよいので、簡単な問題ではあったが、実現には省内に極めて強い反対論があった。実際に南ベトナムにＰＲＧという独立した政治組織が存在するのか、あるいは北ベトナムの傀儡《かいらい》政権に過ぎない実体の無い存在かを問題にするなら、承認は不適当と考えるのが常識的だった。しかしＰＲＧを民族解放運動と見るメディアや与野党を問わない進歩的な政治家の間には、ＰＲＧへのロマンティックな同情があった。法律論一点張りで切り捨てる訳には行かない。我々としては承認に至らないが、これに出来るだけ前向きの姿勢を取ることが必要だった。

74年4月飛鳥田一雄横浜市長が横浜でアジア卓球大会を開いて、これにＰＲＧチームやパテトラオチームを招くと計画した時に突破口を開く好機が来た。これらのチームの入国を認めるか、その場合いかなる条件をつけるかが問題だった。私は態度の堅い法務省と現実的な処理の間の妥協点を探るために社会党の川崎寛治議員とも打ち合わせて、入国を認めるために苦労した。彼らの正式国名でなく、卓球チーム代表であるという妥協を提示して、切り抜けることが出来た。開会式に彼らは「卓球チーム団」という字を小さく書いて、国名を際立たせるという手を使ったが、筋は通すことが出来た。ある意味ではこの問題をうまく処理したことで、私は社会党内の常識ある議員たちの信用をかち得ることになったのではないかと思う。

ＰＲＧ承認問題は、北ベトナムとの交渉で取り上げられ、日本は好意的に臨んだが、日本は法的な承認には最後まで同意しなかった。国内には承認しないのはおかしいというのが一般的な意見だった。サイゴンが陥落してすぐに後追いで承認したが、何とか南に北と異なる政権を続けると言う儚《はか》ない期待に基づくもので、すでに南ベトナムは北ベトナムのものになっていて、実質的な意味はほとんどなかった。

## 日越国交正常化交渉

課長就任後２ヶ月目の73年７月25日から在パリの日越両国大使館の間で次席レベルで国交正常化交渉を始めた。国交正常化は日本が北越政府を承認し、大使館をハノイに設置して現地情勢を観察し、ベトナム政府と随時接触出来るようになることである。北越側の日本に対する実質的な賠償要求について相手が満足する合意に達することが不可欠である。外務省上層は国交正常化は「急ぐな」という意見で、法眼晋作次官は廊下などで私の顔を見るといつも「君急がなくていいんだよ」を繰り返した。こんな省内の雰囲気なので、大使レベルでなく次席レベルで交渉を始めたのだが、交渉は期待したほどすんなりとは行かず、９月21日に漸く交換公文による政府承認の交渉が妥結した。

私はこれに引き続く大使館の相互設置交渉は、資金協力問題と絡み難航が予想されるので、ベトナムにも日本にもより近い中立の第三国で交渉するほうが良いと判断した。ラオスのビエンチャンは僻地ではあるが、ベトナムに近いので、ここで交渉することにした。問題は実質的な交渉担当者を誰にお願いするかである。私は駆け出しの経済協力局時代に一緒に仕事をして、その明晰な頭脳に圧倒されて、高く尊敬していた、私よりも数年先輩のフランス語の西山健彦氏にお願いし

ビエンチャンの西山邸で
（中央が西山参事官、右端が私）

たいと思った。当時西山氏はハーバード大学で上級研修をしていた。人事当局に陳情したところ、嬉しいことに西山氏は欣然《きんぜん》としてラオスの僻地で、この仕事をやることを了承して下さった。事実西山参事官は 素晴らしい働きを見せてくれ、後年になってもあの時は楽しい経験だったと語っておられた。この人が早世されたのは返す返すも残念なことだ。

資金協力は詰まる所金額の問題なので、妥協するしかないが、その関連で何が問題になるか課内で鋭意検討した。頼りになるのは井上吉三郎氏である。彼は44年末から45年に掛けて北ベトナムで２００万人が餓死していて、北越政府は日本に大きな責任があると考え、このことは45年9月の独立宣言にも明記されているという。北米課時代に枝村課長から沖縄返還に関連して朝鮮戦争勃発時の米軍の沖縄基地利用について調査をした経験から、私はこの問題について井上氏に報告書を書いてもらった。彼は内外の資料を渉猟して詳細な部内調書を作り、政権樹立以来北ベトナム側が対日批判に際し常に行っている「大量の餓死者がでたのは日本軍のコメ徴発と、日本が強要した黄麻（ジュート）栽培により米作面積が減少したことによるところが大である」と言う批判には根拠がない。主要な要因は44年8～9月の紅河デルタの大水害の結果コメが不作だったことと、44年中頃から熾烈化した米空軍の鉄道・橋梁の爆撃の結果南北縦貫鉄道が寸断され、南部からのコメの移入が途絶したことであることを明らかにした。日本国内の一部にもこのベトナムの非難を受け入れる人がいた。私は対北越交渉における日本政府の立場が弱められることを懸念したので、交渉開始に先立ち国内メデイアや関係者にこの部内資料を提供した。幸い日本国内では事実の理解が得られてこの問題が国会などで提起されることはなかった。北越側との交渉でもこの問題は出なかったが、75年6月の交渉の最終段階で対立が決定的になりあわや交渉中断と言う時に矢張り出てきた。

## 田中総理のタイ訪問

74年の１月には田中総理の東南アジア訪問があった。南東アジア一課は訪問国のうちタイを主管していた。アメリカのインドシナからの撤退とベトナムの勝利で意気の上がる共産主義勢力の近隣諸国への伸張への不安は覆い隠せなかった。このような状況の中で、タイにおいては学生、ジャーナリスト等を中心にタノム軍事政権への反撥が高まり、73年10月反政府運動と警察が大々的に衝突し５００名を越える死傷者を出すという事態になり、遂に軍政は終わりを告げた。（「10月14日の政変」）これを受けて法曹関係の出身でタマサート大学総長のサンヤ氏を首班とする内閣が誕生した。学生運動は益々盛んになり、サンヤ内閣は統治能力が無く、タマサート大学などの学生は「聖牛」のように振る舞っていた。

空港に下り立つ田中総理

田中総理がタイを含む東南アジア諸国を歴訪したのは、将にこのような東南アジア民族主義の煮えたぎるような高まりの中であった。当時日本とタイの関係は貿易面では日本側の大幅な出超と経済面では東南アジアで最も安定し、日本との歴史的な繋がりも密接なタイへの活発な企業進出で特徴付けられており、タイ国内では日本による経済支配を恐れる声が日増しに強まっていた。タイ人は「朝は日本製の目覚まし時計で目を覚めまし、日本製の歯磨きで歯を磨き、日本のテレビを見ながら朝御飯を食べ、日本製の車でオフィスへ行く」と歌い、タイ人の生活が日本商品で充満していることを皮肉っていた。タイ国内では際限のない日本の経済進出への懸念が高まり、反日の動きも侮れなかった。

歴代政権の失政を攻撃するのに、学生たちにとりいわば日本は絶好の標的だった。田中総理を待ち受けていたのは、タイ製品の一層の輸入を求め、怒涛のような日本商品の流れを抑制して欲しいという要求を掲げる意気盛んな学生運動であった。率直に言って燃え盛るタイ学生の反日運動を前に、私は主管課長としてサンヤ政権だけを相手にしていては、総理訪問を無事に終える自信がなかった。

## 田中総理のタイ学生との対話

そんな中で在京のタイ大使のソンポン大使から、タイの学生と総理が直接話し合うことにより、何とかして総理の訪問を無事に終えることにしてはどうかという話が内々持ち込まれた。ソンポン大使とは私が在タイ大使館に勤務した60年代末に、経済局長として協力したり、喧嘩をしたりの気心の知れた間柄だった。大使は残念ながら今タイで力を振るっているのは学生たちで、学生たちと何らかの接触を持たなければ、政府としては学生をコントロール出来ないと言う。私はタイ在勤時代の自身の経験から、タイ人としても特に気位の高いソンポン大使が、いわば自国の統治能力の欠如を告白するに等しい提案をするのはよくよくのことだと思った。大使としても日本の首相のタイ訪問を円滑に実現するかに腐心していたのである。

私は早速外務省の上層にこの提案を受けることとしたいと上申した。答えは否定的なものだった。「日本でも学生と対話をしていない総理に外国の学生と対話をさせるとは何事か」「そもそも学生を押さえるのはタイ政府の仕事であり、日本側にさせるのは筋が違う」「学生と対話をしたらことは収まるのか」等々、いずれもそれなりにもっともな反対論だった。私は仕方なく総理に直訴することにした。総理ご自身が了承されていますといえば、省内の反対も収まると読んだのだ。当時外務省から官邸に出ていた総理秘書官は木内昭胤氏（駐仏大使）だった。木内秘書官は私が尊敬する7年ほど先輩の外交官で、幸いなことに70年の始めのワシントン大使館勤務時代に親しくして下さった方だった。私は事情を率直に同秘書官に話し、田中総理の学生との対話の実現に協力してもらいたいとお願いした。

私はタイ在勤時代にタイ国王が一家揃ってチュラロンコン、タマサート等の名門大学の卒業式に出席され、親しく卒業証書を一人一人に手渡されているのを知っている。また第二次大戦末期のタイが日本とマウントバッテンの連合軍との間に展開した、悪く云えば二股外交、良く云えば巧妙な外交振りも知っている。タイの学生が政府、特に王室の意向に根本的に逆らって革命を起こすというような行動には出ないだろうという相当の自信もあった。学生に何らかの華を持たせて、徹底的な反日行動だけは自制させる。これが唯一の合理的な筋書きだと判断していた。私は「タイはアジアで日本以外では独立を守ってきた唯一の国である。責任あるタイの人たちは外国の代表に非礼を働くことは国を危うくすることだと良く知っている。必ず親は学生の子供に軽挙妄動を戒めるはずである」という言い方で、この学生との対話の提案に乗るべきであると強く主張した。

幸い木内秘書官は線の細い秀才型の外交官ではなく、腹が据わり大局観にも優れた人だった。また木内氏ご自身は本省で東南アジア担当の課長を長く努めたこともありタイに付いては良く知っておられた。因に同氏は米国のベトナム介入には終始批判的で、ベトナム戦争への日本の本格的な協力を、二枚腰で最後まで断った剛直な人物でもあった。木内秘書官が「総理に話したら判ったと言われた」と電話をしてきたときには、助かったと思うと同時に、責任の重いことがずしんと感じられたのを良く覚えている。

サンヤ首相と握手する田中総理

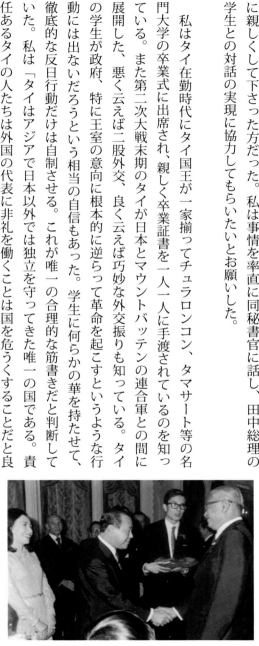

さて田中総理は74年1月7日、特別機でフィリピン入りし、私も同行した。タイの前の訪問地であるフィリピンの大統領官邸のマラカニアン宮殿の一室で、タイから直近の事情を説明に来た木村崇之書記官（EU代表部大使）の説明は、私の気持ちを滅入らせるものだった。学生の反日運動は益々燃え盛り、総理の身の安全も確実でない危険があるというものだった。タイ政府に総理の安全に万全を期してもらいたいと改めて、公式に申し入れるとともに、学生との対話が望ましい結果をもたらすことに望みをつないで、タイ入りすることになる。他方田中総理には、秘書官を通じて2～3000人、場合によっては5000人ぐらいのデモが出るかも知れない、卵をぶつけられることもあるかも知れないと事前に伝えておいてもらった。

果たして空港で田中総理は学生代表から稲穂の付いた抗議文を突きつけられる。公式宿舎として指定されているエラワン・ホテルは、5000人の学生に取り囲まれた。学生たちはタイ政府広報局の広報車を使い、リーダー格の学生がアジ演説を繰り返す。言葉の判らないものにも熱帯の熱い日差しの下で、学生の敵意が次第に盛り上がってくるのが感じられる。「危険だ」と思い、タイ外務省の旧知の外交官に連絡をとるが、静観するしかないという。

午後私は訪問終了後に発出する両国政府のコミュニケの内容を打ち合わせるために、ホテルを出てタイ外務省に行こうと思うが、連絡のタイ側連絡官は私に真顔で「今出たら学生に取り囲まれて、何が起こるか保証できない」と言う。芝居がかったものの言い方に、うさん臭さを感じるがどうにも出来ない。

3時過ぎ7～8名のラムカムヘン大学等の学生がホテルに来て、ソンポン大使と内務省の役人と話しあった後、藤崎大使に抗議文を手交した。その時に総理一行が階段を降りてきて、学生の間を縫って車で出ていった。

4時頃だっただろうか、学生のアジ演説と示威活動は最高潮に達する。こんなところに総理を連れてきた責任を感じて、目の前が暗くなった。とその時「ディ・マー」「ディ・マー」、つまり日本語で言えば「良かった、良かった」の大きな叫び声をもって、アジ演説が終了。学生たちはそれこそ潮が引くように、三々五々と引き上げてエラワン・ホテルの前の道路には誰もいなくなる。どこからとなく数名の女子学生が箒を持って現れ、道を奇麗に掃除して去ってゆく。白日夢を見るような展開だった。後で聞くと学生リーダーは「我々の気持ちは明らかにした、後は明日の田中総理との会談で要求を貫徹しよう」と述べて、デモを終えることを宣言したのだという。矢張り私の勘の通り、総理の学生との会談は、相手側に挙げたコブシを下ろさせるきっかけを提供したのだ。

翌10日田中総理は数10名の学生代表との対話に臨まれた。不覚だが私は臨席していたにもかかわらず、この対話がバンコックのどこで行われたか良く記憶していない。会談は1時間半にも及んだが、学生の態度は丁重で、失礼なところは全くなかった。第一問。「日本はタイに輸出し過ぎだ。輸出を減らすべきとは思わないか？」総理の答えはタイの痛いところを直撃した。「異なことを承る。今日私は貴国のサンヤ首相と会談したが、頼まれたことはオイルショックの後、タイへの日本からのポリ塩化ビニール等の原材料の輸入が止まって、タイ経済は悪影響を受けている。何とか日本からのこういう商品の輸出を増やして欲しいということだった。」

機先を制せられた学生の矛先は鈍らざるを得ない。その後は田中総理の独壇場だった。総理は得意の数字を駆使して、タイの学生たちに日本とタイがいかに相互依存の関係にあり、日本の輸出、投資がタイ経済にとり重要であるかを力説した。数字に強く、全身からエネルギーを発散させた迫力満点の首相に、生白《なまっちろ》い学生の書生論は文字通り木っ端みじんに打ち砕かれてしまったのである。会見は友好裡に終わったが、勝負は明らかであった。翌日のタイの新聞には「学生さんよ、もっと勉強しなければいけません」という社説が出た。

その晩大使公邸で藤崎万里大使の主催する晩餐会で田中総理は上機嫌だった。田中総理が晩餐会の席上の挨拶で、「わしはインドネシアもフィリッピンも今度の訪問国の首脳とは知己だ。ただタイだけは勝手が判らないで、心配だったが、君らのお陰で大した問題もなく、訪問は成功だった。皆さん有り難う」としみじみと言われたときにはジーンと来た。

確かに日本の総理の外国学生との対話は外交的には異例で、一種の賭けの面があった。しかし日本が外交儀礼に固執して、ただ総理の身を絶対的に保証せよと威だけ高に、相手に責任をかぶせるだけでなく、こちらも適切な救いの出口を提供したのは賢明だったと思う。その意味では、私はソンポン駐日タイ大使のイニシャティブ、木内秘書官のさばきと、何よりも型破り宰相だった田中総理の官僚的ではない対応は素晴らしかったと高く評価している。

## ラオスでナムグム・ダムを視察

次の訪問地インドネシアに向けて出発する田中総理一行を空港で見送った後、私はこの機会にラオスに西山参事官を訪ねることにした。インドシナで戦火が激しい中、日本の援助で奇跡的に建設が進み、完成したナムグム・ダムを視察した。日本の全部のダムを合わせた水量である30～40億立方メートルの貯水量を持つ巨大ダムを見て感慨無量であった。また西山参事官と中部の古都ルアン・プラバンを、鶏や豚と一緒の小型機で訪ねたことも忘れられない。印象的だったのは反政府のパテト・ラオ軍のパオのような緑色のテントがルアン・プラバン郊外に点在していたことであった。野営している兵士は精悍な顔をしているが、軍紀は厳しいようで市民の評判は悪くないとの印象を持った。

## 大使館相互設置交渉の妥結

北越の外交は粘り腰で、パリで米国を手玉に取ったことからも判るように、したたかだった。国交樹立後、日本は激動する地域情勢の中で早くハノイに大使館を置いて、情報収集体制を固め、インドシナ情勢に的確に対応したかった。しかし日本が強く希望するハノイに大使館を設置する交渉は、賠償でなくても良いが日本が相当額の経済援助を供与せよという北越の強い要求と結びつけられていた。極めて政治的な交渉なので、経済協力局でなくアジア局の地域課である南東アジア一課が交渉の担当であった。

日本政府の立場では、ベトナムとの賠償協定は、北の地域をも代表するベトナム共和国政府との間に結ばれていた。条約上は北の被害についても既に賠償を支払ったということである。しかし実際問題として、当時既に南ベトナム政府は北部ベトナムを支配していなかったし、戦争中の被害は圧倒的に北部で大きく、南の被害は世上「ニワトリ3羽」程度とすら言われ、当初から国会等で北に対する措置はどうするのだと野党は問題にしていた。いずれ北越に対しても相当額の賠償的な資金提供をしなければならないであろうことはある意味では織り込み済みであった。それには援助額についての合意が鍵である。

73年11月にビエンチャンで始まった大使館相互設置のための第2ラウンドの日越交渉は、西山参事官の大奮闘にも拘らず、なかなか前進を見ないまま74年も過ぎていった。同年7月私は西山参事官を応援するために、自ら再びビエンチャンを訪ね、ベトナム側の代表ヴー・チエン参事官と直接交渉した。私は「建設的和解」という言葉でこれからの日越関係を形容して、前向きな関係の樹立を求めた。同時に事前に主計局の了解をとり、当面オファーしている50億円を含め、最終的には日本は１００億円の贈与を行う意向を伝えた。ただこれは賠償でなく援助なのだから、被援助国が東京に来て交渉をするべきであるという点には固執した。ビエンチャン交渉は前進を見せ、8月に西山参事官はハノイを訪問した。北越は日本が１４５億円強を援助するなら妥結するとの感触を示したが、日本側には応じられない額であった。

ヴー・チェン参事官と

75年も2月に入り、私はタイのパタヤでのシンポジュームに出席のため大雪の日本を発ち、香港でエアサイアム機を見つけて、ドンマン空港に朝の2時半頃着いた。パタヤでの会議には日本から市村真一、矢野暢両教授が出席し、私もタイ側から出席の旧知のスノー氏、ソンクラン氏などに再会出来た。この会議の後、再びビエンチャンを訪問して、私自身も直接北越側と話をする機会を持った。この交渉で、やっと妥結に向けての前進が見られ、3月半ばに北越代表団が来日することとなった。

約束に従い3月18日には、北越からダン氏を団長とする代表団が来日した。日本は既に当面50億円の無償援助を北越に供与することを決めていたので、交渉は主にいかなる形式で合意するかという問題と、北越がこの資金をいかなる品目の購入に充てるかを巡り進められた。この種の援助交渉においては大蔵省と通産省も決定に発言権を持っている。極めて例外的なことに、関係各省は交渉の全権を私に委ねてくれた。まとめるかどうか、何を買うことを認めるか等すべて外務省に一任といってくれた。それだけ政治的に微妙だということが理解されていたからであろう。北越側の実力者はお目付け役で来ている次席のイク氏で、私は何回か直接交渉の機会を持った。北越側はこの交渉で協定調印を目指していて、交渉はとんとん拍子に進んでしまう。10日ほどでほぼ完全にまとまってしまった。

しかしベトナムでの状況は急変していた。交渉団の来日と時を同じくして、南越軍の敗走が続き、北越軍は雪崩のように南下していた。私は大きな決断を迫られた。交渉者としては纏めたいのはやまやまであるが、南ベトナムが崩壊する時にあたかも馬を乗り換えるように日本が北ベトナムと手を握り、援助を決めることが、アジア諸国の眼にどのように映るだろうか。これが私の最大の関心事だった。ここでまとめなくても妥結は時間の問題である。この時期にまとめるのはいかにも日本が機会主義的な国であるという印象を世界に与えるだろう。私は交渉を中断することにした。上層部も私の判断を支持してくれた。

宮沢外相は政治家としては早期妥結を望んでいたが、事務方の判断を了承してくれた。彼は「それでは自分が団長に会いましょう」と言って下さり、「近い将来の妥結を希望する」とダン団長に直接述べられた。これで日本が妥結を真剣に希望していることが先方に伝わり、団長の顔も立ったと思う。

しかしカンボジアに始まり、ベトナムでも米国の敗北の流れは決定的になっていった。４月４日に北越代表団が手ぶらで帰国した数日後の４月９日から13日まで、私は宮沢外相に同行してワシントンを訪問した。日本のインドシナ外交の基本的な考えを米国に説明する必要もあろうかということで私が同行したのである。米国ではニクソン大統領は遂に退陣し、副大統領に選挙なしに就任していたフォード氏が異例な形で大統領になっていた。

この間もインドシナにおける事態は米国にとり急速に悪化していた。私が大使公邸で大臣と一緒に見たテレビでは、ジェラルド・フォード大統領（１９７４～77年）がカンボジアからの撤退とこれにともなう７億ドル強の経済援助供与を発表していた。これはカンボジア政権への手切れ金だ。「殷漢遠からず。」私はそこにアメリカのベトナムからの近い将来の撤退の姿を見た。

東京に電話して、就任後日も浅い塚田千裕首席事務官（駐ブラジル大使）にサイゴンの邦人引き上げの準備をせよと指示する。塚田氏も驚いたと思う。東京は大慌てで、サイゴンの我が大使館に、「ワシントンからの情報によると「米国は近くベトナムから撤退する」らしいが、貴館の意見如何と照会の電報が出た。当時のサイゴンの大使館は、デンマークから直近に転勤したばかりの人見宏大使を切れ者の渡辺幸治公使（駐伊大使、駐露大使）が支えるという体制だった。軍事情勢判断は米国筋からの情報に基ずく黒田暁防衛官（一等陸佐）に任せられていたと思う。南越政府筋等からの情報集めで敏腕を発揮していた奈良靖彦前大使はカナダへ転勤になっていた。私の問題提起は米国のサイゴン撤退が現実のこととなった４月末から遡ることわずか３週間前のことである。サイゴンのわが大使館からは「米軍の撤退はあり得ない。一体誰の情報だ」という怒りを含んだ電報が返ってきた。

これに先立つ２ヶ月ほど前の東京はアジア局の一室。ベトナムのことはもちろんアジアのことも全く土地勘の無い人見新駐ベトナム大使に対して、私と防衛庁から課に派遣されていた岡田平防衛官がベトナム南部の地図とサイゴン周辺の地図を前に、ベトナムの軍事情勢についてブリーフをしていた。南ベトナムの政府側といわゆるベトコンと呼ばれる反政府共産勢力が、後者に断然有利になってきていること、サイゴンはベトコン勢力に完全に包囲されていることを説明した。私は新大使に「このような状況下であなたの仕事が何であるかおわかりですね」と聞いた。立場上米国の敗北を前提に邦人の引き揚げを明言することはできなかった。せめて大使に間接的に状況が絶望的であることを知ってもらいたかった。数日後人見大使はサイゴンに赴任した。そしてしばらくすると「東京を出るときいろいろ言われてきたが、サイゴンのこの静けさは何ならむ」という着任後の大使の感想の電報が来た。われわれは天を仰いで「これは駄目だ」と失望した。東京にいてもサイゴンにいてもジャングルをひたひたと南下する共産軍の姿は見えない。決定的に違ったのは、サイゴンにいると町の平和なたたずまいが見えるが、東京にいては、それは見えない。結果として東京の方が「現実的」な判断が出来たということだろうか。

## プノンペン陥落と大使館員の引き揚げ

私は米国から帰国してすぐに米国の撤退が明らかになったカンボジアの我が大使館の館員の引き上げに取り組んだ。省みるとプノンペンにか細い命脈を保っているロンノル政権は累卵《るいらん》の危機に晒されてきた。国連でもシアヌーク殿下をかつぐ反対勢力であるカンプチア王国民族連合政府（GRUNK）を支持する国の方が、ロンノル政権支持国の数を上回っていた。その中で73年と74年の2年連続して、日本は国連におけるカンボジアの代表権をロンノル政権に認めるという難事を実現していた。これには国連局に替り、南東アジア一課が前面に出て、アジア諸国、オーストラリア、ニュージーランド、カナダとアメリカを相手に、さまざまな外交努力を行った結果なので、この成功には大いに鼻が高い。しかし大局の中では些事に等しいことだったといえば、少し空しい気持ちになる。

その間この2年ほどプノンペンの状況は奇妙なものだった。町は反政府軍に包囲され、一斉に四方から攻撃を仕掛けられたらひとたまりもない彼我の兵力比だった。しかし一斉攻撃は遂に無かった。ある方面からの攻撃が続き、しばらくすると攻撃が止み、別の方面からの攻撃が始まった。政府側は軍を移動して凌いでいた。もう一つの不思議は、こういう陥落寸前の町から市民は逃げ出して敵陣営に走るのが普通である。プノンペンの場合反対に難民が陥落寸前の町に流入していた。難民キャンプの状況は悲惨だったが、彼らは「黒い服を着た若い兵隊たちが恐ろしい」と言っていると聞いた。今から振り返れば、ポルポト軍兵士の恐ろしさや反政府側勢力が分裂しているというカンボジアの政治状況がそこに反映していたのであろう。

しかしアメリカがカンボジアへの援助を打ち切った今、プノンペンの命運が尽きたことは明らかだった。敢えて報道の使命のために奥地に入り、命を散らした一ノ瀬カメラマンのような報道関係者を除けば、すでに一般邦人に取っては仕事もなく、危険は明らかであったので、順次引き揚げが進んでいたのでそう大きな問題はなかった。引き揚げ問題は大使館員の引き揚げであった。最大の難点は平和主義者で大人の風格を持つ栗野鳳大使が、「自分だけでも残らせて欲しい。残って対立する双方に和解を説きたい」と云われて、引き揚げに応じられない。

確かに日本の手は全く汚れていないし、平和なこの国の人たちは大国のエゴの犠牲者であり、理を尽くせば民族の和解が有りうると信じたい気持ちは良くわかった。しかし残留した大使がいかなる運命を辿るかは偶然に任せるわけには行かない。國としては大使が危害を受けたり、辱めを受けるリスクを冒すことは出来ない。

「貴大使は見事に任務を果たされた。気持ちは判るが残られてもやりうることは無いだろう。速やかに任地を

この105ミリ砲は一ヶ月後、反政府軍に渡った（古都ウドンで）

離れられよ」という訓令を起案した。決裁のために上に上がった発電案は大臣のところで止まってしまった。発電するにはどうしても大臣のサインをもらわねばならない。大臣への説明を求められて、私は飯倉公館の一室に霞が関の外務省から車で急行した。沈黙が支配していた。大河原官房長と、覚えていないが確かもう一人が宮沢外務大臣を前に電報を眺めていた。

私は「大使の私情は判るが、国はリスクを取れません」と大臣に決裁をお願いした。「外務省は冷たいところですね。大使がやりたいということをやらせてあげないのですか」と疑念を述べる宮沢外相。宮沢大臣は「外務省は冷たいところですな」を繰り返される。宮沢大臣の考えは「本省としては栗野大使にカンボジアを出て欲しい。また命は大切にしてもらいたい。ただ栗野大使には好きなようにさせたら良い」というものだった。私は半ば呆れ、半ばここまで評論家に徹しうる宮沢さんという人に驚いていた。しかし大臣の言う通りには出来ない。

しばらく気まずい沈黙の後、大河原官房長が発電案に「大使のご意向はわかるけれども」という数語を加えて、大臣に「これでご決裁戴けませんか」と、取り成してくれた。宮沢大臣も官房長に言われては仕方なく、渋々発電案にサインをする。ようやく電報はプノンペンに打電された。私は別途プノンペンの田辺悟防衛駐在官（一等陸佐）に連絡して、貴官が大使を「羽交い締め」にしてもいいから飛行機に乗せて出国させて欲しい。貴官はそのあと最後にプノンペンを離れて欲しいと頼んだ。

悲惨な難民キャンプを視察

この田辺防衛駐在官は特車隊、つまり戦車隊出身者で、視界の効かない戦車を動かすという必要から、情報収集の重要性をよく知っている優れた人物だった。情報は一緒に起居、苦楽をともにするカンボジア軍側からのもので、正確であった。75年４月、カンボジアからの邦人の引き揚げは、一人の事故もなく成功した。豪毅な栗野大使、沈着な田辺武官、そこに実務的でものに動じない中村武書記官（駐ベトナム大使）というこの館の布陣は危機においても見事に機能していた。もちろん規模の小ささはあるが、失敗に終わったサイゴンの邦人引き揚げと鋭い対比をなしていた。腐敗していたといわれるプノンペン政権の最後にも立派な人が何人かいた。経済担当のキー・タム・リン氏は、自分はやましいことは一切していない。新勢力と協力するとして脱出しなかった。彼の夢は叶わなかった。ポルポト軍に殺されたからである。ポルポトはプノンペンの住民をすべて地方に移すという荒療治をやり、カンボジアに不必要な多くの血が流されるという20世紀の大きな悲劇の一つを現出した。若し宮沢大臣の反対に負けて栗野大使がプノンペンに残留していたらどうなっていたかを思うと慄然とする。

## サイゴンの黄昏と邦人救出の失敗

さて話を南ベトナムに戻そう。３月10日共産軍は中部平原の山岳都市バン・メ・トを攻撃、奪取した。チュー南越大統領は首都圏の防衛に集中するため中部高原を放棄する決定を行い、３月15日中部高原の要衝プレイクから政府軍の撤退を命じた。私がワシントンから「引き揚げの検討開始」を指示した４月初め頃から、南越政府軍の雪崩を打ったような敗走が始まっていた。ユエ、ダナン、クアンガイ、クイニョン、ニャチャン、ダラトが次々に陥落した。南ベトナム軍そして米国の敗北は明らかであった。

４月24日に私は今度こそ、邦人の引き揚げの決裁を、大臣を含め省内関係部局から取り付けた。４月27日をデッドラインとして全邦人に引き揚げを命じ、そのために政府は日航の特別機を飛ばすという内容である。

ところが信じられない展開となった。政治的な意義のある引き揚げは地域局たるアジア局が主導で省内の関係部局を取りまとめるが、邦人引き揚げそのものは領事移住部の主管となる。領事部による日航機の手配、現地公館への連絡が始まった。ところが大蔵省は、万一日航機に事故があったらどうするか、保険を掛けろという。生憎27日は週末でロンドンの再保険が効かないから、保険会社は付保は月曜日まで待って欲しいという。先年バングラデッシュに飛ばしたときは付保なしだったのに、ことの大小の判らぬ、気の小さい主計官が担当だった。障害はもう一つあった。現地大使館から「邦人の多くは出国ヴィザが取れていないから、27日の飛来は尚早」という連絡が入る。崩壊する政府の出国ヴィザをとる必要があるという、何たる能天気な考えだろう。しかし事態への対応は主管部局である領事移住部の手中にある。

領事移住部は撤退日を4月27日から2日ずらせて29日に変更した。これならロンドンに再保険が出来るので派遣される日航機にいざという場合の保険もつくし、サイゴンの邦人も南越政府からそれまでには出国ヴィザが取れるという訳だ。

4月28日早暁反政府軍からの最初のロケット弾がサイゴン郊外のタン・ソン・ニャット空港に飛来した。ロケット弾は翌29日には連続して打ち込まれた。この日早朝から共産側のサイゴン攻撃が始まったとの一報もサイゴンから入る。「もう駄目だ」と日航機の出発の中止を覚悟した私に、宮沢外相は「雲の晴れ間を縫って飛ばす可能性を残した形にして、最寄りの空港まで飛ばしてくれ。これが政治というものだ」と云われた。それではとマニラまで飛ばして現地で様子を見ることにした。出発に先立ち私は宮沢大臣に、若し無事サイゴンに安着して邦人の引き上げが成功した時に、何人かのベトナム人を連れて帰ることがあったら、入国許可を与えて下さいとお願いして了承を得た。今回の特別機には課から機転が利き元気の良い林梓事務官（駐ベルギー大使）を同行させることにしていた。彼にサイゴンで出国手続きで悶着があったら、ベトナム人のバスの運転手に日本への入国を認めるから、特別機の機側にバスを強行運行させても構わないと伝えておいた。しかし結局サイゴン入りは不可能であった。

29日は天皇誕生日で休日だった。外務省のオペレーション・ルームには領事移住部長が一寸顔を出しただけで、多くの邦人が脱出するというのに、課長に過ぎない私が実質的な責任者であった。今なら総理官邸に総理を長とする関係閣僚対策本部ができるだろう。70年代初頭の日本は異常だったのか、今が異常なのか。私は外務省の最上階8階にあった電信課の発電室の中に入り、サイゴンの大使館の電信室と直接連絡をとった。日本のテレビがサイゴン陥落に当たりどんな映像を流し、ラジオが何を告げていたか、オペレーション・ルームと電信室で終日を過ごしていた私は全く知らない。

在サイゴン邦人の退避帰国は日航機が飛ばない以上、米国の世話になるしかない。29日予てからの米国側との連絡に基づき、邦人は打ち合わせの場所に集まり、バスで空港に向かい米軍機に乗せてもらうことになっていた。「バスが出発しました」の連絡に安堵したのも束の間、「バスは結局出ませんでした」という訂正連絡で、約200人の邦人がサイゴンに取り残されたことが明らかになった。サイゴンを逃れたいというベトナム人が米国大使館やバスを取り囲み、予定通りの避難は不可能だったのだ。唯一脱出出来た日本大使館員は林暘書記官で、米国大使館に連絡に赴いていた間に、脱出の大混乱が起こり、大使館に帰ることが出来ず、そのまま米軍のヘリで洋上の航空母艦の甲板に降り、５日間をほとんど飲まず食わずで甲板で過して帰国した。

30日には戦車を先頭に反政府軍が続々とサイゴンに入ってきて、政府軍はごく少数の精鋭部隊を除き抵抗らしい抵抗を見せずに雲散霧消してしまう。「今反政府軍の兵士が戦車を先頭に大使館の前の道路に入ってきました。戦車には北越の旗がはためいています」というテレックスを読んだのはこの運命の日75年４月30日の午後のことだった。新しい情報はオペレーション・ルームからすぐに総理官邸、大臣、次官、アジア局長へと送られた。この日午後数台の共産側戦車が大統領官邸に入り、ここを制圧した。抵抗は全くなかった。新たに就任したミン大統領は、「武器を捨てて無条件降伏する」と宣言し、南越政府は消滅した。一場のドラマを見るようなサイゴンの陥落はあっけなかった。

長い一日が終わり、遂に夜が来た。今でもよく覚えている本省からの大使館への最後の連絡は公電ではなく、私が電信室で電信官に口述して、テレックスで打ったもの、恐らく外務省の記録には残っていないだろう。それは「ご苦労様でした。今日の電信はこれで最後にします。明日からは実力のあるものを相手にしてください」だった。南越政府が消滅した以上、それしか邦人を守る術はない。

肝を冷やしたこともあった。この日の午後4時ごろ大使公邸の周辺で、崩壊した政権に忠実な南越軍の一部残存兵力が北越の戦車と一戦を交えたらしく、大使公邸近くに砲弾が飛んできて、ガラスが割れ、寸前に館員や一部の邦人が地下の待避壕に逃れていなかったら、怪我人が出るところだった。その時は反政府軍側の日本への意図的な攻撃の可能性も有りうると考えられた。私は直ちにラオスのビエンチャンの北越との連絡経路を通じて、北越側に大使館と邦人へ危害が及ばないように注意するように求める電報を打つことにした。ラオス大使館への訓令電信を持って次官室に行き、決裁を求めた。法眼次官は「こんなことを要求できるだろうか」と躊躇の気持ちを示された。私は「次官はいつも反対されてきましたが、日本政府はＰＲＧに敵対的なことはしないで、北越との国交も今はあります。サイゴン陥落の現在、彼らが我々を敵視する理由は有りません」と言った。その時法眼次官は感慨を込めて「君たちがやって来たことが正しかったのかもしれないな」と。私は万感の思いを込めて、「次官、過ぎたことは言わないことにしましょう」と言って次官室を後にした。米国や省内のかなりの圧力に抗して、ベトナム戦争への深入りを避けてきたアジア局の先輩方の伝統を守り得て、誤り無きを期せたことへの若干の誇りも感じながら。

取り残された邦人はその後無事に帰国した。だからサイゴンを引き上げる必要はなかったのではないかと考えるものもいるかも知れない。私が強く引き上げに固執した理由は、南ベトナムで続く武力抗争は詰まる所は、北が南を支配する過程であって、サイゴンが陥落した後は北の一部となるサイゴンで日本人ビジネスマンやメディアが働く余地はなくなるに決まっている。それであるなら死傷者が起きるようなリスクを取る価値はないと言うことであった。現在ホーチミン市と改名された旧サイゴンを多くの日本人旅行者が訪れている。しかしサイゴン陥落から40年の月日が流れている。

## 滅んだ国の在京大使館の辿った運命

外交関係を持っている国が滅亡するといろいろなことが起る。カンボジアと南ベトナムで革命政権が成立し、新政権が旧大使館の諸施設を継承する。在京のカンボジアの大使館については、厳重に鍵を掛けて、大使館員は日本を離れた。離日に先立ち鍵を日本側で預かって欲しいという。課長の責任で預かり、局の金庫に保管した。3月25日、私は国破れて日本を去るクン・ウィック大使を羽田空港で見送ったが、実に寂しいものだった。祖国では動乱が荒れ狂っていて勿論帰れないので彼はパリに向かった。空港にはわれわれの他は、日本の宗教団体（三五教《あなない》）の女教祖とか大使夫人の絵の先生等わずかに5～6人しか見送っていなかった。

北越の場合は実にスマートだった。サイゴン陥落の直後に、北越政府は日本政府に対して、南越ＰＲＧの利益代表国にキューバを指定したので、大使館など南越政府資産はキューバ大使館に引き渡して欲しいと打電してきた。同時に北越側はパリのインドシナ銀行に、東京の支店にある南越政府の口座を凍結することを要請した。大使館口座は封印されてしまい、大使館は預金を引き下ろすことが出来ない。水際立った対応ぶりであった。

しかしこのことがいくつかの困難な問題を引き起こした。南ベトナム政府の最後の駐日大使はダン大使という清廉潔白な立派な大使であった。安川駐米大使の「錯覚発言」で引責辞職した法眼次官の跡を襲い就任した東郷文彦次官とは親交があった。彼は米国側から米国に亡命を受け入れる用意があると言われたが、祖国を裏切った米国に亡命するのは潔しとせず、オーストラリアのパースの大学の教授となり、遂にアメリカに渡らなかったサムライ的な人物だった。

不覚にも銀行口座を封鎖されてしまったダン大使が泣きついてきた。光熱費の支払い、日本人職員への退職金の支払いなどが出来ないという。私もこの大使ご夫妻とは昵懇《じっこん》で好意を抱いていた。私は東京のインドシナ銀行の支店長を招いて、口座の封鎖解除を要請したが、本店からの指示であるといって応じない。やむを得ず禁じ手を使うことにした。当時の大蔵省の外資課長は外務省から出向している波多野敬雄氏で、私はよく知っていた。

私の筋違いの依頼を波多野課長は笑って聞き入れてくれ、フランス人支店長に「貴方はどこの国で仕事をしているか知っていますね」と電話してくれた。効果は覿面《てきめん》で封鎖された銀行口座は解除された。私がこんな国際法に反する行為を敢えてしたのは、ダン大使の人柄を知っていて、公金を着服して逃げるような人でないことに自信があったからだ。

後日談がある。このとき大使館の引き渡しの相手だった、当時の在京キューバ大使館のゲーラ参事官が、後年東京に大使として赴任して来た。あるパーティーで会って当時の思い出話をしていると突然この人物が、私に「あの時の引き渡しには不規則なことがあった。キューバがベトナムの利益代表となった後の時点で、前政権の大使によって、銀行からお金が引き下ろされていた」と述べたときには、いささか驚いた。「気付いていたのに何故その時抗議しなかったのですか」と聞くと、キューバ大使は「日本側の対応も理解し得ると思ったから」と平然と答えた。第三国のマイナーな利益を巡り、日本側と対立することは無意味と思ったのだろう。しかし外交官のつき合う世界は本当に狭い、人と人の繋がりがどうなるのかは神ならぬ身誰にも判らない。後年ある会合で出会ったベトナムの政府関係者が、私がビエンチャンで何度か交渉したヴー・チエン参事官の子息であったのもこんなことの一つだ。

大変だったのは、ベトナム大使館をどのように、キューバ側へ引き渡すかだった。ダン大使はキューバ側への直接の引き渡しを断固として拒否する。条約局にどうしたら良いかお伺いを立てるが先例がない。私は自分の責任で、ダン大使から私に、直ぐに私からキューバ代表にと「瞬間タッチ」方式で大使館を引き渡すことにした。難しく考えると若しこの引き渡しの途中で大使館が私の手のうちにある時に、出火でもあったらどうなるかなどが心配になるが、持ち前の楽観主義でこんな心配は無視することにした。ダン大使は私を館内隈無く案内して、用意した財産目録に従い、家具からテレビまですべての財産を一つずつ説明し、最後に南越の旗を下ろして大使館を後にした。入れ違いにキューバ大使館のゲーラ参事官が到着する。私はダン大使が私にしたことを今度は私が彼にして、目録の確認を求めた。引き渡しが完了して私が大使館を後にすると、ポールにするすると臨時革命政府の旗が掲げられた。極めて短い瞬間であるが、私の手に外国の公館が完全に委ねられた訳で、ヨーロッパの外交官ならこういう経験はあるかも知れないが、日本の外交官としては極めて珍しい経験だった。

海外の危機の際の邦人の引き揚げに苦労した私は、人見大使が一月ほどして帰国した後、今後のことを考えて朝日新聞にこのような事態に備え政府は特別機を持つべきだという投稿をしてもらった。掲載された記事を見て、口をアングリさせられた。特別機が特別船と変えられていたのである。特別機では着陸の必要があり、戦乱に巻き込まれるという姑息な朝日的な心配から、当方に相談することなく、「機」を「船」に勝手に変えてしまったのだ。これが朝日新聞の体質なのであろう。

## 南北統一の時期を正確に予測

自慢話になるが、サイゴン陥落の後すぐに南北ベトナムの統一が一年後となると私は正確に予想した。当時フランスは南ベトナムには別の政権が出来て、統一はないのではないかという意見だった。確かオーストラリアが

10年後、米国が数年先という予想だった。ヨーロッパを回ることとなった宮沢外相から、南ベトナムの将来について、私の個人的な意見でいいから「大胆な」意見をペーパーにして欲しいと頼まれた。私の答えは1年後に南北ベトナムは統一されるというものであった。決して当て図っぽうに言ったのではない。理由は三つあった。第一はベトコンとかPRGなるものに政治的な独立体としての実体はなく、北越労働党の指示の下に動く傘下の組織に過ぎないということである。第二はサイゴン陥落の後入ってきた軍隊は北越正規軍が主体だったというサイゴン大使館からの報告があった。第三は商社筋からの「ハノイの相手は皆不在で、南に行っている」という情報だった。さらに北がサイゴンの中央銀行の金を押収したという情報もあった。

これらを総合して考えれば、ベトナムで起こったことは決して南ベトナム人の民族独立運動ではなく、政治的にも、軍事的にも、経済的にも、北が南を支配したというのが素直な見方だろう。敢えて南に別の政治組織を作れば、南と北は時間の経過とともに離れてゆくかもしれない。北が獲得物が離れて行くリスクをとる筈がない。それならば統一は早い、恐らく一周年が適当であろうというのが私の観測であった。

この関連で、サイゴンに閉じ込められた日本大使館が4月30日のサイゴン陥落の後6月9日まで約1ヶ月半、バンコックの我が大使館との間に無線連絡の手段を持っていたことを書いておこう。高度の暗号は引き揚げに備えて電信機器を破壊したので使えなかったが、略式の暗号は使えた。このお陰で貴重な情報がサイゴン陥落後も本省に伝えられた。日本がインドシナ外交の大筋を見誤らなかった陰にはこういう事情もあったのである。このような恵まれた国は日本のほかにフランスと法王庁の代表部の他はあといくつもなかっただろう。南越を軍事的に支援した国はサイゴン陥落とともに当然大使館を閉鎖していた。事実南北ベトナムはサイゴン陥落の一年後の76年7月に統一を宣言した。

サイゴンには数社の特派員が取り残された。陥落直後プール原稿なるものが送られてきた。現地大使館としても特派員との関係で止むなく打って来たのだろう。しかし外交ルートで新聞社に原稿が送られてきて記事が新聞に掲載されたら、北ベトナム側が怪しむことは目に見えていた。このようなことを認められないのは当然のことである。外信部長会議を開いてもらい、私から協力を求めた。プール原稿を認めない代わりに、サイゴンからの情報はできる限り東京で各社に知らせるから、「バンコックで入手した情報によれば」ということで記事にして貰って結構という妥協もした。報道との合意が成立して、6月9日にベトナム官憲が大使館に現れて通信機を封印するまで、約1ヶ月半にわたりこの貴重な情報源は維持された。なおその後は大使館との連絡は通常の電信チャネルを通じ、英語でやらざるを得なかった。在外公館に英語で電信を打ち、英語で返事が来るのは極めて珍しい経験だった。

## 対北越経済協力交渉

当方の求めで中断された北越との東京での経済協力交渉は、サイゴン陥落の後、6月13日からビエンチャンで再開された。私も現地に出張して交渉に当たった。日本から供与する援助総額を巡り激しい交渉となり、どうしても折り合いが付かない。本省は頭に来たのか「帰国せよ」と言ってきた。明後日に帰国すると言うと北越側は予想外の展開に大いに驚いたらしい。先方は帰国まで引き続き話したいというので交渉を続けた。先方は調達品目にホーチミン廟建設のためのパワーシャベルや計測機器等を加えて欲しいという。北越側に妥結の気持が強いことを感じたので、代表団の公式交渉ルートでなく、菅沼潔ラオス大使にご出馬願い、相手もヒエン駐ラオス北越大使に最終的に日本から総額135億円の無償援助を供与することへの北越側の内意を打診してもらった。その翌日佐藤総理の死去についての弔問記帳にヒエン北越大使が大使館を訪れ、北越側は総額135億円の無償援助で妥結する用意があるとの意向を伝えてきた。この金額は円ベースでは南ベトナム賠償額より少ないが、円高の進行からドルベースでは北の方が多いという、双方の顔を立てた玉虫色の苦肉の金額であった。実際問題として両国の立場を満足させうる金額はこれしか考えられなかった。これで妥協出来ない時はハノイに大使館を置くと云うことは相当先まで延びてしまったであろう。

しかしこの金額については、帰国後想像を絶する強烈な反対に直面した。私は出発前に私の判断として、この１３５億円が合理的な落とし所という考えを主計局に伝えていなかった。ある意味で私の失態だった。帰国後何度も主計局に足を運んだが「ノー」の一点張り。折衝は局長レベルから大臣レベルまで上がるが、反対は省を挙げ猛烈であった。相手のある外交交渉で漸く相互の妥協で出来た合意を、机に座って督戦隊《とくせんたい》気分でいる大蔵省に潰させる訳には行かないと私は覚悟を決めた。ある日ついに私の怒りは爆発して、主計官に「貴方がたは一体自分を何様だと考えているのか?我々は貴方がたと一緒に外交をやるつもりで話をしているのに、そちらはお金のことだけだ。それなら誰にも出来る。」と啖呵《たんか》を切って、席を蹴って帰って来てしまった。外務省の一課長が主計局の外務省担当主計官を部下の前で怒鳴りつけしまえば、すんなり済むはずがない。私は最悪の場合には辞表を出す覚悟をしていた。

数日後宮沢外相と大平蔵相との間で「妥協解決」ができた。主査に確認の電話を入れたところ、あの主計官は更迭されたと知らされ唖然とした。私の首も繋がった。ただ私は感情に任せて主計官に啖呵をきったのではない。私なりに冷厳な計算もしていた。というのは当時この主計官は外務省と共に通産省も担当していたが、余りにも非現実的な「すべて駄目」と言う彼の硬直した態度に通産省は省をあげて反対で、高いレベルで大蔵省に抗議しているという情報を私は通産省の友人から掴んでいたのである。私が相当はっきりものを言っても、最終的には大蔵省としては総合的な判断をするだろうと思ってはいた。しかし大蔵省の反対は彼個人の考えではなく、主計局の総意だった。その間に大蔵省から密使が宮沢大臣の真意を確かめに来たりして、最終的に宮沢大臣の外交的な判断が、大平大蔵大臣を説得出来たと言うことである。私のビエンチャンから帰国後ほぼ一ヵ月の日時が費やされた。思えば私も随分危ない橋を渡ったものである。北越との経済協力交渉の進展を妨げていた大きな障害が取り除かれたので、私はアジア局を離れることが出来、75年8月15日に分析課長に就任した。私の後任は伊藤憲一氏（直に外務省を退官し、今日まで日本国際フォーラムというシンクタンクを主宰している）であった。

私が南東アジア一課長を務めた73年5月から2年余のこの時期は、インドシナ半島の政治地図の激変の時代であり、日本とインドシナ諸国とのその後の順調な関係を導く上で、極めて重要な時期であったと思う。親米路線から革命勢力との関係樹立に何とか軟着陸出来たことを誇りに思っている。日本とベトナムの関係は、中国が共通の脅威ということも有るが、今は極めて友好的である。

# 第8章　分析課長／外相秘書官／官房機能強化対策室長

（1975年8月～77年10月）

分析課長に就任　情報の世界を垣間見る
外務大臣秘書官を100日
国会対策に駆り出される　官房機能強化対策室長

## 分析課長に就任

私はバンコック、ワシントン、インドシナと現場の生活に疲れ、調査部分析課長の加藤淳平氏（駐ベルギー大使）が後任に興味がないかと打診して来た時に強く心が動いた。しかし北越との援助交渉が意外と長引き一時はこの人事は流れそうになりハラハラした。75年の8月に分析課長を拝命した。このポストは外務省の中で特異なもので、情報組織である。交渉に関する電報や特別な機密情報は別として、この課には全在外公館から本省に入って来る全ての情報電報、公信が配布される。

情報量が飛躍的に増大したので、重要指定の電報は次官とか主要幹部には広く配布されるが、低レベルの電報は主管課と関係課にしか配布されない。担当部局で担当者が必要な情報電を読むが、他の部局の関係の電報を読むことはない。分析課にはあらゆる情報が集まり、ここで取捨選択して総合判断を行う。これはいわゆるインテリジェンスのレベルに高められた情報である。凄いことに分析課は歴代の優れた課長と分析官の努力で、貴重なインテリジェンスを週報の形でまとめていた。この週報は在外公館にも送られ、分析課としてどういう点についての情報を必要としているかも私の時代には記述しておくことにしていた。在外公館に於いて情報マインドのある館員に取っては、任国での情報収集に当たり有益と評価されていた。この週報はある意味では外務省の記憶中枢のような役割を果たし、極秘扱いでその取り扱いには厳重に注意されている。ある地域や問題について、過去の週報を遡って読むと、意外にも同じパターンの動きが繰り返されていることが判ったりして、プロの目にもなかなか面白い。私は浅井基文氏（東大教授）や吉田重信氏（駐ネパール大使）のような中国、ソ連に詳しい優れた人物を部下に持ち、週報の充実に努力した。また情報マニュアルも作りどのようにして情報を取るかを具体例を示して、省員の情報収集活動への理解を深めることに務めた。この週報は私の時代に完成度が高まったが、省内のラインの人たちの仕事には直接役に立たなかった。そんなこともあったのだろう、残念なことにいつの時代からか消え去ってしまったのは惜しいことである。

外務省は総理、官房長官、外交に関心を持つ有力政治家などに定期的または適宜色々なレベルでブリーフィングをしている。重要な国際親善の役割を果たされる皇室関係については、天皇・皇后両陛下には外務報道官が、常陸宮殿下・妃殿下には分析課長が毎月ブリーフをする。私は分析課長と外務報道官の双方の仕事をしたので、双方を経験した。皇室関係のブリーフは資料を前に説明するのではなく、テーブルを挟んで親しくお話しする形なので事前の勉強は大変であった。加えてさまざまなご下問があり冷や汗をかくこともしばしばである。ご下問に即座に答えられない時は調べて次回にご報告する。実際皇室の方は国内の最高の権威から広く話を聞いておられて、また諸国の皇室とは長い関係があり、人的関係でも直接のご経験も豊富で、万端非常に良くご存知である。最近の情勢は別として、むしろこれまでの諸国との関係については、二年程度で交替するこちら側よりも、ずっと良くご存じ

在京外交団のための皇室鴨猟（網で捕える）

だったと思う。相手に恥をかかさないように加減をして下さるので助かったといえる。

## 情報の世界を垣間見る

分析課はインテリジェンスにまで高められた情報を扱うから当然に主要国の情報機関との情報交換をする。世界で優れた情報機関は、米国、英国、ソ連、ドイツ、フランス、イスラエル等でアジアでは韓国とシンガポールの情報機関が優れていた。戦後日本は情報機関を持たないので、いわゆるスパイによる人的情報は皆無に等しく、大使館のネットワークに基づく総合的な情勢判断に注力していた。冷戦時代には僅かに極東ソ連の電波傍受からの情報や朝鮮半島関連情報が時折優れたものを見せた。血沸き肉踊る情報戦は戦時とか映画の世界の話で、公開情報から90％の情報が入手できる。これにプラスして在外公館の広いネットワークからの聞き込み情報を総合すると、世界の大きな動きはほぼ確実に把握できる。たまたま凄い情報が入手できても日本のようなコンセンサス国家では、ディスレイリがやったように直ちにスエズ運河を買収するというような離れ業（注）は出来ない。平和日本ではこれで十分だったとも言える。

（注）1875年エジプトの領主（パシャ）がスエズ運河株式会社の株式を大量に手放すとの情報を得たディスレイリ英首相は議会の承認なしにロスチャイルド家から借りて買収して運河の支配権を確立した。

これらの主要情報機関とは定期的に情報の交換を行っていた。これは分析課長の仕事のなかで最も面白い部分だった。行ったり来たりして関係を維持するのには、何やら秘密めかしい大時代的な香りもした。韓国中央情報部（ＫＣＩＡ）とのコンタクトは朝鮮半島有事の際には役に立つ。私は38度線の下に北朝鮮が掘削したトンネルをＫＣＩＡの案内で国境線の下まで潜って視察した。日本では高名なＮＨＫの解説者が北、南のいずれが掘ったか判らない等と解説していたが、私は現場の視察で、すべての掘削の痕が北から南に向けられていることと、トンネル内にわき出す地下水を除くために南から北にトンネルの傾斜が付いているとの説明から、北朝鮮が掘削したことは１００％間違いないとの心証を持ち、そのように帰国後省内上層に報告した。

ゲーレン機関の生まれ変わりのドイツ連邦情報局はソ連・東欧情勢の転換期には有用である。意見交換を終え、ミュンヘンの広大なオフィスを立ち去る時に、「貴方はこれからソ連経由で帰国と聞いていますが、お取りになったメモはお預かりして、東京でお渡ししましょうか」と言われて、なるほど日本人は不用心だと実感した。

パリ郊外のフランス情報機関を訪ねた時は、ホテルで鞄が何者かに開けられていたし、殺し屋のような男が車で迎えに来て車中一言も発せず不気味な経験も味わった。

イスラエルとの情報交換は中東情勢の複眼的な理解に不可欠である。テル・アビブに先方の機関を訪ねた時に、空港から始まり万事セキュリティが極端に厳しいのに、この国は四方八方戦争に直面している国家なのだという厳しい実感が持てた。

マイダネック旧ナチ収容所

ソ連圏に足を踏み入れたのも分析課長の時代である。76年3月ウィーンでの東欧担当官会議の後、２週間に亘って、自由化が始まっているポーランド、ソ連圏を離脱したユーゴスラビア、ソ連と見て回った。ワルソーから東南に１７５キロ車を飛ばしてもらって、アウシュヴィッツに次ぐ欧州で2番目に大きいナチの収容所のあったマイダネックを訪れた。入り口には３００人の犠牲者の骨が泥の土まんじゅうとして積み上げられている。無数の犠牲者の帽子や靴が展示されている。36万人のポーランド人、ユダヤ人等が、風呂に入れるとして裸にされ、シャワーを浴びてコンクリ製のガス室に導かれ、ここで青酸ガスを浴びて15分から30分で命を奪われた所である。ナチは犠牲者の持ち物を全て奪っただけでなく、更に死者の口を開け腹を割いて金や宝石を取り出したというから地獄以下である。ここまで殺戮が組織的に行われたことに、人間の罪の深さを嫌というほど痛感させられた。ナチによるユダヤ人の虐殺に付いては日本のある編集者がでっち上げと述べてユダヤ人団体から非難されて雑誌が廃刊になったことがあるが、外交官やジャーナリスト、外交を志す政治家にも 実地主義は絶対に大事である。経費削減から最近の外交官がとんぼ返りで出張しているのは少し勿体ないと思う。私は若い頃にマイダネックを訪ねて良かったとつくづく思う。

共産主義体制が崩壊する前の時期に、この出張でこれらの国を廻り多くを学んだ。本省から課長クラスもあまり来ないこれらの公館では、館員が現地事情を詳しく説明してくれた。ポーランドでは農業が自作農により営まれ、郊外で花を作る農家は富を持ち、外貨も得られて外国に旅行が出来ることを知った。西欧の図書や新聞も読める読書室があった。「ワルソーで最も美しい所は、ソ連の建てた醜悪な文化宮殿の入り口である。なぜならそこからは文化宮殿が見えないから」いうジョークも聞いた。ヒットラーが廃墟にしたユダヤ人居住の区画が完全に復元されていて、ポーランド人魂を見ることが出来た。ウィーンではフォークス・オーパー劇場の舞台すぐ上の舞台を見下ろすボックスの2列目の左の際の最後まで売れ残った席を入手してもらって「バラの騎士」を観たり、華麗なシェーンブルン宮殿を訪ねた。

ソ連では米国カナダ研究所と世界経済・国際問題研究所という二つの有名な研究所で専門家と意見交換をした。この頃のソ連は「緊張緩和路線」で専門家たちは実にプラグマティックで西欧的でもあったのには印象づけられた。「我々は全てが不足している。質も悪い。この改善が急務である」と力説していた。重光晶駐ソ大使との話は盗聴の出来ない特殊な箱の中でやったのも忘れられない経験だった。モスコー市内のあち

モスコーで

こちに限られた品物が売り出されるので長い行列が出来ているのもこの目で確かめた。ソ連の体制が至る所で破綻し始めているという印象を深めた。モスコーの北70キロのザゴルスクの大修道院を訪ね、多くの信者が十字を切り、賛美歌を歌い、水筒を持って聖水を汲みに来ているのを見た。革命後70年にしてしっかりと宗教が生きている姿には感動を覚えた。ロシア語の専門家と社会見学をしようと、バーに沢山いる外国人目当ての商売女の家にも行って見た。一杯飲んだらお金をやり帰って来ようと思っていたら、敵もさるもの。ドアを開けて家に入るや否やもう一人の仲間が出て来て、二人して素っ裸になったのには驚いた。ハニートラップに引っ掛かっては大変なので、20ドルのチップを渡して勘弁願ったが、トイレの窓ガラスが破れて板張りだったのはしっかりと見て来た。パリでは一年前に東京で別れた元カンボディア大使館のマニット参事官と再会した。６人の子供を抱えながらも、デパートで仕事にありつき、コンピューターで整理された品物を注文に会わせて運ぶ仕事をしてなんとか生活できると晴れ晴れしく語るのを、日本人にはこういう生活力は無いのではないかと感心して聞いたりもした。

## 外務大臣秘書官を１００日

分析課長は新しい経験に満ちた極めて刺激的なポストであったが、長くさせてもらえなかった。分析課長になって一年が経つかたたぬかの76年９月半ばに波多野敬雄人事課長から「明日は自宅で待機していて欲しい」と言われた。翌日午後三木改造内閣で小坂善太郎氏が外相に就任すると「すぐ来い」というのでタクシーで登庁すると、大臣の意向を確認するのに小一時間待たされて、秘書官に任命された。波多野人事課長は「短いかもしれないよ」と正直に言われる。これより先三木総理は、バルカン政治家ぶりを発揮して、コーチャン証言を証拠採用させて強引に田中角栄氏を倒した。党内に三木降ろしのマグマが溜まった中での内閣改造だから、短命内閣と考えるのは当然と言えば当然である。

小坂善太郎氏はその名が示すように善人であるが、坊ちゃん的な所があり、池田内閣で最初の外相就任の時には、若い秘書官が忌避されて、急遽年長の大河原氏が替わって秘書官になった前歴あり、当たりが良くて気が利くと思われたのであろう、私に白羽の矢が立ったのだ。いろいろ苦労も多かったが、小坂氏には外相辞任後も、お亡くなりになるまで可愛がって頂いた。

さて秘書官になり大臣に挨拶すると、すぐにそのまま認証式、初閣議、閣議後の記者会見と息つく暇無く大臣に付いて歩き、明け方2時半頃帰宅した。翌日からはブラジルの大統領の国賓来日関係の行事があり、朝寝坊の私には厳しい生活であった。短命大臣と見られているので、心なしか省内事務方は本腰を入れてくれない嫌いがあった。他方小坂氏と言えば、予見される総選挙後の内閣にも外相として留任して中国との平和友好条約を結んで歴史に残る仕事をしたいという強い希望を持っておられた。どちらかというと冷たい事務方と夢のある大臣の間に立って苦労の連続だった。

国連総会での小坂外相

12月5日の総選挙では新自由クラブが躍進し、議席を減らした自民党の中で三木氏は福田、大平連合に破れて、福田内閣が成立して鳩山威一郎氏が新外相に就任した。一大臣一秘書官であるから私は予想通り失職し、僅か100日で終わった外相秘書官だった。履歴に若干ハクが付いた以上の実質は無いとも言える仕事だった。

身贔屓《みびいき》といわれるかも知れないが知的水準といい経綸《けいりん》といい小坂善太郎氏は間違いなく総理の器であった。群れない性格が政治家としてはハンディキャップになったが、10年後に生まれていれば当然総理になる芽はあったと思う。彼が私に「自分は時の権力者の台所まで入ってゴマをするようなことはしなかった」と語ったことを良く覚えている。総選挙の時に連絡役として長野の選挙区までお供をしたが、立会演説会に確か１００円だったと思うが出席者から会費を徴収しているのを知り、買収とは全く無縁な政治家が存在しうることに若い官僚として清々しい気持ちも感じた。「天の時」を得ず、時代にあまりにも先駆けて生まれることも、政治家としては不運である。

長野の選挙に付いて行って、珍しい見聞をしたとか、政治と事務方との狭間を体験したとか、大臣の24時間を観察できたとかの経験になったが、脳天気の私でも悲哀を感じざるを得ない１００日でもあった。

その中で何と言っても思い出深いのは、当時函館に飛来したミグ25機の引き渡し問題でソ連と厳しい対立になっている中で、外相就任直後の国連総会出席時に、厳しいグロムイコとの外相会談が開かれたのに同席したことである。鬼のような顔をしたグロムイコ外相は実に非礼で「圧力の掛け合いをするつもりか」「蛆虫」「ナンセンス」と好き勝手を言う。大臣もさすがに鼻白んで記者会見で「水一杯出なかった」との名言を吐かれた。

たまに同僚や先輩と麻雀を囲むくらいしか楽しみの無いほとんど苦行のこの時期に、救いとなったのは三木総理の秘書官をしている北村汎氏（駐英大使）とその後長く続く親交が生まれたことである。特に三木降ろしの動きが激しくなり、快々として楽しまない時に北村氏は私を赤坂に誘ってくれて、人に言えない辛さを話し合い、小唄に興じたことである。師走半ばの14日、赤坂から泉岳寺に四十七士の墓を詣で、もうもうたるお線香の煙の中、憂さ晴らしをしたのは忘れられない。このご縁で私は小唄の世界に目覚め、北村氏の勧めで春日とよ艶子師匠（赤坂の名妓久子姐さんである）に弟子入りした。北村氏とは仕事の上でもウマがあったのだろう、後に彼が官房長に就任した際には、女房役の官房総括審議官に引き立てられた。彼がカナダ大使の時にニューヨーク総領事として、クリスマス休暇を一緒にフロリダで過ごしてゴルフを楽しんだこともある。また私がローマ大使の時には退官後ご夫妻で遊びに見えて、チボリの噴水庭園を一緒に見て、景色の良い高台のレストランでワインを楽しみながら昼食をご一緒した。日本の伝統文化やワインの蘊蓄が深く、話が面白い方で私は多くを学んだ。

## 国会対策に駆り出される

さて外務大臣秘書官を失業した私は、機能強化対策室長という肩書きで、官房に籍を置き大木浩国会担当参事官の補佐役で日韓大陸棚協定の国会承認の仕事を命じられた。野党の強い反対で3年店晒しになっていたこの協定がこの年に批准されないと発効せず、日韓関係に亀裂が生じるという危機感があり、異例なことであるが課長レベルの二人目の国会担当者が例外的に置かれたのだ。大木参事官が与党議員を、私が野党議員を分担して条約の承認に向けて働いた。

自民党議員が頼りないので、私は民社党の永末英一議員と密かに国会会期の延長による自然承認を画策しようと思った。得意顔で松永信雄官房長（次官、駐米大使）に話すと、厳しい顔で「それは官僚が遣ってはいけないことだ」と諭された。勿論「政治家にやってもらうことだ」と言う意味である。事実この難産を極めた条約は、この奥の手で成立したのだ。

始めて私が安倍晋太郎氏に身じかに接触したのはこの時である。当時彼は自民党の国会対策委員長だった。国会内の自民党の国対の部屋で、お目見えの時に私が「誠心誠意やります」と神妙に挨拶すると「この世界は誠心誠意だけでは駄目なんだよ」と冷やかされた。その時の彼の何とも形容できないにやりとした笑い顔は、私の生きていない別世界を垣間見る思いで、一生忘れることはないだろう。国会の先生方と親しくなり、国会との付き合いのコツを学び、後に官房総括審議官になる予備勉強をしたようなものだった。

## 官房機能強化対策室長

国会の仕事と平行して、機能強化対策室長としても幾つかの仕事をした。一つは前職の時にベトナムやカンボジアで館員が家財を捨てて着の身着のままで出国せざるを得なかったが、彼らが失った財産の補償をする制度が外務省になかった。大蔵省主計局の友人に相談すると、こういうことは最初のケースでキチンと対応をして置かないと、後では難しくなるというアドバイスを貰った。補償対象となる財産の定義をし（宝石等は駄目）、車や家財については公的な物品の耐用年数から逆算した補償率を定める制度を創設した。人命が失われた際の補償も考えたが、防衛庁や警察、消防庁とは異なり、外務省の設置法には省員は命を的に働く義務があると言う規定がないから駄目であった。私の努力に先輩の中には「モノ・カネの風潮が外務省にも及んだか」と批判する人もいたようであるが、後年湾岸戦争の余波で家財を残したままで避難した湾岸公館の館員にも補償が行われて喜ばれたと聞いた。

私は情報組織である外務省にとっては「人的情報」の蓄積が大切であると考えていたので、そのための制度を作った。またいわゆるノンキャリアの職員が専門家となり、退官後社会に大切にされるような人事制度の仕組み作りも提案した。

これらの仕事に疲れたろうと「充電」のために、私は英国の王立国際問題研究所（チャタム・ハウス）に初代の日本人の客員研究員として出向するという外務省には珍しいポジションを与えられたのである。

# 第9章　懐かしの英国に再赴任（1977年10月〜81年8月）

チャタム・ハウスでの研修　日欧貿易についての著書の出版
ロンドン大使館勤務　日産日本問題研究所
JETプログラム　「江戸展」を軌道に乗せる　三井楡植樹プロジェクト
充実していて楽しかったロンドン在勤

## チャタム・ハウスでの研修

私はロンドンの王立国際問題研究所（チャタム・ハウス）に客員研究員として一年間の出向が認められ、77年10月にロンドンに着いた。英国には15年前にオックスフォードでの2年の研修を含め4年滞在していたので、親しい友人も多く、全てに懐かしく嬉しかった。

この研究所は第一次大戦後、英国外務省がドイツとの講和を巡って長期的な展望に欠けていたため失敗したという反省の上に、目先の外交案件を越えた長期的な外交戦略を考え るために設立された世界最初の国際問題のシンクタンクである。「アングロ・サクソンの世界戦略の奥の院」的な存在と言われていた。その後欧米ではいずれの国も、外務省は当面の問題への対処に当たり、戦略を描くのは別の組織と言う考えが常識となった。日本においても戦後間もなく吉田総理のお声がかりで、国際問題研究所と言う組織が出来ているが、今日に至るまであまり盛り立てられていない気がする。

チャタム・ハウスの建物はピッカデリー大通りに平行して走る洒落た店の並ぶジャーミン通りから入った閑静なセント・ジェームス広場に建っているタウンハウスである。ここはモールを抜けると官庁街に接している。私は増員だったらしく4階の屋根裏部屋をペンキを塗り直して一室用意してくれていた。

研究所長は長年令名の高かったアンドルー・ションフィールド博士が退任した直後でその後任になったばかりのデヴィット・ワット氏だった。研究所の要のポストは研究部長で研究プロジェクトと研究者と資金提供者を見つけるという重要な役割を担う。最初はイアン・スマート氏で、その後任は欧州問題の専門家のウィリアム・ウォーレス博士だった。ウォーレス氏とはウマが合って、親しくなり今でも季節の挨拶状を交換している。彼は長年にわたり自由党の支持者で、そのため一代限りの爵位をもらって上院議員となっている。夫人も著名な欧州研究の学者である。

家族揃ってチャタム・ハウスの前で

研究所ではいくつかのプロジェクトが並行的に進んでいる。重要なテーマは国際情勢の変転に応じて変わって行くので、研究者はプロジェクト毎に適当な人物が選ばれ有期で働く。日本の多くの研究所のように永年雇用ではない。次々に新奇なプロジェクトを提案して研究部長に認められ長年居続ける有能な研究者も一、二名いたが例外である。こういう人を私はインテリ浪人と名付けた。各研究者は研究を終えると報告書を書き、出版される。国際関係に付いて研究者、政界、官界と財界の間の知識の共有を計るのが大きな目的だから、プロジェクトと連携して各界の有識者から成るスタディ・グループが設けられる。研究所では連日のように、いくつものグループが並行的に会合していた。ここでの議論の内容そのものは外部に出しても良いが、議論の行われた場所であるチャタム・ハウスの名前は絶対に出してはいけないと言う厳しいルールがある。これは「チャタム・ハウス・ルール」

と呼ばれ、現在も世界の全てのシンクタンクで採用されている。

私がいた間にこの建物に泥棒が入ったことがある。いくつかの部屋が荒らされ、私の部屋も荒らされ、鍵のかかった引き出しがこじ開けられていた。私的な手紙や書きかけの文書などが床に散らばっていて、余り愉快な光景ではなかった。勿論金目のものなど無い建物であるから、ここで行われている何らかの研究の内容を調べるのが目的だったのではなかったかと思う。真相は判らなかったが、外国の情報機関にしては荒っぽい遣り方でその可能性は乏しいと思うが、誰かがどういう理由か判らないが、ここの研究の内容を探ろうとしたことは確かである。逆に言えばこの研究機関とそこでの研究が相当に影響力を持っていることの証左といえよう。

## 日欧貿易についての著書の出版

私がこの国際情勢研究の「奥の院」へ日本人として初の参加が認められたのは、日本の国力の増大の反映でもあった。同時に日本人研究者の能力評価となり、その後も日本人が招かれるかの試金石でもあった。私はちゃんとした業績を残そうと思い、当時ヨーロッパで日本非難の中心となっていた日本の攻撃的な貿易政策、特に工業品輸入の少なさについてその理由を、貿易統計を駆使して明らかにした。その結論は、現状は欧州が自己の都合に基づき共同市場、欧州自由貿易連合、旧植民地諸国等との連合協定のような同心円的で排他的な自由貿易制度を作ってきたことと日本側の産業政策のなせる業であるということだった。日本の近隣諸国に同レベルの工業国がないために日本は中間財を含め全て自国で作ると言うことになっている事情もあることを証明した。私はその解決策は日本が欧州諸国へ直接投資を行うべきで、また欧州はこれを歓迎すべきであるという明快な結論で示した。

自分で言うのは気恥ずかしいが、この作業については高い評価が与えられて、チャタム・ハウスから出版するように求められた。論文を書くことと出版することの間には大きな差がある。専門のエディターが原稿を詳細にチェックして、重複を除き、論理の筋を通すために整理して、文字通り編集する。脚注についても正確かどうか、引用ページが間違っていないかもチェックする。私の原稿は真っ赤に直された。私の英語力が未熟なのだろうかと気落ちした私に、この女性のエディターはもっと赤く直された原稿を示して、これは同僚の英国人研究者の原稿ですよと慰めてくれた。私は退官後日本で何冊か本を出版したが、日本の出版社の編集者と、チャタム・ハウスのエディターとの間には厳しさに格段の差がある。

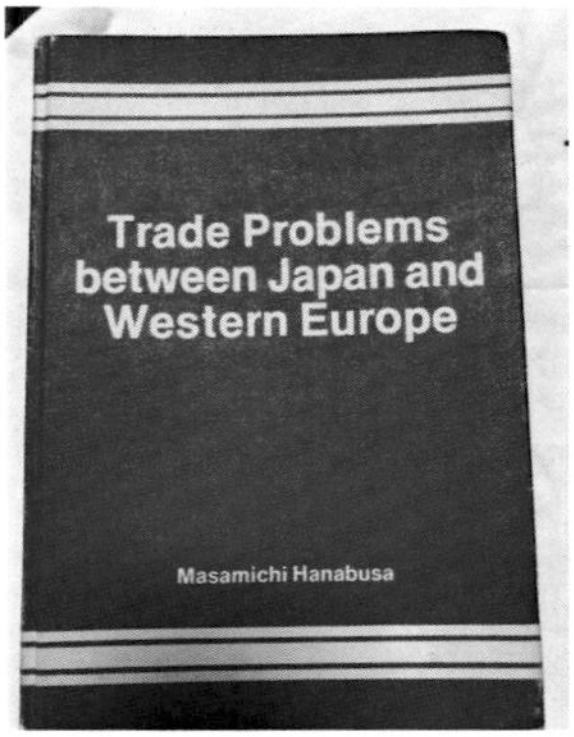

最初の著書

幸いに私はロンドンの大使館からジュネーヴでの多角的貿易交渉（ＭＴＮ）ラウンドの交渉の最終段階の手伝いを命じられ、ジュネーヴに長期出張するという幸運に恵まれた。推敲の時間が十分出来たし、ジュネーヴのガット本部にある資料も参考にすることが出来た。79年7月に「Trade Problems between Japan and Western Europe」が出版された。日欧の貿易問題について最初に英語で書かれた本である。長くこの問題の研究者に読まれ、この問題を扱う本でしばしば引用された。後年ニューヨーク総領事時代にペンステート大学を公式訪問した際に、同大学の立派な図書館を見せてもらった。膨大な図書を誇っていたので、私の書いた本もあるかなと冗談半分に言ったら、早速調べてくれて、チャンと納められていて鼻が高かった。

日英議員連盟の有力議員のリズデール議員は私に「貴方の本の主張には大賛成でサッチャー氏にも読んでもらいました」と言われた。彼はサッチャーの強い支持者で、彼女がその後保守党総裁となり英国首相になった時に、英国政府は日本からの直接投資を強く求めるという政策を採った。その結果としてウェールズにソニー、東芝、ナショナル等日本の主要家電メーカーが続々と工場を建て、その後日産の英国での自動車生産に繋がる。勿論この政策には経済的な合理性があり、私の本がなくても日本の投資歓迎の政策が採られただろうが、リズデール卿の話もあり、私の本がサッチャー首相に何がしかの影響を及ぼしたことは十分にありうると内心思っている。

引き続くロンドン大使館勤務中にも私のチャタム・ハウスとの関係は深まった。私が推薦する形で、野村総合研究所の江口雄次郎氏、渋沢雅英氏、通産省の新欣樹氏が次々に客員研究員に採用された。チャタム・ハウスは私をオリジナリティのある研究者として評価してくれたのだろう、幾つかのスタディ・グループのメンバーになり、この研究所の機関誌「The World Today」にも寄稿を求められた。私が寄稿した「日本―対応の問題」は多くの反響を起こした。私はその中で、日本にとり国際経済は「与件」であり日本はルール作りのプレーヤーとなるのは苦手だが、変化には逆らわずに対応するコンセンサス作りの能力がある。今や日本は高度成長期が終わり、低成長にソフトトランドする苦しみの中にある。ただ生活水準の上昇から国民は現状に満足しており、その結果日本は国際的には現状維持勢力となっている。貿易収支の大幅黒字の改善は、極めて困難な業界利益のからむ「自主規制」によるよりも、為替レートの変更により競争力を失ったセクターが徐々に国際競争に敗れて退場するほうが望ましい等と率直に論じた。私の10ページ足らずのこの論文の抜き刷りの注文が多量に米国から来た由で、購入者は米国陸・海・空三軍の研究機関であったと言われた。85年9月のプラザ合意に先立つこと7年の78年6月のことである。

## ロンドン大使館勤務

私は王立国際問題研究所のアカデミックな生活の後、ロンドンの大使館に勤務することになった。人事の偶然であろうが私は3年の間に広報、政務、総務（ＤＣＭ）と大使館内で一年毎に仕事が変わった。その間に80年の3月にはロンドン総領事に併任になり在留邦人関係の責任者となった。普通は一つの仕事を一年やり、仕事に慣れて2年目からは少し楽になる。毎年新しい職場に移るという3年間で在外公館の仕事に付いて精通出来たことは有り難かったが、実のところ楽ではなかった。

研究所での優雅な一年が終わり、まず79年1月から大使館参事官として文化センターの所長に就任した。大使はケンブリッジ大学出身で、英語に極めて堪能で英国朝野に評判の良かった加藤匡夫大使だったが、数ヶ月でローマから転勤の藤山楢一大使に代わられた。お陰でバッキンガム宮殿の信任状奉呈に同行する貴重な経験が出来た。三台の馬車に大使を始め８人の主要館員が正装して分乗して、ハイドパーク内の馬車道を走り宮殿に至る。宮殿内でエリザベス女王に拝謁し握手を賜った。大使が私を「この人は広報担当です」と紹介すると女王は「それでは大使館と外との双方ですね」と言われた。私は「日英双方の記者との連絡と文化活動もしています」とお答えした。私は官補から参事官まで英国に合計8年暮したが、最後の大使のポストはロンドンでなくローマだった。だがバッキンガム宮殿での信任状奉呈は経験している。

最初の一年の文化担当の時代には創造的な色々な仕事が出来た。なかでもオックスフォードに日本研究所が出来たこと、ＪＥＴプログラムの初年度の募集を行ったこととヨーロッパにおける日本文化熱に火をつけた「江戸展」を軌道に乗せたことは忘れられない。

藤山大使の信任状奉呈に随行

## 日産日本問題研究所

英国における日本研究のメッカは、長年にわたり優れた日本研究者がいたオックスフォード大学であった。しかし大学の多様性を追求するという英国政府の方針から、日本研究は地方大学に移って行く傾向だった。加藤大使はこれを極めて残念に思い有識者の懇談会を作り、オックスフォードに日本研究所を作るべきであるという流れを作り出された。英国の日本研究者の間には、ロン・ドア教授やジェッフリー・ボーナス氏のようにこの考えに異論を唱える向きもあった。しかしオックスフォードは歴史的にも施設的にも卓越した地位を占めていて、優秀な学生が集まるので、私はここに日本研究所があれば、多くの学生が日本に関心を持つこととなり、日本により良いことだと大賛成だった。何とか実現しようと思ったが、問題は巨額の資金をどう調達するかであった。

私は日本産業のなかで最も元気のある自動車産業、その中でトヨタよりも国際感覚があり社風も開放的と思われた日産をおいてはこの研究所設立のスポンサーとなる企業はあり得ないと考えた。藤山大使が着任されて日も浅いころ、日産の山崎隆造専務がロンドンに来られた時に、藤山大使からお願いしてもらうと、かなり前向きな反応があった。英国側からさまざまなルートで日本に向けて支援の要請がなされていたようだった。

日産側の反応は日本の企業とは思われないほど素早かった。藤山大使が山崎氏に話をされたのが5月の25日。山崎専務は一度帰国して協力の方針を固めすぐに再来英された。6月13日には私がご案内してオックスフォードを訪問された。大学では副学長（学長は名誉職でこの人が実質上の最高責任者である）レックス・リチャード卿以下の大歓迎を受けた。日産側は細かい注文を一切つけず、この日本研究所を大学の直轄の組織にして欲しいというぐらいの条件で150万ポンドの拠出を申し出た。前にも後にも私が関わった資金集めの案件でこれほどスムースに話が進んだことはない。

私はこんな素晴らしいチャリティを広く知ってもらうための広報をするべきで、大使館としても協力すると申し出たが、日産側は余り知られたくないという。怪訝《けげん》に思いその理由を聞くと日産は交通遺児のためのプロジェクト等に寄付を求められているが、十分に満足させることは出来ない。それなのに巨額の寄付を外国でするというと非難される恐れがあるという。極めて日本的な理由だったが、私は「善根を施したものは世に知られるべき」だという意見の持ち主なので、それでは英国の各界の指導者に限って日産の善行を判ってもらうことには反対でないでしょうと、ロンドンで各界の要人を招いたレセプションを開くことを提案した。

これには日産側も異議がなかったので、私はオックスフォード大学と日産の共催で、ロンドンで大レセプションを開催することを推進した。私は日本大使館の国祭日レセプションのリストを基礎に招待リストを作り、オックスフォード大学からも適当な出席者を招待することにしてもらった。どこで開催したら良いか日英議員連盟のリズデール卿に相談すると、彼は気の利いた場所としてスキナーズ・ホールを選んでくれた。

79年10月30日にオックスフォードのディヴィニティ・スクールで日産の日本問題研究所設立のための１５０万ポンド贈呈式、その後マートン・カレッジで記念昼食会が開かれた。日産側からは石原俊社長夫妻、他多数の役員が来英出席された。藤山大使夫妻とわれわれ夫婦も招かれた。小雨降る中われわれはロンドンに戻り、古色豊かなスキナーズ・ホールで開催された日産とオックスフォード大学の共催の大レセプションに出席した。オックスフォードからバス2台で１００名の大学関係者がロンドンにやってきた。このようにして日産の名前は英国朝野に知れ渡ったが、その時に日産は英国に工場を建設するなど夢にも思っていなかったようだ。しかしその後日産は英国に工場を立ち上げることになり、更にこの研究所に施設の建設費を寄付するなど関係を深めた。初代の所長にはオーストラリアの日本研究者のアーサー・ストクウィン教授が選ばれた。何よりも喜んだのは長年日本研究の弱々しい灯火をオックスフォー ドで維持してきたストーリー先生で、年齢から初代の所長にはなれなかったが、大学は彼を定年直前に教授に任命し、退官後名誉教授にするという極めて粋な計らいをしてくれた。この研究所は日本研究の世界的な中心の一つになった。

# JETプログラム

この頃ある投資会社の役員をしていた大の日本好きのニコラス・ウルファーズ氏が、日本と英国の間の交流を深めるためのさまざまな企画を持ちかけて来て、辟易するような熱心さで日本側に働き掛けていた。彼はロンドンで開かれる日本関係のあらゆる会合に顔をだし、日本の学校に英語の補助教員を派遣するプログラム創設を熱心に推進した。本人自身もロンドンに来る日本の国会議員や財界人に働き掛けた。私の前任の日本文化センターの所長の坂本重太郎氏（駐ヴェネゼラ大使）がこの計画に強く賛成されていた。この熱意が実って日本側で公式に英人英語教師を受け入れることとなった。大使館が責任を持って学生を選考することとなる。私が文化センター所長に就任直後に選考の委員会が開かれた。日本語に堪能な元駐日大使のスタンリー・トムリンソン卿を委員長にストーリー先生等数名に小生等日本側関係者も加わった。

英国大学生の反応は、極めて前向きで、採用の条件も抜群に良かったこともあって、予想を大幅に上回る多数の応募があった。日本への関心も非常に高くなっていた。書類選考の後の面接が大変だった。英国人でも有色人種の人もいる。受け入れ学校の側で黒人の先生には抵抗があるだろうとは予想出来たが、選考委員会は西インド出身の移民の子弟の学生も何人かを選んだ。私は日本の国際化のためには克服しなければ成らない意識であると思い、受け入れることにした。男女、出身大学等に偏りがないように配慮して、初年度にしては優秀な学生40名を選ぶことが出来た。これらの学生は日本の地方の中学、高校に英語教師の助手として採用された。英会話が重視されるにつれて、この企画の評価と重要性が高く

パントを漕ぐ
ストーリー先生

なった。英人教師は暖かく迎えられて、皆大の日本好きとなり日英の掛け橋となって行った。

　当初外務省が文部省等国内関係省庁に働き掛けてお願いする状況だったが、受け入れ側の高い評価もあり、地方自治体、自治省も関心を持つようになり、計画は拡大の一途を辿った。87年からは外国語青年招致事業として総務省、外務省、文部科学省及び財団法人自治体国際化協会の協力の下に実施する巨大な事業に発展した。募集対象も学生だけでなくそれよりも年長のものも参加出来るようになった。彼らは外国語指導助手だけでなく地方自治体の国際交流担当者やスポーツ面の国際交流要員となり、小学校、中学校、高等学校、地方公共団体の国際交流担当部局等にそれぞれ配置された。２０１７年度までに67カ国から累計6万６０００人が参加した。世界で最大級の語学指導を行う招致事業となった。

　この企画は数ある国際交流計画の中でも出色の成功物語となった。単に英語教師の補助要員が来日したというだけでなく、これらの若者が日本を理解しその後も日本に残ったり、再来日してあらゆる分野で元ＪＥＴとして日本の国際化に貢献をしてくれた。ウルファー氏の先見性と積極性は高く評価される。私がその全くの揺籃期《ようらんき》に参画出来たのは良き思い出である。

## 「江戸展」を軌道に乗せる

　これもウルファーズ氏が強く推進した企画である。ピッカデリーにあるロイヤル・アカデミー・オブ・アーツを会場に江戸時代の展覧会を開くと言うもので、私が文化センターの所長に就任した時には、英国側は国宝級の出品がないと日本側の不熱心を責め、日本側は士農工商と階層をわける展覧会の基本コンセプトに今日出海文化庁長官が難色を示して暗礁に乗り上げていた。

　日本美術に造詣もあるウルファーズ氏は、熱海のＭＯＡ美術館にある光琳の「紅白梅図屏風」とか根津美術館の「燕子花図屏風」を出展させろと言う。彼が発言権を持つのは、若しこの美術展企画の入りが悪くて欠損が出たら、彼の会社が欠損を補償すると言う形でこの企画のサポーターになっているためであった。展示品の内容が高ければ多くの観客が来訪して入場料収入が増えると言うことで、何が何でも国宝を持って来いという。私も直接知己である根津嘉一郎氏にお願いしたりしたが、日本でも一年に限られた僅かな期間しか展覧されない程の美術品で、傷つきやすく海外に持ち出すことなどは論外なことが判った。

そうこうする中79年8月の始めに、文化庁から西川杏太郎美術工芸課長を代表とするミッションがロンドンに到着した。前日一行と食事をして事前打ち合わせをして話を聞くと、日本においては江戸時代の美術についての国宝指定は候補が多すぎて、国宝指定が遅れていて結果として国宝は数が極めて少ないが、重要美術品の中には国宝級のものは沢山ある。今回は出展が可能な重要美術品を選別してリストと写真を持ってきたという。私はそれならば西川課長から国宝指定の少ない理由や日本の国宝指定の仕組みを説明して、国宝に固執する英国側を説得し、同時に持参の写真を並べて、「これで不満なら仕方がない」と二者択一迫る作戦を提案した。

翌日の英側との会議で、ハッチソン美術部長の英国ペースの会議進行を私は遮って、まず西川課長の話を聞いて、日本側から提供可能な美術品の写真を具体的に見て判断して欲しいと述べた。別途別室のテーブルにずらりとカラーの写真を並べて準備させておいた。結果的にこの作戦は大当たりで、大英博物館の東洋美術部長のスミス氏も、オックスフォードのアシュモレアン博物館のインピー東洋部長も並べられた写真を見て目を輝かせた。雰囲気が一変して、これで行こうということが決まった。

「江戸展」は、その後は順調に準備が進んだが、残念ながら私は開催を待たずに離任せざるを得なかった。この企画は難産だったが、開催が実現すると英国は勿論ヨーロッパ中で大評判となり、欧州で一気に日本美術熱が高まる結果となった。

## 三井楡植樹プロジェクト

ロンドン時代で痛快だったのは三井物産ロンドン支店開設１００周年の記念事業にアイディアを提供したことである。つまらぬ自慢話だから簡単に書いておこう。50年代頃から英国にオランダ・ニレ病が入ってきて、シェークスピアの真夏の夜の夢に出てくるような巨大な樫や英国の丘陵に屹立《きつりつ》する楡の巨木が次々に枯れてしまった。私はこのことをとても残念に思っていた。ある時日本の新聞を読んでいると、カナダの植物園で日系人の研究者により日本の楡がこの病気に耐性を持つことが発見されたと云う記事があり、私はこれを心に留めていた。

ロンドンの三井物産の存在感は大きい。ロンドン北郊にある三井ハウスは大使公邸にも匹敵するような偉容を誇る。ある時三井物産の友人と一緒に酒を呑んでいた時に、物産の１００周年の記念事業に何か良いアイディアはないかと聞かれた。そこで私は楡の再生のプロジェクトをおやりなさいと提案した。流石は情報力と行動力のある三井物産である。直ぐにカナダの植物園とも話をして、日本とカナダから楡の苗木を英国全土に植樹すると云う計画をまとめた。

植樹されるアレキサンドラ王女

80年11月12日、リージェント・パークで開催の植樹祭には藤山大使と共に私も席に連なったが、日本と関係の深いアレキサンドラ王女のご臨席を得てのこの植樹セレモニーは英国の朝野に多大の好印象を与えることに成功した。私はアイディアを出す人は偉いが、そのアイディアを実現した人が「もっと偉い」と言う考えの持ち主で、この場合は私はただアイディアを提供しただけだから、表に出る気は微塵も無いのだが、三井物産の池田芳蔵会長が日本経済新聞の文化欄に「英国に繋れ　日本の楡よ」という一文を掲載した中に私のことを「ニレ病に関心を持って研究していた英国大使館の奇特な参事官」と呼んで、この企画は彼から聞いた話に基づくと書いてあったことには少し引っかかった。私を映画に出てくる眼鏡を掛けて偏屈で非社交的な「奇特な」人物としていることには少し不満であった。池田氏の寄稿によるとイギリス林野庁の調査では60年代後半からオランダ・ニレ病のために全英２３００万本の楡の木の内２０００万本が立ち枯れたと書いてある。

三井物産は日本から５０００本、カナダから５５００本のニレの苗木を英国に送り、カナダのこのニレの品種は何とハーヴバード大学の附属の樹木研究所に Mitui Centennial Elm と言う名で登録されたそうである。

## 充実していて楽しかったロンドン在勤

2年目の政務担当時代には英国内ではサッチャー保守党の政権成立（79年5月）があった。ブライトンの労働党大会やブラックプールでの保守党大会を視察する機会にも恵まれた。79年と言う年は、国際情勢ではテヘランの米国大使館の占拠、ソ連のアフガニスタン侵攻というその後の中東情勢の大変化を象徴するような出来事が起こった年だった。翌年にはイラクがイランに侵攻してイラン・イラク戦争が始まった。英国は歴史的に中東については関係が緊密で情報も豊富だったので、英国外務省から中東についての情報を入手して東京に報告するのが大使館の重要な仕事の一つだった。

このロンドンでの4年間は私の外交官人生の中で最も優雅な時代だったと言えるだろう。館長という責任者でもなく、ロンドンは日本外交の主戦場でもな

岳父 大野夫妻とハーリンガム・クラブで

く、仕事の重圧は全くなかった。他方われわれ夫婦にとって英国は2度目の勤務で、土地勘も有り極めて多くの友人に恵まれていた。唯一の不運は引っ越しだった。チャタム・ハウス時代からサウス・ケンジントンの英国外交官が持つ洒落た住居を見つけてここに住んでいたが、数年は帰国しないだろうと言われていた持ち主が急遽予想外の栄転帰国となり、気に入っていたこの家から「逆外交官条項」（注）で追い出されてしまったことだった。

（注）一般に住居の賃貸契約は借り主が勝手に家を出ることを禁じているが、外交官に付いては政府の命令で帰国する時には例外が認められている。これが「外交官条項」である。英国では貸し手の外交官が政府の命令で帰国する時には借り手はすぐに家を明け渡すという「逆外交官条項」が認められていた。

サッチャー政権の出現で、ロンドンの不動産事情が活性化し、家賃も高騰した。それに加えて為替がポンド高となった。住居手当てが円建てだったので、ポンド建てでの住宅手当ての額が著減した。これまでの倍額の家賃を払っても、もう同じような町の中心の住居は見つからなかった。仕方なくＳＷ６のパットニー地区のテームズ川に続くエラビー通りのデュープレックス（二軒背中合わせの住宅）住まいに落ちぶれた。ただ前回在勤以降メンバーだった素晴らしいスポーツクラブのハーリンガム・クラブには一層近くなった。週末に寄宿舎から二人の娘が帰ってくると、このクラブで一家で優雅にお茶を飲んだり、テニスを楽しんだり、のんびりとクリケットの試合を観戦出来た。80年1月に日本にいつか在勤するのが夢という大の日本好きのマリオ・クワリオッティというイタリア参事官が着任の表敬に来て仲よくなった。彼と一緒に良くハーリンガムでテニスをして遊んだ。この人とはその後念願叶った東京勤務中でも、またローマでも親しく付きあうことになる。

順子の旅行用インクウエル
コレクション

一家揃ってコーンウォール、ケント、ウェールズ、スコットランド等の国内旅行をした。貧乏旅行ながら一家でイタリア旅行やロワール地方のお城巡りも出来て、私の外交官生活中で家庭的には最も楽しい時代であった。ゴルフはつき合い程度しかやらなかったが、好きな競馬はアスコット、エプソム・ダービーを始め、サンダウン、ケンプトンパーク等のロンドン近郊の競馬場まで足を伸ばした。テニスは一家でハーリンガム・クラブで遊んだだけでなく、大使館館員のテニス部の部長を勤めた。ウィンブルドン大会には毎年招かれ、79年のボルグとコナーズの決勝戦、80年のボルグとマッケンローの決勝戦も観た。順子はこの時終生のコレクションとなる旅行用インクウェルに興味を持った。万年筆が出来るまで旅行用の筆記道具は旅行用インクウェルと呼ばれるもので、実にさまざまな 形のもの、珍奇なアイディアのものがあった。珍しいものを探しに週末に田舎の教会で開かれているアンティーク・フェアを廻るのは英国ならではのことで、実に楽しかった。78年末に数ヶ月多角的貿易交渉の手伝いにジュネーヴに一時出張した時には、クリスマス休暇に家族をフランスの著名スキー場のクールシュヴェルに呼び寄せスキーを楽しんだのは夢のような一週間だった。

81年7月英国はチャールズ皇太子と美しいダイアナ妃とのロマンスで沸き返っていた。セント・ポール寺院での豪華絢爛たる結婚式の翌々日、私たち一家はロンドンを発って、4年の満ち足りた英国生活を終えて帰国した。

田舎のアンティーク・フェアで

# 第10章　中近東とアフリカ（1981年9月～84年7月）

中近東・アフリカ世界に目を開く　アラファトPLO議長の訪日
中近東諸国を歴訪　IJPC問題とイラン外交推進
松永外務審議官のイラン訪問　花開くイラン外交
アフリカの惨状にショックを受ける　「アフリカ・キャンペーン」を主唱
「節食ランチ」の成功　「アフリカ月間」の諸行事

## 中近東・アフリカ世界に目を開く

ロンドンでの4年の生活を終えて帰朝した私は81年9月に中近東アフリカ局参事官（じきに審議官）を拝命した。いわゆる中二階のポストであるが、局長は私が外務省で最も尊敬する村田良平氏（次官、駐米、駐独大使）だった。中東とアフリカと担当地域の広いこの局を強化するために増員の形で新設が認められた参事官ポストに私が選ばれたようだ。この局の仕事で重要なのは石油資源の豊富な産油国との関係強化と中東和平問題である。特に村田局長はパレスティナ問題の解決に日本が役割を果たすべきであるとの強固な信念を持っていて、パレスティナ解放機構（PLO）との関係の強化に日夜腐心しておられた。

村田氏は大変な勉強家で、将来の次官候補としてその前に大使経験をさせるとの外務省の方針で、若くしてアラブ首長国連邦（ＵＡＥ）の大使として最大の首長国（エミレーツ）であるアブダビに駐在しアラブ認識を深めてから、中近東担当の局長に任命された人である。理論的な政策派でもあり調査部時代から岡崎久彦氏と並ぶ論客として知られていた。私も調査部の分析課長を務めたこともあり、日韓大陸棚条約の国会承認取り付けでも条約局におられた同氏と一緒に仕事をした。何よりも私と村田氏はものの考え方が非常に似ていたと思う。

村田局長は二人の次席に一人が中近東を、他がアフリカと言う風に担当を分けることをせず、私にもアフリカのみならず中近東問題に携わるように配慮して下さった。しかし外務省は課長、局長のラインで仕事が進むので、中二階の参事官は個性を発揮したりせず、口出しをしない方が歓迎される。だから私は手薄なアフリカ関係で「アフリカ月間」や「スターベーション・ランチ」などの仕事をする結果となった。村田局長はともすれば石油の観点からのみ中東を見がちな日本で、まだ一部の議員や中東関係者にしか関心の持たれていない中東和平そのものに日本も正面から取り組む事を主張していた。そのためにアブダビ在勤時代に当時米国などから排除されていたＰＬＯのアラファト議長その他の指導者との接触を実現し、本省局長就任と共にアラファト議長の日本招待を強力に推進しておられた。また忙しい仕事の合間を縫って「中東という世界」という一般向けの中東事情紹介の好著を書かれ、この本は中東に関心のあるビジネス界でも広く読まれ、日本人の中東理解に大きな貢献をしている。私もまずこの本を熟読して中東の諸問題の勉強を始めた。

またこの際石油を巡るさまざまな問題を勉強しようと思って、専門家を集めた勉強会を作って勉強させて貰った。幼稚舎以来の親友で当時共同石油の輸入部長をしていた小島昌義氏と「丸の内会」のメンバーでエネルギー問題には日本でも卓越した知識を持っていた日本エネルギー経済研究所の研究部長の富館孝夫両氏にお願いして、「霞が関石油研究会」なるグループを作って貰った。通産省、外務省の石油問題担当者、東京電力、日本石油等関係業界の担当者、上智大学植村和志講師等がメンバーになった。親しいジャパンエコー社の持田健氏が事務局長になってくれて、活発な意見交換が出来て有り難かった。

ここで私の帰国前の時期の日本の国内政治状況について、簡単に触れておこう。自民党は派閥の内紛が慢性化し、不信任案に一部派閥が同調したため、80年6月に衆参同時選挙が行われた。選挙戦中に大平正芳総理が急死されたため、同情票で自民党は総選挙に大勝したが、大平氏の盟友の伊東正義氏は首相就任を固辞された。内閣不信任に同調した派閥からの起用も考えられず、また同じ派閥の宮沢喜一氏は田中角栄氏に忌避されるという事情の中で、鈴木善幸氏が自民党総裁に選ばれ、総理に就任された。

80年7月に就任した鈴木総理は、81年5月のレーガン米大統領との会談後の記者会見で「日米同盟には軍事同盟的側面はない」という発言をして、伊東外相がこれを諫言《かんげん》する形で辞任された。園田直氏が外務大臣となり、同時に引責辞任した高島益郎次官の後は、人望のある須之部量三氏が年次逆転だったが次官に就任していた。

帰国後正式の発令までに一ヶ月以上あったが、仕事熱心の村田局長は私の正式な発令前にも私を在京中近東大使の離任送別会に同席させた。また前任の堤功一参事官（駐ハンガリー大使）や担当部局からのブリーフも受けた、この一ヶ月は実に貴重で、その間に家庭の雑事をやる時間にも恵まれた。

## アラファトPLO議長の訪日

日米関係は相変わらずギクシャクしていて、アラファト議長の訪日招聘については、米国は不快感を持っていた。外務省内でも北米課を始めとする親米派から強い反対があった。10月12日から3泊4日の招請（形式的には日本・パレスティナ友好議員連盟の招待）が決まっても、PLO旗の使用とか総理との会談、外務大臣の接宴等の接遇の細部についてまで小競り合いがあった。私は村田局長の強いスタンスを維持し、就任早々に北米局や官房各課から総攻撃されるようなこともあった。

81年10月6日、イスラエルとの和解を大胆に進めたエジプトのサダト大統領が暗殺された。サダト大統領の国葬に園田外相が参列することになって、私は「明朝11時発」で園田大臣に同行を命じられた。本来は局長が同行するところだが、アラファト議長の訪日で忙殺されていたので、急遽私にお鉢が廻ってきたのだ。園田外相は居合抜きの達人で油断していると「ポカッ」と打ち込まれる。好人物の原口幸市秘書官（国連大使、式部官長）は屡々《しばしば》やられていた。このころ園田氏は無理が祟って腎臓を患い、歩行が困難であった。園田大臣一行は10月8日に日本を発ち、モスクワ経由コペンハーゲンで一泊してエジプトに着いた。国葬に出席する各国元首は多く特別機で飛来しているのでカイロ空港は混雑を極めていた。空港大混乱の中で大使館の出迎え車が機側まで来ないので困っていると、普通部同窓の向井修一氏が日航のカイロ支店長をしていて、気を利かせてバスを回してくれて大助かりした。

翌日の国葬は6頭立ての馬車に大砲を牽引させその砲身の上にエジプト国旗に包んだ棺が乗っている。その後を各国から送られた花輪が続く。膨大な数のセキュリティ・オフィサーに囲まれカーター・フォード米両元大統領を含む参列者は、30度を越す炎天下、車列の後を1・5キロ歩いて暗殺現場のスタジアムに到着。エジプト側儀典は歩けないわが代表を先に車で目的場所へ運ぶアレンジをしてくれた。スタジアムで国王とか大統領が押しあいへし合い2階の席に向かうのを見るのは奇観であった。

園田外相はこの機会にイスラエルのベギン首相と45分間会談した。ベギン首相は長々とイラクの原子炉攻撃の釈明をするが、黙って聞いていた園田外相は「ダメなことはダメ」と一言ではねつけられた。流石のベギンも取りつく島もないので黙ってしまう。ＰＬＯアラファト訪日に先方は不快感を示すが、園田外相は型通りに反論する。歯切れは良いが、余り外交的でない実りの無い会談だった。しかしベギン首相にとっては日本の閣僚との初会談であった。

武骨だがテキパキしたムバラク副大統領には好印象を持った。ヘイグ米国務長官と園田外相は極めてザックバランな会談を持った。ヘイグ長官の「アラファトを〈日本の湖〉のようにplacid に受け入れてくれ」という注文が印象的だった。日米関係は矢張り成熟していると感じた。

13日午後に成田に帰着する。アラファト議長はすでに前日に着いていた。主管課長の渋谷治彦氏（駐独大使）が万全の対応をしていた。私はいくつかの会合に同席するだけだった。アラファト議長の態度は「PLOの唯一正当性」の承認を日本に強要することなく大人であった。日本の国際場裏における地位に鑑み日本に来ること自体に意義を見いだしていたのであろう。飯倉公館の大広間で待ち合わす間に二人だけになった時握手をして一寸話をした。詰まらぬことだが、中東の二人の主要敵対者同士であるベギンとアラファトの二人に、中二日おいただけで、握手した人間は世界でも極めて僅かで、勿論日本では園田氏と私の二人のみであろう。

カンクン・サミットの機内で
（左から門田局長、鈴木総理、柳局長と私）

このカイロ同行で私は気難しい園田大臣に気に入られてしまったらしく、帰国してから一週間後にメキシコのカンクンで開催される南北サミットに同行せよと命じられた。人使いの荒い役所だが、「貧乏くじだろうがカンクンへ来てくれよ」と直接大臣に言われて恐縮した。サミット自体は基本的にお祭りで特別の問題はなく、外務省としてはサミットに出席するサウディのファハド皇太子と中国の趙紫陽首相と鈴木総理の会見を誰がどう補佐するかが問題だった。要人との会見前の鈴木総理へのブリーフと会談後の記者へのブリーフをする者を、趙首相を重視してアジア局から出すか、ファハド皇太子を重視して中近東局から出すかのどちらかにするかと言う選択だった様だ。

何れにせよ膨大なブリーフ資料を携えて、20日にカンクン行きの特別機に乗り込んだ。鈴木総理には谷野作太郎秘書官（駐印、駐中大使）が同行し、園田外相、河本敏夫企画庁長官が一緒で、外務省は門田省三《かどた》国連局長（駐イスラエル大使）、柳健一経済協力局長（駐豪、駐韓大使）以下の国連局関係者と各国語の通訳要員たちだった。シアトルで一泊し、特別機は21日に広々とした草原の上を飛び海岸のメキシコの新興保養地カンクンの空港に着いた。ファハド皇太子との会談は、訪日日程も決まり順調に済み、ブリーフも終えてホッとしてホテルの部屋で寝入った所、兄清道急死の悲報が伝えられた。東京で夕刊に死亡記事が出て、担当課が見つけて気を利かせて電話で現地に知らせてくれたのである。一瞬呆然とするが、東京の自宅に電話するとその通りだった。受話器を置き、少しして現実感覚が出て来るのに連れて、涙が滂沱《ぼうだ》と流れた。

肉親の兄の死でも直ぐに帰ることは出来ない。その後2日間ニェレレ・タンザニア大統領、アルジェリアのシャドリ大統領、国連のワルトハイム事務総長、ガンジー印首相（席が一つ不足で30分立ちっ放しだった）等の要人との会談に同席し、事前に予想される会談の内容、当方の発言振りについて総理にブリーフする。総理が執心のミッテラン仏大統領の明春訪日も決まり、総てうまく行って鈴木総理は御満悦であった。最後の記者ブリーフが済み大役を済ませた私は部屋を抜け出して、ビーチに出て沖に向かい段々と色を変えることで有名なこのエメラルド色の海で5分ほど泳いだ。シャワーを浴びて夜まで死んだように寝た。これで元気が回復したのだから壮年とは素晴らしい時代だったと思う。それにしても僅か半月余の短い間に、中東旅行に引き続くサミット同行で良く身体が持ったものだ。健康な身体に生んでくれた母につくづく感謝した。

## 中近東諸国を歴訪

中東世界は私に取り未知の世界であった。約2年の中近東アフリカ局在任中に、私は多くの国を訪ね見聞を深めることが出来た。81年12月9日から約2週間、土地勘を養うためにシリヤ（ダマスカス）、トルコ（イスタンブール）、イスラエル（テル・アビブ、エルサレム）、サウディ・アラビア（ジェッダ、リアド）、バーレン、クウェー

エルサレムのオマール・モスク

ト、アラブ首長国連邦（ドーハ、アブダビ、ドバイ）とイランを訪問した。この旅行の最初ではパリ経由で出発しロンドンで文化センター所長時代に発足を助けた「江戸展」を見る予定だった。ところがロンドンは記録的な大雪で飛行機は出ない。幸い自動操縦施設のついたBE機に席が取れて大雪のヒースローに着くことが出来た。飛行機が厚い雲をくぐり抜け、無事着地すると乗客は一斉に拍手した。私は大急ぎで地下鉄に乗りピッカデリーへ向かい、45分だけだったが「江戸展」を見ることが出来た。

更に翌82年4月29日～5月16日にかけては、安倍晋太郎通産大臣のお供でアラブ首長国連邦（アブダビ）、サウディ・アラビア（リアド、ダーラン、ジェッダ）を訪ねた。その後私はアテネでのマグレブ大使会議、ローマでのアフリカ担当官会議に出席するために大臣一行と別れ、これらの会議の前後にリビア（トリポリ）、モロッコ（カサブランカ、フェズ）を訪問した。リヤドからダーランに向かう便の確保が難航したが、幸いヤマニ石油相が安倍大臣のために、個人的賓客用の12人乗りの双発の小型ジェットを差し回してくれた。アラムコはすでに１００％サウディ資本となっていて、砂漠の中に大きな樹木が繁るアラムコ・コンパウンドと呼ばれる租界のような立派な建物で、安倍 通産相が有名なヤマニ石油相と会談するのに同席した。着席のディナーで精練され美味しいフランス料理（エビのフライ、マシュルームとじゃがいも付きの牛肉ステーキ、スフレ風のアイスクリーム）が供された。ヤマニ氏は幅広い教養を持つ文化人で、日本を尊敬していた。京都には本当の文化が有ると述べ、安倍通産大臣に「日本

1981年テヘランの街角

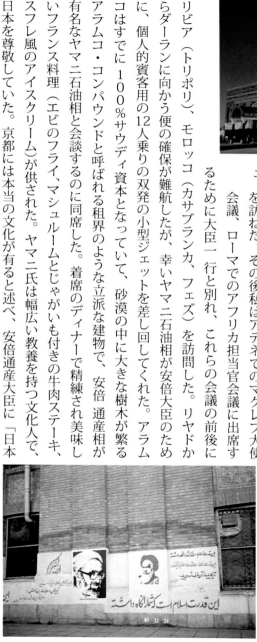

安倍通産相に同行リアドの展示場で

は繊維、エレクトロニックス、自動車と次々に欧米を破ってきたが、これからは何をやるのか」と聞いた。大臣が即座に「ロボット、ファイン・ケミカル、海洋開発」と答えたことが印象的だった。

私のリビア滞在は在京外交団にも注目されていたが、先方アリ・サイダン次官は「リビアは反米テロの支援などしていない。国益と外交政策の尊重の上に米国との関係を正常化したいと色々なチャネルでメッセージを送っているが無視されている」と述べていた。私にとってはレプティス・マグナとサブラタの両ローマ遺跡が見れたのは幸いであった。衝撃的なのは川崎重工が韓国の大宇グループと組んで年産100万トンのセメント工場を建設している現場を、南から吹きつける砂嵐の熱風の中で視察した時聞いた話である。そもそも40人の日本人が700人の韓国人労働者、100人のバングラ人労働者やポーランド人を使って過酷な条件の下で働いている。問答無用で投獄され、身体的に攻撃されるグラフィックな様子を聞いて、日本人の偉さと悲哀を感じた。モロッコでは往復3時間をかけて1時間の見物のために古都フェズを訪ねた。

無資源国日本の悲しさで通産大臣は、就任後アラブ産油国に石油詣でをするのが通例となっていた。私は82年4月から5月にかけて安倍通産相の中東訪問に同行したが、83年の同時期に、今度は山中貞則通産大臣の中東訪問に同行し、中東諸国を訪ねた。この時はアラブ首長国連邦（アブダビ）、クウェート、レバノン（ベイルート、シドン）、ジョルダン（アンマン）、イラク（バグダッド、

リビア・サブラータのローマ遺跡

バビロン）を訪ねた。アブダビではザイード大統領が急遽アル・カズナの休息所で大臣一行に会うと云うので、高速道路を１４０キロのスピードで休息所に向かった。走行中右前のタイヤがパンクした。若し運転手が沈着有能でなくて、急ブレーキを掛けたら車はスピンして、高速道路の下の土漠の中に転落して、危うくこの世も一巻の終わりとなる所だった。豊島格エネ庁長官とお互いの運の強さを祝しあった。

## ＩＪＰＣ問題とイラン外交推進

中近東アフリカ局が最も重視していたのは、パレスティナ問題への対応であったが、私はどちらかというとイランとの関係をいかに正常化するかに力を注いだ。当時イランはアメリカ大使館の占拠等革命ガードが暴走して、国際社会から全く孤立していた。日本との間でも三井グループが総力を上げて建設したＩＪＰＣプロジェクトがイラン・イラク戦争の中で被害を受け立ち往生していて、その取り扱いを巡り出口の見当たらない袋小路入りの状態であった。

そもそもイランは中東イスラム世界の雄であるが、アラブではない。イスラムの教義も中東に広く行き渡っているスンニ派ではなく、シーア派に属する。宗教教義でも民族的にもイランは中東世界ではトルコと共に異分子である。しかし土地は広く、人口も多く石油資源に恵まれている。歴史的には第一次大戦後英国が、次いでアメリカの石油資本が絶好の獲得物として陰に陽に支配を続けてきた。国内では当然に反西欧、反資本主義支配の気持ちが根強い。51年にモサデグ首相はアングロ・イラニアン石油会社の国有化を図って英国の支配に抵抗した。今でも語り草になっている出光佐三氏が果敢にも日章丸をアバダン港に送った壮挙はこの時期のことである。日本が第二次大戦後7年間の米国の占領の時期を終え国際社会に復帰して日も浅いこの時期によくやったものだと感心する。

しかしモサデグ政権は長続き出来ず、その後米国ＣＩＡは英国と組んでクーデターを起こし、シャーを擁立してパーレヴィ王朝を確立してその支配を続ける。79年1月親米シャーの帝政を倒したイスラム原理主義の亡命学者であるホメイニ神権政権は当然のこととして米国と対立を深める。79年11月、革命ガードによる米国大使館占拠を以て、米国との対立は決定的なものとなった。カーター大統領の時に人質救出に失敗した米国は、隣国イラクを軍事的、経済的に支援してイランと対抗させる政策を採り、80年9月遂にイランとイラクは戦端を交えるに至る。この戦争は紆余曲折を経て8年間続くのである。

これより先71年シャーの時代に三井グループ5社は、ペルシャ湾岸のバンダルシャプールに近接する油田から発生する石油随伴ガスを原料とする、大規模な石油化学コンプレックスを建設する日イランの共同事業取り決めを締結して、76年秋から建設作業に入っていた。日本側にイラン化学開発（ＩＣＤＣ）が、イラン側にイラン国営石油化学（ＮＰＣ）があり、両社が資本を折半して作ったイラン法人がこのイラン日本石油化学会社（ＩＪＰＣ）である。その背景には石油の存在が有望と見られていたロレスタンの鉱区の日本への割当があった。この共同事業は原油輸出国から脱却したいというイランも、石油資源確保を希求する日本も、共に強い期待を寄せた世紀の大プロジェクトであったが、革命と戦争に災いされ砂漠に散った悲運の大石油化学プロジェクトである。

このプロジェクトは79年のパーレヴィ王朝の崩壊とホメイニ師の帰国に伴うイラン国内の騒擾によりその年の3月には85％まで工事が進みながら、３０００名を越す日本人工事関係者は全員サイトから引き上げざるを得なくなり、蹉跌の第一歩を踏み出した。ホメイニ革命政権もその継続を希望したが、工事の遅延に伴う経費の増大、更に年末には米国大使館の占拠からイランと米国との決定的な対立が始まる。政府も見殺しに出来ず、79年9月には天谷直弘通産審議官を団長とする各省参加の政府ミッションが派遣されて、このプロジェクトは名実ともにナショナル・プロジェクトの性格を強めた。翌80年6月に日「イ」双方の絶大な努力で漸く工事が再開されるが、3ヶ月後にイランとイラクは戦争状態になり、9月からイラク空軍機による建設現場の数度にわたる爆撃があり工事は中断され、11月に日本人は再度全員帰国となってしまう。

革命政権は何が何でも建設を継続せよと言うが、人命尊重の日本はとてもそんな無茶なことは出来ない。経費もどんどん嵩み、とても当初の合意では建設継続は出来ないので、81年を通じて日本とイランの間で、イラン側のリスク負担で継続出来ないかとの微妙な交渉が断続的に行われた。私が中近東アフリカ局に来たのは81年8月で、この時には三井グループはイランの無理押しに、二進も三進も行かない泥沼に嵌まり、この問題は日イランの政府間関係にも暗い影を落としていた。

私はそう記憶力の良い人間ではない。記憶抜群の駐米牛場大使が夜遅くまでオフィスで克明に日記をつけておられることに触発されて、70年代半ばごろから日記を付け始めた。その私の日記には、就任直後の81年9月にダビリＩＪＰＣ社長が村田局長を表敬訪問したのに同席したことに始まり、累次にわたる三井側の関係者との意見交換と通産省、大蔵省の外務省への説明が記録されている。経過を辿ると次第に日本政府が資金面でも関与を深めざるを得なくなって行ったことが判る。その間に中東ではサダト大統領の暗殺が起こり、イラクとイランの間の衝突は全面戦争となり、中東全体は激動の時期に入っていた。プロジェクト自体に付いても、他方たとえ奇跡が起きて工事の再開となっても、爆撃された施設は子細な点検をしないと複雑な化学コンプレックスの安全は確保出来ないし、時の経過とともに当初最新施設だったコンプレックスも老朽化して国際競争力を失って行く訳である。悲惨なことにイラン・イラク戦争は続き、工事の続行は現実問題としても不可能であった。

私は日本政府がイラン政府との関係を良好に保ち、ＩＪＰＣプロジェクトが日本とイランの間の唯一の共通関心事でないようにすることが出来れば政府として大きな貢献ができると考えた。イランと米国の関係は最悪で、欧州もイラクに組みし、イランの国際的な孤立も明らかであった。日本から政府要人がイランを訪問し、またイラン政府要人の訪日を実現して、イラン側に現実に目覚めさせられないかと思案した。私は在京のサーレハ・イラン大使（および後任のガバヒ大使）とも連絡を取り、81年末の中東諸国歴訪の最後にテヘランに赴き様子を探ることにした。空港にはホメイニ師の大きな写真が掛けられ、空港はガランとしている。至るところに髭を生やした革命ガードらしきものが目を光らせている。イラン外務省でアジア太平洋担当のミルザマニ第7政務局長と話合いをする。人が良さそうだが30歳位の若い男で内容の乏しい話しか出来なかった。バザールを冷やかしている内に、イランの古い陶器の魚を買わされて持ち帰ったぐらいの収穫しか無かったが、土地勘の全く無いイランに触れることが出来た。テヘランは町並みもヨーロッパのように整然としていて、イランという國は思ったよりもずっと進んだ中東世界の雄であることが良く理解出来た。

## 松永外務審議官のイラン訪問

イランへの接近には村田氏の後任の波多野新局長は当初は乗り気でなかったように見えたが、私は外務省がIJPC問題の解決に乗り出す必要があるという考えに傾く。省内には慎重論があり、漸く82年の2月の初めに須之部次官のところで会議が開かれ、こういう方向に外務省も進むことに了承を得た。ブリーフを重ねるうちに積極派外交官の松永信雄外務審議官（81年12月に就任、次官、駐米大使）は次第にイランに興味を深め、6月ごろを目処にイランを訪問してもよいと言うところまで来る。振り返って見ると82年と言う年はイラ・イラ戦争もイランが押し返してやや小康状態を保ち、日本側もこれを受けて何とか協力を続けようと言う気分が強くなった年であった。政府も保険金の支払い等必要な後押しをする体制が整った時期で、結局10月に実現した松永ミッションのイラン訪問は絶妙のタイミングとなった。

ユングフラウを仰ぐ一行

さて10月28日スイス航空で日本を出発する。通産省から細田博之（後政界に転じ自民党幹事長）、大蔵省から日野康臣氏、経企庁から谷内氏が参加して、同じ飛行機でチューリッヒに朝の6時に着く。ベルンの大使館から車が来ていたので皆をインターラーケンに連れて行き、ロープウェーでミューレンまで行き、快晴の空の下ユングフラウ諸峰を見る。高い峰を見上げると、大任を控え胸が躍った。チューリッヒのホテルで4時間半ほど寝て、飛行場で松永外審と落ち合い、アンカラ経由テヘランに現地時間30日の朝の8時一寸前に着く。空港にはアルデビリ外務次官以下イラン外務省の要人が出迎え、イスラエル製のウジ自動小銃を抱える警備兵が見え隠れした。落とし所の判らないイラン訪問が実現したのは胆力のある松永外審の決断だった。

結果的に3日に亘る松永ミッションのイラン訪問は大成功で、滞在中イラン外務省首脳との2回にわたる会談、ベラヤティ外相、ガラジ石油相、ナヴァビ重工業大臣、アスガル・オウラディ商業相との会見は総じて友好的だった。双方に関係強化の意思のあることが確認されたのは極めて重要であった。西側陣営の中に活路を見出したいと内心求めるイランの思惑と日本の積極外交が見事に利害の一致を見出した訳である。全く異質な世界との接触で緊張感もあり、中々厳しい訪問だった。特に初日は計40時間の移動の後、18時間働くと言う日程で、日本とイランの間の物理的な距離の大きいことを実感した。テヘランから30キロ離れた殉教者墓地には血の色の噴水があり、多くの家族が故人を悼んでいるのを目撃し、イラクとの戦争の傷の深いことも実感出来た。イラン側の日本への姿勢は この訪問で一変して友好的になった。その証左に前回訪問の際には木で鼻を括ったような対応しかしなかったミルザマニ担当局長が当方のお返しディナーの際には隣に一緒に座ろうと言ってきて、イラン外務省の上層部には外相、次

アルデビリ次官と握手する私

官、儀典長はいずれもアメリカで勉強した経験があると内話した。またＩＪＰＣに付いても同局長は「本当にどうしたらよいだろうか」と正直に質問越した。小生は持論の「イラクとの戦争が終わった後、真剣な再評価を行い、本当にやる価値があるか良く考え、新しいベースの下で三井側ともっと率直に話す必要がある」と答えた。結果的にその後のイラン側の姿勢はこの通りになった。

## 花開くイラン外交

イラン側の対応は満足すべきもので、この訪問は予想以上の成功で、日本外交に新しい視野が開けてきた。鈴木総理退陣の後に成立した中曽根内閣で、安倍晋太郎外相による中東についての「創造的外交」が展開して行くことになる。中曽根総理はイラク寄りで、今やイラン入りした松永氏が外務次官となっていた。期せずして絶妙な国内の政治的背景の下で、私が活動する余地が生れてきた。積極的な安倍外相は83年にはイラン・イラク両国を訪問、イランからは84年4月にベラヤティ外相が訪日し、日本とイランは一種の特殊関係を発展させた。日本にイラン・イラク戦争を仲介する実力はないが、中東でアメリカ外交が機能不全に陥っている中で、「手の汚れない」日本にはある程度の存在感を示す余地があったのだ。

欧米が全てイラクを支援する中で、安倍外相が国連総会で、イランの立場にも配慮する外交姿勢を込めた「日本としては（イラクがイラン領内にミサイル攻撃をしているという結論の）国連の被害調査報告書に注目している」という発言をしたことにより、イラン側は日本への信頼を深めたようである。イランに好意的なメッセージを安倍外相の国連総会演説に密かに込めたのは、私の細工であった。世界の前で示したことの効果は抜群であった。イランは日本が独自の判断の出来る大事な国であると認識したことは間違いない。日本がイラン・イラク戦争の「仲介外交」をやる実力はないが、そういう姿勢は国内にもアピールした。私自身も中島敏次郎外審（駐豪大使）のお供で、83年10月にイラク、84年1月にはイランと両国間のシャットル外交を演じた。

私は在京ガバヒ・イラン大使との接触を維持し、イラク戦に必要な武器の禁輸を縫って香港にあるヘリコプターがイランに送れないか相談に乗ったりした。日本が本気であることを知らせるメッセージでもあった。またしばしば情報交換に現れた三井の情報将校とも言うべき寺島実郎氏とはウマが会い、永続する信頼関係が生れた。彼とはその後ニューヨークでも日本の輸銀資金を使ってアメリカのインフラに資金提供するというマグレブ・プロジェクトを一緒に推進した。彼も私と同様にフォーチュン誌が第二次大戦前に出した「日本特集号」に興味を持ち、彼は『ふたつのＦＯＲＴＵＮＥ』を出版し、私は退官後出版した『憲法前文私案』のなかで、それぞれこの特集号の重要性を指摘した。イラン外交が生み出した不思議なご縁である。

ＩＪＰＣプロジェクトはイラ・イラ戦争の激化で進めることが出来ず、結局ご破算になったが、それにも拘らず日本とイランは友好関係を維持することが出来た。今でも国際社会でイランの孤立は続き、自由陣営に属する日本が突出して親イラン政策を採ることは出来ないが、私はイランとの特殊関係は伏流水のように続いていると思う。91年1月湾岸戦争の直前にサダム・フセインは虎の子のイラク軍用機をイランに退避させたが、この時にイラン側からテヘランの日本大使館に機微な情報が齎されたと言われている。その背景にも独立直後の53年の日章丸のイラン石油の輸入から私のささやかなイラン外交などを含め日本政府の対イラン外交が、戦後一貫して日本が困難な立場を越えてイランとの友好関係を続ける努力をした事実があると思う。

## アフリカの惨状にショックを受ける

村田局長は就任早々の私を迎えて、「君にも中近東・アフリカ両地域をしっかり見てもらう」と言われた。アフリカ担当とは言われなかったが、私は手薄となっているアフリカ地域との関係強化が私の重要課題であると自分に言い聞かせた。当時外務省内でもアフリカへの関心は下がるばかり。局内では中近東担当の二つの課は石油問題と中東和平問題があり日が当たっている。勢いアフリカを担当する二人の課長は元気がなく、事務官も仕事に熱が入らないように感じられた。

私は本省務めの最初の仕事が経済協力局で、アフリカ諸国へも何度も出張で訪問していた。「アフリカの10年」と言われた60年代の独立直後のことで、ケニヤにしてもナイジェリアにしてもそれなりに活気があった。

それから20年近い歳月が経過している。早速機会を作り、82年11月に3週間にわたり私はセネガル、リベリア、象牙海岸、ナイジェリア、ガボン、ザイール、南アフリカ（ヨハネスブルグ、プレトリア）、ケニア、ジンバブエ、ザンビア、タンザニアと大部分今迄行ったことのないアフリカ11カ国を歴訪した。日本が実館を有するアフリカ諸国のうちでギニア、中央アフリカ、ガーナとエチオピアを除くすべての国である。貴重な経験に満ちた旅だった。ナイジェリアでブレジネフの死を知り、64年秋の南ア出張中にフルシチョフ失脚のニュースを聞いたことを思い出した。南アフリカでは、ヨハネスブルグに隣接する黒人居住地域スエトを視察した。呪術が盛んで呪術師の立派な家もみた。ガボンでは北ベトナムとの国交樹立交渉で苦労を分け合った井上吉三郎大使にガボン湾の見事な夕日を眺めさせて頂き、ザイールでは大統領府の前の丘から河馬が群れる巨大なコンゴ河の流れる壮大な景観に感激した。更にはジンバブエからヴィクトリア瀑布まで足を伸ばせたのは全く幸運としかいえない。

訪問先は一様にインフラが保守されないで痛み、経済の不振があらゆる面で目立っていた。リベリア、ナイジェリア、ザイールでは市内電話が恒常的に不通で外国の外交官はウォーキー・トーキーで会話をしていた。道路は穴ぼこだらけで、館員の車も保守が大変である。最も良いホテルでもトイレットペーパーや石鹸がなかった。異

ガボン湾の夕日

常とも言うべき状態の中で現地の邦人は信じられない苦労を強いられていた。時間を隔てた二度のアフリカ出張経験は、この20年に起きたアフリカの経済後退の惨状をいやというほど私に感じさせた。

ナイジェリアの首都のラゴスで昔訪ねた青空市場を探してみた時のことである。青空市場は見つからず、案内の現地人がこの裏辺りでしょうと、市民の集まるマーケットを通り抜けようとしたときに異臭が鼻を襲った。名状しがたい強烈な異臭で、バンコックのマーケットの異臭など足下にも寄れない凄さであった。それは道の両側に1メートルの高さに積み上がった生活ごみが放つ異臭で、市場の中には下腹部がキュウッと痙攣するような極めて不快な匂いが立ち込めていた。市場のナイジェリア人もこんなところに来た我々に好意的でなく、威嚇するようなところがあり、ほうほうの体で逃げ帰った。

東回りでタンザニアに向かった。首都ダレスサラムの郊外に購入した館員宿舎に誰も入居しないので、官房から理由を調べてほしいと頼まれての現地視察だった。60年代以降にこの國の経済が発展した時期に首都の郊外が広がり、その広がる先の海岸に立てられたその当時は瀟洒《しょうしゃ》としていたと思われる一戸建ての家に館員は誰も住みたがらない。現場を訪れて判ったのは、購入後タンザニア経済が一次産品の価格低下等から落ち込み、郊外は収縮の一途を辿り、かつて栄えた地域からよそ者は皆逃げ出して、現地化してしまい、見る影も無く寂れ、治安も悪くなっていた。これでは家族は生活用品も近くで購入できないし、何よりも治安が極度に悪くなっている。ある意味では日本の限界集落に似た様な経済社会現象で、経済発展が後退すると限界的に発展した地域が次第に逆転し後退して行くのである。

ダレスサラムの町で外国人が食事できるところが三ヶ所あるというので、その二つの中華料理屋とインド料理店へ行った。とても食べられるものではなく、食欲も起こらなかった。最後に料理が美味しいと外務省自慢のクラブで、アジア局長に自慢のロブスターを無理矢理に食べさせられて、酷い下痢に見舞われた。黒ずんだシュリンプの前菜はその下にある刻んだサラダだけ食べて誤魔化したが、白身がどろどろになったロブスターは見るからに食当りしそうなので、食べるふりをしていたが隣に座っている局長に見破られ、「貴方は美味しいと言われるが食べてないじゃありませんか」と問い質されてしまった。「えいままよと」食べてのことだった。すぐにおなかがぐるぐると痛み始めた。やっと昼食から解放されて急いで大使公邸に戻りベッドに寝かせてもらった。キリキリ痛む胃に苦しみ、二階の陸屋根でインドの太守から昔送られた孔雀が野生化して、雌を雄が羽根を広げて求愛するのをカーテン越しで眺め、熱さと痛さで意識が遠のくような気分を味わった。

歴訪中しばしば現地の大使始め館員から「何のために我々はここにいるのであろうか」という質問を受けた。士気が低いのではなく、日本外交の中にアフリカを如何に位置づけるかを日夜劣悪な環境の中で思い悩んでいる人たちの真剣な問題提起だった。政府関係者だけではない、現地の商社マンも将来に希望がなく、皆撤退ムードである。惨めなアフリカ旅行から帰って考えた。何とかしないと日本とアフリカとの関係は断絶してしまう。欧州はアフリカに利権を有し、言葉も英語とフランス語が話され、歴史的な繋がりもあり、アフリカに対する関心は高く、欧州とアフリカとの間には日本人の想像もつかない密な関係がある。援助村の議論でも援助とはアフリカへのものしか意味がないような雰囲気がある。旧植民国家はそれぞれの巧妙なやり方でこの地への影響力を確保し、その資源をがっちりと握っている。イタリアとドイツは戦いに敗れアフリカには及び腰で、ベルギーはコンゴ動乱で一歩も二歩も後退したが、英国、フランス、ポルトガルはなおアフリカとの深い関係を維持している。対アフリカ外交は対欧州外交の側面も持つ。日本人はアフリカをどうしようもないお荷物扱いで、縁を切っても構わないと思っている人がほとんどである。

カメレオン持つザイールの子

私は日本の歴史的な使命は、植民地化された途上国の独立と発展を「あの戦争」で軍事的に、戦後は政治的に、経済的に促進した国となることであると信じているので、アジア諸国の発展を以て良しとする訳には行かないとの信念が有った。加えて市場としての有望性も絶対に無視出来ないし、日本が経済的に成功すればするほど国際社会は日本のアフリカとの係わり合いを求めてくると考えている。先人が営々として築いてきたアフリカに有るささやかな地歩を捨てるのは間違っていると考えていた。しかし肝心の国民がアフリカを心の中で切り捨てれば、外務省がいくら頑張っても、政治家を如何に説得しようとしても強力なアフリカ外交は実現出来ない。まず隗より始めよだ。

## アフリカ・キャンペーンを主唱

私はアフリカ出張から帰ると、アフリカを国内で良く知ってもらうキャンペーンを始めようと決意した。84年に入るとアフリカでは早魃のため未曾有の飢餓が進行し、国際社会も支援の動きが出てきた。私はアフリカ担当課の課長や事務官とブレーンストーミングの会合を何度か持って、食糧危機や自然破壊を含むアフリカの直面する問題への日本国内の関心を高めるために何か出来ないかと話し合った。アフリカ協会やアフリカに関心を持つ報道関係者等にも意見を求め協力を依頼した。

そのうちにＮＨＫの手嶋龍一氏が日本で今一番元気があるのはグラフィック・デザイナーだというので、内田繁、青木満、五十嵐威暢氏等を南青山にある瀟洒《しょうしゃ》とした事務所に訪ねて、協力を依頼して、相談に乗ってもらった。その結果「アフリカ自然保護ポスター」の公募というアイディアが生まれた。私自身和光とか鹿島建設、日本公営、アフリカ協会などに足を運んで必要な資金の捻出をした。漸く一社から１００万円の援助が決まり、ポスター展の目鼻が付いて来たし、幾つかの民間の団体の動きも見込まれたので、84年の9月20日から約一月の間を「アフリカ月間」と銘打ってさまざまの行事を催すという企画をまとめた。特に食糧危機について民間の募金運動を支援することも謳った。5月21日に私自身が幹部会に出席させてもらって、30分近く説明して了承を得た。

幹部会の了承を得たといっても予算措置は皆無である。無手勝流では何も出来ない。先立つものを集めねばならない。無鉄砲な私の面目躍如であるが、「川を渡って、橋も舟も燃やした」この捨て身のアプローチは沢山の賛同者や支援者を生み出した。私は慶應のご縁に加えて、さまざまな任地や機会を通じて財界に多くの友人が出来ていたので、その伝手を最大限に利用させてもらった。手分けして自動車、家電、建設、金融、商社等の経済団体に募金集めの巡礼をした。結局いわゆる経団連方式という募金のやり方を、個別に外務省でやったことになる。涙が出るほど理解のある方々、この人は必ず出してもらえると期待した人の信じられない吝嗇《りんしょく》さ等を味わい、貴重な人生経験でもあった。最終的には財界からは累計5000万円という巨額の資金提供が戴けた。

もちろん国際交流基金、国際協力事業団、国際問題研究所、アフリカ協会等の外務省認可の団体には最大限の支援をお願いした。これらの団体に何らかのアフリカ関連行事を出来るだけこの期間にやってもらうことを依頼した。アフリカ協会の専務理事の福永英二氏は、長年アフリカのために悪戦苦闘していた人だが、今回のキャンペーンの中で、外務省が出来ないきめの細かい各方面への連絡や企画の実行面で八面六臂の活躍をして下さった。

「アフリカ月間」のポスター

## 「節食ランチ」の成功

振り返って見て、このキャンペーンを各方面に周知させる上で、最大の効果を上げたのは「節食ランチ」だった。ただ当初からそういう意図を以てこれを企画したのではない。全くの弾みで生まれた企画である。切っ掛けは未曾有のアフリカの飢餓救済のために募金を赤十字等の諸団体にお願いするうちに、お約文字をトレードマークに活躍する全国地域婦人団体連絡協議会（地婦連）の首脳を訪ねた時のやり取りである。私からアフリカの惨状を述べて地婦連として募金を依頼した。ずらりと並んだ女性の首脳陣から、何故アジアの国である日本がアフリカを助けなければならないかという質問が出た、私はこれは人道問題なので地域が近いとか遠いということではない、飢餓で死者が出ているなら近くか遠くを問わず助けるべきであると力説したが、どうしても聞き入れてもらえなかった。私はそれなら日本国民は困っているアフリカの人たちを助けるべく募金をするべきだということを徹底するために、外務省が進んで募金を始めようと考えたのである。

その時名案がひらめいた。世は映像の時代である。外務省員が自ら募金をしている姿をテレビに流そう。昔オックスフォードでスターベーション・ランチという香港の難民キャンプのための資金集めをしたことがある。これに似た募金を外務省内でやって、霞クラブの協力を求めてテレビでお茶の間に流そう。村田局長に替わって中近東アフリカ局長になられた波多野氏は闊達な人柄ですぐに分かって賛同して下さった。7月初めに波多野中近東アフリカ局長室でパンとミルクのランチを食べて、募金箱にその日の昼食代を入れる「節食ランチ」に参加する外務省員の姿がテレビの画面でお茶の間に流れた。この募金活動は、その後官房長室、儀典長室、政務次官室と場所を変え、アフリカ勤務経験者有志、経済協力局、国連局の有志たちに依って、「アフリカ月間」が終わった後も続けられ、その模様は繰り返しテレビや新聞等メディアで報道され、「節食ランチ」と飢餓キャンペーンは全国津々浦々まで浸透した。計8回の外務省内での「節食ランチ」から150万円もの募金が集まった。普

節食ランチ

段お高くとまっていて手を汚さないと思われた外務省員にも熱い血が流れていると驚きを以て受け止めたという人もいた。

そのインパクトは誠に驚異的だった。安倍外相がニューヨークの国連総会の時にニューヨークの邦人を集めておにぎりで開いた「節食ランチ」には多くの人が集まり、大きな話題を呼んだ。全国でさまざまな組織、人たちがこうしてアフリカの飢えに苦しむ人たちのために浄財を提供した。総額で恐らく二桁の億円規模の募金がなされた。後々までも私の外務省での名はこのランチに結びつけられてしまったといっても過言ではない。募金の依頼を拒否して私のファイティング・スピリットに火をつけた地婦連も、遂に傘下の組織からの突き上げで募金に参加したと聞いた時には私は内心快哉《かいさい》を叫んだ。

テレビ映像の影響力は巨大で、「節食ランチ」は想像もしない程の衝撃で全国にアフリカへの関心を巻き起こした。外務省のアフリカ担当の職員は、予算ゼロにもかかわらず、熱意と決意でこれまた信じられない規模の月間行事を組織していった。キャンペーン全体を統括してくれた宮本吉範アフリカ一課長（駐ラオス大使）、東博史課長補佐（駐ポルトガル大使）、坂巻昭二専門官のトリオは素晴らしい仕事をしてくれた。また民間のさまざまな団体がアフリカ関連の行事を組織した。在京のアフリカ外交団には早い時期から外務省の意図などを説明して理解を求めていたが、在京大使館のご婦人方も椿山荘で華やかなアフリカ・ファッション・ショーを開いて大きな話題を呼んだ。

外務省がイニシャティブを取って組織した行事は半ダースほどだったがいずれも極めて思い出深い。「アフリカ月間」の開始を記念して、9月28日に帝国ホテルでの東西孔雀の間をぶち抜いて開いたアフリカ月間イノーギュレーション・レセプションには皇太子殿下と同妃殿下のご臨席を賜った。中曽根総理も出席され、日本がアフリカに一層の積極性を以て取り組むとの姿勢を述べられた。出席者は政財界の要人、報道関係者、外交団等1000名を越えた。私は日本の在外公館がその国のチャリティに募金を求められることを念頭に、在京全外交団に招待状を出して、アフリカの在京大使館以外には入場券の購入を求めた。飢餓に苦しむアフリカのための「月間」行事の始まりだから、私は皮肉なメディアの餌食にならないように、レセプションで食べ残しが絶対に出ないようにホテルに良く言い含めて、サービスに注意するようにさせた。会が終わった時に食べ物がテーブルの上に残らないようにというサービスの指示を受けたホテル側もさぞ面食らったことだろう。このレセプションは確か一枚2万円の入場チケットを販売して、国会議員にも買ってもらった。政治家の資金集めの遣り方を真似た訳だが、何と1000万円ぐらいの収益が出た。主催団体のアフリカ協会は積年の売れない良心的な広報誌の出版などで赤字の累積が丁度その位あり、これで支払いが滞っていた出版社への債務を返済することが出来たそうである。このキャンペーンのキック・オフとなったアフリカ・レセプションは「節食ランチ」と並んで私の大ヒット企画だった。

アフリカ飢餓キャンペーンは坂道を雪だるまが転がるように次第に参加の範囲が広がり、地方自治体、民間企業等も巻き込んで一大国民運動となっていった。同時に飢餓に悩むとともに寒さにも悩む人たちがソマリア等アフリカ各地に大量に存在する窮状にも関心が高まっていった。かつてベトナム外交で労苦を共にした三宅和助氏が中近東アフリカ局長に就任されて、森繁久弥氏を担いでアフリカへ100万枚の毛布を送るキャンペーンが84年の12月から始まり、これまた目標を大幅に上回る170万枚の毛布が集まり、輸送費も11億円の巨額が集まるという、日本には珍しい大規模な国民的な慈善活動となった。乃木坂の土地を相続されたギャラリーの女性経営者が1億円を寄付され、アフリカ支援のための公益信託基金が発足したのも当時の熱気を物語る。

## 「アフリカ月間」の諸行事

外務省が「アフリカ月間」で取り組んだその他のいくつかの企画の忘れ難い思い出を順不同だが以下に書いておこう。何しろお金がないから知恵を出すしかない。こういうイベントのアイディアであるが、日本では普通広告代理店がコンセプトとか企画に知恵を出す。一応大手の広告代理店に相談したが、ロゴを作れとか、キリンや象の縫いぐるみを着て人目を引くパレードをしろとか本質に関することでなく、言わばおふざけの部分のものしかアイディアが出てこないので、早い時期に広告代理店には見切りをつけて、いかに辛くても手作りでいくつかの企画を立ち上げることにした。

アフリカ理解の促進のために大阪千里の国立民族学博物館所蔵のブラック・アフリカの民族工芸品と楽器を東京の博物館で展示することについては、梅棹忠夫館長のご理解を得て同博物館から貸し出しの快諾を得たが、肝心の展示場の確保に難儀した。兎に角準備期間が数ヶ月しかないのだから、都内の適当な展示場はすでに何らかの計画で塞がっていた。ロンドン大使館に在勤していたとき科学技術省出身の同僚だった山路順一氏が、科学技術庁が管理する北の丸の科学技術館に来訪者が昼食を取る食堂が2室あるので、そのうちの一室を提供できると言ってくれたときは有り難かった。科学技術館に来訪する人とこの「アフリカの音とかたち」展への来訪者が区別できず、入場料収入が期待できなかったが、そんなことは二の次、三の次の話で、大車輪で準備を進めて、9月28日から一ヵ月ここで300余点のアフリカの彫像、楽器の展示を開催し、延べ6万人の人が訪れた。プレビューには常陸宮両殿下がお成りになった。

日本の著名なグラフィック・デザイナーが審査員となって行ったポスターの公募は大成功を収めた。アフリカの自然破壊の危機的な状況を訴える多数のポスター作品の応募があり、入選作品のレベルは極めて高かった。外務大臣賞を受賞した象牙と虹が左右から交差するシンプルなデザインの一等入選作品は今も忘れられない。これらの入選作品は、和光の服部礼次郎氏のご好意で銀座のワコー・ホールで展示され、確か常陸宮殿下がお越しになられた。東京を皮切りに札幌と名古屋の合計3ヵ所で入選作の展示が行われた。さらに佐藤正二氏が理事長を務めておられた国際交流基金は、80余点の入選作をアフリカ諸国に巡回展として持って行って下さり、大層評判になったそうである。この時の募金でセネガル、ザンビア、タンザニア、ニジェールの自然保護団体に四輪駆動車や給水車の寄贈が行われた。

アフリカ自然保護
ポスター1等入選作品

アフリカから伝統芸能を紹介するべくチュニジアとザイールから国立舞踊団を招いた。これについても梅棹館長の斡旋で、大阪中の島公会堂で開催の方向で進んでいた。大阪の後、東京で商業施設を借りて追加公演をすることになっていた。東京公演には私の大学の先輩の林有厚後楽園（後に東京ドーム）社長のご好意で野外劇場を使わせてもらうことになっていた。ところが「そんなところで国立舞踊団に踊らせるのはその国に対する侮辱になる」と梅棹館長が猛反対されて、土壇場で降りてしまわれた。間に入ってくれた湯浅専務理事から軽井沢にいる私にそのことについて電話が入ってきたときには目の前が真っ暗になるほどのショックだった。こんなところで狼狽しては男の恥と、咄嗟に「大丈夫です、何とかしますから」と極めて平静を装って電話を切ったが、どうしていいか見当もつかない状況だった。両舞踊団の来日は外交ルートで進んでいたから中止は出来ない。だがこのキャンペーン中のアフリカ担当の省員のエネルギーは驚異的だった。アフリカ舞踊祭を担当した坂巻専門官や地神事務官たちはすぐに共立講堂を見付けてきた。ここで9月末に開催のアフリカ民族舞踊親善公演には2000人の観客が集まった。チュニジアの静かな踊りと逞しい大地の香りのするザイールの踊りのコントラストには魅了された。

アフリカのドラムを中心とするビートの利いたリズムは世界的に注目を集めていた。その中でニューヨークを中心に成功しているキング・サニー・アデのグループはキャンペーンが終る10月末のフィナーレを飾る成功だった。大阪フェスティバル・ホールで約2000人、東京代々木のオリンピック水泳場で開かれたコンサートには何と7500人もの熱狂的なアフリカ音楽愛好者が集まった。たくさんの太鼓が醸し出す鮮烈なリズムに会場を埋め尽くした立ち通しの観客は手を振り全身を揺すって踊り狂った。

外交的にもこのキャンペーンは効果を発揮したと思う。「創造的外交」を標榜する安倍外相はアフリカ外交を積極的に推進されて、11月には自らザンビア、エチオピア、エジプトのアフリカ諸国を歴訪された。外務省は一連の行事についてのビデオを作成して、アフリカの日本の大使館に配布して、現地のテレビで取り上げるようにした。日本に急に起ったこのアフリカ支援運動について、アフリカ諸国のメディアに多くの記事が出て、日本に対する関心と感謝の念が高まった。最大の広報は紙を作り配布することではなくて、メディアが取り上げる素材を作り上げることであるという鉄則を実証したといえる。

アフリカで日本が意識されたことの現れは、同年11月の国連総会での「アフリカの危機的経済情勢」討議に当たってはアフリカ諸国の推挙により日本がコーディネーターに指名されたことであろう。しかし何と言ってもこのキャンペーンの最大の受益者はこの年国際司法裁判所の判事の選挙に日本から立候補した小田滋判事であろう。Mr・ODAという名前もさることながら、日本への親近感の増大を背景に彼は大票田のアフリカ諸国の満票を取って最高点で再選されたのである。

私のアフリカへの想いから始めたこのアフリカ支援キャンペーンは、多くの支持者と協力者を得て、日本の国内にアフリカへの親近感と同情を巻き起こした。世界のメディアもこれに注目した。日本の経常収支が大幅な黒字を計上するにつれ、政府の対アフリカ援助にも追い風が吹いて来た。数年後経済協力局長に就任した私は、中曽根総理の「黒字還流プログラム」の中でアフリカ諸国の国際収支困難を救済する画期的な無償援助を拡大した。日本政府は93年以降5年毎に（２０１３年以降3年毎に）世銀等と共同で、アフリカ開発会議（ＴＩＣＡＤ）を開催している。私の「アフリカ・キャンペーン」は、80年代初めの日本のアフリカからの撤退の機運を防ぐことが出来たのではないかと思う。

# 第11章　官房総括審議官（1984年7月～86年6月）

官房総括審議官を拝命　外務省と国会との関係
国会議員への便宜供与　忘れられない先生
中国政府招待の中国大旅行

## 官房総括審議官を拝命

私が中心になって実現した「アフリカ月間」がまだ正式に始まってもいなかったが、私は84年7月3日に官房総括審議官を拝命した。波多野中近東アフリカ局長は「敵前逃亡」だとご機嫌斜めだった。私自身この企画を見届けたいと言う強い気持があり、率直に言って新ポストには積極的な気持になれなかった。官房総括審議官の主たる仕事は国会との連絡係である。殆どの時間は省外での国会の先生方とのおつき合いである。外務省内ではこの仕事をやりたい人は誰もいないであろう。しかも私は前に一度課長レベルの時に日韓大陸棚協定の国会批准の関係で、当時はまだ参事官レベルの仕事であった国会担当参事官の大木浩氏の補佐をしたことがある。なんの因果か二度も国会対策担当者になったのである。

なんの因果かと思うが、人事の都合であれば仕方がない。外務省は慢性的に定員不足で、人事は「玉突き」的に行われる。異動時期に一斉に行われる一連の人事は、どこかでつかえれば全人事が停滞してしまう。率直に言って余り明るくない気持で私は新ポストに着いた。

日本は官僚主導の國と言われるが、どの省庁も国権の最高機関である国会との関係には苦労している。政治家にとっても、総理や外相となり國を代表する身となれば、外務省は極めて大事な役所である。しかし99％の議員は自分の再選と選挙区へのサービスしか頭に無いから、外務省が提供出来ることは乏しい。反対に外務省は基本的に外国との付き合いが商売だから、一般論として言うと、個々の政治家と付き合う必要を感じない。通常の役所は法律を作って権限を増やし、予算を取って仕事をする。役所が許認可権限を持ち、予算を持っているから、地方も中央へ、民も役所にすり寄らざるを得ない。財政が窮屈になって来てから予算配分や税制度について政治主導の側面が増えてきた。官僚は政治の風の方向を見極めて対応する必要が増えてきている。しかし主体性がいずこにあるかに関わらず、官僚は政治とうまく折り合う必要があり、これに長けたものがその組織で出世してきた。

普通の役所はこうであるが、外務省の場合は大いに異なる。外務省では国際関係の基本である条約作成の過程と国会承認の過程は担当者が分離していて、自分が締結に係わった条約を自分が国会承認のために働くことは滅多に無い。経済協力を除き外務省員が自分の担当する仕事のための予算を獲得するために努力する必要はない。予算獲得は基本的に官房が責任者で、条約承認は条約局の仕事である。ほとんどの省員は、担当の事柄について国会の先生から説明を求められる場合以外に、課長といえどもこちらから国会議員と係わることは少ない。有力議員との接触を敢えて求め、不必要にサービスする人物は何らかの私意ありと見なされる雰囲気がある。善かれ悪しかれ、政治家は「敬して遠ざける」というのが外務省の伝統的な風潮であるように思う。逆に外務省は政治家からお高くとまっていると思われる所以でもある。

国際化が進むにつれて外務省としても、国会を重視し、国会議員との関係を密にしなければならなくなってきている。しかし世界との外向きの仕事をする外務省の場合には、他省庁のように省員が広く国会との関係を深めるのではなくて、特定の責任者に国会との関係の相当部分を担当させる制度を取ってきた。国会担当を主たる仕事とするのが官房総括審議官である。外務省の場合には政治家にはお願いばかりで、反対給付がほとんどないから、国会の仕事は誇り高い外交官にしばしば屈辱的な気持ちを味合わさせる。

私は官僚は国民に選ばれた代表としての政治家と信頼に満ちた関係を持たねばいけないと考えるが、その関係は本来「腕一本の間隔をおいた」ものであるべきとの信念を持って仕事をして来た。官僚にも色々なタイプがあり、仕事をするために敢えて政治家の懐に飛び込むものもいれば、嫌なことを頼まれないように最小限の接触しかしないものもいる。逆に政治家の側から見ると、仕事のできないものや「使えない」ものは相手にしないという側面もあろう。

夜遅く霞ヶ関界隈を車で通ると、全ての官庁の建物には明かりが煌々とともっている。ああ役人も結構一生懸命に働いているなと思うのは事情を全く知らない門外漢である。彼らの大部分は悪名高い国会答弁作成作業をしているのである。「先生から」の翌日の国会の質問通告を待ち、質問が取れたら答弁案を書く。必要な場合は関係省とも合議《あいぎ》をするから作業は深夜過ぎまで掛かる。どれだけの時間が浪費されていることか！何とか絶望的に無駄なこういう作業は止めにして欲しいと思うが、役人サイドではどう仕様もない。国会開会中の役人の帰宅が遅い理由の90％以上は、この悪弊のためである。私が現役時代には、スマートな管理職は夕方から外で会合を持ったり、麻雀をしたりして時間を潰し、質問が取れて部下が答弁案を書き上げた頃に役所に帰って来て、サインをする強者もいた。しかし接待の禁止等もあり、今では事情は相当変わったし、またＩＴ技術も進歩しているから少しは合理的になっているかもしれない。民主党政権下に政府委員の答弁を禁止したので、局長が委員会に終日張り付くことはなくなっているようなのは結構なことである。ただ各省庁の上層に配置される政務官が答弁することとなった結果、政務官へのブリーフが課長以下に過大の負担を招いているとも聞いている。

## 外務省と国会の関係

では外務省と国会との関係の上での重要事項とは具体的にどのようなものなのか。条約や法律の国会承認の取り付け、重要な国際問題についての関係委員会における質問にキチンと答えること、大臣の外国出張や国賓の訪問があると、大臣が委員会に出られなくなるので、事前に国会の了解を取り付ける等で、最後の点は国会担当責任者に任されている。問題がこじれると官房長がお出ましになるが、それを極小化するのが国会担当の仕事ということになる。ただ官房には国会の事情や先生方の性格などを知悉している、ベテランで腕利きの事務官が数名配置されていて担当責任者を補佐する体制になっている。この人たちが先生の間を回って国会質問を取ってくるのである。私もこの人たちに大いに助けられた。

日本の国会審議は実に面白い制度である。政府が重要法案や条約を国会に提出してもすぐに審議が始まる訳ではない。議事運営委員会が交通整理の役割を担っている。ここで与野党が審議入りすることに同意するまで、法案は「吊るされている」状況で審議に入れない。審議入りが決まると担当の委員会に廻され、「お経読み」といわれる趣旨説明が行なわれ、審議が始まる。与党が衆参両院の過半数を持たない「ねじれ国会」では参議院が不釣り合いな強い権力を持つこととなっていて、現行憲法の最大の問題点の一つである。予算と条約案に付いては衆議院の優越が認められているが、一般法案については審議未了で継続審議か不成立となる危険がある。条約の実施のために必要な国内法には衆議院の優越と言うことはない。外務省にとり条約と条約を実施するために必要な関連法案について、どういう作戦で衆参両院の承認を取り付けるかは、高度に技術的で戦略的な作戦が必要となるのである。更に政府全体として、どの法案、条約を優先させて成立させるかについて高度の政治判断をする。

野党はどうやってこれを阻止するかに専念する。

与野党ともに国会対策委員会（通称「国対」）という組織があり、国対の与野党協議の場はテレビに良く映される。いずれの政党においても国会対策委員長は重要な政治ポストである。他方院の事務局には国会の規則や先例を熟知した職員がいて、与野党の先生方に巧妙な知恵を付ける。この職員と仲良くすることは役所側の国会対策の責任者にとって極めて重要で、私はこういう人たちをゴルフに誘ったり、食事を一緒にして仲良くした。私の時には衆議院の国対事務局には星野事務部長の下に、「さとけん」こと佐藤健一氏という人物がいた。機略縦横で本来は中立な立場であるべきだが、自民党政権下では与党の意を体して国会の生き字引として頼りになった。

さて条約や関連法案等が外務委員会に回って来ると、これからが国会担当審議官の真の出番である。審議が決まるとまず外務委員会で「お経読み」が行なわれる。衆議院は水曜日と金曜日、参議院は火曜日と木曜日が定例日である。上手く交渉が出来ると、いくつかの条約を参議院から先議してもらえることもあるが、大体は全て衆議院から始まり参議院に送られる。衆参それぞれ委員会での必要時間の審議、公聴会の参考人の意見の開陳、関係他委員会との共同審議、採決を経て、本会議上程と儀式のように進めなければならない。それだけに時間はどんどん経って行く。外務委員会の与野党の「理事懇」と称する所で、各党の質問時間の設定から始まりあらゆる委員会運営に関する事が決まる。役人に発言は許されず、私どもは小さくなって壁際のベンチに座って、先生方の間の巧妙な議論を傍聴している。あらゆる局面で野党が口を差し挟む。政府に一泡吹かせるため野党は審議の進行を送らせ、廃案に追い込むように抵抗する。条約の場合は既に相手方との間に交渉の結果案文が決まっているので、よほどのことが無い限り、最終的には付帯決議を付けるぐらいで、採択するしかないのだが、重要条約は野党の国会戦略の中で一つの持ち駒として人質として使われてしまう。この駆け引きそのものが政治なのだが、よくこんなことを考えると思うほどの策略が巡らされる。審議を早く進めるために、野党の動きについて情報入手に務め、また与野党関係者に働きかけるのが国会担当者の大事な仕事となる。

## 国会議員への便宜供与

もう一つ事務量が多いのは、国会の先生方の海外訪問に際しての便宜供与である。各委員会は海外出張枠と言う一種の既得権を持ち、先生方は毎年何回か委員会としての海外出張がある。名目的にもっともらしい口実を探すから、年金制度が問題になれば年金先進国へ調査団は殺到する。それにパリとかニューヨークとか観光が出来る所がくっ付けられて日程が出来る。この知恵を付けるのも当方の仕事、出張中に在外で先生を怒らせるとその後始末するのも当方の仕事である。半ダース程悪名の高いうるさ型の先生がいて、信じられない難癖を付ける。空港に付いた時に適当な館員が世話に現れないと問題になる。出先から電話で怒鳴り込んで来る強者もいる。私は空港送迎はスムースに入国をするために必要な程度に止め、重要な仕事を持つ大使や公使が必ず空港に先生方を出迎えに行かなくてはいけないような無駄は止めるべしと、国対と交渉して公開の国会議員接遇基準を作った。大反対されるかと思ったが先生方は良く理解してくれた。ところが大使の中には、同郷のよしみとか先生に恩を売るために行きたがる人もいる。そうすると前の國では大使が出迎えたのに、次の訪問国では来なかったということになるので、この基準の中で、逆に大使には出迎える必要の無い時に出迎えることを禁止した。空港の便宜供与のための派遣員という名前の職員を、来訪者の多い公館へ配置することも暫時拡大しているので、現在では出迎えは合理化されている。先生方も今では訳の判らない着任したての書記官よりも、空港事情に明るい派遣員の出迎えを歓迎するようになっている。

在外公館に対する先生方からの苦情処理では、数えきれない不愉快な苦い経験をした。ある先生とは、パリで威張り散らした事件が暴露雑誌の「噂の真相」誌に載ってしまい、外務省がニュースソースだろう、これで俺が落選したら外務省の責任だと大喧嘩となった時には、この争いは一年半ぐらい続いた。不思議なことにこういう先生は、必ずと言って良いほど選挙に弱かった。私は文句を言われたから直ぐにその場で謝ることは絶対にしなかった。調べてお返事しますという態度は、「生意気」だと言われたが、頑として譲らなかった。

それ以外に個別の先生から雑多な依頼がやって来る。それを適当な部局に繋いで処理をお願いし、処理がチャンと行われているかチェックするのも私の重要な仕事であった。廊下で会った先生から頼まれごとをされることもある。先生の顔は覚えているが名前が思い出せない時には冷や汗をかく。国会議員は名前を覚えるのが商売だから、実に良くこちらのことは覚えている。こっちがどうしても名前を思い出せない時にどうするか？「先生のお名前は」などとは口が裂けても聞けない。私が考えだした苦肉の遣り方は「後で先生のお部屋に伺います。何号室でしたっけ？」部屋番号が判れば後はいつも携帯している国会便覧を見れば直ぐに誰だか判る。人の顔と名前を覚えるのがそう得意ではない私は、何回かこうして危機を乗り越えた。

国会内の政府委員室は部屋があるだけで人は張り付いていない。ここで委員会の開かれる朝早くから大臣と主管の局長が答弁の打ち合わせをやる。国会担当者はこの時から何か抜けていることが無いかを眼を光らせる。その後は委員会での質疑には必ずしも出なくても構わない。専ら与野党の国会対策関係者、外務委員会関係者の間を歩き回り、三棟の議員会館にある有力議員の部屋が仕事場である。有力議員の秘書との良好な人間関係は「搦め手」として極めて重要である。国会内は地下通路で繋がっていて、靴をすり減らして専ら先生との顔繋ぎに精を出す。外務省の人たちは国会の特殊事情を良く知らない。例えば国会には「国会の時計」があり、労を惜しんではいけないが、時が来るまではいくらヤキモキしてもどうにもならない。衆議院と参議院の関係は極めて複雑で、「参議院軽視」は危険である。国会は極度の情報社会で、瞬時に情報が駆け巡る。情報を伝える順番を間違えると痛い目に会う等々。役所と永田町との文化の違いから、詰まらぬことで事務方が問題をこじらせてしまうこともある。そういう時には国会担当者が日頃築いた人脈と知識が役に立ち、稀には感謝されることもある。

私はいわゆる揉み手が出来ない人間で国会対策には全く向いていないと思う。こんな私個人の性格もあるのに、言うべきことはいつも「歯に衣《きぬ》を着せないで」主張したので、しばしば「国会の先生方」と衝突した。初めのうちは国会の事情が判らないで随分と武勇伝を起こして、国会雀に笑いの種を提供した。あることがあり参議院の自民党の国対委員会の先生に怒られて、「お出入り差し止め」を言い渡された。10日ほど顔を出さなかったら「何で来ない」と言う、「お出入り差し止め」とは来るなということでしょうと反論したら又叱られた。そのうちに「英は蛙の面に小便」でどう仕様もない奴という評判が定着したらしく、悶着は減って行った。ただ私はやることは誠実にやった積もりだから、私流も次第にそれなりに許してもらえたのだろう。そのことは政治家の名誉のためにここに書いておく。ほろ苦い出来事の数々も、今となってはむしろ懐かしい。

中曽根総理出席の外務委員会（中央奥が私）

東西冷戦という大義が有ったから、野党も国を割る気はない。どんなに揉めても最後には纏まるのが前提であった。だから当時の国会の審議は私から見ると数合わせ、時間合わせの「戦争ごっこ」のように見えた。はっきり言って議員立法の米国における議員や議員秘書の法案に賭ける真剣さは永田町では見られない。ただ私は2回に亘り4年間もこんな風に国会内を歩き回ったので、これという議員には全て面識ができた。その中で幾人か忘れられない先生がおられる。

## 忘れられない先生

何といっても第一番は衆議院議長までなられた社会党の土井たか子議員にとどめを刺す。彼女は同志社大学で憲法学の田畑忍教授の秘蔵っ子でインテリである。すらりと背が高く、生涯独身で宝塚のスターのような格好の好さがある「華」のある人だった。ただ日米安保問題について神学論争のようなやり取りが得意で、甚だしく柔軟性に欠けていた。私が総括審議官を務めていた時代の外務委員会での小和田恒条約局長とのやり取りは、55年体制の終わりの時期に於ける安保論戦の白眉だったと思う。

ただ「駄目なものは駄目」というこの人に私はさんざん悩まされた。外務委員会の社会党の筆頭理事の河上民雄議員は酸いも甘いもかみ分けた人だったが、土井理事に全てを任せていて、彼女が条約審議の日程を議論する与野党の理事懇談会を牛耳っていた。ある時土井議員が聴く耳が無く駄目を繰り返すので、河上氏に文句を言うと「また天井に張り付いたか」と嘆息するが、なす術もない。

それでも自力で局面を打開しなければならないのが国会担当審議官の仕事である。こういう時に個々の議員の性格や付き合い方について、国会担当班の人たちにどれだけ助けられたことか。私は土井先生が大のカラオケ好きである事を教えられた。また外務委員会の与党理事の浜田卓二郎氏はイケメンで背も高く声も良く、彼女とウマが合うことも判った。土壇場になると、お二人を土井女史ご贔屓の赤坂の衆議院宿舎の坂の下にあるカラオケの「あるの部屋」でのカラオケに誘った。私はどちらかと言うと音痴なので、稀にしか唄わず端の方で静聴していた。二人で何曲もデュエットを歌い、最後に土井先生が「昴」や「マイウェー」を歌うと、委員会審議での社会党の反対が消えるというサインである。もう一つ取って置きの秘策は土井先生すらも頭が上がらない社会党の井上晋方議員の攻略である。この先生は戦争中南方で味を覚えたドリアンが大好物である。バンコックの大使館に連絡して、伝手を求めてドリアンを日本に持ち込んでもらう。これを献上すると井上先生は議員会館の部屋のドアのノブにこれをぶら下げて、同僚に外務省からの戦果として自慢する。廊下はドリアン特有の匂いに包まれるが、土井先生の説得は成功する。嘘のような牧歌的でもある国会対策であった。

土井先生で一番記憶にあるのは、女子差別撤廃条約という国際条約の審議にとことんてこずり、85年5月漸く定例日の委員会で採決という所まで持ち込んだ時のことである。偶々《たまたま》時の政務次官が森山真弓女史で、選挙に弱い彼女は目立つことが必要な人だった様に思う。偶々外務省が在京大使を招待する外交団ゴルフが小金井カントリークラブで開かれることになり、森山政務次官にも案内が出てしまった。このクラブは女性のプレイを認めていない。外務省の官房もまさか森山政務次官が参加するとは思わなかったのだろうが、結果的には森山政務次官が参加したいというのを、後から女性はプレイ出来ないとお断りした形になった。森山政務次官はカンカンに怒られて、あるタブロイド紙に「拝啓小金井カントリークラブ殿」という抗議文を掲載した。これがこの条約が外務委員会での採決が決まっていた日の朝刊にである。果たせるかな、その日の委員会の始まる前の理事懇で土井理事から猛烈な抗議が出て、その日の条約の採決はお流れとなってしまった。両性の平等を規定する条約を国会に出している外務省が女性の差別をするのかということで、土井理事は筋違いだが小金井カントリークラブが女性を入れるまで採決出来ないと主張。森山政務次官もそうだそうだと同調される。条約を人質に取られて、土井議員との交渉は予想以上にもつれた。遂に私が外務省を代表して、「外務省としては小金井カントリークラブが女性にもプレイを認めない限り、ここでの外交団ゴルフは致しません」と口頭で誓約して解決した。爾後今日に至るまで外交団ゴルフはここで開かれていない。多数の在京大使を名誉会員にしているこのクラブでゴルフが出来なくなり、いまでも不便この上ない状態が残っている。

「土井タカ」先生に悩まされた話は多いが、反面同議員はおおらかなお人柄で、庶民的で開放的な性格で、憎めない所もある人だったのは救いであった。パチンコが好きで私がフィーバーが得意と述べたので一緒にパチンコ戦をやった事もある。フィーバーで私が取った沢山の食べられる賞品を献上すると、嬉しそうに宿舎の部屋に持ち帰って行くなど、泣かせる所もあった。

私が国会担当をしている間の最大の問題は、フィリピンのマルコス政権が倒れた結果のいわゆる「マルコス疑惑」である。アキノ政権の登場と共に、前政権のさまざまな腐敗の実態が明らかになった。米国のソラーズ下院議員はマルコスに賄賂を贈ったとして日本の企業の名前を出した。太平洋を越えて日本で野党は色めき立った。日本の企業がからんでいるかどうかが国会で大々的に取り上げられた。要するに日本の援助資金がマルコス大統領の懐にどれだけ入ったか、その仕組みはどんなことかということが関心の中心であった。

「マルコス疑惑」は基本的にはフィリッピン側の問題であったが、来る日も来る日も国会では社会党議員が、米国議会筋から出てくる情報を元に延々と質問を続けた。国会質疑を通じて日本の援助資金で日本のどの企業が受注したのかと言う、いわゆる「受注企業名公表問題」が関心の的となって行った。答弁を一手に引き受けたのは藤田公郎経済協力局長（JICA総裁、オランダ大使）だった。藤田局長はいくら攻められても、一旦被援助国であるフィリッピンに渡した金だから、フィリッピン政府が公表するなら良いが、日本が公表する立場に無いと突っぱねた。役所や政治家の間では「打たれ強い」と彼は名を上げたが、日本の援助の使われ方についての疑惑は国民の間に深まる一方だった。私は政府委員の隣に座って果てしない不毛の質疑を聞いていて、なぜ外務省がこんなに公表に反対するのか全く理解出来なかった。兎に角藤田局長は突っぱねて、国会は終了した。藤田局長が外国に転出する時期で、その後任のお鉢が私に廻ってきた。私はかなり疲れていた。発令の3週間ぐらい前に柳谷謙介次官から内示を受けた時には、一瞬唖然とし、後刻官房長に「もうすこし楽なところにして欲しかった」と言ってしまった。同期で最初の局長就任だから嬉しいことではあるが、前局長のあの答弁の延長線での答弁をするのかと思ったら気が重かった。

## 中国政府招待の中国大旅行

このように私は2年に亘り相当に非生産的な宮仕えの時期を過ごしたが、その中で唯一光輝を放っているのは中国外交部の招待で85年8月17日から26日まで10日の長きに亘り中国各地を旅行する機会があったことである。中国は76年に毛沢東主席が死去し、ついで文化大革命を推進した「4人組」が失脚し、78年には新憲法に「四つの現代化」を明記した。外交的には全方位外交を取ると同時に、国内的に共産党は82年には「党を愛し、社会主義を愛し、祖国を愛そう」という「三愛」運動を立ち上げている。中国各地に抗日戦争記念館が建てられた。日中間でも教科書問題が争点になり、総理の靖国神社参拝が外交問題化した。とは言え改革開放路線を取る中国は、経済大国たる隣国日本との間の良 好な関係を必要とすることは明らかだった。中曽根総理も胡耀邦総書記の立場については理解して、靖国参拝を見合わせた。

日本外務省内で中国との関係は、いわゆるチャイナ・スクールの人たちによって進められ、その他の省員の中国との関わりは全くと言って良いほど希薄だった。中国外交部は日本外務省の中国の理解を促進するために、中堅の人物の招聘計画を始めていた。85年の中国訪問団は小和田恒条約局長(皇后の父、次官、国際司法裁判所裁判官）を団長に、私が副団長となり、他に当時課長レベルの赤尾信敏（駐タイ大使）、河村武和（EU代表部大使、式部官長）、重家俊範（駐韓大使）、堀村隆彦（駐ブラジル、メキシコ大使）、高松明（駐スロバキア大使）の5氏がメ

西安・大雁塔の前の一行記念写真

ンバーだった。

北京空港には外交部の唐家璇日本課長が出迎えてくれ、北京飯店に投宿した。その後天壇を見、天安門広場の前を車で走った。夜は迎賓館である釣魚台で楊振亜アジア司 長があっさりながら実に美味いイカの卵や牛のアキレス腱の料理を振舞ってくれた。これを振り出しに、我々一行は、翌日は万里の長城、明の十三陵の定陵の地下宮殿を見た。夜王府井のショッピングセンターを冷やかした時には、おびただしい人出に驚いた。19日に旧紫禁城（故宮博物館）の清朝の美術品を見物した後、外交部関係者との懇談。翌日トライデント機で西安に向かった。周に始まり漢、隋、唐と2000年にわたり首都だった長安は流石に見所に溢れていた。兵馬俑には唯々圧倒された。保存方法がないのでここから35キロのところにあることが確実な始皇帝の巨大な墓には手をつけていないというのは中国的だ

長江三峡下り

と思った。秦は統一後15年で滅んだ筈だが一体どう云う手筈でこのような墳墓が築かれたのだろうか。西安では歴史博物館の有名な碑林（唐代の欧陽詢、褚遂良、顔真卿等の著名書家の原刻碑が多数収められている）、三蔵法師と縁のある大雁塔のある慈恩寺、回教寺院等を訪ね、お土産に牡丹の絵、欧陽詢の九成宮の書他いくつかの拓本、大好きな杜牧の詩「清明時節雨紛紛」を書いた掛け軸を買った。

一番心配だった西安から重慶への移動も差し障り無く出来た。重慶は山が迫る中、天に向けて建物が立つ人口300万の大都市だった。晩餐会で麻婆豆腐を食べさせて欲しいと強要して出てきたものは日本のそれとは似ても似つかない不味い代物だった。こんな上流でも川幅が優に150メートルある長江を1500トンの遊

覧船「東天紅」号で宜昌まで６５０キロ下るが、途次万県で船泊まりした。明け方船は長江をさらに下り始め、9時ごろから三峡に入った。重畳とした巌山に閉ざされた古来から墨客に愛好された名勝を心ゆくまで遠望して、巨大本流ダム建設のため急膨張した宜昌の街に着いた。ここで三峡ダムの建設現況の説明を聞いた。まだ準備段階の一部ダム等の建設が済んだところだが、完成の暁には水位は更に１００メートル上がるという。２３０万キロワット／時という規模の巨大なことは20世紀の長城の様だが、生態系への影響、地震の心配、さらに風致保存等を研究中という。三峡も本流ダムが完成したら今回見た様な美しさを失っているのではないだろうかと心配になった。

宜昌から夜汽車で武漢に向かった。投宿したホテルの18階の部屋から眼下に流れる長江と黄鶴楼が遥かに見えた。こういう雄大な景色を自分で見ると中国の詩人の興趣《きょうしゅ》が雄大なのがよく分かった。

武漢ではコール独首相も中曽根総理も訪問したという日本や欧米の協力で81年に生産開始の製鉄所を見学し、市場経済導入の流れの中での製品の出荷、販売の説明を受けた。工業面でも市場経済への移行が相当進んでいる印象を持った。翌日は郊外の請負農業のモデルの北港村を訪ねた。１００戸からなる人民公社で請負農業の他に豚やスッポンの養殖も副業でやっていて豊かに見えた。78年の三中全会で新農業生産方式が決まった時は40万元の総収入だったのが84年には１４０万元になったという。見せられた家は平均以上であろうが、ホールに台所、居間兼寝室の極めて簡素な家だったが、白黒テレビ、ミシン、カセットラジオ、冷蔵庫があった。養豚の副業をしているので、豚の屎尿からメタンガスを発生させて燃料にしていた。案内の後中国側担当者が長時間親切に率直に質問に答えてくれたのには好感を持った。貧富の発生の質問には「それは将来の問題です」と

明の十三陵で小和田団長と

の答えだった。その後詩に名高い黄鶴楼に回ったが、前年6月に完成したというコンクリート造りの8階建てのエレベーター付の建物で、その名 声に比して文化度の低い建物なので失望した。武漢から飛んだ上海では吉田重信総領事のお世話になった。ここでは旧租界、明時代の庭園「豫園」を見るだけしか時間がなく、慌ただしく成田に帰った。小和田局長が中国側に明確な希望を述べていたので、10日にしては信じられない豊富な内容の旅行が出来た。天候もまずまずで、三峡下りも堪能出来、最大の難関の西安から重慶への移動便も確保できたのは幸運だった。私にとっては中国との初遭遇で大変な勉強になった。

帰国後団員が書いた印象記の中で、私は「開放路線を強引に進む中國は随所に無理が感じられ、格差、矛盾が拡大しているように見えたが、問題点に敢えて目をつぶり近代化の旗印の下で前進しようとの活気と意気込みには印象づけられた」と印象を総括した後、「中國と言う巨象を御すのは為政者として並み大抵なことではないだろう。中国側関係者が、〈問題はあるが将来考えれば良い〉と言うのは、自信と言うより微調整により政策の修正が出来無いあまりにも図体が大きいこの国では、強権を以て人間性に反する行動を強いることを避けようとすれば、試行錯誤の方法しかないのであろう」「資本主義社会では物欲を市場価格、税制度、社会福祉政策、世論の監視により制度的にコントロールしているが、そういう制度的な歯止めの不備な中國が物欲と言う劇薬で身を損なわないか心配である」「西暦2050年までに中國が近代化に相当の成果を挙げた際にも、日中両国が淡き君子の友誼を保てるかを考えると、日本人は非物質文明の分野で中国人に尊敬さるべき何ものかを築く必要がある。50年後、100年後にイデオロギーで武装した経済強国が近隣に出現することを考えると、日本がただ格好の良い乗り物を作り、音質の良いオーディオ機器を作り、映像文化にうつつを抜かしていて良いのか誠に心配である」「フランク・ハーバートの未来大河フィクション〈デューン・砂の惑星〉の中で、精巧な機械を作るトライラックス人が、どの惑星の住人からも何らの尊敬を受けていないことを思い出した」と書いている。

# 第12章　援助大国への道（1986年6月〜88年8月）

運命的な経済協力局長就任
「マルコス疑惑」と援助受注企業名の公表問題
「JICA汚職」の禍を転じて福となす　玉置総務庁長官の行政監察騒ぎ
中曽根総理主導の「黒字還流計画」―トップドナーに向けて
ベネチア・サミットで輝いた中曽根総理
予算と定員増の獲得努力
国別援助政策の策定―効率的な援助を求めて
情報公開を進める　有能なスタッフに恵まれた幸運
第4次中期目標作成では大蔵省のコンピューターに敗北
日本援助の歴史的役割

## 運命的な経済協力局長就任

86年6月に経済協力局長を拝命した。ある意味で私は運命的なものを感じた。私の本省での最初の仕事は経済協力局政策課で、担当した開発援助委員会（DAC）で、理想的な開発援助についてチューターリングを受けていた。タイ在勤時代には、援助を実地で実施する上での諸困難を味わった。そもそも私は経済学部の出身で、ヌルクセ、ロストウやラ・ミントの経済開発論を勉強した。個人的に私は国際金融について大きな関心を持ち続けていた。開発援助についての知識には自信があった。「ここがロードス島だ！」　私の中に闘志が燃え上がった。

戦後40年にして日本は世界第二の経済大国にのし上がり、国際的な役割も質的に変わってきていた。国力が増大しそれに伴い援助能力も飛躍的に増大した。66年4月の東南アジア開発閣僚会議の際に行ったシミュレーション「日本の援助能力の測定」の作業の結論は完全に正しく、日本の貿易黒字の拡大は遂に71年の円の切上げや通商交渉で米国と正面衝突する程のものとなっていた。他方戦後世界をアトラス神のように支えた米国の援助疲れは明白で、平和国家日本が途上国援助を担わなければならない時期が来ていた。

## 「マルコス疑惑」と援助受注企業名の公表問題

86年6月に経済協力局長に就任した私は、前任局長時代の最大の問題がいわゆる「マルコス疑惑」であったことを国会担当責任者として良く見てきた。私は政府が公表を頑なに拒否した結果国内における援助のイメージは地に落ちてしまったと懸念した。「援助の段ボール箱に100個の林檎が入っているとする。数個は腐っているかも知れないが、今のままではほとんど腐っているとの認識が国内に定着する恐れがあり、その結果日本の重要な国際的な役割である開発援助が困難になるのではないか」というのが私の懸念だった。

経済協力局長就任に当たり柳谷次官に挨拶に行くと、「君の信じる通りにやりなさい」と激励して下さった。私の中の何処かに火がついた。私は最初の仕事として、疑惑解消のために受注企業名を公表する決心をした。局長就任後一月余が過ぎたある日の局議で、私が局長として公表したいという方針を示すと、経済協力局内の反対は予想以上に強烈で、局内は蜂の巣を突っついたようになった。始めは全課長が反対だという。確かに前国会で野党から屈辱的とも言える追及を受け、関係省庁の協力を得て、局を挙げてやっとこれを躱《かわ》したと思ったら新しい局長がいきなり全面屈服のような公表をするというのは受け入れられないという気持ちも判る。課長たちには局議の場で充分に理由を説明して、判ってもらえた。すると今度は首席事務官も多くが反対しているという。私は「異議の有るものは局長室に来て欲しい、私は局長とか事務官の立場を離れて、政策問題として一対一で話をする用意が有る」と宣言した。どんなことになるかと興味深かったが、結局誰一人局長室には来ずに、局内の「説得」には成功した。

ところが、今度は省内から危惧と抵抗が澎湃《ほうはい》として起こった。受注企業名の公表を対フィリピン援助だけに限定する訳には行かず、東南アジアのその他の国、更には中国とか韓国についても受注企業名の公表が当然に俎上に上る。地域局にも懸念が広がった。私は被援助国政府が公表に異存があるなら、公表はしない。国により公表、不公表の凸凹があっても構わないという態度を示したから、アジア局を始め省内各地域局は理解を示してくれた。条約局は最後の最後まで反対だった。8月も末に近づき条約局の局長以下の首脳が経協局の局長室に現れ、机を挟んで相対した。私は「公表は、これまでの案件についても今後の案件についても、被援助国の了承を取り付けた上で行なうこととするから、国際法上の問題は一切無いと考える」とした。意見交換は平行線を辿った。最後に私が「これは経済協力局で責任を持って決めるべき問題である」と言うと、「前局長は条約局に良く相談した」と反論された。二階に上がって梯子を外された側面もあり、条約局内に不愉快な気持ちがあることは判らないでもなかったが、私は公表するという方針は変えなかった。

7月、中曽根総理の下の衆参同時選挙で自民党は大勝し、安倍外相は総務会長に就任し、代わって倉成正氏が外相に就任した。彼は公表問題については賛成であった。9月の半ばになっても条約局の不同意は続くが、いつまでも決めない訳には行かない。事前に倉成大臣のお耳に入れて、プレスにブリーフィングをした。9月14日の各紙は外務省が公表の方向に踏み切ったことを大きく報じる。大勢はこれで決まった。省内の決裁を取り、10月には関係各省と合議を行った。反対する役所は一つもなかった。不思議だったのは、いずれの企業からも公的にも私的にも外務省に反対とか不満のメッセージは来なかったし、政治家からも一切異論はなかったことである。外務省の先輩などからは、逆に何故公表しないのかとお叱りを受けることがしばしばであった。フィリピン政府には異存のないことを事前に確かめた上で、公式外交ルートで「企業名の公表に異議有りや」と照会すると「異存ない」と言う回答を得た。不思議なもので隠すことを止めると判ると、公表問題は全く国会では取り上げられなくなった。私は輸銀とか海外協力基金などにその年報で、借款案件について受注企業名も発表するように頼み、今日に至るまで続いている。

## 「JICA汚職」の禍を転じて福となす

局長になって2ヶ月目の86年8月の初め、JICA職員が収賄容疑で逮捕された。モロッコの地下水プロジェクトに関連して、コンサルタント会社の便宜を図った容疑という。大した事件ではなかったがメディアが大きく取り上げたので、「マルコス疑惑」と重なり、援助には「向かい風」となる不幸な事件だった。ただこの問題の背景には「要請主義」偏重の弊害があった。この哲学は被援助国政府が最も良く自国の開発上の優先順位を知っているはずという前提に基づく。しかし被援助国の援助受け入れ組織が、一元化して強力な場合には「要請主義」で必要な条件は満たされるかもしれない。しかし開発部局が群雄割拠の状態だったり、政府の最上層部で恣意的な判断が可能な政治体制の場合には、マルコス政権のようないわゆる開発独裁国で起きたようなことが起きるのは避け難い。

円借款は巨大な規模のプロジェクトに供与されるが、供与のプロセスは相手国の要請に基づき、フィージビリティ前の調査、そしてフィージビリティ調査、そして相手国からの資金援助要請と言う筋道を辿る。国内でもそうであるが、箱物とか大型公共事業には、いろいろな魑魅魍魎《ちみもうりょう》が群がり、何かしらの分け前にありつこうと蠢く。腐敗した指導者によるピンハネのケースも有り得る。特に日本の東南アジア諸国向けの経済協力は賠償から繋がっている国が多く、賠償時代に出来上がった貰った方の言いなりにするという気持ちが、援助になってからも気付かないうちに続いているように感じられた。インドネシアやフィリピンは将《まさ》にそういうケースである。その意味では幸いに行政制度と官僚の資質の双方で優等生のタイでの私の経験は、好ましい制度作りに当たって参考になった。

コンサルタント会社の存在が、援助を進めるに当たって有用な役割を果たすが、同時にコンサルタント会社が「仕込んだ」案件と言うものが生れてくる。日本の側から被援助国の行政組織に売り込んで先方から「要請」した形にするが、実際は日本の企業の思惑どおりと言う訳である。優先度の低いプロジェクトであるが、日本企業側に旨味の多いプロジェクトとか、出先公館の出向職員を経由した日本の関係官庁の勢力拡大に繋がるプロジェクトなどが、相手国から「要請」として上がってくる場合もある。大きなプロジェクト援助についてはは国際入札制とすることである部分は手当て出来るが、規模は小さいが効果の高い技術援助プロジェクトの場合にはアンタイドには出来ないので、勢い専門家派遣の段階で勝負が付いてしまうこともある。

私は真正面から取り組むことにして、9月5日に監督官庁としての外務大臣から「伝家の宝刀」である事業団法第38条に基づいてＪＩＣＡに改善命令を発して貰った。他方倉成新外相は有識者の意見を聞く懇談会を作って欲しいと言われる。担当の大島賢三技術協力課長（国連大使、国連事務次長）と相談して、瀬島龍三氏を長として、これまで経済協力に関してご意見番的な役割を果たしておられる五島昇、平岩外四、大島恵一（東大名誉教授）、小倉武一（元農林次官）、鎌田英夫（前会計検査院院長）各氏をメンバーとする「ＪＩＣＡを考える会」を発足させた。豪華メンバーで倉成大臣はご機嫌だった。

「ＪＩＣＡ汚職」については担当の大島課長の対応は抜群だった。ＪＩＣＡと密接に連絡してこの際色々な人事、組織、仕事のやり方等の問題を解決しようと前向きな姿勢で臨んだ。事業団法にもとづく改善命令という「伝家の宝刀」を抜いたが、これに対しては、10月23日に有田圭輔ＪＩＣＡ総裁から復命書が提出された。それから数日後、今回の一連の不祥事の関係者の処分を決めて、有田圭輔総裁が倉成大臣に報告に見えることになった。私はこの機会に元外務次官の大先輩である有田総裁に大臣の前で謝罪してもらい、総裁が頭を下げている所のカメラの取材を認めるという苦しいパーフォーマンスを敢えて行なった。社会常識的に最高責任者が頭を下げるのは仕方がないことで、身内といえども避ける訳には行かないと考えたのである。有田総裁に電話してそれについて了解を求めると「まな板のコイ」ですから判っていますと仰有って下さり、胸をなで下ろした。ただこれで一連の事件の幕引きとなった。倉成大臣は処分の報告を受けて、「処分を了承し、今回のことで最高責任者たる貴総裁にも厳重注意する。ＪＩＣＡ建て直しのため、残りの任期を努力ありたい」と述べられた。役人の世界では大物先輩の出向ポストが他省庁や民間出身者に奪われることは第一級の重大問題で、私もこれには随分気を使った。大臣発言で有田総裁の首も繋がり、一連の改革も実現し、これで一件落着と安堵した。

## 玉置総務庁長官の行政監察騒ぎ

「マルコス疑惑」では国会における野党の追及が新聞の一面を飾った。野党は検察庁、国税庁、会計検査院等も追及することでこれらの組織にＯＤＡの腐敗に依る血税の無駄を暴かせると言う作戦を取った。こんな雰囲気の中で国民の間にはますます日本の援助には問題が有る、関係の政府機関、特に援助推進の中心にいる外務省には後ろ暗いところが有るという印象が強まってきた。「ＪＩＣＡ汚職」はＪＩＣＡと監督機関の外務省の信用を確実に傷つけた。こんな中で9月18日に玉置和郎総務庁長官に呼び出された。捕鯨継続に付いて強い関心を持っていた玉置長官は、私に米国産の米を買ってカリブ海の小島嶼国への援助に使い、これら諸国を国際捕鯨委員会（ＩＷＣ）に加盟させて捕鯨賛成派を増やせと求めた。

私がこの求めを撥ね付けると、彼は激怒して若し経済協力局長が言う事を聞かないなら、総務庁の監察権を発動して、援助行政にメスを入れると脅かした。私は一寸の虫にも五分の魂と言うじゃないですか、小国に援助で無理やりに言うことを聞かせるのは間違いだと力説した。頑として自説に固執する玉置長官に私は「ところで先生、小唄に〈かぐや姫〉と言うのがあるのをご存知ですか？」と聞いた。「知らん」と云われるので、私は「かぐや姫」の小唄の筋を説明して、この小唄の最後は、かぐや姫が「金じゃ心は買えないよ」と言いながら天に昇って行くのだと話した。怒った玉置長官は「ＪＩＣＡを暴いてやる、ＪＩＣＡの定員はつけないぞ、ＪＩＣＡだけでなく外務省、在外公館の行政監察をやってやる」と息巻いた。

ここから玉置長官との総力戦が始まった。私は友人の山本貞雄行政監察局長に腹を割って相談した。彼は「英さん、心配しなさんな。経営コンサルタントを入れると思えばいいですよ」と言われる。私は部下たちや関係省庁には仕事が大幅に増えて申し訳ないと思ったが、日本の援助組織は効率が悪いかも知れないが、世上云々されているような後ろ暗いところはないと確信していた。今回無理筋な要求に屈して、自分の局長の時に厄介な行政監察を避けても、これは時代の要請でいずれは来ると思った。玉置長官の要求をきっぱりと拒否することに腹を決めた。まず省内を固めて、米国産のコメを買い上げて日本の援助に使うことは断固拒否することにした。結局コメ援助問題は中曽根総理も支持されなかったので潰れた。

行政監察問題は玉置長官の権限の中の問題であるので、監察の対象範囲についての条件闘争となる。前外相の安倍総務会長は強力に外務省の後ろ盾になられて、総務省に「そんなことしたら、また若し嫌がらせでＯＤＡ予算、定員をつけないなどしたら、総務庁関連の法案も通さないぞ」とまで述べて反対して下さったと知った。役人の間でもこの争いには関心が集まり、玉置長官と英局長との巌流島の血戦だと面白がる輩《やから》もいた。

玉置長官もコメ援助は実現せず、行政監察については後へ引けない。10月15日に山本行政監察局長が官房長を来訪し、ＯＤＡ査察を昭和62年度（87年度）からやりたい、また在外公館の実態調査をやりたいと伝えてきた。安倍総務会長も「問題が有るからやるというのは困るが、ＯＤＡ監察は前例もあり仕方なかろう」と言われる。

本当に有り難かったのは、私の友人たちが玉置長官に私のことについて弁護して下さったことである。特にイラン・イラク戦争仲介で一緒に辛酸をなめた中島敏次郎元駐豪大使は、玉置長官がオーストラリアに農場を持っていたことから同氏と極めて昵懇《じっこん》で、私を弁護して下さった。また親しい東京電力の荒木浩氏も心配して「玉置氏について困ったことがあったら言っていらっしゃい」と声援して下さった。後で玉置長官本人から言われたことであるが、総務庁の官房長の古橋源六郎氏は、ロンドン大使館で一緒だった人だが、玉置長官に「英君は顔は優しいが、大変にきつい人だ」と評したそうである。他方、私は局を挙げてこの間にＪＩＣＡ改革を進めたので、これらの努力が実って朝日新聞にも「情報公開」に焦点を与えたＪＩＣＡ改革の良い内容のスクープ記事が出たりした。

10月末に翌62年度から援助行政の監察が正式に決まり、私は山本局長に監察に誠意を持って協力するから宜しくと挨拶に伺った。その後玉置長官を訪問すると彼の態度は一転して好意的になっていた。彼は「いろんな人に君のことを聞いたよ。皆お前は良い奴だという。自分は知っている人物にはうるさいことを言わぬ。一生仲良くやろう」と云われた。これで同長官との手打ちが済んだ。天ならぬ身、私はこの玉置長官が監察報告を待たず、３ヶ月後に64歳で急逝されるとは知る由もなかった。

87年1月から1ヶ月にわたり外務省経済協力局やＪＩＣＡや国際協力基金等に行政監察が行われた。在外公館には人を派遣して状況を聞いたようであるが、公式の査察ではなく外務省としても満足すべき結果となった。翌88年6月半ばに監察結果が出るが、外務省が年来悩んでいた技術協力の一元化に付いては、外務省の考えも充分に反映されていて、予想以上に外務省に好意的な内容で、目出度く一件は落着した。この騒動では総理始め有力政治家も巻込んで、相当の立ち回りが演じられた訳であるが、ある意味では私が〝筋を通す人物〟と云う評価になったのではないかと思う。

## 中曽根総理主導の「黒字還流計画」―トップドナーに向けて

日本の経常収支の黒字幅は年々拡大し、遂に80年代の半ばに至り年額９００億ドルのレベルに達した。日本は米国との二国間の摩擦に対応するためにも、市場開放を進めるという必要が有り、86年4月に日銀前総裁の前川春雄氏を長とする諮問委員会は有名な「前川リポート」を提出した。国際協調型経済構造への変革を求める内容のこの報告書は、時宜にかなったものと国際的にはすこぶる好評であった。中曽根総理から開発援助目標を2年繰り上げて実現せよと指示が有り、さらに「黒字還流プログラム」として、3年間で新たに２００億ドル以上の資金をアンタイド・ベースで還流をするという基本方針が定まった。当時日本はＤＡＣの場で、量的拡大だけでなく、借款金利の引き下げ、ひも付き援助の廃止、贈与の比率を高めることを強く求められていた。20年前にＤＡＣで理想的な援助について学んだ私は、この基本方向には大賛成だった。

日本は遂に統一した援助省を持つことがなく、いわゆる「4省庁体制」で援助を実施してきた。当然といえば当然であるが、大蔵省は極力財政負担を増やさず、かつ自省のコントロールが利く形でやろうとする。基本的に総理の求める資金の還流を円借款の増大と国際機関への出資の増加で済まそうと主張した。円借款は4省庁間の合議で進むとはいえ、実施機関である輸銀や基金を影響下に置く大蔵省が大きな権限を有していた。無償資金協力の拡大は自分の意向が反映される世銀等の国際金融機関への出資を増やせば良いという態度である。そのため私は内海孚大蔵省国際金融局長と激しくやり合わざるを得なかった。

二国間の低金利で紐のつかない援助、特に無償援助についてはこういう機会でも無いと中々増額出来ない。黒字還流プログラムを作ると云う絶好の機会に恵まれ、経済協力局はこの際にこれらについても大幅な改善を実現しようと張り切った。折しも80年代に入り、途上国の債務の累積問題が深刻化し、一次産品の価格の低下や途上国行政能力の不足等からサハラ以南の最貧国への援助について国際社会の取り組みが積極化していた。ＩＭＦは教科書通りの構造調整策を押し付け、これには被援助国側からもっともな反発もあった。私は緊縮だけでは縮小均衡に陥り、体力のないザンビアのような最貧国は回復が期待出来ないと考え、こういう国には構造改革を進めさせると同時に国際収支支援型の援助が必要と考えた。

日本の援助は有償、無償を問わずほとんどがプロジェクト援助である。援助の効果が目に見えるので国内で支持が得られ、且つ実施しやすいということもある。しかし国際的に関心の的となっている累積債務で破綻しているサハラ以南のアフリカの最貧国（ＬＬＤＣ）が必要とする援助は、被援助国が最低限必要な物資の輸入を可能にするための国際収支支援型の援助である。私は量が限られていても最も望ましい形のノン・プロジェクトのアンタイド贈与を思いついた。ただ被援助国が不急不要品を購入したり、割高な価格を示して、キックバックを取ることとの危険が大きかった。私は被援助国政府との間でショッピング・リストに合意して、奢侈《しゃし》品等の輸入に使われないことを確保することにしたが、オーバー・プライシングを回避する方策には苦慮した。率直に言って日本の商社は信用出来なかった。相当に大胆であったが、かつて植民地経営のために同様な必要に迫られた英国にはクラウン・エージェントという調達機関があることを知っていた。旧英領諸国には思い切ってこの組織を使い、更に旧仏領諸国については国連開発計画（ＵＮＤＰ）の現地組織を使うことにした。出先大使館はこの無償援助に基づく商品の購入についてはリストに抵触しないこととこれらの機関からの価格についての妥当性を示す文書の双方があれば、許可が出来ることになる。サハラ以南のＬＬＤＣは兼轄公館ばかりで、定員も多くない一つの実館が半ダース以上の国を掛け持ちしていた。援助の処理能力が極めて制約されているので、この新型援助は我が在外公館でも好評で、また実施上の問題を極小化出来る名案であった。

大蔵省の内海局長は合理主義者で最後には私の主張に折り合ってくれて、アフリカ無償援助の拡大も3年で総額5億ドルと相当の規模が実現した。今迄単発的に供与していた無償援助から若干転用するという妥協もし、今回は総理のお声がかりの特別な資金の還流計画であるということで、主計局も色をつけてくれたのである。全体規模の中で比率的には少ないが、この援助はアンタイドでノン・プロジェクトの贈与で、しかも世界のお荷物となっているサハラ以南のアフリカの最も貧しい諸国に特定した光り輝くプログラムであった。援助最全盛期の米国にもこの様な良心的な援助プログラムはなかった。従ってこの部分は特に国際的にも評価が高かった。質的にも量的にも立派な還流計画が出来上がった。私は最貧国も含めて全ての途上国に日本の大幅黒字が還流するように頑張ったつもりである。

## ベネチア・サミットで輝いた中曽根総理

87年5月中曽根総理は、レーガン大統領と会談し、内需拡大と黒字還流を説明された。その後彼はワシントンのナショナル・プレス・クラブで「世界のための日米協力―挑戦と課題」と題する講演を行い、この講演の具

ベネチア・サミットの機中で中曽根総理と

体的な目玉として黒字の還流策が取り上げられた。「前川リポート」の誠実な実現を力強く約束する中曽根総理の姿勢は国際的に高く評価された。援助が重要性を持つので、引き続いて開催の翌6月のベネチア・サミットには、私も中曽根総理のお供で出掛けた。マルコ・ポーロ空港から厳重な警戒下に、我々の宿泊する歴史的な建造物であるダニエリ・ホテルに向かった。総理一行を乗せた数隻のボートには自動小銃付の厳めしいカラビニエリ（憲兵）の護衛がつき、上空にはいつでもロープで降下出来るように足をブラブラさせて待機している特殊部隊隊員を乗せたヘリが舞うという極めて物々しいものだった。会場のサンジョルジョ・マジョーレ島沖にはフリゲート艦が遊弋《ゆうよく》していた。

このベネチア・サミットで、中曽根総理の「黒字還流計画」は高い評価を得た。サミット終了後発表された経済宣言の22項は「日本からの開発途上国への資金供与を増加させるとの新たな措置を打ち出した日本政府の最近のイニシャティブを歓迎する」と異例とも言える日本への特別な言及を行なっている。

このサミットを境に日本の援助についての国際的な評価が変ってきたように思われる。「マルコス疑惑」「JICA汚職」を契機に日本の援助システムが合理化され、その透明度が飛躍的に高まったことも与《あずか》っていると思う。アフリカ向けの特別援助計画でクラウン・エージェントを使うことで協力を求められた英国の援助当局の驚きは尋常ではなかった。大袈裟に言うと、これまで日本の援助は日本商品の売り込みと信じて疑わなかったところ、日本政府が無償資金を提供し、どこの国の商品を買っても良い、価格が適正かどうかは英国の

サンジョルジョ・マジョーレ島
へ向かう各国首脳の乗るボートの群れ

組織や国連機関に任せると言うのだから、文句の付けようが無い。この後英国はＤＡＣの場などで日本の援助を称賛する側に廻ってくれた。陰徳を積むと陽報があるのは国際関係でもそうだ。

88年7月に英国援助省のクリストファー・パッテン長官（後に香港総督になり、香港返還で中国政府と立派な交渉をした人物で、現在はオックスフォード大学の総長である）が来日した時、私は彼を隅田川の船遊びに誘った。芳町芸者4人に侍ってもらい、天麩羅をご馳走した。記念品として私が以前ストックホルム出張の時に気に入って購入した隅田川の桜の版画（神田の版画店で確かめると、作者の立祥は広重の娘と結婚した広重二世と判った）を差し上げた。二世とはいえ広重の浮世絵なのでとても喜ばれた。この破格の待遇は、86年の11月に私がロンドンに二国間協議のために出張した時に、国賓をもてなす豪華な内装のランカスター・ハウスで同長官が私のために立派な晩餐会を開いてくれたことへの返礼でもあった。援助面では日英両国はハネムーンとも云うべき時期で、既に私もニューヨークへの赴任が決まっていて、この船遊びは実に楽しい一夕であった。

英国援助省のパッテン長官を船遊びに招待

## 予算と定員増の獲得努力

日本政府は対外援助を重要な国策としてきた。政府は78年以降累次の中期目標を定め、援助の拡大に努めた。援助予算は既に規模が1兆円に達していた。第3次中期目標では92年に日本の援助実績を76億ドルにすることにしていた。しかし目標が控えめだったことと、急速な円高の進行で、87年に援助実績は75億ドルに近づき、目標は達成された。日本の援助は86年にフランスを抜いて日本は米国に次ぐ世界第二の援助国になっていた。

総理の支持があっても、事務当局が毎年の予算作成の過程のなかで、予算の確保をしないと右肩上がりのトレンドは実現出来ない。他方日本の財政事情は次第に厳しくなり、予算要求にはシーリング枠が設けられていた。高度の政治判断が求められるので、防衛費とかＯＤＡ予算はその例外で政治的に決められる。予算作りは省内的には秋口から始まるが、まずこのシーリングをどの位の高さにするかで前哨戦が始まる。87年（昭和62年）度予算の作成は「マルコス疑惑」「ＪＩＣＡ汚職」等の強い逆風が吹いていて、私には正念場であった。

86年末に決まった予算案では、ＯＤＡ関係予算は政府全体で5・8％増（円高を考慮するとドルベースでは9・4％）、定員も局に7名付き、機構面でも緊急援助隊企画官が認められた。ＯＤＡへの強い逆風の中で、良くこれだけの予算が取れたものだ。これは政調会長の要職にある安倍前外相のＯＤＡへの強力なバックアップと、中曽根総理に近い瀬島龍三氏が、「ＪＩＣＡを考える会」を契機に日本のＯＤＡ、特に技術協力に付いて理解を深めて下さり、側面から強く外務省のＯＤＡ予算、定員折衝を支援して下さったことが与っていたと思う。この年12月30日の私の日記には「午前中に議員会館を回り40名以上の議員にお礼の名刺を置き、夕方まで自民党の関係首脳や大蔵省関係者に挨拶廻りをした。年末もここまで働かねばならぬかと思うと悲しみと呆れた気持ちである」と書かれている。

翌88年（昭和63年）度の予算獲得は一層壮絶だった。「天の時」に恵まれＯＤＡは政府の政策の中で高い優先度が認められるに至っていた。中曽根内閣の一つの看板政策として、「黒字還流計画」が国際公約となり、事務方としてはその実現に裏付けとなる予算の獲得が必要になる。既に87年（昭和62年）度の補正予算でアフリカ向けに１４５億円の措置が得られていた。当時主計局は補正予算で優先度の高いものについて措置をするというやり方を取っていたので、この手を使って国際公約の初年度の予算を確保した訳である。7月初めに局内で88年（昭和63年）度予算獲得作戦会議を開いて、今後の予算要求の基本方針としてODAの対GNP比0・36％の実現を目標にすることを決めた。これを90年ないし92年に実現するとして必要な予算額を逆算して、14％前後のシーリング要求方針を固めた。主計局の角谷正彦次長は「法外である」とカンカンだったが、私はODA予算の二桁増の実現を目指し、省内の理解を求め、積極的に自民党の大幹部への働きかけを行なった。局長就任前2年にわたり官房総括審議官として国会対策をやった経験から、どこを押せばどうなるかは知悉《ちしつ》していた。また自民党の国対や総務にいる党職員の人脈をフルに生かして積極的な予算獲得作戦を展開した。「あの人が外務省から連絡がないと怒っている」という情報を特に重視して、徹底的に説明して廻った。省全体の予算の枝ぶりを考えねばならない小和田官房長は経済協力局の突出が心配で、7月末に至り角谷主計局次長とディールし、7・5％＋α（最大限8％）を約したらしいことが判った。円高分1・4％の下駄を含め二桁増には8・6％が必要と反論するが、官房との全面対決は避けないといけないので大いに迷わざるを得なかった。安倍総務会長が「党としてはODA二桁増は降りられぬ」との姿勢で援護射撃して下さったのが功を奏して、7月末には最終的にODA予算（各省分も含む）は8・6％増と決まった。防衛費は6・2％（売上税分加えると実質7％）増だった。波瀾万丈の展開だったが、結果的には官房の弱腰を克服して実質二桁を確保出来た。翌日私は各方面に広くお礼参りをした。

## 国別援助政策の策定―効率的な援助を求めて

日本は開発援助で最も重要なのは、途上国の自助努力であり、援助は被援助国の真に必要とするところに向けられるべきだと考えてきた。日本は途上国の主体性を尊重する立場から「要請主義」を取っていて、被援助国からの要請のないプロジェクトは支援しないとしていた。しかしこの制度には抜け穴があって、要請国が開発独裁国であれば空念仏となる。また援助側でもさまざまな動機から、自己に都合の良いプロジェクトの売り込みが行われる。改善命令を受けてＪＩＣＡは幾つかの欠点を除去したが、私は日本の援助にとっては更に歩を進める必要があると考えていた。

この問題については、かつて援助超大国で理想的な援助を心掛けた米国の場合には、現地に大規模なミッションを常駐させて、自らその国に必要なことは何かを判断して、援助を供与していた。しかし日本の援助は現地には大使館の他は、来訪する日本側の援助関係者に対するお世話係程度しか出来無い援助実施機関の貧弱な出先ミッションしか存在しない。専門家を何度も派遣して次第にプロジェクト毎に転がして詰めてゆく。日本の財政制度の予算単年度主義からもその方が処理しやすい。

しかし透明度を高めつつ要請主義を取るだけでは援助が真に必要な部門に向けられることには成らない。「要請主義」は被援助国の自主性尊重、文化伝統への配慮という意味で必要条件であるが十分条件ではない。私は日本の援助がその国に対する援助の大部分を占める国には、日本側で客観的な検討を行ない、その国が当面援助を必要とする分野を特定し、日本の援助はこれらの分野に優先的に振り向けるということが出来ないかと考えた。コンサルタント会社も闇雲にあらゆる分野に鉄砲を撃つより、日本政府が優先性を持つと判断する部門に努力を向けた方が効率も良いだろう。日本型の調査団重視方式の欠落部分を補おうという発想である。

アキノ新政権の発足と共に日本はフィリピンへの援助を拡大強化する必要があり、米国もこれを強く望んでいた。私は国別の援助政策検討の対象国は第一にフィリピンであると定めた。関係省庁、関係援助機関、学識経験者等に広く参加を呼びかけて、衆知を集めようと「国別・分野別政策立案に向けての基礎的事項を整理検討する」ことを目的とする研究会を発足させた。大島技術協力課長が万端しっかりと進めてくれた。目的に「国別・分野別政策立案に向けての」とあるのは、ここで最終政策を取りまとめるのではないという意味。「基礎的事項を整理検討する」というのは援助内容の細部に立ち入って、関係省庁の権限を損なう意図の無いことの意味で、「整理検討」というのは「新たに何かを決定するものでない」と関係各省に安心してもらう官庁用語の羅列である。

87年1月23日に高橋彰東大教授を座長に国内でフィリピンを研究している学識経験者7名を委員として「対フィリピン援助検討パネル」の第1回会合が開かれた。フィリピンの開発の現在の問題点、日本の協力はどの分野で最も効果的に役立つかについての優先度を研究するものであった。ＪＩＣＡは国際協力総合研修所内に強力なタスクフォースを設置してバックアップした。第1回会合には私自身も出席してこの活動の重要性をアピールした。思い切ってこういう議論の過程を公開しようということで会合は公開とし、「プレス席」を設け、関係省庁、国際機関に出席招待を行なった。8人のパネルの議論を30名余が見守るという「非日本的」な議論の場であった。ここでの議論を集約した報告書が出来上がった段階で、翌87年6月に大来佐武郎元外相を団長とする関係省庁も参加した経済協力総合調査団が現地に派遣され、フィリピン側とハイレベルでの援助政策対話を行なった。これまでもハイレベルの政策対話はタイ、フィリピン、インドネシア等と行なわれたことがあったが、このように大掛かりな事前の準備を行なった上での政策対話は初めてであった。これは一つの試みであったが、日本側のこういう姿勢を被援助国のフィリピン側でも高く評価してくれて、両政府合意の優先順位に従って今後の日本の援助を進めるという姿勢が内外に明らかになった。

引き続いて主要被援助国であるインドについてもこの方式の政策協議が進められた。残念ながらその後この企ての背景、意義を必ずしも理解してもらえ無かったようで、このシステムは定着しなかったのが残念であるが、少なくとも急速に拡大し転機に立つ日本のＯＤＡについて、効率化、透明化を重視するという姿勢を内外に明らかにする上で、一定の効果を上げたと思う。

## 情報公開を進める

受注企業名の公表を皮切りに私は、援助関係の情報を差し支えない範囲でどんどん公表することにした。どの国にどれだけの援助がどういう目的で供与されているか、国別情報の公開を徹底して行なった。すでに84年度以降経済協力局としては「我が国の政府開発援助(国別実績)」を公表しているが、その内容を充実するように努めた。また分かりにくいODA供与の意図に付いても出来る限り正直に述べるようにし、今まで日本の経済協力について白書的なものを出してきた通産省に遠慮していたのを改めて、87年に相当膨大な「我が国の政府開発援助」(上下巻)を刊行した。特に下巻は国別実績を詳細に明らかにした。重要な刊行物なので、特に幹部会に掛けて了承をとった上で発表した。

国別援助情報の公開に努めた
「わが国の政府開発援助」

これまで日本のODAに付いては、とかく援助総額とか、GNPの何%とか、援助予算の伸び率とかマクロの数字に偏りがちであった。外務省のイニシャティブで、情報公開が進んだ結果、日本の援助の実情が国際的にも明らかになって行った。私は更に出来る限り英語でも公表することを進めた。88年3月に英文で出されたJapan's ODA 1987 Annual Report は、近年の国別の援助実績を付録として付した真に画期的なものであった。個別プロジェクトの形で具体的に示されると日本の援助の実態は、局長の私も仰天するほどの規模と内容であった。こういう地道な努力の結果もあり、国際的にも日本の援助の透明度は飛躍的に高まって行ったと思う。

それまで米国は日本の援助についてひも付きを廃止しろ（アンタイング）とか援助条件の緩和が不十分である等と批判ばかりして来た。ＯＥＣＤを舞台にタイド援助信用問題として議論が進み、日本の輸出促進に貢献してきた輸銀の融資（輸出信用）が制限されることとなった。ＵＳＡＩＤのプリーグ政策局次長が日本に特別に厳しかった。しかし日本が情報を公開し、援助目的を明確化しつつ、両国間の援助協議を重ねるうちに、彼も「私は今まで大西洋主義者だったが、いまは環太平洋主義者に代わりつつある」と述べるようになった。

日本の英語での初の援助白書

輸出一本槍の日本の姿勢も、黒字が溜まるに連れて変わらざるを得なかった。時代が変わって日本の援助は日本の貿易促進のためではないことを、具体的な施策で明らかにすることが出来るようになったのである。中曽根、竹下両総理の下で、ＯＤＡ拡大が日本の基本的な政策となったことが明確に示された。米国は日本のＯＤＡ批判者から、日本を重要な同業者という位置づけに変ってきたのもこの頃である。フィリピン援助、ペルシャ湾危機に関連した近隣諸国への対応、中南米諸国への個別援助を始め、世界的な債務累積問題、サハラ以南のアフリカの最貧国への支援等の具体的な問題について、巨大黒字国としての日本の地位が急速に向上していた。日本のＯＤＡの元締めとして、私が来日する米側関係者や在京大使館員に、何時も歯に衣を着せずに率直かつ明確に意見を述べたことも、両国援助担当者間の相互理解、信頼関係の確立に効果があったと思う。87年3月東京で開かれた日米援助協議には米側からウッヅＡＩＤ長官が出席し、当方主催の晩餐会では援助哲学論争をやり、個別セッションでは中米個別援助のすり合わせや今後の対比援助、日米共通関心事の発見等に忌憚のない意見交換が出来た。私の大胆に新機軸を進める姿勢は米側にも伝わり、日米援助協議は次第に実効性が高まった。

この間に米国内には日米両国はＯＤＡで協力すべきとの大きな波がうねり始めていた。アメリカン・エキスプレス社の社長のジム・ロビンソン３世は、86年に「経済的な力を身に付けた平和国家の日本はマーシャル・プランの精神に立ち、途上国の経済発展を促進することで世界の安全と平和のためのイニシャティブを採るべし」という提案を行なった。彼はその後バンク・オブ・アメリカ（いわゆる「バンカメ」）の社長になった日本に好意的な有力な財界人で、後に私もニューヨーク総領事として親交を持った。彼の提案を受けて外交評議会は88年に彼を議長として「開発金融における日本の役割」と題する大きなスタディ・グループを発足させた。日米の各界の有識者のみならず第三世界の有識者も参加した総勢60名近いメンバーの大きな規模のものであった。事務局長を務めたのは気鋭のパキスタンの経済学者シャフィーク・イスラム氏であった。

このグループから私に日本の援助について話をして欲しいと言う要請があった。88年６月のトロント・サミットの後、私はニューヨークに立ち寄り、同評議会で講演を行ない、質疑応答を行なった。私は極めて率直に日本の援助思想は米国とは異なることを具体的に説明した。一口に言うと日本の主張する「経済協力」は途上国の「自助努力」を尊重した経済発展を民間セクターと協働して実現する基本的には経済社会発展目的の活動で、援助の大部分が特定国の安全保障や自国の余剰食料の供与であるアメリカとも、植民地支配の延長線上にある欧州諸国の援助とも異なると言うことである。この講演は米国の日本関係者に相当のインパクトを及ぼしたと思う。私が総領事としてニューヨークに着任した後もこのグループの一員として議論に積極的に参加した。

91年に出版された"Yen for Development—Japanese Foreign Aid and the Politics of Burden-sharing"には私の論文が一つの章として収められている。このことについて、イスラム編集長は同書の序文で「初め日本援助の章の論文へのコメントとして書かれたものが、この内容を評価した編集委員会の一致した意見で、このコメントに更に書き足した論文を中心に一章を新たに立てることになった」と説明している。僅か17ページの一章であるが、このように明確な形で日本の援助哲学と主張を英語で述べたものは、それまであまり無かったのではないかと思う。

中曽根総理の理解と強力なバックアップを得て、ＯＤＡは日米間の紛争の種から、協力の分野へと大きく変質した。もちろん「戦略援助」への加担等の批判もあろうが、私は同盟関係にある日本が米国との間で共に助け合える分野として、途上国の発展は極めて重要な分野であると確信していた。その考えは駆け出し時代に東南アジア開発閣僚会議を構想した時と少しも変っていない。援助はほとんどの途上国に供与されるようになり、日本外交の重要なカードとなっていた。中曽根総理は中国との関係を重視されていて、日本の対中援助を拡大して、両国関係の基礎を固めるお考えのようだった。86年11月私は総理のお供で、日本の援助で建設される「日中青年交流センター」の定礎式に出席した。その際に82歳の鄧小平氏と握手した。

鄧小平氏と握手する私

日米間の援助面での協力関係は、87年4月に新しくＡＩＤのアジア担当の責任者に就任したチャン・ブロック女史と完全に意気投合したことにより更に密接となった。この人は中国出身でアメリカ国籍を取得した人であるが、平和部隊からトントン拍子でこの職に就いた。夫君はニューヨークの著名な建設会社のオーナーだった。彼女には87年の6月にオランダのハーグで開催のインドネシア支援国のＩＧＧＩ会議で始めて顔を合わせたが、88年の6月にワシントンの彼女のオフィスで逢った時には「貴方はこの2年間に日本の援助路線を大きく変えた」と言われた。お世辞にせよ悪い気はしなかった。同女史の下で日米援助関係者の間の理解は次第に深まり、英国とならび米国も日本の援助を積極的に評価するようになった。

## 有能なスタッフに恵まれた幸運

私は危機対応を済ませ、局長としての自信も生まれて来ると先頭に立って色々アイディアを出したのは事実であるが、勿論一人では何も出来る訳は無い。その意味では私は経済協力局長時代には信じられないほどの多くの優れた部下に恵まれていた。川上隆朗（駐パキスタン大使、駐インドネシア大使、ＪＩＣＡ総裁）、久保田穰（駐パキスタン大使）の二人の審議官は国際交渉でも国内説得でも、私の分身のように局長と変らない活躍をしてくれた。

課長クラスでは、沈着で頭の切れる林暘政策課長（駐伊大使、駐インド大使）は局の要であった。予算に付いては彼の緻密な頭で立派な仕事をしてくれた。特に企業名の公表、情報公開等工程表の管理等極めて大事な部分を、そつなくこなしてくれたことには感謝し切れない。彼が後に私同様にイタリアに大使として赴任したのは本当に嬉しかったが、体調を崩し夭折したのは誠に残念である。

全ての課長に助けてもらったが、円借款の個別案件の処理、援助条件の緩和、コンサルのアンタイング（この問題については業界の利益が直接絡み、通産省の反対、政治家の介入あり、ある部分妥協せざるを得ず痛み分けで終わった）については榎泰邦課長（駐インド大使）にほとんどの仕事をやってもらった。私の局長時代のヒット商品であるサハラ以南のアフリカの最貧国向けのノン・プロジェクト無償援助の具体的な肉付けに付いては、小町恭士無償資金課長（駐オランダ大使、駐タイ大使）に極めて多くを負っている。

大島賢三技術協力課長はＪＩＣＡという巨大な現業組織を統括する課長で、ＪＩＣＡは固より関係省庁や先生方等々との人間としての接触が極めて重要な、泥臭い、泥を被ることも必要なポストである。彼は「ＪＩＣＡ汚職」を見事に解決したばかりでなく、ＪＩＣＡの制度改革と言う難問を驚異的な行政能力でこなしてくれた。また同課長は災害時に日本から緊急援助隊を派遣するという彼自身の構想を全精力を傾注し強く推進し、法制化した。この法律により、警察、消防、海上保安庁（防衛庁は除く）等20省庁を対象とする制度作りが出来た。地方自治体との間の派遣費用負担問題、国土庁等関係省庁の権限の調整などほとんど越えがたい難関があったが、大島課長は粘り強く説得を重ね、反対を克服し、87年2月に「国際緊急援助隊の派遣に関する法案」は、国会を通過して同年8月に成立した。今でも世界に災害が起こると緊急援助隊が派遣されるが、その根拠となる法案を作ったのは１００％彼である。更に同課長は私が強く進めた国別政策の作成の方向に向けて、ＪＩＣＡ研修所を活用するという離れ業を実現してくれた。これらの部下は皆有能で志が高かった。日本の援助が小さい組織で高い実効性を上げている裏には、こういう人たちの熱意と努力があるのである。

変な話だが、私どもの奮戦で最も良い目を味わったのは倉成外相だっただろう。援助は途上国と日本との外交においては重要問題で、外相は来日する途上国首脳に大もてだった。また多くの国が外相の訪問を希望し、海外旅行のお好きな同外相は外遊を楽しまれた。私もそういう外相のお供をして、今迄訪問したことの無い国を含め、多くの開発途上国に出張した。フィジー、バヌアツ、パプア・ニューギニー（87年1月）、アルジェリア（同年8月）、インド、スリランカ、バングラデッシュ、パキスタン（同年8月）、メキシコ、ドミニカ共和国、ベネゼラ、グァテマラ（同年9月～１０月）などである。大臣に同行して10ケ月の間に12カ国を廻ったことになる。

モロッコの離宮で

## 第４次中期目標作成では大蔵省のコンピューターに敗北

87年11月中曽根総理は後を竹下亘氏に託して退陣した。ＯＤＡ重視の国策は既に固まっていたが、その規模に付いては政府部内でまだ一致が見られていなかった。明らかに毎年の関係省庁と財政当局との折衝で翌年のＯＤＡの規模が決まるのは計画性に欠けていた。２年繰り上げられた第3次中期目標の後の88年からの第４次の中期目標の作成については、外務省は国際的に評価されるレベル（具体的には目標年次に対ＧＮＰ比０・４％）を達成したいと強く求めて、各方面に働き掛けたが、他方財政上の困難も消費税の導入を必要とするまでに悪化していて、財政当局の反対は猛烈だった。竹下総理は「司、司」を尊重する人で、指導性が無い訳ではなかったが、中曽根時代とは万事様子が変ってきた。応援する業界、それに繋がる関係省庁と密接に連動する政治家の動きも複雑になった。

トロント・サミットを控えて外務省経済協力局は大蔵省に力相撲を挑んだ。一般会計のＯＤＡ予算の伸びを年率10％、最終年度の対ＧＮＰ比は最終的に０・37％というのが狙いで、88年から92年の5カ年で総額５５０億ドルという数字をフロートした。私は援助に理解のある多くの主要議員に重点的に外務省の考えを説明した。しかし大蔵省の手は各方面に及び、外堀も内堀も埋められている感じとなっていた。

６月10日私は藤井宏昭官房長と主計局の寺村信行次長を訪ねて最後の説得に当たった。為替レートの変動と一般会計伸び率の議論になった。小手川大助主査はラップトップのパソコンを駆使して、外務省が主張する５５０億ドルの総額についてのマトリックスを示した。その意味する所は５５０億ドル目標では為替レー

ASEAN・サミット行きの
特別機中で竹下総理と

トの推移如何では一般会計に負担出来ないほど高い伸び率を先に向けて約束することになると言う。寺村次長は強面を示すと同時に、主計局としても為替レートの動きなどを見ながら毎年の査定で努力するから総額500億ドルを越えることもあると、望みを持たせてくれた。このようなシミュレーションはさまざまな統計上の経験値を把握しないと不可能で、世銀等国際金融機関とのパイプもなく、援助の大宗を占める円借款を扱う輸銀も基金も主管しない、僅かに無償援助と技術協力の現業を扱うだけの外務省では、残念ながら必要なデータや仕組みが充分には把握出来ない。しかもこういう基礎的な仕組みを踏まえて、シミュレーションをされてはもう「陳情」しか対応が出来無い。私は勝負は付いたと観念した。理想主義はパソコンの打ち出す冷厳な数字に破れたのである。

私は総量の議論は「500億ドル以上」とし、諸般の情勢を踏まえて「改定もあり得る」という言質も取った。外務省としては、対GNP比を改善する方向性を確認し、特にサハラ以南のアフリカの最貧国への構造調整贈与が確保されることを見極めて、手を打つことにした。発表された目標は援助関係者の世界ではまず好評であったようであるが、国際的には全ては為替レートに左右されるとクールな見方も少なからず見られた。

結果的には88年から92年の5年間の日本の援助額の総計は496億ドルであったので、ほぼ国際約束を達成したと満足出来る。ただ私自身が米国有識者に力説した通り、問題はその内容と結果としての開発効果であり、数量だけを云々することはあまり意味を持たないのも事実である。ある意味では「アンタイング」「ローカルコスト負担」「金利の引き下げ」「輸出信用の廃止」「ノン・プロジェクト援助増大」「サハラ以南アフリカ最貧国への支援」「債務の棒引き」等の個別の政策の変更が、日本の援助の国際的な評価を変えたのではないかと思う。特に88年に国内の反対を押し切って日本は援助のアンタイ化を決め、世界で最も開かれた援助国となった。90年にアンタイド率は日本が70％で、米国の60％、仏の40％、独の20％と比較すると際立っている。実際に日本の援助で日本以外の国から広く大規模に発注が行われるようになった。

## 日本援助の歴史的役割

80年代の終わりにＯＤＡは聖域と言われるほどの重要な日本の国策となった。89年に一度米国を凌駕するも、翌年に逆転されたが、91年に日本は援助量で米国を追い越してトップドナーとなった。92年6月に政府開発援助大綱が閣議決定を見て、その後一般会計中の援助関連経費は97年までうなぎ登りに上昇した。バブルの崩壊もあり、流石の日本でも「援助疲れ」が起こり、またある意味では日本はその役割を終えて、97年以降援助予算は減少に転じたが、それでも２００２年までは一兆円を超える規模であった。この結果、２００１年に再び米国に最大援助国の立場を返上するまで、日本は10年にわたりトップドナーの座を維持したのである。

日本の援助は、「雁行」のように近隣東アジア諸国から、東南アジア諸国の経済発展をもたらす上で多大の貢献を果たした。日本の援助とアジアの経済発展の間の因果関係を数量的に論じることは出来ない。また新興国は日本の援助無しでも歴史の流れでその経済を発展させたであろう。しかし日本がその流れを加速したことは疑うべくも無い。援助の流れを支えた政策立案者は、私の前に多くの関係者が居り、私の後にも多くの関係者が、その時々に最善の努力を払ってきた。しかし実際に結果を出したのは、こういう政策立案者ではない。気候風土の著しく異なる途上国の現場で、さまざまなギャップに直面しもがき苦しみ、夥《おびただ》しい汗を流した数知れない民間の関係者の努力である。プロジェクトベースの日本の援助のほとんどはこれらの人たちの地道な働きに負うものである。

中国で揮毫に応ずる宇野外相

だから私が経済協力局長を務めた86年の6月からの2年間は戦後の日本の援助史のほんの一場に過ぎない。ただこの時期は言わば「踊り場」で、拡大を続ける日本の援助について、国内でも対外的にも疑念と不信が高まり、大きな転換期に当たっていたと言えるのではないであろうか。「マルコス疑惑」や「JICA汚職」は、マスコミで過大に騒がれたのかも知れないが、日本の援助には起こるべくして起こったと言えないことも無い。乱気流に巻込まれたようなこの時期に、私は連日内外、各界の人に会い、話を聞き、こちらからも説明し、部下を叱咤激励し、その間にゴルフや麻雀も遊ぶと言う、信じられないような毎日を送っていた。私の側に空回りもあったろうし、部下始め関係者に相当な無駄骨も折らせたかも知れないと反省している。しかし体力の限りを尽くし、知恵の限りを絞り、全力で働いたことだけは確かである。バブル崩壊まで日本経済の好調もあり、ODAは右肩上がりの展開を維持することが出来た。自分では「司」の一人として、微妙な転換期を誤り無く乗り切れたのではないかと思う。

時は移り、あれから30年を経た今日、隣国中国はアジアインフラ投資銀行（AIIB）を立ち上げ、壮大な「一帯一路」建設構想を進めている。巨大な貿易黒字を途上国へ還流させるという政策志向の合理性という点では、当時の日本と現在の中国とはある種の共通点を持っているのであろう。真に途上国の開発を支援するというのであれば、80年代に日本の援助が辿った道は現在の中国の指導者にも参考になる点が多々あるのではないかと感じたりするこの頃である。

私がニューヨークに総領事として赴任するので経済協力局長を退任した時に、親しい友人で一生を開発問題に前向きに取り組み、編集長として「国際開発ジャーナル」誌を発行してきた荒木光弥氏は同誌の「人事トピック」欄で私の人事に触れ、「援助のシステム化、公正化に取り組んだ」とのタイトルの下で、私が経済協力局長として行った仕事を、第一に情報公開（受注企業名の公表、「我が国の政府開発援助」（和・英文）の発表）、第二に経済協力のシステム化（ＪＩＣＡへの調達に関する業務改善命令、要請主義の見直し、「国別研究」）、第三にアフリカ援助強化を挙げている。有り難いことであるが、流石に友は相知ると言うのに相応しいように、私の志を総括してくれている。

# 第13章　ニューヨーク（1988年9月〜92年1月）

ニューヨーク総領事赴任の機上で誕生日
昭和天皇の崩御　「機会の国アメリカ」の象徴
80年代末のニューヨーク　飛ぶ鳥を落とす日本の経済力
社交の舞台―総領事公邸　人脈の開拓
アメリカのシンクタンクの先見性　テレビ出演の怖さと面白さ
日米摩擦産業間の相互理解の促進に努力
エセックス・ハウスとカーネギー・ホール２００年記念コンサート
ミレル・イェシバの杉原千畝氏顕彰　湾岸戦争
「石油は買えば良い」騒動
湾岸戦争勝利パレードに参加　変人・コッチ市長
綺羅星のように輝く人たち　クオモ知事と親しくなる
アメリカ文化を楽しむ―慌ただしい離任

## ニューヨーク総領事赴任の機上で誕生日

88年ニューヨークに総領事として赴任する私は、55歳の誕生日（9月19日）を太平洋上の機中で迎えた。日付変更線を西から東に横切って飛んだから、55歳の誕生日を日本とアメリカ両国で一回ずつ迎えたことになる。

多くの人はニューヨーク総領事の最も大事な仕事は本国からの偉い来訪者のお世話だと思っている。また将来財界の主流を歩くことが確実なニューヨーク勤務の有能な日本人ビジネスマンと知り合いになれることを羨ましく思う。

私はニューヨーク総領事の仕事は大きく言って次の三つであると考えていた。第一はマンハッタンにある金融界、メディア界の有力な組織、それに有力なシンクタンク関係者との間に密接な関係を築くこと。これにより米国の動向をリアルタイムで知り、それらの関係者に日本の意見を発信することが出来る。第二は総領事館としてニューヨーク州、ペンシルバニア州、ニュージャージー州等の管轄地域に居住する邦人と邦人旅行者の利益を守ること。第三はこれらの管轄地域の官民との間に親善関係を築くこと。その中で私が最重要と考えたのは、日本への激しい風当たりの中で、幅広い人脈を築き、日本の考えを米国に向けて発信することだった。

日本政府は在ニューヨーク総領事に大使の称号を与えている。総領事は、すでにワシントンで閣僚の仕事を務め上げて現在は法律事務所に籍を置いているとか、金融界に戻っている有力米国人等、ワシントンの大使と匹敵する相手に恵まれている。ある人はワシントンの大使は政治大使、ニューヨークの大使は経済大使と言ったが、あながち的外れではない。より正確に言えば、ワシントンの大使は政府を相手にし、ニューヨークの大使は非政府関係者を対象とする。

日本経済にとって米国が圧倒的な影響力を持っていた80年代末には、大

ニューヨーク総領事の執務室

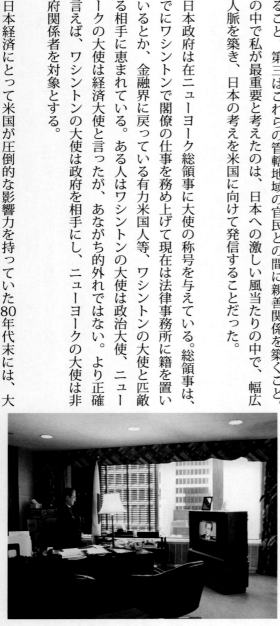

企業は勿論のこと、国外に目を向けた中小の企業もニューヨークに事務所を持っていた。私の時代には地方銀行、地方自治体の事務所もどんどん増えていた。

ニューヨークの日本人社会には、数年の勤務後帰国する財界人と、場合によっては米国に長く在留してアメリカに骨を埋める覚悟でおられる方々と2つのタイプの財界人が居られた。商社、銀行を初め圧倒的に多いのは前者の方々で、ニューヨークの日本商工会議所および日本クラブに属していた。両組織の長を務められた近藤久男（三井物産）や槙原稔（三菱商事）両氏とは恒常的な接触があり、殊の外お世話になった。役員にはその後帰国し日本の財界を担った天野順一（三井物産）、堀田健介（住友銀行）、上村哲夫（三菱商事）、四十宮正男（兼松）、宮原賢次（住友商事）、室伏稔、降旗健人（伊藤忠）鳥海巌（丸紅）、山口保、吉沢健治、児玉惟継（東銀）、小池勇（興銀）、野崎武（東京海上）、小谷猛太郎（郵船）、中村昭雄、堀田繁（日航）、進和久（全日空）、関篤二（三井銀行）、瓜生道雄（三井不動産）片山斐夫（鹿島建設）、小松忠夫（清水建設）、島津邦雄（トヨタ）氏などの錚々たる方が居られ知遇を得た。

アメリカに根を下ろして活動された方には、御手洗冨士夫（キャノン）、楠本定平（ミノルタ）、遠藤継雄（遠藤運輸）、盛田正明（ソニー）氏、ロッキー青木（紅花チェーン）などの経済人と、ロイ芦刈氏のように名高い医師がおられた。

日本クラブはニューヨーク在住の日本人のクラブとして遙か戦前から存在していた。ニューヨークの有力日本人財界人が支援し、会長はニューヨーク日本人教育審議会の会長も務め、永く三菱商事の槙原稔氏がその任に当たられた。狩野務氏が永年に亘り専務理事として仕切っておられた。日本の国力の増大と共に新しい日本クラブの建物を作ることになり、89年6月に地鎮祭が行われた。挨拶で私は「大魚は小池に住まず」という諺を引いてクラブの大きなタワーへの移転をお祝いした。91年6月にマンハッタン西57丁目145番地に日本クラブタワーが完成した。地上21階のビルの1階から7階までを日本クラブが使用している。丁度私のニューヨーク在任の中心の時期に一致するということは、日本の国力がピークの時期に私がニューヨークに在勤したということでもあろう。振り返ると世界に冠たる「大魚」だった日本の大企業は今はどこに行ってしまったかの思いがある。

特記しなければならないのは日系人のことである。戦前渡米して律義に良き市民として米国社会に貢献した日系人は「あの戦争」の勃発と共に各地の収容所に強制的に送られ筆紙《ひっし》に尽くしがたい辛酸をなめた。この非文明的な措置について米国はレーガン大統領の時代の88年に公式に謝罪したが、苦難の歴史を贖うものではなかった。80年代に入り日米両国が経済的に鋭く対立するに及び日系人は再び危惧を深めた。私は日米関係が緊張する中で日系人の果たす役割の大きいことを感じたが、反面在米日本人社会の中に日系人の苦難の歴史も知らず、むしろ見下すような雰囲気があることを残念に思っていた。そんな中で89年2月昭和天皇の大喪の礼の折りのCNNのディベートでクレシー中川というサンフランシスコ在住の日系人の弁護士が偏見に満ちた天皇責任論を唱えるパネリストに実に見事に反論しているのを聞いて嬉しく思った。直ぐにお礼の手紙を書き「我々の父、祖父の代の日本人の行動で、日系人に苦しい思いを強いていること」を詫びた。私は在米の日本人に日系人の率直な気持を知ってもらう必要があると考え、在米総領事と各地の日本人会代表とが一堂に会する貿易合同会議の機会に彼に話をしてもらうことが良いと考えた。同氏と知己であった柳井俊二在サンフランシスコ総領事（次官、駐米大使、国際海洋裁判所所長）の計らいでこれが実現して、90年2月にアトランタで開催の官民の合同会議にクレッシー中川氏をゲストスピーカーに招いて講演してもらうことが出来た。英語の講演だったが彼は率直に「日系人を見下すな」「歴史を忘れてはいけない」「日系人はアジア系のマイナリティと提携を進めたい」と話をした。日系アメリカ人市民同盟の会長として、米国朝野を粘り強く説得して戦時中の日系アメリカ人の強制収容について謝罪させた中心人物の一人として彼の言葉には重みがあり、出席者に深い感銘を与えた。

私はニューヨーク在勤だったが、ロスアンジェルスに全米日系人博物館の建設に腐心していたアイリーン平野氏（イノウエ上院議員夫人）等の相談に乗り、募金等にアドヴァイスしたり、ニューヨークを訪れる有力政治家に支援を依頼したりした。私がやったことは全くマージナルなことであるが、この博物館が92年に設立されたことは喜ばしいことである。

ニューヨークに事務所を持ち、その人柄と広い米国政財界とのコネクションで「日本株式会社の顧問弁護士」と言われた日系人の村瀬二郎氏は極めて特異な存在だった。同氏は米国に生まれ、帰国していた戦争中の日本では愛国少年であったが、米国で弁護士を開業し、日米経済摩擦の中で日米関係の維持、発展に舞台裏で働いていた。我々夫婦は家族的に親しくして頂いただけでなく、89年６月には60歳で異例の勲二等瑞宝章を受章された同氏に、公邸での伝達式で勲章の伝達をする光栄を持った。後年イタリア大使の折りに村瀬氏は子息の悟氏一家やブルボン家の末裔に嫁いだ娘さん一家など一族郎党を率いて、サルデニア島の北東岸コスタ・ズメラルダにアガ・カーンが開発した高級リゾートに滞在された。家族の旅行にお招きを受け、ヨットで島の北端のマッダレーナ島を訪ね美味しい伊勢エビのサラダをご馳走になったことは忘れ得ない。

慶応の卒業生は友人を大事にするこの大学の伝統から結束が固いことで知られている。他大学の卒業生から見ると数人集まれば職場でも地域でも三田会を作ると冷やかされる。卒業生が財界に入る校風も有り、ニューヨークの財界人には商工会議所の会頭を務めた三井物産の近藤久男氏を始め多くの企業の支店長クラスに慶應の卒業生が多かった。当然三田会は活発で、毎年春に開かれる三田会は３００人以上出席するのでルーズベルトホテル以外に適当な会場が見つからない程であった。

しかもニューヨークには偶々私の卒業年次の56年に卒業したものが多く、その中には若くして米国に渡り運輸会社を成功させた遠藤継雄氏のように面倒見の多い人物に恵まれ、一大勢力を成していた。私が慶應出身であったため、あちこちから持ち込まれる寄付の依頼を気安く三田会のメンバーに依頼する結果となったのは、誠に申し訳なかったと思っている。ここで遅まきながら感謝の意を表したい。

報道関係者は多士済々だったが、折々の記者会見、テレビや特集番組の取材での接触以上に特別に親しくなることは無かった。私の関心がアメリカ側との接触拡大に向かっていたこともあろう。余り記者サービスをした記憶はない。それでも内藤頼誼、原康（朝日）、藤本直道（読売）、佐藤睦（時事）、大原進、鞍田暹（日経）、千野境子（産経）、佐々光紀（フジサンケイ）氏等とは折々意見を交わした。現在でも親しくお付き合いして頂いている方も少なくない。

領事館の仕事は基本的に邦人保護であるから、このように在留邦人が多く、また来訪者数においても世界で一、二を争うニューヨークの総領事館は館員数も35名の規模で、現地職員等も含めれば80名近い大公館であった。これを取り仕切る次席の館長補佐の役割は極めて大きかったので、私は赴任にあたり人事当局に交代時期に当たっていた次席の後任として望月敏夫氏（駐ギリシャ大使）を指名してお願いした。ラオス在勤時代から彼の有能さに着目していたし、元外交官だった夫人もしっかりした良い人柄の方だったので、総領事館の大所帯を切り回す我々夫婦を助けてくれると思ったのである。私は40年に亘る外交官生活で自分の部下の人事に注文をつけたことは一度も無かった。与えられた人材に働いてもらう原則を貫いたが、ニューヨークの次席は唯一の例外で、彼の赴任まで暫く時間が空くのも我慢した。同氏が3年半に上る私の在任期間のほとんどの期間、私をしっかりと補佐してくれたことを深く感謝している。私の離任に先立って転勤になった望月氏の後任は、大久保基（駐ギリシャ大使）氏であった。

総領事館には鞍谷雅敏（大蔵省）や横川浩（通産省）氏を始め関係各省からの出向者が多かったが、塩尻幸二郎領事（EU代表部大使）が経済部にいて、出向者が仕事をしやすいように大変気配りし、戦力となるよう上手く取り纏めていた。この館の大きな特徴は対米広報の重要性から、強力な広報センターが設けられていたことである。館長が特に指示しなくても、所長はメデイア出演等を含め活発な広報活動を行なっていた。私の時代には梅津至領事（駐オーストリア大使）、ついで日向精義領事（駐モロッコ大使）が、テレビ、ラジオ出演始め口も八丁、手も八丁の見事な活躍をしていた。法務省から出向の重見一崇領事を長とする領事班も極めて強力だった。

そういう訳でニューヨーク総領事館は、館としての膨大なルーテイーン活動を優秀な館員が適宜処理していた。総領事にとっては好きなように仕事が出来るという極めて有難い理想的な環境であった。館員の活動には深く満足し、感謝している。

なおニューヨークには国連が存在し、大きな日本政府代表部が国連外交に寧日が無かった。同時期の国連大使は私の外交官生活の多くの節目でお世話になった波多野敬雄氏で、ツーカーの仲で仕事が出来た。仕事といっても、それぞれ１００％独立しているので、国連総会に出席の外相やニューヨーク来訪の元総理をどうお世話するか位で、寧ろ困った時の相談相手になって下さったり、親しく個人的なお付き合いを頂いたのが有り難かった。ワシントンの大使は元直属上司の村田良平氏で、完全に気心が通じていたので、なんの懸念も無く自由に行動ができたのは幸いだった。ただ同大使は足に強い痛みを感じておられ、緊張した日米経済関係の中でのご苦労は大変だっただろうと同情を禁じ得ない。

## 昭和天皇の崩御

奇しくも私がニューヨーク到着のその日に昭和天皇が倒れられた。実際には陛下は輸血で支えられ奇跡的にも翌年の一月まで三ヶ月もご存命だったのであるが、勿論その時は判る由もなく、Xデーが間近いと言うことで私のニューヨークの仕事が始まった。まず考えなければいけないのは、天皇崩御の際の弔問をどう受けるかである。昭和天皇は大層なご長命だったので、館の記録には何も先例がない。東京を出る時に儀典で出来る限りの情報は貰ってきたが、在外で限られた人員でベストの対応をするにはいろいろな苦心が有った。まず第一に何人位の方々が弔問の記帳に見えるかの予想が見当もつかなかった。当時ニューヨークの総領事館に登録をしている邦人数は5000ないし6000人だったが、アップステートにいる人もいるし、高齢者や既に亡くなっている人もいるので正確な数は見当がつかない。旅行者も大勢いるし、アメリカ人がどれだけ弔問記帳に見えるかも想像が付かない。いくら議論しても結論が出ない。あてずっぽうだが3000名が記帳に見える可能性を見込んで準備することにした。その結果直ちに総領事公邸だけでは捌ききれないということが明らかになった。公邸と総領事館オフィスの双方で記帳を受けることにした。邦人にはオフィスで、アメリカ人と外交団は公邸で弔問を受けると告知して、上手く振り分けることにした。後はセキュリティの確保と、祭壇の設置等の問題にどう対処するかが問題だった。弔問はこれが行われるのが週のいつかにより二日間か三日間であろうと考えた。週末に掛かると菊の花をどう調達するかの問題が有った。幸いにも3ヶ月に及ぶ陛下の不屈の頑張りが有ったので準備には十分の時間が合った。

半旗を掲げる公邸

天皇は遂に89年の1月7日に崩御遊ばされた。在米中国人の団体がニューヨーク・タイムス紙 に天皇糾弾の広告を載せるなどの不愉快な動きも有ったので、万端に亘り細心の注意が必要だった。我が総領事館はパーク・アヴェニューに面した雑居ビルの中にあるので、オフィスビルの脇に立つポールに掲げられる半旗の日本国旗に不測の事態が起ることすら危惧された。弔問は1月9日から11日までの3日間とし、国旗を警護するガードマンを雇い、オフィスへの弔問者にはゲートを設置して不審者をチェックすることにした。公邸に弔問に見える外交団等の貴賓にゲートを通り抜けさせるチェックをすることは流石に失礼なので差し控えたが、いつも若い館員を昭和天皇の遺影が安置されている部屋に配置して、不心得者が遺影に無礼を働いたら体当たりでチェックするようにと指図した。漫画のように聞こえるかも知れないが、こういう小さな配慮が大きな不祥事を未然に防止するというのが私の考えであった。

外交団等の貴賓の弔問を受けた

弔問の記帳は恙なく行われた。この三日間に在留邦人を主に総領事館オフィスには２３８９名が、外交団と朝野の米国人など７２０名が公邸に来て記帳をされた。弔問者の合計数は３１０９名でその内邦人は２７４３名だった。この数は我々の予測と大体一致した。在留邦人や二世、三世の多いバンコックでもサンパウロでもこの数には及ばず、全世界の在外公館の中でニューヨーク総領事館に最大数の弔問客が訪れたのだった。

## 「機会の国アメリカ」の象徴

ニューヨークは、あらゆる意味で「機会の国アメリカ」の象徴である。移民たちはここからアメリカに入国を許される。母国からさまざまな理由でアメリカに渡った移民たちは自由の女神像を見てアメリカに来たことを実感する。下積みの就業機会に満ちているこの町は、働く意思が有れば移民たちが生活を始めるのに適している。イェロー・キャブを運転するユダヤ人の個人タクシー運転手や街角ごとにある韓国人の花屋がその象徴である。芸術に秀でた若者の見出される町であり、頭脳と行動力に恵まれた才幹の有る若者が夢を実現する金融やジャーナリズムの世界が開けている。時代と共に成功する機会は減ってきているようであるが、アメリカの他の地域に比べれば成功のチャンスは果てしなく大きい。IT技術の発展でカリフォルニアのシリコンバレーが夢を育む地であると言われるが、天才的な頭脳の持ち主にはそうであろうが、全ての人にチャンスがあると言う意味では未だにニューヨークの磁力は強い。

同時多発テロで消滅した在りし日の
ワールド・トレード・センタービル

他方ここは世界で最も恵まれた生活環境を楽しめる町でもあり、世界中の成功者が豪華なタウンハウスやマンションに住むとか、最高級のホテルのスイートに暮らしている。こういう場所は世界でも極めて少ない。金持ちを好むままに暮らさせることがシステム化されているニューヨークのダイナミズムは驚異的である。金モールで飾られた制服を着ているホテルのドアマンや長いストレッチの車などが我々の目に触れるこのシステムの先端である。

私のニューヨーク在勤中にこのことを象徴するような忘れ得ない出来事が有った。ニューヨークのチャリティ団体の一つに外国からニューヨークに来た人に言葉を教えたり、ここの生活に慣れるような援助をするインターナショナル・センターという団体がある。私は頼まれてこの団体の名誉総裁の一人に就任した。この団体は毎年移民としてニューヨークに来て成功した人を表彰するという晩餐会を開いている。90年の晩餐会にはハンガリーから亡命し銀行家として大成功したピーター・ローナ氏が選ばれた。在ニューヨークのハンガリー総領事は彼を紹介する挨拶をして、「彼と私は同い年で母国では仲間だったが、ハンガリー事件の時に彼は体制と決別して亡命の道を選んだ。その彼は今やニューヨークの名士になった。残った私はいまだに総領事でしかない」と述べた。30年そこそこでこれだけの大きな差が生まれ得るこの町の凄さを如実に示すエピソードだと思った。

## 80年台末のニューヨーク

80年代の米国はレーガン大統領（１９８１～89年）の下で、減税と金融面での規制緩和に乗りだし、資本主義経済の自力を回復する政策が徐々に成果を挙げていた。私がニューヨークに赴任した88年は、４年に一度の大統領選挙の年であった。共和党はブッシュ、民主党は健全財政で令名の高いマサチュセッツ州知事のデュカキスを候補に立て、両党は激しく争っていた。

80年代のレーガノミックスと呼ばれた供給サイド重視の経済政策は、景気回復に貢献した反面、ブードゥー・エコノミックスともカジノ資本主義とも揶揄され、その結果生まれた富の高所得層への偏在への反発から、88年の大統領選挙では、恐らく民主党が勝利を収めると考えられていた。テレビが大統領選挙で大きな役割を果たし、両大統領候補は有権者に好印象を与えようと懸命であった。

88年の大統領選挙において共和党は徹底的なネガティブ・キャンペーンで民主党候補を誹謗中傷した。これに有効に反撃出来なかったデュカキス陣営の選挙戦略の失敗もあったが、米国民は意外にも共和党の「小さい政府」を支持して、11月にはデュカキスに圧勝したブッシュ（父、１９８９～93年）が第41代米国大統領に就任した。

私がニューヨークに着任した頃のウォール街は一獲千金の興奮で沸き返っていた。一代の風雲児マイケル・ミルケンが始めたジャンクボンドは無数のレバレッジド・バイアウトを生み、米国企業は乗っ取り、買収の嵐の中で、再生の苦しみを味わっていた。本業に集中せず、資金を不採算部門に投下し、株主の利益を考えない経営者は敵対的な買収の対象とされて、米国のビジネス風土に容赦の無い資本の論理が貫かれることとなった。88年一年間に３７００件の企業の合併、買収案件があり、買収総額は３１００億ドルに上ったという数字がある。

護送船団方式の規制に守られ、土地本位制度とも言うべき不思議な資本主義の国日本から来たものにとって、この米国の金融の嵐の吹き荒れる様は、理解を超絶していた。大銀行の合併も次々に行われていた。何といっても私が仰天したのはナビスコ社買収戦だった。着任後日も浅い88年10月末にアトランタに本拠を置く煙草と食料品の巨大メーカーＲＪＲナビスコ社に仕掛けられた企業買収会社ＫＫＲによる米国企業買収史上最高と伝えられた買収提案は、総額２００億ドルを越えた。規模の壮大さもさることながら、その後1ヶ月半にわたりウォール街の主要投資銀行や有力投資家、それに法律事務所が入り乱れて展開した買収劇の展開は文字通り劇的なものだった。社外重役からなる特別委員会が、金額的に多い社長側の提案を退けて買収側の提案を支持して、最終的に２５０億ドルで買収側の勝利に終わった。買収ギャンブルに破れたジョンソン社長は「黄金のパラシュート」で巨額の退職金を手に入れ、翌年のフォーブスの高額取得経営者に名を連ねた。

## 飛ぶ鳥を落とす日本の経済力

21世紀に入りほぼ20年が経過した今、世界中で中国資本が資源開発、不動産購入から先端技術企業買収に積極的に動いているというニュースがテレビや新聞紙面を賑わす。その強引さに憤慨の念も起るが、お金の力には敵わないという諦観も心の底に澱む。同時に日本も四半世紀前は同じようなことをしまくり、あのように見られたのだなとも思う。槿花一朝《きんかいっちょう》の夢とはこういうことをいうのだろう。

80年代の終りに日本資本はアメリカで猛威を振るっていた。後にバブルであったことが判るが、日本は未曾有の繁栄を謳歌していた。日本から溢れ出た資金は米国における不動産投資に滔々と流れ込み、三菱地所のロックフェラー・センターの買収、ソニーのコロンビア・ピクチュアズの買収、新興不動産会社のペブルビーチの買収が起こり、シカゴのシアーズ・タワー、さらにエンパイア・ステート・ビルディングの買収もちらほらとメディアを賑わしていた。友人知人が日本から見えても話題は適当な買収案件の話のことが多かった。美術品なども大量に買われていて、市内の画商のギャラリーに行くと日本人は上客として大事にされた。

大手銀行の支店長の交代や地銀始めあらゆる金融機関の支店開設を記念して毎晩超一流のホテルで豪華なレセプションが開かれていた。一晩に３つのレセプションが重なることも有った。こちらも晩餐会を開いたり、招かれたりの生活の中だから、身体がいくつ有っても足りない。始めはすぐに失礼するのは悪いと思い、律義に欠席と返事をしていたが、そのうちに3分でも出る方が、出ないよりずっと良いことが判った。私が来ないと東京から見えたお偉いさんは支店長を「お前は何をしているんだ、総領事が来てくれなかったじゃないか」とお叱りになる。逆に数分で失礼すると「お忙しいのに良く来て下さった」とむしろ感謝される。この人情が判ったので、ニューヨークにいる限り全ての招待されたレセプションに出ることにした。

レセプションのもてなしも日を追って豪華となり、日本食も出るようになる。人気が出かかった焼き鳥、寿司は良いとしても、醤油を使うすき焼きは、パーティーの後で部屋に醤油の匂いが残るのでホテルは嫌がると聞いていた。それも時間の問題で、アラブ人がお金さえ出せばスイートで羊を丸焼きにしても許されるように、日本企業が主催するレセプションにすき焼きも堂々と登場するようになった。

## 社交の舞台—総領事公邸

ニューヨーク総領事の公邸は五番街とマディソン・アベニューの間の東67ｔｈストリートの４番地にある実に立派な5階建てのタウンハウスである。１９０１年にクーン・ローブ社の創始者であるユダヤ人の富裕な銀行家アブラハム・ウルフ氏がこの地の土地を購入し、結婚する娘のために建て、1902年に完成した。1920年代に売却され、爾後何代か所有者が代わり、73年にあの沢木正男氏が総領事の時に、日本政府が約100万ドルで購入したものである。

1階には洒落たバー兼書斎が、2階にサロンと食堂が有り、その上の階は客間として使用されていて、ここにイタリアの色大理石の有名なお風呂が有った。マリリン・モンローがここでお風呂に入ったと言う伝説が有り、来訪者は一目見たがった。ただお湯を張るに時間がかかり、とても使用に耐えるものではなかった。その上の階を私たちが使い、さらに最上階にはガラス張りの天井の雰囲気の良いサロンが有った。ここで朝食をとるのは洒落ていた。外交の大道具としては素晴らしかったが、実情はしばしば雨漏りはするし、エレベーター始め故障が多くて、公邸機能のメンテナンスは大変だった。エレベーターが故障したので地階まで降りて調べたところが、エレベーターは直流で動いていて、総てのパテントが19世紀のものだったのには驚いた。

ロココ調の内装も痛みが激しいので補修をすることにした。金箔の塗装をする職人はニューヨークにもういないと言われたが、幸い東ヨーロッパから逃げてきた職人が見つかった。彼は一人で一ヶ月近く掛けて、天井からすべての壁を見違えるように奇麗に塗装をし直してくれた。アメリカに来てこんな仕事にありつけるなど幸せだとこの職人は大感激だった。アメリカの友人たちも歴史あるこの建物が蘇ったことを喜んでくれて、公邸の評価は一層高まった。

多くの来訪者が訪れるし、また米国人との付き合いも格段に多いので、ニュー

有名なイタリア大理石の風呂

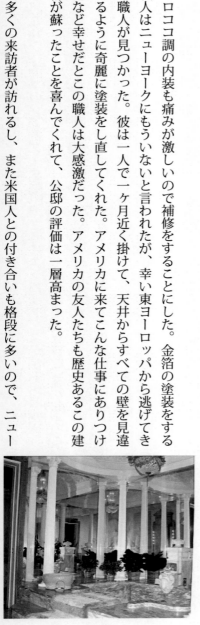

ヨーク総領事は調理人を二人公費で連れて行くことが許されていた。私は辻料理学校のお世話で和食と洋食のコックを連れて行った。ボーイも三人日本から来ていた。ただ公邸職員を総括するバトラー役がいないので家内の負担は頗る大きかった。夫の社交に付き合うのだけでも相当な負担になるのに加えて、家内は良くお互いに喧嘩をしたり、不平を言う7～8人の公邸スタッフを、バトラーとして見事に指揮してくれた。余り面と向かって感謝したことがない私だが、ここに特記して感謝の意を表したい。

ある時デヴィッド・ロックフェラー氏が晩餐会に見えて、「ニューヨーク広しといえども、今やこんな所に住める人はいませんよ」と言われたのには驚いたが、当たらずといえども遠くはなかった。日本から見える人は羨ましがり、こんな贅沢をしてけしからんと言う気持ちの人もいたであろう。率直に言って自分たちはアパート住まいの方がどれだけ気楽だか判らない。しかしニューヨークでの社交において絶大な威力を示した公邸であった。

３年余の在勤中には数えきれないほどの晩餐会、昼食会、レセプションをこの公邸で催した。延べ幾人の人が見えたかは見当も付かない。日米相互理解の促進のために、日本から吉富勝、緒方四十郎、下村満子、松山幸雄氏などの英語の出来る知識人が来た時には、私はニューヨークの知識人を招いて公邸でラウンド・テーブルの食事会を開いて、好評を博した。90年7月宮沢喜一氏が超党派の有力国会議員のグループを率いてニューヨークを訪れた際には、ヘンリー・キッシンジャー元国務長官、ピーター・ピーターソン元商務長官、ウォールター・リストン・シティコー元会長、ルイス・ハリス調査機関代表、モーリス・グリーンバーグＡＩＧ社長、ケント・カルダー・プリンストン大学教授、ヒュー・パトリック・コロンビア大学教授、ロバート・ホーマッツ・ゴールドマン・サックス副社長、カレン・ハウス・ダウ・ジョーンズ副社長等の錚々たる人たちを三つのラウンド・テーブルに据えた晩餐会を開いた。このような大物の米国人招待客がこの晩餐会に見えたのは、日本の政局の流動化が予想される中で、彼らが宮沢氏や日本の野党の有力政治家の顔を見て置きたいということがあったのだろう。このような小さなラウンド・テーブルに座る形の食事会に招かれたお客は、親密な懇談が出来ると特に喜ばれた。

ニューヨークの日本人財界人は、メトロポリタンオペラ・ハウスに相当額の寄付をして支援してきた。これに感謝するために総領事館とオペラハウスは隔年にブラック・タイ着用の晩餐会を開いていた。オペラハウス側の招待はオペラ観劇と幕間の着席晩餐会だったが、総領事館主催の晩餐会は、着席のディナーはお金がかかるので、経費削減で格下げの立食になっていた。ブラックタイで立食では様にならないので、私は渋る会計官を説得して、また本省にも陳情して、着席晩餐会に戻した。派手好きのニューヨークっ子はこういうことが大好きである。メト側も大喜びで若手歌手が歌って興を添えてくれた。煌めくロココ調の内装の公邸で日本人シェフの作る純和食晩餐会は大評判だった。あるチャリティに12名の公邸晩餐会のサービスを景品として出した時に、知人の米国人が1000ドルも出して買ってくれて、主催団体に感謝されたこともある。大阪の海遊館という水族館を造ったケンブリッジ・グループという設計事務所が海遊館の開館を記念してここでレセプションをさせて欲しいと言ってきた。費用は先方持ちだったがこのレセプションは大評判になった。若し豪華な邸宅を持っていれば、ニューヨークの社交生活は楽しいものとなる。

私はニューヨークの総領事とローマの大使と二つの公館で館長を務めたが、公邸にお客を泊めることは最小限に留めた。公邸の最も立派な部屋は常に来客をお泊め出来る状態に保ってあったが、実際にお泊めすることは稀だった。一つは公私のけじめをはっきりとさせておきたいということと、実際問題として宿泊客があると、食事その他のサービスが使用人への相当の追加的な負担となるからである。

公的な例外は皇室のメンバーと閣僚であるが、公務出張中の閣僚は同行の事務方を公邸に泊められないので、事務処理の関係から公邸に泊まることは不便で、例外なくホテルに泊まられる。任国政府招待の公式訪問の場合には宿泊施設は任国が提供する。だから政治家を公邸にお泊めすることは原則あり得ないない。私はカナダに公務出張された宇野通産大臣が、急遽ニューヨーク経由帰国となったが、ホテルが取れないので公邸に泊めて欲しいとの希望があり、お泊めしたのが唯一の経験だった。慣れないことで出発の朝、能筆家で文化人の同大臣から「記念に色紙に何か書いてあげよう」と言われたが、公邸に色紙の用意がなく恥ずかしい思いをした。宇野通産相はご持参の小さい色紙2枚に和歌をすらすらと認められて「その内に値が出るぞ」と軽口を言われて残して行かれた。その後短期だが総理を務められることとなった同氏の色紙なので大事に仕舞ってある。

90年8月に紀宮様がパトロンを務められる盲導犬の関係で、ニューヨークに全く私的なご訪問でお越しになられた時、公邸にお泊り頂く光栄に浴した。その晩ハドソン河を臨むレストラン「リバー・カフェ」でごく内輪の食事を差し上げ、翌日から2日間宮様は、盲導犬協会マーフィー理事長の自宅にホームステイされた。ホームステイのあと一日、我々夫婦は鳥にご関心の深い宮様のご希望に従い、ブロンクス動物園での鳥の展示を皮切りに、ニューヨーク歴史協会で有名なオーデュボン・コレクションの北米大陸の鳥の美しい絵の数々、更には自然史博物館で北米大陸の自然や鳥類等の動物の展示を御目に掛けるためにご案内した。宮様がこれらを飽かずに極めて興味深くご覧になられたのには感銘を受けた。紀宮様は素晴らしいご性格の優雅なお姫様で米側関係者に多大の好感をお与えになったと思う。私どもにも忘れられない思い出となった。

## 人脈の開拓

人脈は情報の入手と発信にとり不可欠である。ニューヨーク総領事の生活は人脈作りに始まり人脈の活用に終わる。

大使館と総領事館の違いで最も顕著なことは、大使館には相手国政府、官僚機構などの相手が存在する。大使は国務長官とその下の主要官僚と、公使は局長クラスと、参事官は更にその下のものとカウンターパートになる。また政府が共有する問題が存在するから、必要があれば初対面でもアポイントメントが取れる。しかし総領事館となると全然事情が異なる。ニューヨークでは大事な相手は偉すぎ、皆忙しすぎる。相手にこの人物は知り合って有益であると思わせることが出来なければ、関係は生まれないし、続かない。パーティでも、会って最初の30秒で相手になにがしかの印象を与えなければ、「失礼」とくるりと後ろを向いて別の人のところに去って行ってしまうのがニューヨークの流儀である。これと思う狙いを定めた人物に何とか「今度ランチをご一緒に」という誘いに、本気で「喜んで」と言ってもらえれば成功である。日本の総領事だからとチヤホヤする人は、限られた日本好きの人か名士好みの有閑人であり、率直に云ってこちらの役には余り立たない。ニューヨーク生活をただ楽しむにはこういう人とだけ付き合えば楽なことはこの上ないが、それでは影響力も生まれないし、いざと言う時の仕事には役立たない。

私のニューヨーク速攻戦略は講演で名を売り込んで、有力シンクタンクの活動に参加招待されるというものだった。話の詰まらない、内容の無い人物には、地位だけではシンクタンクへの招待はやってこない。ある分野についての豊富な知識と聞くべき意見を持つ「リソース・パーソン」が大事にされる。話術も磨かねばならない。着任後直ぐにメディア・トレーニングも受け、大変に勉強になった。講演の内容と質疑のやり取りで一応の品定めがされてから招待が来る。まず有力団体で講演をしなければ何も始まらない。私は当時中国の台頭もあり、また能力も優れたロバート・オックスナム氏が理事長を務めている上げ潮のアジア協会に接近した。しかし日本の総領事だから処女講演はジャパン・ソサエティでやると決めていた。偶々理事長が病身だったので中々直ぐに講演の依頼をしないジャパン・ソサエティに、「ぐずぐずしていると先にアジア協会で話をしますよ」と脅かして、11月末に「Beyond familiar issues: A new Japan-US relations"と題した講演を、次いで翌月アジア協会で"Japan in Asia in 1990s"という基調講演をやり、翌年の2月にはユニバーシティー・クラブで"What do the Japanese really want?"というどぎついテーマの講演をした。この講演は330人も入る会場が満席となり打ち止めとなったが、ニューヨークでの私の一応の評価はここでの講演で決まったと感じている。これ等の講演が切っ掛けで、アメリカン・アセンブリーという有力組織のダン・シャープ氏から話をしたいとお誘いが掛かり、一緒に食事をして親しくなった。４月半ばから始まる泊まりがけの３日がかりの米新政権の経済政策を議論するパネル討議にパネリストの一人としてお声が掛かった。ハドソン河を望む大地に鉄道王ハリマンが建てたアーデン・ハウスは湖と庭園を持つ優雅な屋敷で、50年にアメリカン・アセンブリーのためにコロンビア大学に寄贈されて今日に至っているものである。私はここの建物の二階の角の湖と遠景を眺めることの出来る部屋を与えられて2泊し、いくつものパネルの討議に参加した。管理貿易の立場から主張をしている自動車部品メーカーＴＲＷのパット・チョート氏やダンフォース上院議員の補佐官のスーザン・シュワブ女史(じきにブッシュ（父）政権の通商代表になった)などの論客、自由貿易の立場から共和党系のシンクタンクであるアメリカン・エンタープライズ研究所のバーフィールド氏が丁々発止と議論する。その他ジム・ジョーンズ元下院議員、フォーチューン誌のＬ・クラール氏、Ｊ・ナイ教授、ロス・ドイツ連邦議員、ロバート・ホーマッツ氏等が主要な論客だった。３日間の議論を反映してブッシュ（父）新政権へ注文する形での提言がまとめられた。東欧諸国への対応、緊急性、日本への注文などが議論を招いた。私はこの滞在で一緒に食事をし、パネルで議論する間に多くの知人が出来た。マクナマラ元世銀総裁は是非一度話をしたいと言ってくれ、ニューヨーク・フィルのスティーヴン・スタマス社長はその後色々な機会に顔を合わせ親しくして頂いた。私が参加したパネルの司会者でカリフォルニア大学のピーター・ジョーンズ教授は是非バークレーに話をしに来て欲しいと言って下さった。ジェームス・ウォルフェンソン氏は黒幕的な感じのするユダヤ人で、５月にニューヨークに来るから一緒に食事をしようと云って下さり、その後も親しくして頂いた。この人は後に世銀総裁になった。着任早々超一級の人物と顔見知りになったのは幸運だった。

人脈作りには親しい盛田昭夫ソニー会長に大いに助けて頂いた。予め盛田さんからリストをもらい、盛田氏夫

アーデン・ハウス

妻のための晩餐会と言うことで招待すれば、まだ会ったことのない人も公邸に招ける。彼のための晩餐会にはヘンリー・キッシンジャー元国務長官、ワシントン・ポスト紙のキャサリン・グラハム社主、ピーター・ピーターソン元商務長官等が姿を現した。グラハム社主はワシントンからプライベート・ジェットでやって来た。盛田氏の援助が無かったら、たとえ10年ニューヨーク総領事をやっても、到底こういう人が公邸に夕食に見えることは無かったであろう。

## アメリカのシンクタンクの先見性

私は70年代初頭のワシントン在勤時代に、ニクソンの経済ショックを経験し、その中でブルッキングス研究所のクラウス研究員などが通貨調整について深い知識を持っているのに驚いた。また経済協力局長時代には自身が日本のＯＤＡについてのリソース・パーソンとして外交評議会の活動に参加する経験を持っていた。これらの経験から米国でシンクタンクが政権と不離の関係で重要な政策立案に携わっていることを良く知っていた。総領事として色々なシンクタンクとの接触の強化を重視することが重要と思って人脈作りに励んだ。

アメリカのシンクタンクの先見性を実感させたのは東西安全保障研究所である。黒田瑞夫前国連大使からの紹介で、ニューヨーク着任後一月もしない頃の88年の10月に、ジョン・ムローズ所長がユーツ事務局長を連れて私を訪ねて来た。ムローズ所長は年に何回も訪ソして、毎回長期間滞在してソ連の要人との接触を持っているという。日本では一回か二回訪問して最高指導者と握手をしようものなら、早速「中国通」とか「ロシア通」ということになるが、この人のソ連への食い込み方は尋常ではなかった。

彼は私に同研究所が11月中頃にシカゴで開催を予定している会合に日本からも誰か出席させて欲しいと要請した。聞いて見ると現在この研究所が総力を挙げて取り組んでいるのは、90年代の中頃にソ連を含む共産圏諸国が国際経済システムに再編入される可能性についての大プロジェクトで、シカゴ会議にはソ連、中国からも多くの参加者があると云う。時代はレーガンの8年の対ソ対決で「牛と競争した蛙のようにお腹がパンクした」ソ連がゴルバチョフの下で「ペレストロイカ」路線を打ち出した直後である。西側世界には果たしてペレストロイカが本物かと云う懐疑が払拭されていない時期に、このような気宇壮大なプロジェクトが進んでいることに驚嘆した。私はこの会議に日本も参加することが重要であると直感した。早速本省に連絡するとともに、私の日本における人脈を利用して、直ぐに会議参加者として適当な人物を紹介した。ショート・ノティスだったが、ＯＥＣＤ大使だった小和田恒氏や日本の実力派の研究者が数多くこのプロジェクトに参加した。私は資金集めにも協力した。シカゴ会合を契機に日本もこの後の作業に参加することとなり、ムローズ理事長から感謝され、私も貴重な情報ソースを開拓することが出来た。

周知の通りその後実際に起こったことは、何人の予想をも遙かに上回る急速なものだった。翌年の89年の11月には「ベルリンの壁」が崩壊し、12月にはマルタ島でブッシュ・ゴルバチョフ首脳会談が開かれ、冷戦が終わった。じきにソ連自体が崩壊し、旧ソ連構成国は独立し、夫々自由化路線を取り、ロシアを含むこれら諸国経済は90年代半ばを待つことなしにほぼ完全に世界経済と一体化してしまったのである。しかし88年の段階でこれを予想することは常人には出来ないことであった。未来を予測して「考えられない」ことが起こった時にどういう問題が起こるか、それらに如何に対応するかについて予め研究をするこういうプロジェクトを立ち上げるアメリカのシンクタンクの先見性には恐れ入った。ただ冷静に振り返って考えると、もしかするとこのプロジェクト自体がソ連から米国向けの和解のメッセージだったのかも知れないと思う。それにしてもその受け皿になる知識層が大量に存在する米国のインテレクチュアル世界の層の深さと広がりには驚かされるし、今でもこの状況は変らないのであろう。

## テレビ出演の怖さと面白さ

新聞や雑誌などのプリント・メディアも重要だが、一般大衆のニュースソースは圧倒的にテレビである。それもニュース番組と言うよりキャスターが司会するトークショーが多い。だから日本への理解を深めるにはテレビに出ることが重要である。番組のために使うシーンを録画撮りに来る場合がある。始めは喜んで応じていたが、考えるとあらゆる問題に備えて入念に準備して録画取りに臨み、30分も1時間も延々と質疑応答をやって録画されても、実際に番組に使うのはほんの一部である。三大ネットは広告料が膨大であるから、例え10数秒でも只で露出されれば立派なものだと言う人もいる。しかしインタビューを受ける身から云うと、準備に時間とエネルギーを掛けた割には、使われる部分があまりにも少なく、また出来が良くない部分を使われた時などは不満が残った。

どこへ行ってもマイクを向けられる

ニューヨーク総領事は、講演、インタビュー、テレビ出演が仕事の重要な部分なので、着任すると直ぐにメディア・トレーニングを受けた。アメリカでは企業を含め公人にとり必須の訓練である。2日にわたり専門の会社の数人の専門家を相手にさまざまな訓練を受けた。なぜ米国で講演の始めにジョークを言うかについては、「貴方の話を聞きに来ている人はいません。聴衆は手形が落ちるか、朝喧嘩した奥さんと家に帰ったら何と話そうか等に心を奪われているから、先ず聴衆の心をしっかり捕まえる必要があります。そのためにジョークを言う。ただジョークは擦り切れたものでなく、名前を呼ばれて演壇に向かう間に浮かんだ新鮮なネタでなければいけない」という。これは大変なことだ。講演する時は、目線を一列目の真ん中の人から、数秒置きに後の列の人へと動かすことを繰り返すと、聴衆の皆が、貴方が語り掛けていると思う様になるのだそうだ。日本では演説する時上がらないように、聴衆はカボチャと思えというのとは雲泥の差だ。インタビューも差しのものから、二人を相手にするもの、さまざまなバリュエーションを実践訓練される。訓練はインタビューの際の目線、手の置き方、受け答えの秘訣等々に亘った。日本で政治家、経営者の失言が繰り返されるが、メディアの力が強いアメリカに習って、日本の公人もメディア・トレーニングを受けるべきだと思った。この訓練は非常に役立った。

最初のテレビ経験は89年の2月ＣＢＳテレビの日曜の朝の番組のために一週間以上も前に30分のインタビューを受け、日米関係について様々質問を受け、割合に良く答えることが出来たと思っていた。朝の9時半から一時間半の番組の中で冒頭の部分で10分程度使うと言うので、期待していたら2回短い出番しかなく、失望した。しかも矢張りメディア・トレーニングで指摘を受けていた通り眼をパチパチとする癖が出ている。別途日本で録画した渡辺泰造外務報道官の方が場慣れしていてずっと格が上だった。

日本の不動産買収が問題視されてきて、その年の11月ニュージャージー州のテレビ局からライブの出演依頼が来た。ロバート・トリチェッリという民主党の下院議員と一緒の出演だった。会場に入ると、両側に約50人の観客が並んでいる。四分の一が黒人で制服を着た在郷軍人も20人ぐらいいる。若い調子の良い司会者が観客に向かい、「ニューヨークが外国人に買収されているが、一番多いのはどこの国の人だか知ってるか？」と聞くと、皆一斉に「日本人」と答える。司会者はここで「ノー、オランダだよ」と言う。彼は更に「米国を最も買っている人たちは？」と質問すると、さっきより自信なさそうな「日本人」と言う声が帰ってくる。司会者は「英国人なのだ」と云ってから、私に向かい「どうしてこうなのでしょう」と聞く。質問自体が答え難いし、司会者が極めて早口で質問の趣旨も判り難い。トンチンカンな返事をしてしまったり、流れに乗れない。そのうち最近ニュージャージーに店を出した八百半の店頭からのライブ中継に切り替わり、紅いふじリンゴが写り、司会者は不動産業者とコーヒーを飲みに来た人にどう思うと聞く。「何も問題ないじゃない」と言う返事。トリチェリ議員も穏健派で、不動産買収についてバランスのとれた発言をしてくれる。内容は悪くはないのだが、兎に角砕けた英語でとてもテンポが速くて、どのように振舞ったら良いのか、目のやり場にも困り、実に不安気な顔をしているだろうなと思う。後味が頗る悪くオフィスに帰って来て、貰ったVTRを見るのも嫌だが、仕方なく写して見ると、要するに一種のショーで、結構何とか様に成っている。楽天家の私は処女出演だからまあまあこんなところかと思った。ただ番組の基調が攻撃的だったら惨めだっただろうと警戒感を強めた。

その後いくつかライブのテレビに出るが、概して好意的で、司会者も最初の時ほど喋り方の酷い人に巡り合わず、段々慣れてくる。91年になると湾岸戦争が本格化して、日本の貢献不足が問題になり、チャック・シューマー上院議員とやりあったりするようになる。何時も不満足で終わるが、こちらも段々コツが判ってきて、司会者に議論の流れを巧く振るような芸当も出来るようになった。

2月6日に出演したFNNというケーブルテレビの番組は、ボブ・バーコウィッツという有名な司会者で、生出演で司会者と幾問かやり取りの後、電話が外からかかってくるのにも答えると言うコールインと言うフォーマットであった。司会者の「90億ドル貢献の具体的な内容は何か」「中東石油依存の日本としては額が少ないのではないか」「平和憲法と言うが、スマート爆弾のチップスが日本製なのは平和主義に反しないか」などと言う質問の後、各地から半ダースの市井の人からの質問が電話で入る。オハイオのトレドのラリーは「日本はアメリカに売るばかりで買わない」、シカゴのスティーヴは「日本の証券取引所に参加出来ないのはフェアでない」、アーカンソーのカイルは「日本に行ったらオレンジ・ジュースが一杯5ドルもした。メロンは15ドルもした。何故日本は、カリフォルニアの安いオレンジを買わないのか」、ロスアンジェルスのルイスは「ブーン・ピッケンズの小糸製作所買収を認めないのは何故か」などと次々に質問が来る。こちらは適当に答えるが、逆に「自分はホンダの工場で車を作り日本に輸出している、ビッグスリーは日本に売る車を作っていない」と助け船を出して呉れる人もいる。コールインは難しいが、私は若し10人ぐらいの英語が良く出来て、ものを知っている人が全米で楽しむつもりでこういう番組に出ると日本のイメージも変ると思った。番組を聞いた家内は「100%の出来よ」

と褒めてくれたのが嬉しかったが、当人はあそこはこう答えたらもっと良かったと思っていた。

記憶に鮮明に残っているのは91年の12月6日にニューヨークの教育放送局の番組出演の前にサインさせられた文書の面白さである。版権問題とか訴訟になっても局に責任はないという内容の文書だったが、「〈未来永劫、宇宙の果てまで〉放映権を局に与える」とあった。訴訟社会と言われるアメリカらしいと笑いを禁じ得なかった。同じ番組に出たコロンビア大学のキャロル・グラック教授も大沼保昭東大教授もこの文書に署名を求められたのだろうか。

こんな具合で3年の間に英語でのラジオとテレビの出演は20回を越えた。内容的に「日本市場が閉鎖的である」「充分の貢献をしていない」と言うのが圧倒的であり、日本として永年市場開放に「足を引きずって来た」ことの付けが廻ってきたと危機的に感じた。アメリカの政治家が煽り立て、日本側の説明が不足していることが相乗的に働いているので、日本批判は酷過ぎると思ったが、これがアメリカの姿として受け止めなければ成らないと言うのが結論であった。そのためには日本の政治家、外交官、メディア、民間人による説明があらゆるレベルでもっと多く行なわれなければいけないが、これは正直無い物ねだりであろうと思った。個人的には会心の出来と言う出演は一度もなく、良く火中の栗を拾う努力をしたと自分を褒めてやりたいが、もっと事実を知り、英語ももっと流暢に出来たらどんなに良かったろうというのが率直な印象だった。

## 日米摩擦産業間の相互理解の促進に努力

このころ日米関係は極めて険悪な様相を呈していた。日本資本による名だたる不動産や企業買収は一般のアメリカ人の敵意を招いていた。私は日本の行動を弁護するだけでは不十分だと思うようになった。日米間の摩擦は米国産業の地位の低下を反映しているのだから、日本は米国の産業回復に協力の手を差し伸べるべきだ、そのためには先ず日本側産業界と米側産業界の間に橋を架けることが必要だと考えた。それには次第に明らかになってきている日米の主要産業間の産業技術格差を解消すべく技術の共有に向けて率直な話合いの機会を作るのが一番と考えた。

日本側は通産省にお願いするのは立場上難しいと思ったので、科学技術と言う切り口で、科学技術庁の傘下の非営利団体を日本側の組織とするのがよいと思った。極めて幸いなことに私はタイ在勤時代のご縁で科学技術庁の田畑新太郎氏と20年以上に亘り親交があり、志に共通するものを持っていた。田畑氏は退官後は「日本科学技術情報センター」や「科学技術と経済の会」と言う非営利社団法人に拠って産業技術の普及に努力していた。田畑氏に事情を話してお願いすると大賛成で、日本側の主催団体になることを快諾して下さった。米側の組織については偶々接触が出来たアメリカ科学技術広報協会のアラン・マックゴワン会長に提案するとこれも大賛成で、この二つの組織の仲立ちで日米産業人が技術面で率直な話をするプロジェクトが実現した。

日本から自動車、鉄鋼、エレクトロニックス・コンピューターの三分野について、英語に堪能な専門家が訪米して講演会を催すと共にマスコミにも接触を図ると言う計画である。鉄鋼業については川崎テクノリサーチ社長の大橋延夫氏、自動車産業については杉浦英男本田技研元会長、エレクトロニックス産業については金子尚志NECアメリカ社長に参加して頂いた。鉄鋼業は日本側の稲山氏の哲学で国際的な共存共栄が図られているが、他の二産業では日米間に激しい利害対立が有る中での講演会で人選には田畑氏の配慮が有った。91年10月から大橋氏がニューヨーク、ピッツバーグ、ワシントンで、92年1月に杉浦氏がニューヨーク、ワシントン、デトロイトで、同年4月には金子氏がニューヨーク、バージニア、サンタ・クララ、バークレーでおのおの5日間にわた

摩擦回避プロジェクト発足
（中央が田畑新太郎氏）

りそれぞれの関係産業界の実情などについて講演や記者会見を行い、日本の産業界は日米企業間の提携と協力に前向きなことを率直に話をされた。良きスピーカーの努力によりこの企画は日米間の高ぶった感情を沈静化する上で相当の効果があったと思う。

## エセックス・ハウスとカーネギー・ホール２００年記念コンサート

ニューヨークのセントラル・パークを見下ろす絶好の地に１９３１年に建てられ、アール・デコの内装の見事さで知られるエセックス・ハウスがある。80年代の後半に日航が買収したこの名門ホテルの改装を任されたのは伊藤恒氏だった。長身でスマートな伊藤氏はアメリカの財界人との交友関係も深く、特に趣味の豊かな文化人だった。伊藤氏は改装に最高の材料を用い、最高の調度品を選んで、これを輝く宝石のような立派なホテルに仕上げられた。

お金さえ使えば出来ることだという人もいようが、私はこのホテルの改装は伊藤氏の文化的な素養と豊かな感性があって始めて実現したと思う。細部まで心遣いが行き届いたロビーと客室。改装なったこのホテルは芸術品と言ってもおかしくない。

更に私が驚嘆したのは、伊藤氏が改装なったエセックス・ハウスのお披露目を音楽の殿堂であるカーネギー・ホールの二世紀入りの一大イベントであるギャラ・コンサートと連動させたことである。

91年9月24日、霧雨に煙るニューヨークで、豪華絢爛には慣れっこになっているさすがのニューヨークっ子も度肝を抜かれるこの行事が開かれた。エセックス・ハウスでの寿司のコクテルで始まり、これはというニューヨークの名士達が

右から伊藤夫妻、ウォルフェンソン夫妻 - スターン夫妻、私たち、ワイル会長夫妻

着飾って、ホテルからカーネギー・ホールまで敷かれた赤い絨毯を歩いて、小沢征爾指揮の斉藤記念オーケストラの演奏に向かった。フォード元大統領の顔も見えた。アイザック・スターンがバルトークのバイオリン協奏曲を弾いて大変な拍手を浴びたことを良く覚えている。そしてコンサートの後また皆は歩いてエセックス・ハウスに戻り、豪華な晩餐会は深夜まで続いた。日本に関係の深い文化的な企画で、ニューヨークの日本の総領事として私がこれ以上に晴れがましく感じたことは無かったといっても過言ではない。

後に世銀の総裁になったウルフェンソン氏、アイザック・スターン氏、カーネギー・ホールのサンフォード・ワイル会長等がこのイベントの中心人物で、この大イベントは伊藤氏とニューヨークの多くの芸術界、財界の指導者との親密な関係から生まれたものであった。余人を以てしては容易に出来ることでは無かった。

## ミレル・イェシヴァの杉原千畝氏顕彰

91年1月、総領事館に頭に丸い帽子を載せ、長い髭を生やした異形の一群が現れた。ラビ・マノヴィッツと名乗るオーソドックスユダヤ教のラビともう一人のラビに、ニューヨーク選出のシューマー下院議員が同行していた。話の筋は、ナチのホロコーストを「無傷」で生き抜いた唯一のヨーロッパの神学校である「ミレル・イェシヴァ・セントラル研究所」の教授、生徒、その家族等約300名が、第二次大戦中に、ナチの迫害から逃れてリトアニアからニューヨークに移り住むことが出来るように救ってくれた日本人に感謝し「人道賞」を授与する晩餐会を開くので協力して欲しいと言うことだった。ナチスの恐怖と暗黒から逃れて新天地アメリカに移り住んだユダヤ人とその子孫にとっては、杉原千畝領事の人道的な行為は勿論であるが、脱出行の途次で遭遇した日本人の多くの善意も知悉している。そのためにこの人道賞は杉原氏個人と言うより同氏を含む日本人に対して与えられるという。

1940年7月ナチス・ドイツに占領されたポーランド西部から多数のユダヤ人がリトアニアのカウナスに

逃れてきていた。最終的には２５００人を超えたと思われるユダヤ人が同地の我が領事館に日本通過のヴィザの発給を求めて蝟集した。これらの悲惨なユダヤ人亡命者に対して同情的だった杉原千畝領事は3度に亘り本省にヴィザ発給の請訓を行うが、本省は規則通り「行き先国の入国許可と旅費、滞在費携帯の条件を満たすもののみに発給するべし」と言う訓令に終始する。

最終的に杉原領事は領事の権限で、入国ヴィザを必要としない南米の蘭領キュラソーに向かうユダヤ人に対して日本通過ヴィザを発給するという決断を下す。職を賭した重い決断である。８月28日に杉原領事がカウナスを退去するまでに約１５００件のヴィザが発給された。これにより国外に脱出出来たユダヤ人は約４５００人と言われている。

私はたとえ杉原氏の行動が当時「訓令違反」であったとしても、戦前の間違った時代の政府の訓令違反などは、戦後１８０度価値観が変わった現在大した問題ではない。これは結構な話だから協力しようとの態度を即座に決めた。私はこのエピソードがニューヨークのユダヤ人の間に広く膾炙《かいしゃ》すれば、ユダヤ人を救うために命を失ったスェーデン人外交官ラウル・ワレンベルグ氏のような美談としてユダヤ人の好感を得ることが出来るし、米国におけるユダヤ人の持つ影響力を考えると日本のイメージにプラスの効果があるだろうと考えた。

この神学校はオーソドックスユダヤ教の信仰を持ち、ニューヨークのみならず全米のユダヤ人社会でも特異な存在のようであった。ただその広報力は大変なものであることが次第に判ってくる。彼らは特別にＰＲエージェントを雇い、この行事を宣伝した。晩餐会が開催される一月ほど前に、40人ほどの神学校の4年生の生徒が私を事務所に訪ねてきて、５０年前にシベリア鉄道経由先祖が日本に逃れることが出来たことのお礼を述べる。祖先が辿ったルートの地図を書き日本側に贈呈する。このことを扱った作文や詩の朗読もする。当時20歳の若い神父であった人が、その後出来た娘の婿とその子供と3代を代表して、杉原領事のお陰でホロコーストを生き残ったユダヤ人一家として涙ながらに感謝の気持ちを表す。三大ネットの一つCBSのテレビ・クルーが入り、夕方のプライムタイムに3～4分その模様が放映された。ニューヨーク・タイムズ紙等の記者も取材に来て、ニューヨーク・タイムズ紙は晩餐会の当日メトロポリタン欄に大きな記事を載せた。

晩餐会での私の挨拶には微妙な点もあった。調べて見るとユダヤ人への「訓令違反」のヴィザ発給が問題視されて、戦後杉原氏が外務省の職を失ったと言うのは事実ではなかった。同氏はソ連に抑留後、47年4月に帰国するが、叙勲され、辞任に際しての退職金の支給等において一切の懲罰的な措置は取られていなかった。本省は「対米広報上逆に好ましくない影響があることが懸念されるので、免官措置が訓令違反を理由とするものである等の予断を与えることのないよう留意願いたい」と求めてきた。

第二次大戦中の日本の対ユダヤ人政策は誇るに値するものだった。同盟国ドイツからの強い圧力にも関わらず、日本政府の基本的な態度は、ユダヤ人と言う人種により対応することなく、各人の国籍により対応した。無国籍のユダヤ人でもユダヤ人として扱うのではなく、無国籍人として扱った。ユダヤ人の取り扱いについては、監視を厳重にすることはあっても、最後まで人種としてではなく国籍に準じて取り扱うとの原則は変わらなかった。

これらのユダヤ人は上海経由アメリカに逃れたものが多いが、日本政府は、日本に留まることを希望したユダヤ人には短期の滞在ヴィザ繰り返し再発行をしたので、数年も日本に滞在したものも少なくない。そもそも1500通のヴィザでその3倍もの数のユダヤ人が日本に入国出来たのは、日本側にはユダヤ人を迫害する意図が皆無であったことを物語る。ウラジオストックで日本入りする際の入国管理で一つのヴィザでその家族の入国を認めた。神戸に着いたユダヤ難民への日本人の目は暖かかったし、ナチの圧力を回避するために外務本省は一時滞在ヴィザの更新を神戸で行うようにして、事実上長期の滞在を認めるなど、日本人は政府も民間も総じてユダヤ人には好意的だったと言える。一つのヴィザで数人の家族が入国出来るというニュースはユダヤ人の情報網ですぐに現地に伝わったとユダヤ側の記録にある。

イスラエル政府は53年にホロコーストの受難者と英雄的な行為を行ったものを忘れないようにと国の特別法でヤド・ヴァシェムという組織を作り、自分の命をかけてユダヤ人を救った非ユダヤ人（ジェンタイル）を「諸国民のなかの正義の人」と認めることをしており、72年に杉原千畝氏はイスラエル建国の恩人として表彰されたが、85年に「正義の人」として再表彰されている。

91年4月21日、日本に無事脱出の50周年を記念して、シェラトン・センター・ホテルで日本人に感謝し、日本人にミレル・イェシヴァ人道賞を授与する１４００人もの一大晩餐会が開催された。この晩餐会は同時に杉原千畝氏の名を冠した教育基金の設立も兼ねていた。晩餐会には顎髭を長く伸ばし、独特の帽子を被った多数のラビの姿が目立ち、ミレル・イェシヴァ神学校の関係者始め多くのユダヤ人が出席した。総領事館の勧めで日本人ビジネス・コミュニティ代表２５０名も高額なテーブルを購入して出席してくれた。杉原家からは長男の夫人と娘さんが来られた。驚いたのは杉原領事にキュラソー・ヴィザの知恵をつけたオランダ領事ツワルテンダイク氏の子息が、現在ペンステートに住むとて来ていたことであった。食事前のレセプションで私は無数のユダヤ人から熱烈な握手をされた。また沢山の写真を撮られ、その後晩餐会となる。

トラーと言うユダヤ教の教義を忠実に信奉する一派のユダヤ人である彼らは、食事の際に男女が同席しない。〈インペリアル・ボールルーム〉という大ボールルームは１００以上のテーブルで埋め尽くされていた。正面に一段高く長い貴賓席が二列しつらえあり、私は 前列のダイスにニューヨーク選出の

ミレル・イェシヴァ大晩餐会

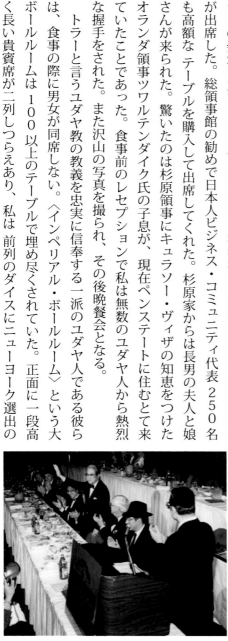

パトリック・モイニハン上院議員と晩餐会主催者のユダヤ人代表の間に着席した。こういう大きな晩餐会で最高のゲストの席に座るのは初めてである。晩餐会場を見下すと、左側にユダヤ人男性が、真ん中に日本人男女が、そして植木に隔てられてユダヤ人女性が座るように整然と区分されている。ニューヨークは人種のモザイクといわれるが、男女がこのように配置されるというのは面白いモザイクである。段の下から多くのユダヤ人が手を伸ばして私に握手を求める、その数は50人を下らなかった。

幾つかの挨拶の後にモイニハン上院議員が立ち上がり、長い顕彰演説をして、最後に日本人を代表して日本総領事の私にミレル・イェシヴァ人道賞を授与した。人道賞は大きな1メートル四方の厚い木の板に杉原千畝氏、日本政府それに日本人を顕彰する言葉が刻まれ、上部に聖書の時代にユダヤ人が50年毎の祭りを祝う時に吹き鳴らしたという牡羊の大きな角で出来た「ショファール」という角笛が付いたとても重い堂々としたものだった。この賞は日本に帰国してから、杉原氏の出身地の八百津町に出来た記念館に寄贈した。

モイニハン上院議員から人道賞を受ける私

私は、時間を掛けて充分に練り上げた授賞に感謝する演説をした。ホロコーストの暗雲がヨーロッパを覆う半世紀前にカウナスに駐在していた日本領事の杉原氏が、本国からの訓令の文言と良心との狭間で悩みつつも、多くのユダヤ人にヴィザを発給し、日本人も彼らを暖かく受け入れたことを述べ、この態度はヴェルサイユ条約締結の際の人種平等の主張以降日本政府が一貫して人種差別をしないという態度を採ってきたことに基づくと胸を張り、杉原氏の態度はこの姿勢に一致する。同じ総領事の身にあるものとして、彼の置かれた苦しいディレンマに深く同情の念を持つ。私は日本を代表するものとして彼の勇気を称賛するものである。そして最近の日本における反ユダヤ主義の書籍の出版に触れて、これは日本人の見解を代表するものでは断じてなく、むしろ日本人とユダヤ人は教育重視、家族の重要性など多くの共通する文化的な価値を有する。ニューヨークで両者は親密に協力し合っている。そして最後にユダヤの英知を代表するヒレルの言葉「もし自分が自分だけのためなら、そんな自分とは何なんだろう」で結んだ。若干時代掛かっているが、わたしとしては快心の演説で、途中で5～6回大きな拍手があった。私はその中でニューヨーク滞在中の白眉と自負するジョークを発した。ディンキンズ市長が口癖のようにニューヨークは人種のモザイクであるというのを念頭に、私は日本人、男女が別々のユダヤ人のテーブルの配置というモザイクのような会場の面白さをもじって、「このようなモザイクはモーゼの律法（Mozaic law）のなせる業だろうか？」と言ったのである。会場は一瞬沈黙し、やがてユダヤ人の間の何のことだろうという話し合いのざわめきから私のジョークが通じて大拍手となる。隣の席に座っているモイニハン上院議員は頭を抱えて大笑いする。私はその後得意になってアメリカ人のスピーチライターに、このジョークを話したら、宗教に関するジョークでぎりぎりのジョークですねと辛口のコメントを頂戴した。私もおっちょこちょいだが、あえて言えばニューヨークで余所者が面白い奴だという評判をとるには勇気がいるのである。出席した日本人からは、日本について愉快でないことの多いこの頃、日本人への心からの賛辞を聞け、これほど晴れがましい気持ちになったことはなかったと大いに喜んで頂けた。

面白い後日談もある。晩餐会から数日経った深夜のことである。ニューヨーク郊外に車を走らせていた日本人ビジネスマンが、車のガソリンが切れて、かすかに見える明かりを頼りにある家の扉を叩いて、助けを請うた。出て来た家人は「お前は日本人か？」と聞く。「俺はユダヤ人だ。日本人が困っているのを見捨てる訳には行かない」とガソリンを呉れたそうだ。湾岸戦争で日本が袋だたきにされた感のあるあの頃の一寸良い話である。

## 湾岸戦争

90年8月イラク軍はクウェートに侵攻した。在イラク米大使始め我が大使も、侵攻は「想定外」のことで休暇中だった。私もコロラドのアスペン研究所のセミナーに出席していた。そもそもフセイン大統領をここまで強大にしたのは、イラン憎しの一念から米国が軍事的、経済的にイラクを強力に支援した結果だから、飼い犬に手を噛まれたことになる。空爆のみではイラク軍をクウェートから追い出せないと、翌年2月24日米国は遂に「砂漠の嵐」作戦を開始する。必勝を期した大作戦で、戦費の負担は膨大であった。日本は平和憲法の制約で掃海艇の派遣はおろか、後方支援すら満足に出来ない有り様だった。米国内にはこの戦争は石油を守るためのものとの考えが一般的で、米国政府も、湾岸から必要とする石油の7割を輸入する日本は、血を流さないなら多額の戦費を負担すべしと日本に強く要請した。折しも日米関係はあらゆる面で対立していて、冷戦の終了後の米国にとっての最大の脅威は日本であると言う意識が広く行き渡り、冷え切っていた。

90年9月29日のニューヨークのウォドルフ・アストリア・ホテルでのブッシュ・海部首脳会談、91年1月20日同じくニューヨークのスタンホープ・ホテルでの橋本・ブレイディ会談と日本側の戦費提供額は当初の20億ドルから90億ドルまで跳ね上がった。外務省はつんぼ桟敷で両国の財務当局間で話は進められていた。私も知己の橋本蔵相に会って情報入手に努めたが、壁は厚かった。確かに日本が90億ドルの拠出を申し出た時の米国の反応は極めて好意的であった。しかし不幸なことにドルの減価に伴う不足分を巡る惨めな交渉と、日本側の事情で中々支出が目に見える形で行われなかったために、最終的には130億ドルまで負担したにも拘わらず、米側の不満と世界の嘲笑を買うに至ってしまった。クウェート政府が米国週刊誌に載せた感謝広告に支援国として日本の名が掲載されていなかったことは、日本国内にも失望と不満を高まらせることになった。

## 「石油は買えば良い」騒動

湾岸戦争が勃発して、ペルシャ湾岸に石油を依存している日本の貢献が不足と言う批判が高まった。何とかしなければいけないと思っている所へ、ニューヨーク大学で教鞭を取っておられた佐藤隆三先生から、同大学の学生を前にポール・サミュエルソン教授と湾岸戦 争に対する日本の貢献について公開討論会を企画したいとのお誘いがあった。慶應の経済学部でサミュエルソンの「経済学」を教科書として学んだ私は高名なその著者との対談には興奮した。

90年12月5日に開かれた「日米関係と湾岸危機」と題する討論会ではサミュエルソン教授が「湾岸危機における日本の責任についての米国の見解」を、私が「何が日本の湾岸危機対応を制約しているか」について意見を述べあった。私は日本が湾岸戦争に巨額の資金を拠出したのは、これが冷戦終了後起こった最初の明白な侵略行為であるからで、石油を確保するためでないと言う持論を述べ、米国 に多い輸入原油の70％を中東に依存するから日本は資金拠出すべしという意見を退けた。

その中で私は「日本は石油を支配したことはないが、経験から誰が石油を所有していてもこれを売ることを知っている、その意味で日本は米国と違い誰が石油を支配するかにはそれほどの関心はない、我々は石油はカネを払って買うものと理解しており、価格が上がれば節約に努め、代替エネルギーを開発する」と述べた。これが「舌禍」を引き起こした。

当時私は重要な日米間の争点について日本側の見解を述べる「総領事レター」をニューヨークの有識者に随時送付していた。湾岸貢献の問題は日米関係の根幹に係る議論を引き起こす可能性があると考えたので、私はこのニューヨーク大学での講演の重要部分を約50人の各界有識者に送付した。

サミュエルソン教授との討論会

館内でも次席の望月敏夫領事や広報担当の日向精義領事が問題が機微なので細心の注意を払ったほうがいいと色々心配してくれた。この総領事レターについては、事前にヴァン・スライク氏等のスピーチの専門家に見てもらって、危ない引用が出来ないような書き方にしたつもりであった。この総領事レターへの反響は非常に大きく、ほとんどの人から送付に感謝するとの手紙があった。ニクソン元大統領やキッシンジャー元国務長官からも「興味を以て読ませてもらった」というお礼の手紙を頂いた。デヴィッド・ロックフェラー氏は「何故日本がイラクをクウェートから追い出すための国連の努力を支持するのかの理由を良く説明してもらったことに感謝する」との手紙を下さり、更に3日後には海部総理の90億ドル拠出に感謝するとの別の手紙も頂いた。

総領事の「個人的見解」と断った手紙を付して送ったのであるが、たまたまビジネスウィーク誌の編集長が、興味ある見解として社内に配ったため、1月28日号で「日本は石油は買えばよいと考えていて、だれが石油を支配するかは関心がない」という短絡させた記事が出る結果となった。問題はここで留まれば特に何と云うことでも無かったのだが、湾岸危機を通じて「中東からの日本の巨大な石油輸入の問題と湾岸貢献の額とを結びつけるのは筋違いである」との論を終始展開し続けていた私が米国の一部メディアに狙い撃ちされたらしい。

偶々外交評議会から出版された日本の援助に関する書籍についての記者会見が3月19日にワシントンのナショナル・プレスクラブであり、寄稿者の一人として私は外交評議会から頼まれて、記者集めのパンダ宜しく駆り出され、一席この本の宣伝の口上をぶった。外交官となったからには一度ぐらい世界の桧舞台であるナショナル・プレスクラブなるところで記者会見をしてみるのも一つの経験と思って、ノコノコと出かけたのが裏目に出た。といっても会見の席上で湾岸貢献問題について何らかのやり取りがあったのではなく、会見が終わった後のいわゆるぶら下がり質問に対し、聞かれるままに持論の「日本が中東石油に依存しているのは地理的に近接しているからに過ぎない、石油は国際商品で一物一価、石油が逼迫すれば全世界的に高価格になる、日本だけが特に困るのではない、日本は石油は買うものと心得ている、石油が不足するのは米国が浪費するからで日本は資源節約に務めている、日本が湾岸戦争にカネを出すのは石油確保のためではない」と喋ったのをネタにされた。

91年３月20日、ロスアンゼルス・タイムズ紙に「日本の大使が湾岸危機はアメリカの責任と非難」というセンセーショナルな見出しの記事が出た。湾岸危機への日本の貢献を巡りぎくしゃくした日米関係を修復するため、海部総理がブッシュ大統領と会談するために米国入りする直前のことである。当然ホワイトハウスの朝の新聞打ち合わせで問題となり、早速国務省から在米大使館に照会があったとて、記事の源である私に至急電話が入った。

書いた記者はビジネスウィーク誌の記事を元に予定原稿を用意してプレスクラブに来たとしか思えない。私の趣旨をねじ曲げて、あたかも私が「湾岸戦争自体がアメリカの責任である」と述べたように意図的とも言えるようなこじつけ記事だった。しかしこれほどまずい時期にこれほどまずい内容の新聞記事を書かれることになるとは全く予想していなかった。すぐにニューヨークからロスアンゼルス・タイムズ紙の編集長に電話で抗議し、反論をファクスした。編集長も流石に記事がおかしいと思ったのであろう、異例なことに翌31日付けの同紙に私の反論が掲載された。本省関係者も私の説明を聞いて、事情を了解してくれたので大したことにはならなかった。脇が甘いと言われればその通りかも知れないが、リスクを取らないで何もしないのが良いとは思わない。

ロスアンゼルス・タイムズ紙の記事は見出しがセンセーショナルなものであっただけに、読者の反響も激烈で、口にするのも憚れる罵りの言葉を記事の切り抜きにスタンプで押して（そういうスタンプがあることを始めて知った）、私に送り付けてくるものもあった。何十通もの手紙を受け取ったが、流石アメリカは奥が深い言論の国だと唸らされたのは、悪口半分に対し、半分は「貴使は正しいことを言われている、米国の石油浪費は良くない」と言う趣旨のものであったことである。このエピソードは引っ掛けられたという意味で後味の悪い面もあったが、私にはアメリカ人の公平さをも知る良い機会にもなった。また牙を剥いた時のメディア対応の難しさを私に実感させてくれた。後に外務報道官の仕事をするに当たり大いに参考になった。

## 湾岸戦争勝利パレードに参加

私はこの時期の日米両国間の緊迫した交渉や東京サイドでの苦しい政策決定には拘わらなかったが、外務省の対応のまずさを非難するのが大勢の中で、こんなこともあったのだと記録しておきたいことがある。圧倒的な武力の行使により多国籍軍はあっという間にクェート領内からイラク軍を排除して、ブッシュ大統領は勝利宣言を行なう。米国内は勝利に沸き立った。ワシントンでは政府ベースで戦勝パレードが計画され、これの向こうを張るようにニューヨークでもウォール街で湾岸戦争勝利パレードが企画された。3月末に主催者から総領事館に、総経費150万ドルのうちの25%を外国関係者から集めたい。日本には「15万ドルぐらい出して欲しい」という要請が有った。速やかな対処が必要と判断した私は、咄嗟に最近ニュージャージーに大規模なスーパーマーケットを開店して大評判になっていた八百半に直接頼もうと考えた。本省は論外で、日本商工会議所に依頼しても決定に時間が掛かりすぎる。そもそもニューヨークの日本人コミュニティは湾岸戦争に批判的であり議論も紛糾するだろうと見越したからである。ロスから田島八百半アメリカ社長にお越し願い、「ジェラシーも有ろうが、日本代表として貴社一社に拠出をお願いしたい」と懇請した。八百半の和田一夫代表は華僑の大人の風格の有る人物で、即座に10万ドルを出して下さった。10万ドルを越える寄附は8社しかなく、プログラムに大きく八百半の社名が出た。6月10日朝メリル・リンチ社の33階の役員食堂で開かれた、ニューヨーク市長主催のディック・チェイニー国防長官、コリン・パウエル統合参謀本部議長、ノーマン・シュワルツコフ多国籍軍司令官の出席したプリ・パレード朝食会に招待された。その後市役所北のパークにブロードウェーに面して設けられた特別スタンドにも招待された。特別スタンド には 400人ほどの限定された人が招かれ、私に

和田八百半会長とパレードを見る

加え八百半の和田代表以下３人の日本人、それに偶々ニューヨーク滞在中の寺島泰三統幕議長夫妻の６名の日本人が参列して人目を引いた。席の後ろの方から「何で沢山の日本人がここにいるのだ？」という非難めいた声も聞こえた。

12時半過ぎオープンカーに乗ったチェイニー国防長官を先頭に長いパレードがお立ち台に到達する。多国籍軍参加国の代表もパレードに延々と連なり、何と日本代表も日の丸を掲げて行進していた。この辺りには古いビルが多く、窓からテープ、コンフェッティ、紙、風船、レター封筒等が降り注ぐ。道すがら数百万人のニューヨーク市民は熱狂し、何時もバラバラな国民が愛国心で団結する姿を見た。今世紀最後のパレードになるだろうなと思いながら、日本の存在感を示すことが出来たのは偏に八百半の和田氏のお陰と深く感謝した。

## 変人・コッチ市長

ニューヨーク総領事は就任後ニューヨークの市長に表敬訪問しなければ仕事が始まらない。着任してすぐの10月の5日に、市庁舎にエド・コッチ市長を訪ねた。この人はユダヤ系の人である。待合室で市の職員が「うちの市長は少し変わった人ですから」と言う。市長の部屋に入ると、コッチ市長は上着を着ずに、ワイシャツ姿。「変わっている」というのはプロトコール無視と言うことかなと思って、こちらもすぐに上着を脱ぐ。市長の回りに何人か取り囲んでいる。こんなアレンジメントについても前から何も聴いてない。

仰天したのは、私が着任の挨拶を済ませ、宜しくと述べた直後に、彼が発

コッチ・ニューヨーク市長への表敬

した質問である。「日本にはカースト制度があると聞いているが本当か?」というもの。一瞬聞き違えかと思うが、そうではなく真面目な質問のようだ。日本の外交官だから日本の恥部については承知している。世界中どこでも日本人が触れたがらないエタとか先住民族のアイヌへの関心が高い。捕鯨が非難されるのと同様、日本と外国の間のギャップが感じられる分野だが、ニューヨークの市長からいきなり質問とは驚いた。型通り、「法律的に日本では差別はなく、カースト制度などはない」と答えると、引き続いて第二問。「それではエタと言うのは何か?」今度は少し真面目に「大都会では全く無いが、一部の地方では昔からの社会的な差別意識が残っていると言うことはある」と答える。このくらいで矛を収めると思っていたが、その次の質問には目を剥いた。コッチ市長は私に「もしお前の娘がそのエタとやらと結婚すると言ったらどうする?」と聞いたのだ。これはまともに答えるのは止めた方が良い。受け答えを楽しんでいるのだと判ったので、破顔一笑し、「コッチ市長、その問題は、私については50%解決している。娘が二人いるが一人は結婚しているからね。」流石に「その残りの娘がエタとやら」とは聞いてこなかった。この後日本と韓国の関係について、「ここの韓国人は日本とどこかの国際試合があると必ず日本の相手側チームを応援するのはなぜだろうか?」等と聞く。

終りが傑作。コッチ市長は「答えづらい質問ばかりしたが、私は記者会見の時には考え得る最悪の質問は何だろうといつも考えている。」

後任のデヴィッド・ディンキンズ市長は黒人だったが、この人に表敬した時のやり取りは普通だった。矢張りユダヤ人市長だから、嫌なことも沢山質問されるのだろう。

## 綺羅星のように輝く人たち

デヴィッド・ロックフェラー氏、ジム・ロビンソン氏、ニューヨーク・タイムズ紙のアーサー・ザルツバーガー社主、CBSテレビの花形ニュースキャスターのダン・ラザー氏などの金融界、財界、メディア界の帝王に加えて、ニクソン元大統領、ヘンリー・キッシンジャー氏、サイラス・ヴァンス元国務長官（日本協会会長）、ピーター・ピーターソン元商務長官、ポール・ヴォルカー元財務長官のような人物がニューヨークでは綺羅星のように輝いている。ロナルド・トランプ氏は豪華なトランプ・タワーや離婚のゴシップで既に全米に名を知られた人物だった。92年の初めにニューヨークを離れるまでに私はこのような人達と何らかの接触を持ったが、不思議とトランプ氏だけは共通の話題がないので会ったことはなかった。

私はあらゆる伝手と機会を利用して、インベストメント・バンカーの登場で様変わりを見せている金融界の実力者や事情通の人たち、ニューヨーク・タイムズを初めとするプリント・メディア、３大テレビネットワーク、ニューズウィーク等の週刊誌の論説、編集委員、外交評議会等シンクタンクの有力な研究員と親密な関係を打ち立てることに努力を集中した。コロンビア大学を初めとするアカデミアも目配りを忘れてはならない重要な存在である。とにかく人との交わりが重要である。人脈作りは難しい。基本は相手に好印象を与え、付き合って面白い人物であるという評価をさせることに尽きる。機会は何度も来ない。殆ど一期一会の世界での勝負である。

たまには有力誌の社主のヨットでクルーズに誘われる等という楽しいこともあるが、そこでも一緒に乗っている人の中で面白い人と知りあうことに神経を集中する。無数の昼食、晩餐、レセプションの間、気を許すことなく人脈の形成に努める。ニューヨーク・タイムズ紙の論説陣との定期的なランチほど気を使うものはないが、そのあと日本についての好意的な論説が載せられたりすると、苦労は一遍に吹き飛ぶ。オペラ・ハウスや美術館の関係者との交流は、当時の日本の突出した経済力から、頼まれ事が多かったが、一番楽しかったといえる。

忘れられない晩餐会の一つは、私が主催したのではなく、25年の輝かしい米国生活を終えて、帰国に当たり御手洗冨士夫米国キャノン社長が開いたものである。私は着任間も無くＯＣＳアメリカ社長の野中栄昭氏の発行するミニコミ誌に座談会に招かれ、ここで始めて御手洗氏にお会いしたが、歯切れの良い同氏の意見には賛同するところが多かった。私は彼の離米お別れ夕食会の主賓の一人として招かれ、挨拶をするよう頼まれた。

ニューヨークに来てから半年ほど経った時だろうか、御手洗氏が私に「今度日本に帰ることになったので、友人にお別れの会をするから来て欲しい」とお誘いがあった。私はすべての招待は受けることにしていたから、勿論快諾。しばらくしてまた「一寸挨拶をして欲しい」と言われる。総領事の仕事は顔を出して挨拶をすることだから、勿論「結構です」と返事をした。また少し経って、「着席ディナーです」と言われる。着席の晩餐会で挨拶というのは何をしゃべればいいのだろうと少し不審になり、「どこでされるのですか」と聞くと、ピエール・ホテルで３００人以上招くと言われた。これは大変である。社交辞令の挨拶なら簡単だが、親しい個人的な友人を招いたこんな大晩餐会での食後のスピーチなんて、何を話したらいいのだろう。「何の話でも良いですよ」と気楽に言われる。まさかこんなおめでたい社交の席で日米経済関係などについて話す訳には行かない。腹をくくって漫談をすることにした。ニューヨークでは冗談が会話のスパイスなので、私もジョークには苦労して、いろいろネタを集めていた。これを全部使ってお客さんを笑わすことにした。

89年3月2日、白い花が好きという御手洗氏は部屋を白い花で飾り、まず25年前にニューヨークに来た時にはキヤノンのカメラの売り上げは２５０万ドルだったが、帰国する現在は26億ドルまでに伸ばした一大成功物語を映画で写して見せた。お客は錚々《そうそう》たるニューヨークの米国財界人がほとんどだ。御手洗氏は私に「これらの友人たちは仕事の関係で出来たのではないです、すべてゴルフの友人です」と言われる。良かった。こんなところで日米経済摩擦の話などすることにしたら無粋も良いところだっただろう。腹を決めて私は原稿なしでジョークばかりの一世一代のスピーチをした。10分も話さなかったのだろうが実に長く感じた。ニューヨーク総領事が何を

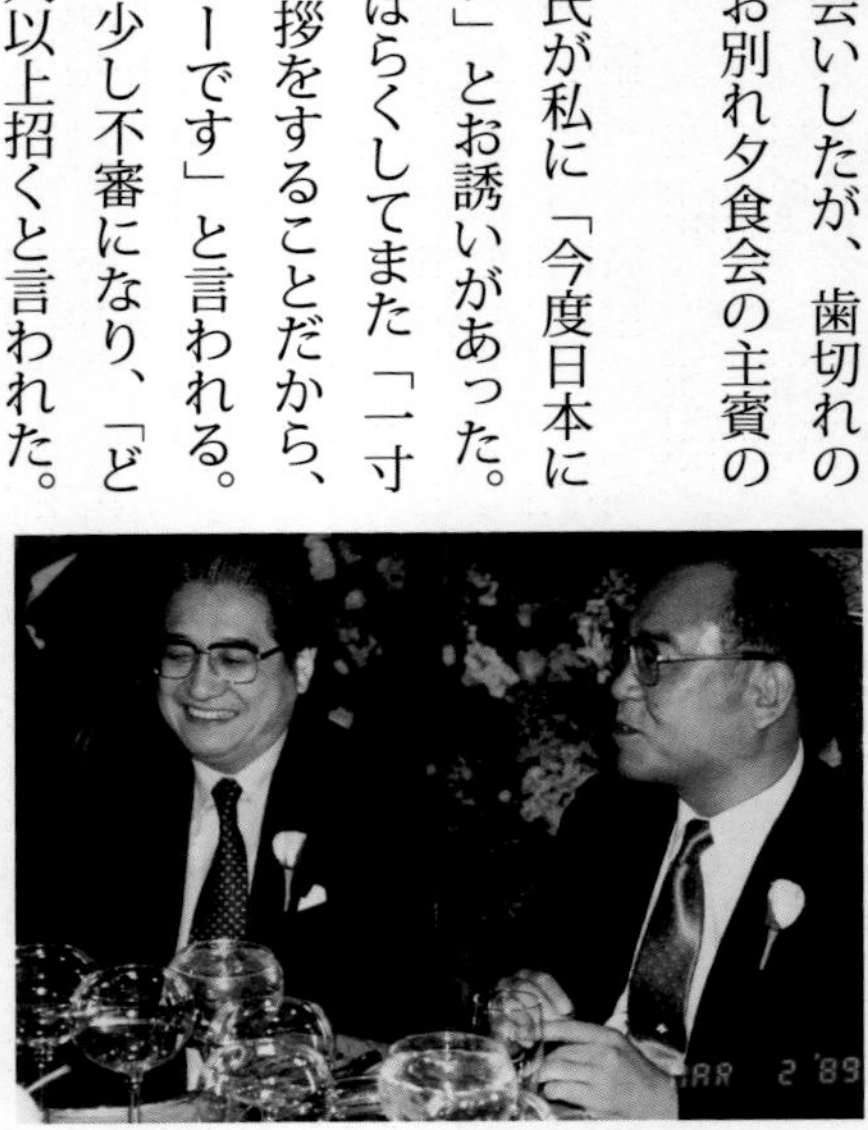

晩餐会で御手洗氏と私

しゃべるかと聞き耳を立てていた米国人は私の漫談に意表をつかれただろう。暖かく大笑いをしてくれた。笑った回数を勘定していた酔狂な日本人の友人によると何でも10数回以上大笑いしてくれたそうだ。

フロリダでゴルフするエドとマサ

ファイザー社の会長のエド・プラット氏とは話が合い、意気投合して「エド」「マサ」とファースト・ネームで呼び合い、一年に一度必ずゴルフをしようと約束した。モアファーに呼ばれたり、スリーピー・ホローに招いたりで、私の帰国の時が来た。私がフロリダのレーク・ノナで年末滞在することを知って、自分もフロリダにいるがガルフ側でオルランドとは離れているから、飛行機を迎えに出すから最後のゴルフをフロリダで遣ろうと言われた。差し向けてもらった双発のジェット機でボカ・グランデから20分北のベニス空港に向かい、飛行場で真っ赤なファイアバードを自ら運転してきたエドに 迎えられ、一晩彼の別荘に泊めてもらった。海からの湿度を避けガラス張りとし、ハイファイ設備が完備し、プールとジャグジー付きの素晴らしい別荘で彼は奥さんとここで余生を楽しんでいる。近くのゴルフ倶楽部で最後のゴルフを楽しんだ。彼もそう上手いゴルファーではなく、ドッコイドッコイの成績で、スコアは秘密にすることにした。その夜は近くのレストランに夫人と共に招いて下さり、翌日は外洋の長距離クルーズも出来る設備を持つ彼のボート で一時間半ほど走り回り、沖合いの島のクラブ・レストランでご馳走になるという大歓待をして下さった。私が驚くと共に感激したのは、タクシーのように雇えるプライベートの飛行機を私のために近くの空港にその夜 留めておいて、何があっても直ぐに送り返せるように配慮してくれていることを知った時である。最上のアメリカ人はこういうものかと深く

フロリダ別荘のプラット夫妻

修復成った襖絵持つルアーズ館長と家内

心を打たれた。

話が合ったもう一人のアメリカ人は外交官でチェコとかベネゼラに勤務した元大使でニューヨークのメトロポリタン美術館の館長をしていたウィリアム・ルアーズ氏である。いつどこで始めて会ったか覚えていないが、彼の社交的な性格も有り極めて親しくなった。いろいろな話をしたが、美術館の資金集めでは相談に乗った。同美術館に所蔵のアラブからペルシャ、中国から日本の武具の素晴らしいコレクションを展示するウィングの建設の資金集めについては参謀役でアドバイスをした。メトロポリタン美術館の東洋甲冑館はこのような雰囲気の中で鹿島建設の石川六郎会長のお骨折りで実現した。

これは私の話ではなく、主として家内についての話であるが、当時メトロポリタン美術館の所蔵品の中から、大徳寺の襖絵が数枚見つかった。痛みが激しいので修復の必要があった。家内は望月次席領事夫人と共に、ニューヨークのご婦人たちの絶大な協力を得てさまざまな募金活動を行い、何と5万ドルを募金して寄付した。婦人方はさまざまなルートで品物を集め、幾度もバザーを開いたり、最後には「ティファニーでの朝食」までが実現した。ルアーズ館長は大変に喜んでくれ、ニューヨーク社交界では理想的なチャリティ活動として称賛を集めた。男性が作り上げた「経済アニマル」日本の汚名を女性が挽回するのに役立ったと言える。91年11月、メトロポリタン美術館で、見事に修復された襖絵の特別公開が行われ150人もニューヨークの名流夫人が集まった。

ルアーズ氏とは今でも高松宮記念世界文化賞のアメリカを代表する国際顧問として毎年来日する時に「七夕のようだね」と年に一回会っている。

それと違って全く私的な友人関係が出来たのは、この地の不動産の最大の成功者の一人であるサミュエル・ルフラック氏である。彼に自慢の「ジョナサン三世」号のクルーズ・ランチョンに招かれ、高齢のマッカーサー夫人にお会いしたこともある。彼は苦労人だけに私に、いろいろニューヨークのやり方を教えてくれた。日本人学校の校舎探しに苦労している私に、アメリカではトップに行かねば駄目ですよとアドバイスしてくれたことは忘れられない。

当時ニューヨーク在住邦人の数が激増して、クイーンズ地区にあった全日制日本人学校が手狭になり、代替校舎を探すことが日本人コミュニティの最大の問題だった。総領事館と日本商工会議所が協力して、適当な案件探しをしていて、総領事館もニューヨーク市の教育局などと話をしていたが全く埒が明かない。ルフラック氏は直接市長のディンキンズ氏のところに行けと言う訳だ。ただ貸し借り勘定がないと陳情では駄目だろうという。私は市長に貸しを作るにはどうしたら良いだろうかと考えた。お金を上げるのが一番だろうが、そんなお金はこちら側で捻出出来ない。一計を案じてニューヨーク市のためにチャリティをすることにした。蜷川マクベスが大評判になっていたので、一晩チャリティ公演をしてもらうことをお願いして、５万ドルを集めた。市長が公演に来なければお金は上げないと下の方に伝えて有ったので、市長も公演に来てくれて資金を出してくれたニューヨークの邦人コミュニティにも顔が立った。この寄付がどれだけ役に立ったかは判らないが、結局代替校舎はニューヨーク市内はおろか州内でも適当な物件が見つからず、最終的には槇原米国三菱商事社長他の民間側の絶大な努力で、コネティカット州グリニッジにある全寮制のハイスクールの建物を買い取って移ることが出来た。米国では民が主で、官のやることには限界がある良い例である。

マッカーサー夫人と

このルフラック氏がメトロポリタン・クラブで開いた結婚50周年の金婚のお祝いの会に招いて下さった。ユダヤ教のラビがクラブの階段でお客を前に再婚の儀式を司った。真偽は確かめてないが、同席のアメリカ人がユダヤ教では50年と2ケ月で結婚は一応解消するので、再婚式をするのだと囁いた。夫婦助け合って一代で巨大な不動産帝国を築いたユダヤ人の一生が実感出来る感動的な一夜であった。

キッシンジャー氏とは盛田氏の紹介で知遇を得た。本省にキッシンジャー氏と会って話をした報告を出すことは本省対策としては賢明なことだ。彼とオフィスで会うことなどあり得ない。何しろすでに伝説的な人物で、外交についての意見を聞くために全世界からお呼びがかかり、講演料は100万ドル、時間を空けてもらえば、一時間何万ドルのフィーが必要な人物である。彼がマディソン通りの或るホテルで朝食を採るのが好きだという貴重な情報を入手した。早速ここでの朝食に招待したらバッチリで、時折ここで情報入手の朝食を一緒にした。「日本経済や政治について、アジア情勢についての日本の見方などについて、いつも厳しい質問をされた。「日本は必ず核武装する」というのが彼の意見で、これだけは最後まで意見が一致しなかった。

## クオモ州知事と親しくなる

当時のニューヨーク州知事はマリオ・クオモ氏で、大統領への野心もあると噂されている演説の上手いイタリア系アメリカ人であった。いろいろ調べて見ると確かにこの人は大統領の器であることを確信した私は、何とかコンタクトを作ることに腐心した。「将を射んとせば、馬を射よ」と言われるが、偶々教育家のクオモ夫人が日本における教育関係の会議に出席されるので、先方から連絡があった。私は同夫人に京都見物を奨めた。「喜んで」と言う返事が来たので、本省に招待を申請すると、夫君の知事なら良いが、知事夫人は「基準に照らして」公費で接遇することは出来無いという返事が来た。これには参った。

クオモ知事表敬訪問

30年ほど前に宝ヶ池の国際会議場で日米経済合同委員会が開催された時に苦労を共にした京都の湯浅女史に相談した。戦友は有り難いもので、高山京都市長が一流料亭で招待して下さるという。３月初めクオモ夫人は出発前に、われわれ夫妻をアルバニーの知事邸にお茶に呼んで下さった。クオモ知事も出てきてオフィスを案内してくれて、背が低かった元知事が使った台など見せて頂いた。慶應大学がニューヨーク郊外に寄宿制高校を開設することを喜んでおられ、ひとしきり若者論などに花を咲かせた。更にクオモ夫妻は91年の 9月末から10月初めにかけて日本を訪問することになり、その関係でクオモ知事と屡々色々話しあう機会を持った。こうしてクオモ知事と親しい関係が出来た。これを基礎に公邸の晩餐会に招待すると快諾して下さった。

懇談する中曽根元総理と
クオモ NY 州知事

大統領選挙に出馬するにはニュー・ハンプシャーのプライマリーに出なくてはならず、その締め切りの日が迫った91年12月の３日に、この晩餐会が予定された。出馬なら自身が 出向いて出馬を宣言する必要があるせっぱ詰まった局面の時である。相客として招待したニューヨークの日本人のビジネスマンたちはクオモ知事がこんな時に公邸に来るはずがないと疑心暗鬼である。偶々中曽根元総理もニューヨークに見えるというのでクオモ知事と 中曽根元総理の二人を正客に据えた30人ぐらいの晩餐会を計画した。普通の着席方式では18人が限度なので食堂とサロンを繋いで、Ｔ字型のテーブルを設定した。こんなことは始めてのことである。予定通りクオモ知事はお見えになり、上機嫌である。出馬と不出馬の双方のステートメントがポケットに入っていて、空港には飛行機が待たせて有ると言うが、ま

慶應ニューヨーク校地鎮祭
（右から石川塾長、クオモ知事夫人）

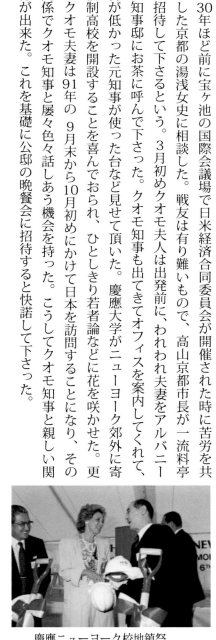

だ決心しかねている様子だった。

和気靄々の晩餐会が進んで最後に小生が立ち上がって歓迎のスピーチをすることとなる。この頃ジョークに自信をつけている小生は思い切ったジョークを言うことにした。「この公邸は縁起が良いのです。ここで最近私のお客として晩餐にお招きした日本の政治家は皆首相になられています。竹下総理、宮沢総理然りです。この先例から言うと…．．」といってわざと言葉を止めると、お客の間に緊張が走った。一体この人は何を言い出すのだろう?中曽根さんも不安げに私の顔を見ている。日本の外交官がクオモ大統領を予言するなどして、アメリカの内政に立ち入るような発言をするのではないかと心配されたのかも 知れない。私は知らん顔で続けた。「…．．クオモさんが日本の首相に成れる方であることは確実です」皆大笑いで、クオモさんも手を叩いて面白がってくれた。愉快なニューヨークでの忘れ得ない想い出である。何と言ってもニューヨーク州知事夫妻がニューヨーク総領事公邸の晩餐会に見えたということは恐らく空前のことで、いささか鼻が高いエピソードでもある。

## アメリカ文化を楽しむ―慌ただしい離任

ニューヨーク時代は多忙で、私的なお付き合いは極めて限定されたのは残念だった。90年の初夏、成功した弁護士夫妻のナンシー・ヤング／ポール・フォード夫妻のコネチカットの郊外の海辺の森を背景にしたお洒落な別荘に招かれ、ヨット好きの夫妻が属するヨットハーバーでの家族的な雰囲気のダンス・パーテイーを楽しんだ。翌日テニスをし、夫人が夫君にプレゼントした立派なボートで湾内一周を楽しんだ。成功した若い共働き夫婦の信じられない豊かな生活環境にはただただ羨望を禁じ得なかった。

秋も深まった同年10月にＩＢＭ副社長のケニス・ダン夫妻がウエストチェスターから更に北に上がった郊外にある自宅で大勢の親しい友人を招いて開いたピクニック・パーテイーも忘れられない。広々とした庭で、ソフトボール、卓球、フォークダンス、バドミントンなどをそれぞれ楽しむ風景は、何となく開拓時代から連綿と続くアメリカのコミュニテイー親睦の伝統を感じさせた。桜の花の下で友人と酒を飲み、お弁当を広げる日本風と違うアメリカ風はコミュニテイー親睦の一つの理想でもあると思った。この二つのパーテイー に招いてくれたアメリカの友人の好意は素晴らしかった。

ニューヨークはオペラ、ミュージカル、コンサート等では世界でナンバーワンの都市である。メトロポリタン歌劇場では、ヴェルディの傑作からプッチーニ、モーツアルトの作品等よく演じられる主要なオペラはほとんど見たと言っても過言ではない。到着後間もない88年の12月に観たドミンゴ（ラダメス）、コソット（アムネリス）、レオーナ・ミッチェル（アイーダ）の配役の「アイーダ」は豪華絢爛だった。市原多朗、渡邊葉子、コソットの様にメトで活躍する歌手の人達とも親しくなれた。一夕市原多朗氏を公邸にお招きした時、彼が興が乗って歌って下さったが、窓ガラスが割れそうな声の迫力に圧倒された。オペラ好きな家内はシカゴまで遠征してパヴァロッテイに親しく会うことが出来た。五嶋みどり、漆原朝子、竹澤恭子等世界を舞台に活躍する日本人ヴァオリニストとも親交が出来た。ニューヨークでは次々に新しいミュージカルが現れるが、好評のミュージカルのロングラン公演も併存している。ロイド・ウェーバーの「キャッツ」「ジーザス・クライスト・スーパースター」「エヴィータ」「オペラ座の怪人」等を日本からの訪問客を案内して何回見たことだろうか。総領事館には永年ニューヨークに住む音楽愛好家の望月謙児と言う人がいて、私たちにニューヨークの音楽事情を紹介したり、コンサートの切符の入手をしてくれて有り難かった。

パヴァロッティと家内

私は大変に下手なゴルファーであるが、ハドソン川沿いの「首無しの騎士」伝説で有名な地にある、スリーピー・

ホロー・カントリークラブのメンバーにして貰って、しばしば週末に家内とゴルフを楽しんだ。伝説かもしれないがロックフェラーが美観を損ねない様に対岸を買い切りハイウェー建設に寄付したと言われていた。ハドソン川に向けて打つ美しい気持ちの良い第16番のショート・ホールは、砲台グリーンがバンカーに囲まれた全米屈指の美しいホールだと思う。私にはワンオンがギリギリ可能な距離だったが、アメリカ人には短すぎたのだろう、ティグラウンドが後ろに下げられ、どう頑張っても谷間に落ちることとなったのは残念だった。

スリーピー・ホーローCC
第16番ホール

ゴルフについてはプロ・アマ競技に参加して冷や汗をかいたことは忘れられない。親しい小林陽太郎氏の夫人の百代さんから、プロ・アマ競技は楽しいから招待されたら絶対に断っては駄目よと言われていたので、日航の招待を受け、躊躇なくニューヨーク郊外のワイカギル・カントリー・クラブでの試合に参加した。何とスタート台で肩書きと名前がアナウンスされ、コース沿いに両側ぎっしり見物人が見ている中で最初の一打を打たねばならなかった。若し打ち損じでもして見物人の中にボールが飛び込んで誰か怪我でもさせたら、ニューヨーク中の物笑いになるだろう。ゴルフの名人の小林夫人と私が違うことを忘れていた無謀さを悔いても始まらない。心の中でゴルフの女神にただ100ヤードで良いから真っ直ぐ打たせて下さいと祈った。私はゴルフの女神は必ず存在すると思う。後年退官後、旧軽井沢ゴルフクラブで柄になくフェローシップ・エチケット委員長を務めることとなった時に、女神は私の奉仕の精神を嘉して、生涯一度のホール・イン・ワンをさせてくれた。ニューヨークのこの時にも女神は、私のボールをキッチリ100ヤード強、フェアウェイのど真ん中に運んでくれた。その後はもう見物人は居ないので、ベス・ダニエルスという魅力ある女子プロと楽しくラウンド出来た。

慶応の先輩の米国三井物産社長の近藤久男氏（父君が有名なゴルフ評論家の摂津茂和氏）がゴルファーにとっては夢のオーガスタのマスターズに招待して下さっただけでなく、ここでプレイが出来たことはいくら感謝しても感謝し過ぎることはない。同じくゴルフでは大学時代に「東京文化の会」で一緒に東京を楽しんだ仲間で、銀座の「らん月」を経営する小仲正久氏が持つフロリダやパームスプリングスのゴルフコースに 接するコッテージにクリスマス休暇を過ごさせて頂いたことも、仕事のための英気を養う上でどれだけ有り難かったことか。

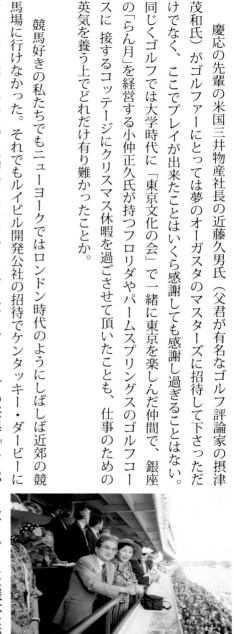

競馬好きの私たちでもニューヨークではロンドン時代のようにしばしば近郊の競馬場に行けなかった。それでもルイビル開発公社の招待でケンタッキー・ダービーに行けたのは嬉しかった。年初のナショナル・フットボール・リーグの祭典「スーパー・ボール」には残念ながら遂にご縁がなかったが、何回か講演に行って親しくなったペンステート大学のパリス・チャン教授の誘いで、同大の有名な付属フットボール・スタジアムでカレッジ対抗の試合を楽しむことはできた。このゲームほどパワーと戦略を崇拝するアメリカ精神を示すものはないと言って良いだろう。アメリカ人が熱狂する断トツ一番人気のスポーツである。それに比 すれば野球は時に物足りなさを感じさせるぐらいだ。野球ではニューヨークのシェイ球場のボックスに、知己となったメッツのオーナーのウィルポン氏に招かれ、メッツ対ドジャース戦のナイターを楽しんだことは忘れられない。

ペン大スタジアム

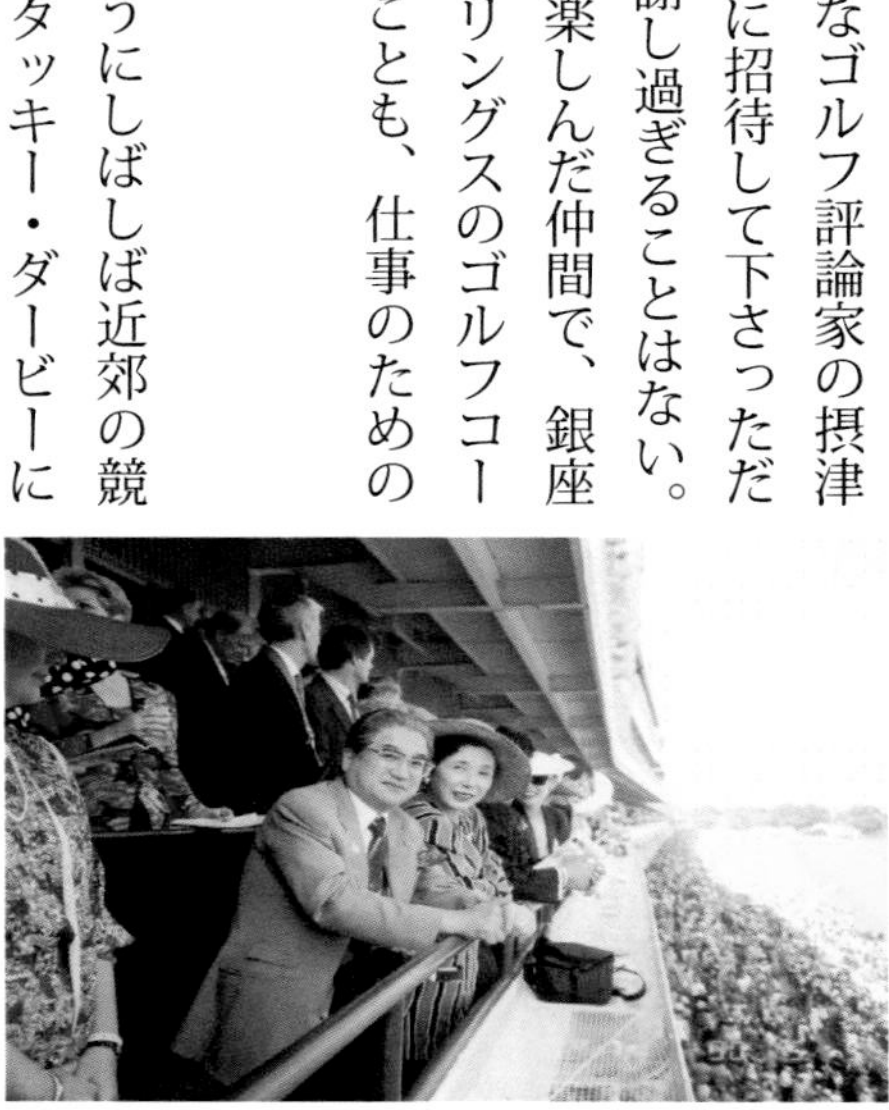

ケンタッキー・ダービー

超多忙ながら多くの友人も出来たニューヨーク生活だったが、私は本省人事の関係で慌ただしく帰国することになった。91年12月半ばに帰朝命令を受けた。年が明けてロックフェラー、ウィルポン氏等親しい米国の友人が極く親しい日米友人を送別の昼食会を開いて呉れて嬉しかった。しかし私自身は、出発の前夜に泊まっていたエセックス・ハウスのサロンで親しい友人たちにお別れを告げただけで、準備の時間が全くないためにちゃんとした離任のレセプションを開かずに、92年1月14日にニューヨークを慌ただしく離れたのは誠に心残りであった。

88年9月19日から92年1月14日に至るニューヨークでの3年4ケ月は日米関係が高度に緊張した時期であったばかりでなく、国際情勢でも湾岸戦争、ベルリンの壁の崩壊、米ソ間の冷戦の終結などが相次いで起こった劇的な時期であった。この緊張感に満ちていた時期に外交官としてニューヨークで仕事が出来たのは幸せだった。遠くなったニューヨークの嵐のように慌ただしかった日々を振り返ると、恐らくあれ以上は出来なかっただろうと、密かに満足している。

# 第14章　外務報道官に就任（1992年1月〜93年8月）



## 意外な人事に戸惑う

いずれの官僚機構もピラミッド型で、上に行くほどポストは少なくなる。日本外務省では事務レベルでは次官がトップでその下に政務と経済に分れた外務審議官がいる。私は本省局長も経験し、ニューヨーク総領事は大使の称号を与えられていたので、帰るポストは極めて限定されていた。この頃まではこれらの最上級人事には省内のコンセンサスのようなものが出来てくるのを反映して任命が行われるのが常であったように思われる。

私のニューヨーク総領事生活が3年を超える頃に本省の人事交替の時期となり、東京から色々なルートで経済担当の外務審議官として帰朝になるという情報が私の許に届いてきていたので、私は何とは無しにその気になっていた。

91年11月に宮沢内閣に暴れん坊で知られる渡辺美智雄氏が外相に就任した。普通新任の大臣は人事に介入しないのだが、この人は違っていた。駐米大使の人事を始め主要人事に自分の意見を押し通した。その中で私の人事も決まったようである。この人とは経済協力局長時代に、懐にねじ込まれた札束入りらしい封筒や贈られた高価な背広の生地をお返ししたことがあり、余り好かれていなかったのかも知れない。ニューヨークでの積極的な広報活動が注目されたのか、私は広報に最も向いているということにされてしまったようである。91年末に外務報道官に就任せよという連絡があった時には、正直に言って呆然とした。本来私は思うことを隠すことが出来ない性格で、一癖も二癖もある新聞記者を相手に報道の仕事は向いていない。何処かの大使に飛ばされることを覚悟で抵抗したが、結局受けざるを得なかった。多くの友人が出来たニューヨーク在勤だったが、帰国命令は急だった。友人たちに離任の挨拶のレセプションも開く時間的余裕もない慌ただしさで、92年1月15日に帰国した。帰国の翌々日の1月17日に私は外務報道官に任命された。

渡辺外相から外務報道官の辞令交付

## 外務報道官の仕事

外務省の広報活動の歴史は長い。戦前有名な「天羽声明」（注）があったが、子息の外交官の天羽民雄氏（駐ユーゴ大使）の書いたものによると、この人が勝手にやったものではなく、外務省上層と協議の上のいわゆる「バロン・デッセー」だったらしい。

（注）1934年4月に外務省情報局長の天羽英二氏が定例記者会見で、日本は諸外国との友好関係を重視するが、東アジアに付いては、日本の立場や使命が列国のそれと一致しないこともあり得るという趣旨の発言をして、日本の「アジア・モンロー主義」として国際的に物議を醸した。

ある程度個人の責任としながら、時の政府の考えを体して発表して反応を見るということが出来る面白いポストだったようだ。戦後は長く情報文化局長という国内プレスとの関係を担当する一部局だった。安保改定のように重要な条約とか外交交渉について国民に理解を求める役割が重要であった時代もある。局長の個性も反映されるポストである。

だが近年はどちらかというとこのポストは霞クラブに常駐する外交に関心を持つ新聞記者との良好な関係の維持と、一旦必要がある時は主要新聞社の論説陣への働きかけが中心の時代が長く続いていた。情文局長というのは新聞記者としょっちゅう飲み食いし、意思疎通を図るのが主たる仕事という印象であった。ただ私が就任する少し前からこういう状況に変化が生まれて来て、対外的な情報発信に比重が掛かり始めていた。一種の過渡期にあった。そういう意味では大きな責任を伴うポストだった。

というのは80年代に日本の地位が向上して、東京発のニュースの重要性が飛躍的に上昇した。私が外務報道官に就任当時東京にある外国報道機関の数は約340社で、遡る4～5年で50社増え、外国人報道関係者の数も530人で同じ期間に100人増えていた。外国報道機関に働く日本人の数も100人増えて330人となっていた。記者の質も高く、錚々たる人材が揃っていた。ニューヨーク・タイムズ紙は著名なスーザン・チラ女史がニューヨークに帰り、デヴィッド・サンガー、ジェームス・スターンゴールド、アンドリュー・ポラック、スティーヴン・ワイズマン氏等を駐在させていた。ワシントン・ポスト紙は東郷茂彦、ポール・ブルースティンにトム・リード氏。ロスアンゼルス・タイムズ紙は在京が長いサム・ジェームソンにレスリー・ヘルム氏。ウォール・ストリート・ジャーナル紙はジェイコブ・スレッシンジャー氏、ビジネスウィーク誌はロバート・ネフ氏、タイム・マガジンはエドワード・デズモンド氏を派遣していた。名物男としては在日の長い南ドイツ新聞にヒールシャー氏がいた。通信社ではＡＰのデヴィッド・サーバー記者、ＵＰＩのウィリアム・ランプ氏、ロイターはロージャー・クラブ氏が定例の外国人プレス会見の常連であった。

日本には中央、地方を問わず各政府機関、政党、経済団体等に悪名高い記者クラブ制度がある。参加資格は各クラブが決めるが、一般的に日本記者クラブに加盟しない報道関係機関、例えばフリーランス、週刊誌記者、赤旗等の政党機関紙の記者は記者会見から締め出されていた。外国報道機関も参加出来なかった。私は記者クラブ制度には強く批判的で、外務省の記者会見は私の時代に外国報道機関にも開放され、原則として日本語の出来る外国人記者ないし日本人の補助者が記者会見に出席出来るようになった。これが可能だったのは外務省が会見を主催していたからで、他省庁は記者クラブが会見を仕切っていて、残念ながら今でもこの基本制度は本質的に変わっていないと思う。

記者会見のやり取りは記録が取られ、邦文のものは「一般情報」という形に収録されて、直ぐに在外公館に送られる。本省と在外公館を通じて、説明に齟齬《そご》がないようにすることと、情報が少ない在外公館に最新の本省の動きを間接的に示すことにもなり、在外公館ではこの「一般情報」を評価していた。英語の記者会見も直ぐに記録が取られ、東京と在外で広く配られていた。在外公館の館員にとっても、最新の諸問題についての適切な英語が判るという意味でも歓迎されていた。外務報道官組織には永年働く広報のプロの事務官もいて、縁の下の力持ちとして外交活動をこういう形でサポートしてくれていた。報道官はこの組織の長であるが、ルーティーンの仕事は組織で

さあ仕事だ

しっかり進んでいた。報道官に求められているのは、スポークスマン的な役割と、諸官庁組織と同じく組織の諸々の活動に優先順位を付与することであった。それに加えて天皇、皇后両陛下に毎月一回別々に行う国際情勢についてのご進講があった。これは相当な責任を伴う仕事だったが、任を終えた後余人を交えず両陛下に親しく午餐を賜ると言う光栄を齎した。元御用掛として今でも両陛下のお誕生日や皇居でのお祝いにお招きを受けている。

## 外国プレスとの真剣白刃のやり取り

外国報道関係者はオフレコの発言は歓迎しない。欧米メディアは情報ソースを実名で要求するからである。だから定例の記者会見に加えて、前任の渡辺泰造外務報道官（駐インドネシア大使）が始めた外務報道官によるオンザ・レコードの英語での記者会見は、欧米始め外国人メディアに歓迎され、私にもその継続が求められていた。しかし英語でのオン・レコ会見は、通訳上の間違いとして逃げられないので、真剣勝負そのものだった。外国人記者には非欧米の記者も増え、日米関係の文脈を強調し過ぎると、ヨーロッパからだけでなく、アジアの記者から変な目で見られる。相手により説明を変えるということを排し、世界を相手に言わば「一物一価」で天地に恥じない情報の提供が理想である。また外国人記者にだけ情報面で特別サービスをしようものなら、日本の記者の猛反発に会い、報道官失脚の憂き目に会うだろう。オン・レコの英語による記者会見は、報道官の側に途方もないリスクを伴うものであった。しかし私はニューヨークでの経験からこの挑戦に堪えるある程度の自信はあった。私がアメリカのテレビで国務省のマーガレット・タットワイラーという女性の報道官のやり取りを見て、感心したのは、この人がブッキラボウに近いくらいハッキリとノーといい、判らないことは判らないと言うことだった。私もこういうスタイルを基本にしようと思った。私は最初の記者会見で「私とあなた方とは立場が違う。出来る限り正直に答えるが、一定の距離を置く」と馴れ合いを排すると云う私の報道官としての基本的姿勢についての発言をした。相当に変った報道官と思われただろう。ただ私一流の計算もあった。これは情け容赦のない世界だから、自分もリスクを取るが記者側もリスクがあると言いたかった。外国プレスだからと言って大目に見ない。オフレコ発言についてルール違反は認めないと言う暗意を込めたつもりである。

実際に93年の2月10日にはワシントン・ポスト紙のトム・リード記者のオフレコ破りを問題視して、1ケ月の出入り差し止めのペナルティを課した。理由は他愛の無いものだが、前日に小和田次官がオフレコの記者懇談をしたが、リード記者は「小和田氏は6皿のディナーに外国特派員を招き、対米不満の長いメニューを出した」と書いた。小和田次官はカンカンに怒り、「何か措置を取れ」と言われる。私は痛みを伴う措置でないと意味が無いので、リード記者に「オフレコの約束を踏みにじったので、ペナルティとして1ケ月間外国人プレス会見に入れない。今後無期限に背景説明の懇談には招かない」と通告した。本人はルール違反をしていないと言い張るが、私は「貴殿の記事を読めば、100人中99人が、外務省の高官が対米不満を述べるために、一部の米国人記者に一席設けて態《わざ》と不満を漏らしたと思うだろう。これは信義の問題でもある」と一蹴した。2週間位してニューヨーク・タイムズのサンガー記者が「そろそろ許してやれよ」と言って来たので潮時と思い、許すことにした。正面切ってワシントン・ポスト紙の花形記者に制裁を課したのだから、在京の外国人報道関係者にとっても、これは破天荒のことだっただろう。

外国人記者からの質問は日本人の記者と全く違って直接的で遠慮がない。例えば小和田雅子さんが皇太子妃になられた時の外国人記者会見の質問の第一は「彼女は離婚出来るか」だった。まともに答えようと考えると難しい質問である。法律的なことは判らないと云うのが本当のことだろう。世の中に判らないことは沢山ある。しかし質問は何でも自由に出来るから、何らかの返事が必要である。私はこの質問に対しては「日

ミス・インターナショナル来訪

本ではお目出度い時にそういう質問はしないよ」と躱《かわ》した。

私は毎回の記者会見の前に、予め担当部局から冒頭にこちらから述べることと予想される質問についての可能な限りの情報をブリーフして説明してもらった。担当課から事務官が来て分厚い資料をくれて口頭でも説明してくれる。しかし関係部局から十分の資料を貰っていても、会見の最中にいちいち資料を見る訳には行かない。テレビがカバーしているし、見苦しい。自分が関係部局からブリーフされたことを念頭にいれて、咄嗟《とっさ》の返事をするところに最大の面白さとスリルがある。ただ国益が掛かっているから遊び心では出来ない。まだ会見場から直接タイプしてインターネットで発信する所までは行っていない時代だったが、大袈裟に言えば会見の映像は一瞬にして世界中を駆け巡る。

21世紀に日本が「失われた20年」の時代に入ると、状況は一変して、日本駐在の外国人メディア関係者の数が激減した。沈滞する日本からの情報はほとんど世界にとり意味を失い、日本には無関心となった。外務報道官の記者会見の模様が日本のテレビですら見られることはなく、逆に中国、北朝鮮の報道官がしばしば登場する。振り返って見ると感慨無量であるが、私が外務報道官に就任した頃は世界が日本の挙措《きょそ》に注視していた時代だったのである。

## 宮沢総理の「労働倫理」発言

私が心掛けたことは第一にスピードである。メディアの進歩の結果、あるパーセプションが出来たらこれを打ち消したり、訂正するのは極めて難しい。アメリカの大統領選挙でネガティヴ・キャンペーンが時に成功するのはそのためである。情報化した現代社会ではなるべく早く根源でイメージをコントロールする必要がある。外務報道官就任直後に宮沢総理の国会における米国人の「労働倫理」発言があった。「アメリカのそういう所に勤労の倫理観というものが欠けているのではないかと思っていました」と言う総理の発言は、前後の文脈から言えば、宮沢総理は汗して働いてお金を儲けることが大切という日本人のモノ作り意識の重要性を述べられたことは明白だった。通信社が「勤労の倫理観」を work ethics と訳したのも誤訳ではない。ただ「アメリカ人が work ethics に欠ける」という部分が「アメリカの労働者は働かない」と解されて独り歩きする危険がある。ブッシュ大統領が三大自動車メーカーの代表を伴って訪日して、官邸の晩餐会で気分が悪くなるというハプニングがあり、訪日は失敗であったとして日米関係は更に緊張が増していた時である。悪いことに日本の政治家はガードが甘く、「政治的に不適切な」発言をしてはいけないという基本的な緊張感がなく、黒人を蔑視したととられる発言なども頻発していた。

私は安保理サミットに宮沢総理のお供をしてニューヨークに出張して、2月9日の夜に帰国したが、翌日の夕方6時ごろ帰宅しようと思っていた時に、APのティッカーが入ってきて、「日本の宮沢総理が最近のアメリカ人が働かないという発言をまた繰り返した」という見出しで総理の国会発言を報じていると知らされた。朝7時からのアメリカのモーニングショーで絶好の話題となると直感した。直ぐに総理と連絡をとって「これは額に汗して働く哲学を述べ、マネーゲームに走る日本人に向けた警鐘の発言」と言うコメント（日本語と英語で）を午後の9時半過ぎに出した。ニューヨーク時間でモーニングショーは始まっていたのでこれには間に合わなかったが、このコメントは大使館経由ホワイトハウスに伝達され、午前10時からのホワイトハウスの報道官の記者会見には辛うじて間に合った。マーリン・フィッツウォーター報道官が日本

92 年 7 月　宮沢・ブッシュ首脳会談後の記者会見（右端に私）

政府のコメントを持って会見に臨み、質問に対してここに日本政府のコメントがあると紹介した。また国務省のタットワイラー報道官は何度も記者会見で私の出したコメントを読み返し、さらにブッシュ大統領の記者会見でも質問に答え、大統領は「私のスポークスマンが良いことを言っているだろう、あの通りだよ」と述べ、この問題は沈静化した。

私は日本のために良い仕事が出来たと思っていたが、官邸筋では外交通と言われる加藤紘一官房長官がこれは誤報なのだから何で報道官は大騒ぎするのかという態度で、「官房長官は英外務報道官はアメリカに引っ張られ過ぎていると批判している」と伝わってきて不愉快になった。このエピソードはその後しばらくの間米国でも色々検証が行われ、AP通信社の報道は、総理の真意を正確に解釈していないと言う意味で「誤報」であったという所に落ち着くので、官邸の言うことも一理あるが、対外広報の責任者の観点からはそんな悟り切ったことでは済まない。例え幸い最終的に良識ある結論が生まれたとしても、それが一般大衆に伝わるかというと絶対にそういうことはなく、当初に出来た日本の総理はけしからんと言うイメージが残るのがこの世界の恐ろしさである。スピーディな対応に苦労し、夜半に米国のテレビにまで出演して、総理の真意が捩じ曲げられないように努力した外務報道官の苦労を理解出来ない政治家には失望を禁じ得なかった。

## 米国紙にしばしば引用された裏には

私がもう一つ心掛けたことは無難に答えるのではなく、必要な時に答えの中に日本の意図を巧く発信することである。ニューヨークで受けたメディア・トレーニングでもこのことは重要であると教えられていた。いわゆる括弧に挟まれたクォーテーションの大事さである。私の発言はワシントン・ポスト紙やニューヨーク・タイムズ紙に屡々《しばしば》引用された。東京サミットに出席したクリントン大統領に同行して、ニューヨーク時代の知己で国務省の次官補に出世していたジョーン・スペロ女史とピーター・ターノフ氏が東京にやって来た。私に会った時に彼らが異口同音に聞いたのは、「何でこの頃お前の名前がしょっちゅう米国主要紙の記事になるのか?」だった。

それにはいくつか理由がある。一つは、当時は総理、官房長官、外務大臣や外務次官の記者会見に外国特派員の出席が認められていなかったことである。外国人記者が情報ソースを実名で明示出来るのは、外務報道官による外国プレスへのオン・レコ会見だけだったと言うことである。第二は、日本の経済力が頂点に達し、日本の行動に世界の注目が集まっていたこと、さらには日米摩擦が危機的な状況であったことであろう。そして第三には私が引用出来るような発言をすることに心掛けたからである。

私は記者会見の前に、その日外国人特派員が関心を持ち質問するであろうことを熟考し、それに対して最も好ましい対応を具体的な英語の表現で用意するように努めた。ニューヨークで変人のコッチ市長が「私は最悪の質問にどう答えるかいつも考えている」と言ったことを覚えていた訳である。出来るだけ英語としても凝ったもので、意表をつく内容で、しかも日本に取って好ましい印象が作られる引用可能な表現を準備しておいて会見に臨むのである。学校の試験でヤマを掛けるようなものと言えよう。これは大成功であった。当時はニューヨーク・タイムズ紙も東京特派員を二人から三人に増やすほど日本重視で、しかも優秀な記者を派遣して来ていた。彼らは紙面に載る良い報道を多く送ることにより名を挙げて更に階段を上りたいと渇望している。こちらが投げた引用可能な部分を的確に捕らえて実名入りで使う。それはまた見事なものである。

## クリントン発言に一矢報いる

自慢と取られるのを覚悟して、私自身の記者会見での以下の成功例だけは是非書いておきたい。それは92年4月クリントン大統領がエリツィン大統領とバンクーバーで首脳会談を持った時に、晩餐会の席上クリントンが述べた「日本人がイエスと言う時は、しばしばノーを意味する。あなた方との関係で、日本人にそのように振る舞わせないことが大切だ」と言う発言がロシア語でメモ書きされたものがレストランのテーブルの上に残されていて、ＣＮＮがこれを世界中に流した時のことである。当時のロシアとの最大の問題は対ロ支援で、日本は北方領土問題が未解決のままロシアに支援するのは不愉快と言う時代背景があった。果たしてどういう文脈の下でなされた発言かは不明だが、火の無いところに煙は立たぬ。何らかそういう趣旨の発言が有ったことは明らかである。当然ホワイトハウスは沈静化を図り、クリストファー国務長官は小和田次官に電話で釈明してくる。サミットを控えている日本はこの釈明を受け入れて、河野洋平官房長官はその趣旨の発言をした。

私は外プレの記者会見でこれについて必ず質問が出ると予想して、意趣返しが出来ないか、一晩考えた。そこで編み出したのが、これに関連して質問が有ったら「クリストファー国務長官から日本の外務次官にこの発言は文脈を外れて引用されたものであるとの説明が有った。あなたの質問がこの釈明を受け入れるのかと言うのであれば、私の答えはイエスである。日本人がイエスと言う時には額面通りに受け取ってもらって結構である」と答えようというアイディアである。予想通り質問があり、予定通り答える。流石はロイター通信社である。私の発言を巧く引用して、「英外務報道官は、面白そうな顔をして、〈日本人のイエスは額面通りイエス〉と答えた」と報じ、ご丁寧に、「日本はクリントン大統領に直截なメッセージを申し渡した」と説明を付した。愉快だったのはインターナショナル・ヘラルド・トリビューン紙がロイター電を引用して、この程度の内容にしては異例とも言える3段抜きで「日本からクリントンへ：イエス、我々は混乱してはいないですよ」とこれまた相当の皮肉を利かせた見出しを付して報じてくれたことである。私としては

erald INTERNATIONAL Tribu

Published With The New York Times and The Washington Post

第3種郵便物認可 日刊(日曜休)　TOKYO, WEDNESDAY, APRIL 7, 1993　Price in Japan - 450 Yen

**Japan to Clinton: Yes, We Have No Confusion**

*Reuters*

TOKYO — Japan had a blunt message for President Bill Clinton on Tuesday: "When we say yes, you can take our word for it."

Masamichi Hanabusa, a spokesman for the Foreign Ministry, delivered that comment in response to a reported remark by Mr. Clinton to President Boris N. Yeltsin of Russia that Japan did not always mean what it said.

Mr. Clinton apparently made the remark in a discussion with Mr. Yeltsin last weekend in Vancouver about a decades-old territorial dispute between Tokyo and Moscow.

It became public when some notes in Russian from one of Mr. Clinton's meetings with Mr. Yeltsin found their way into the hands of journalists, who interpreted it as a warning not to trust Japan.

Secretary of State Warren M. Christopher called Japan's vice foreign minister to explain that Mr. Clinton's remark — that "yes" often means "no" when uttered by the Japanese — had been taken out of context.

"Yes, we can accept that explanation," said Mr. Hanabusa, looking amused. "When we say yes, you can take our word for it."

The United States supports Japan in its claim to four North Pacific islands seized by Soviet troops at the close of World War II. But it also thinks Japan should set aside the dispute, which has held up normalization of Tokyo-Moscow relations for decades, to help Russian free-market reforms.

Japan has long refused to sign a peace treaty formally ending hostilities with Russia or offer it large-scale bilateral aid until the islands are returned.

トリビューン紙の記事

会心の作で、2年の苦行の中で光り輝く唯一と言って良いエピソードである。朝日の鋭敏な国際記者の田岡俊次氏は直ぐに8頁に亘る長文の手紙を速達でくれて、「見事な切り返しに感服しました」とエールを送って下さったのも嬉しかった。これは事前に何を書かせるかという計算をして、引用出来るフレーズを自然な形で発信することが如何に効果的であるという見本である。同時にキリキリしないでユーモアを交えて対応することが自信を持っていると相手に認識させる所以でもあると思う。

## 正念場の東京サミット

報道官組織にとりサミットの際の、内外報道関係者への諸般のサービス提供は仕事の中で歳と共に重要性を増してきていた。外国で開催されるサミットに数百人の邦人記者が押しかけ、外国の報道関係者からもブリーフィングを求められることが増加したのは、偏に日本の国際的な地位が向上したからである。ましてや私の外務報道官の時には93年7月に東京サミットが予定されていた。一本釣りで外国の記者にブリーフして記事を書いて貰う昔の時代から、外国記者への定期的なブリーフィングが常態化して来ていた。

93年7月の東京サミットにクリントン米大統領、エリツィン・ロシア大統領が出席し、私は最後のご奉公でサミット終了後の宮沢総理の内外共同記者会見の司会と宮沢・エリツィン首脳会談後の共同記者会見の司会をした。首脳による記者会見はメディアの印象を形作る上で、司会に当たって一つのミスも許されないものであるが、事前に記者と

93年7月 東京サミット後のクリントン・宮沢共同記者会見（右端に私）

質問を打ち合わせるようなことはやるべきでない。簡単なように見えて中々機微なもので、失敗があれば責任を負わねばならない。私が外務報道官になった理由の一つはこのサミットに於けるメディア対応があったので、将に正念場であった。

国内政治の上では、既に6月18日に小沢派が離反して不信任案が可決されていて、直後に敗北が必至の総選挙が予定されていた。それにも拘わらず米国は金融・保険の自由化を強く求め、構造協議も難航していた。日米首脳会談で宮沢総理は構造協議の米国の要求を受け入れて解決したので、総理の内外記者会見では大きな問題はなかった。

しかしロシアとの共同記者会見は前例もなくロシア側のプレス対応はまだ未熟で、色々難しいことがあった。領土問題は未解決で、その中での対ロ経済支援には国内で反対論も根強かった。事前の打ち合わせでコスチコフ報道官は日露の報道官が相互に記者を指名する「相互主義」を要求する。これではロシア側は馴れ合いの質疑となり、日本だけが正直にすれば公平でなくなる恐れがあるので、日本での記者会見だから私が司会すると押し返すと彼は真っ赤になって怒った。調べるとミュンヘンのサミットの後の独露首脳会談の後の共同記者会見はこの方式だったので、小生は二度目の打ち合わせでこの点は譲歩したが、ロシア側が質問者を指名するさいに、ロシア人記者だけでなく、Ｇ７や第三国の記者も指名するよう求めて彼も諒解する。慣れないことで流石の私も心配であった。

宮沢総理とエリツィン大統領が壇上に座り、45分に亘る会見が始まった。私は共同通信の記者に第一問を頼んだが、後の質問者は会見場内で手を上げている記者に質問を認めることにした。ロシア側は事前に質問者を決めていて、名指しで質問をさせる。約束違反ではないが、これではコントロールされた会見になってしまうので、私は少し焦った。メキシコ人記者の後、ＢＢＣの記者が良い質問する。意地悪い質問もあって良いと思い、最後に産経の記者に質問を認めると、「日本国民の反ロ感情をどう思うか」と率直に聞く。エリツィン大統領からは、領土問題は「今は出来ない」との感触が返ってくる。経済が良くなれば何か考えようという趣旨も窺われ、会見は良いムードで終わり本当にホッとした。私は自分自身が記者と相対するのは構わないが、首脳の記者会見の司会は苦手だった。

## 胆力が試されたカンボディアでの警官遭難

外務報道官には胆力も必要である。受け答えは何時も自信に満ちたものでなければならない。私が行なった記者会見の中で最大のピンチは、カンボディアにおける選挙の実施のために派遣されていたPKO要員の日本人警察官一名がポルポト派の攻撃を受けて死亡し、二名が重傷を負った後の記者会見である。93年5月初めのことである。この出来事の後その他の警察要員はタイ領に危険を避けて脱出し、派遣要員は首都のプノンペンに集結するとの報道がなされていた。そもそも日本の最初のPKO活動への参加のための要員の派遣に付いては、日本政府は散々の躊躇の末に、自衛官は危険な所には出さず工兵隊が道路の建設に当たるとし、警察等から丸腰の要員を選挙監視活動に出し、配置の場所が危険度の高いシエムリアップ周辺となった経緯がある。丸腰だから身辺警備はオランダ派遣の歩兵隊に依存していた。コンヴォイを組んで移動中に狙われた不幸な事件であった。カンボディアの選挙の実施の総責任者は国連カンボジア暫定統治機構（UNTAC）の明石康代表である。国内では日本人要員の初めての死亡に戦慄が走り、閣議では小泉純一郎郵政大臣が「日本人要員は汗をかくために出したので、血を流すために出したのではない」と要員の引き揚げを求めたと伝えられていた。兎に角警察官をプノンペンに集合させ、UNTACと安全な所への配置替えを含めて交渉するという対応をとったが、その帰趨は明らかでなかった。

事件の翌々日の午後4時に私の外国人特派員の記者会見が予定されていた。当然に日本政府は要員の引き揚げを考慮しているかが質問の焦点となると予想された。「コメント出来ない」ではほぼイエスと取られるし、「いずれの方向についてもなんらの結論は出ていない」「今後の対応はUNTACとの話し合い如何で今は未定である」と答えても、引き揚げもあり得ると取られる危険があるので、出来る限り「引き揚げない」と答えた方が良いと思った。私は事件直後、省内の担当部局、更に次官にも聞いたが、今後の方向性についてはなんらの感触も得られなかった。重大な問題になればなるほど、誰も確実なことを言えなくなるのが日本の通例である。

仕方なく私は最高責任者の宮沢総理周辺の取材を試みた。総理は軽井沢に静養中で、事件の報を聞いて直ぐに東京に向かっていた。幸いまだ軽井沢にいた竹内行夫秘書官（次官、最高裁判事）を電話で捉まえることが出来た。彼は総理は「こういう状況では引き揚げられないだろうな」と言い残して帰京しましたと言う。私は慎重な宮沢総理がそういうお気持ちなら、引き揚げはないだろうなという心証を固めた。

国際的にPKO活動は死傷者が出るリスクを覚悟のもので、各国要員は相当数が亡くなっている。始めての参加で一名の死者で日本が引き揚げを決めれば軟弱と物笑いになるだろう、基本的には日本は泰然自若として引き続き国連活動を支援すると言う姿勢を示さねばならないと思った。勿論報道官がそこまでのリスクを取る必要は無いし、逆に言えば次官も決められない政策を報道官が勝手に決めるのは僭越《せんえつ》至極で許されないことである。だから表現は充分に注意しなければならない。内心私には、政府の方針決定には紆余曲折は避けられないだろうが、対外面での責任を負う外務省の担当部局なり次官が「引き揚げには反対する積もり」程度は内々報道官に明かしてくれなければ仕事が出来ないという思いもあった。皆が洞ヶ峠を決め込んでも、報道官には質問は否応無しに出てくる。「現在その質問に答える材料を持ち合わせていない」と白状すれば「誰が何時決めるのか」と追い討ちが掛かるのは必至である。報道官とは誠に因果な商売である。

会見が始まると果たせるかな、最前列をニューヨーク・タイムズ紙、ワシントン・ポスト紙の特派員が占めていて、何やらホワイトハウスの記者会見のような緊迫感が立ち込めていた。まずワシントン・ポスト紙のブルースティン記者が「日本人の警察官は明らかにＵＮＴＡＣの意思に反してプノンペンに呼び戻されたのではないか？」と聞く。私は「政府の特別タスクフォースはＵＮＴＡＣの同意を得て警察要員をプノンペンに集めることを決めた」と答える。彼は更に「ＵＮＴＡＣ当局は彼らが許可なくポストを離れたと述べたと新聞報道にある」と聞く。私は事前の状況ブリーフの内容を織り交ぜて、事態を充分に掌握していることを匂わせつつ、「アンピルにいた４人の日本人警察官は重傷を負った２名の同僚の手当てのためにタイ領内に連れて行ったというケースは承知しているが、これはＵＮＴＡＣの現場担当者の了解の上である」と平然と答えた。「了解」云々は勿論ハッタリであるが、相当に詳しい情報を持っているという印象を与えるように企んでいる。するとＡＰのサーバー記者が「失礼。それは昨日プノンペンでＵＮＴＡＣのスポークスマンが云った所と異なる。ＵＮＴＡＣは日本要員の許可無しのプノンペン行きを批判している」と言う。実にうるさい。私は買い物などに要員がプノンペンに来ると言うこともあろうが、これについてＵＮＴＡＣが文句を言ったという話は聞いていないがと、目くらましを掛けつつ、プノンペン集結は日本政府の一方的な行動ではないと云い切った。サーバー記者は追い討ちをかけて「貴方はいかなる日本人警察官もＵＮＴＡＣの許可なしに持ち場を離れないと言うつもりですか？」と聞いてくる。私は「75人、不幸にして今や74名の日本人警察官がカンボディアに派遣されて居り、彼らが今どこにいるかについての情報を持ち合わせていないが、誤解を招いた可能性があるのは、６名の警察官が負傷者の移動のための輸送手段をＵＮＴＡＣ側に繰り返し求め、これが来ないと判ったときに、ＵＮＴＡＣの了解の下に、負傷者に適当な治療を施すために国境を越え、彼らはバンコックに向かい、その後プノンペンに戻るものと思う」と若干の想像も交えて答えた。

質問は更に武藤嘉文外相他政府高官が５日深夜「日本の警察官は安全のためにプノンペンに引き揚げるであろう」と述べたが事実かとか、道路修復活動をしている自衛官の状況などと延々と続く。彼らも情報を持っていて、ニューヨーク・タイムズ紙のサンガー記者は「UNTACのルース指揮官が今川幸雄駐カンボディア大使に、現地の山崎裕人警察隊長が部下にプノンペンに戻るように指示命令を出したことに抗議したと聞いていないか」とか、両者の間で話し合いが持たれているのではないかという点に質問が移る。手持ちの材料で適当に答えているうちに、サンガー記者は「今朝の閣議で小泉郵政大臣が引き揚げを主張したが」と聞いてくる。これは基本的に一政治家としての発言と逃げれば相打ちになる。

私は事実、時には推測も交えて詭弁に近い苦しい答えをし、ある時点ではプノンペンのUNTAC報道官なるものの発言にチャレンジし、彼は事実を知らないので彼が間違っているのだとまで云い切った。会見は三人のアメリカ記者がタッグを組んでの集中質問で延々と続く。一度アジアの特派員が口を差し挟もうと手を上げると、「まだこの問題についての我々の質問は終わっていない」と制止されてしまう一幕もあった。そのうちに本音が出てくる。カナダなどはPKO活動でこれまで90名以上の死者を出しているのに、たかがとは云わないが始めて一名の死者で、日本の報道官は「初のPKO活動なので国民の理解を得るために政府はあらゆる手段をとる必要がある」と言うのは論理的に見て如何なものか？という質問をワシントン・ポスト紙のブルースティン記者がぶつけてくる。また死者は尊いと言う感謝の意思が国民にも政府にも欠如しているのはおかしいではないかとまで聞いてくる。

私は昨日の閣議後の河野官房長官の記者会見を事前に読み、必要あらばこれを使おうと英語に直してもらっておいた。これが役に立ち、何とか切り抜けることが出来た。何とこの問題についての質問は40分続き、この日はエリツィンの訪日延期と言う説明の難しい問題等多くの問題があり、この外国人特派員のための会見は記録となる一時間半近く続いた。私の日記には淡々と書いてあるが、「一歩も引かずに答えたつもりだが、終わった時に

東京サミットに際し宮沢総理より

は頭が痛くなり、肩も凝ってしまった」とある。こういう質疑が果たしてどれだけの効果を上げたかを云々することは難しい。東京から「日本は撤退を検討中」と言う方向性の外電が出れば、瞬く間に世界を駆け巡っただろう。幸い宮沢首相の判断で、活動は継続になったので、自己満足かも知れないが、初動での私の頑張りは無意味ではなかったのではないかと思う。勿論記者は外国人にせよ邦人にせよ各方面から情報をとるので、その一つのソースに過ぎない外務報道官の役割はマージナルに近い。しかしこの頃まだ日本側のスポークスマン体制が不十分でソースを引用出来るオンザ・レコードの情報が少なかった時代だから、米国人記者がこれほどの執念で報道官にあらゆる疑問点をぶつけると言うことがあったのだろう。私の2年にわたる報道官生活で疑いもなく最も緊張した会見であった。

3ヶ月ぐらいで失言問題で引責辞職となると覚悟して引き受けた外務報道官のポストではあったが、幸いにも多くの有能な部下たちに支えられ、また幸運にも恵まれ、東京サミットも恙なく終了して、何とか2年近く続いた。後を竹下総理の秘書官をした寺田輝介氏（駐韓大使）に託し務めを終えた。93年7月23日、最後の外国プレスとの記者会見も無事終了した。出席した外国人記者からも謝辞が述べられた。

この外国プレス会見では次席の沼田貞昭氏（駐カナダ大使）に大いに助けてもらったことを付言しておきたい。彼はネーティヴではないが英語に興味を持ち、語学力は私よりも遥かに達者であった。何度も私の都合のつかない時には外国プレス会見をやってもらった。持ち味は私とは違ったが、一流のスポークスマンとして、何代か後の外務報道官を立派に務めた。私は退官後「日本英語交流連盟」の立ち上げに参画したが、彼のカナダ大使退官を待って、彼をその三代目の会長として迎えた。

私は報道官の職を辞してから、93年9月の「外交フォーラム」にいわば報道官の卒業論文として「対外情報発信を考える」を寄稿した。その中で私は日本からの発信が貧弱な理由は、（1）国際問題への対応型の姿勢、（2）

言挙げしない日本人の伝統、（3）言語の障害、（4）コンセンサスを重んじる日本の意思決定のメカニズムでは指導者の顔が目立たないことにあると論じた。総じて「反論」に終始する日本の広報姿勢から普遍性に基づく「主張」への転換が必要なことを強調した。残念ながらこの様な状況は今でもあまり変わっていない。

報道官の仕事を終えて私は93年末から、報道とはほとんど無縁の駐イタリア大使に転出した。これにより私はアングロ・サクソン―情報の世界からラテン―文化の世界へと、住む世界が大きく変ったのである。

# 第15章　外交官生活の終着地ローマ（1993年10月～97年8月）

全ての道はローマに通ず　晴れがましい認証式
到着の翌日に信任状捧呈　素晴らしい公邸　イタリア語と格闘しつつ仕事
複雑なイタリアの政治　イタリア外務省と外交団の付き合い
ナポリ・サミット――村山総理倒れる
イタリアにおける日本95／96
伊側スポンサーの破産と阪神・淡路大震災　新組織作りの荒療治
公邸が最高に輝いた「開幕レセプション」
綱渡りで実現した歌舞伎の一ヵ月イタリア巡業
「貧乏人のフェスタ」　新公邸の購入　ラテン文化に目を開く
親切なイタリア人
サプライズの勲章授与
退官後も続くイタリアとのご縁　ヴィーナスが日の丸を抱くロゴの誕生

## 全ての道はローマに通ず

すべての道はローマに通ず。私の外交官生活の終着点はローマとなった。イタリアでは94年の7月にサミットの開催が予定されていた。私の重要な仕事はサミット開催地の大使として事務方の働きやすい環境を作ることだった。日本とイタリアの間には政治的な問題はなく、文化面で大型の日本紹介行事をどうするか位しか問題はなかったので、その点はとても気楽だった。ただ私はイタリアにはこれまで全くご縁がなく、イタリア語も知らない。すぐにイタリア語の勉強を始め、イタリアの歴史や文化に付いての本を貪り読んだ。年老いてきた両親の世話が心配であったが、弟の義道が米国から12月に帰国となるので安堵した。

## 晴れがましい認証式

10月28日に皇居で認証式があった。秋日和のこの日8時前に家を出て、8時半の定刻に南車寄せから参内し、階段正面の東山魁夷画伯の大きな波の絵を見つつ二階の回廊を進み「千鳥の間」を抜け、「千種の間」で一緒に認証されるマダガスカルへ行く岩崎允彦大使とバチカンへ行く荒木忠男大使と一緒になる。式部官の先導で、荒木、私、岩崎大使の順で正殿「松の間」におられる天皇陛下の御前に進み、三歩手前で最敬礼、ついで右手に侍立の羽田孜外相から「官記」を受け、後ろずさりで再び陛下の前に進み最敬礼をする。この時廊下に立っている式部官が「英正道特命全権大使」と呼び上げる。

陛下から「重任ご苦労に思います」とのお言葉があり、再び最敬礼し、三歩後退して向きを変え、廊下の手前で廻れ右をして礼をして後退しつつ退出する。休所に戻り、羽田大臣、角谷清式部官長、式部官にお礼を申し上げる。その後宮殿の南溜の天皇、皇后、皇太后陛下の記帳簿に「新任ご挨拶」と筆で署名する。この日大内山は一点の雲も無く晴れ渡り、誠に外交官生活35年の締めくくりの栄えの日にふさわしい天気であった。

11月22日に今度は家内と共に参内した。私を含め近く在外に赴任する4人の大使が一人ずつ天皇陛下の前に進み、任国元首への「言上振り」を承る。その後4大使夫妻は両陛下と約30分に亘り歓談を許された。私は「生活を第一に考えるイタリア人の習慣を身に付けて帰って来るでしょう」と申し上げ、陛下はニューヨークで紀宮様が世話になったことと外務報道官として行った進講に感謝の意を漏らされた。家内も紀宮様が日米親善に貢献されたことをお話する。この両陛下への拝謁はわれわれ夫婦の人生の最大のハイライトであった。

当時は在外に赴任する大使は、外務省が経営する倶楽部の霞友会館で赴任のレセプションを開くのが普通だった。11月末招待客の7割ぐらいが出席して下さった私の赴任レセプションは盛大だった。海部俊樹、中曽根康弘、宮沢喜一の三元総理、土井たか子衆議院議長、橋本龍太郎政調会長などの政治家に加えて、財界からも斉藤英四郎新日鉄会長夫妻、ソニー盛田昭夫夫妻、三菱商事槙原稔夫妻、速水優同友会代表幹事、堀江薫雄東銀会長、西武の堤清二氏、三井物産江尻宏一郎氏、三菱商事三村庸平氏、小松河合良一氏、資生堂福原義春氏、キッコーマン茂木友三郎氏、キヤノン御手洗冨士夫社長、パソナ南部靖之代表、NEC金子尚志社長等々の方々が顔を出して下さった。更に鳥居泰彦慶大塾長、時津風親方、劇団四季の浅利慶太代表、森英恵さんその他年来の友人多数が出席して、祝福して下さったのは嬉しかった。

## 到着の翌日に信任状を奉呈

94年の7月にナポリでサミットが開かれるので、細川護煕総理はなるべく早く一度訪伊して置きたいと希望されていた。本省はその準備もあり大使には早く着任してもらいたいと求めた。ローマからは一日日程を早めれば直ぐにスカルファロ大統領に信任状の奉呈が可能と連絡して来たので、私は12月5日にローマに赴任した。翌6日午前にイタリア外務省にクワローニ儀典長を訪ねて、私の信任状と前任者の解任状の写しを渡し、その日の午後の信任状奉呈についで打ち合わせを行った。儀典長は日本の大使の任期が平均2年前後で非常に短

スカルファロ大統領へ信任状奉呈

いのを良く知っていて、「貴方はどのくらいローマに在任されますか」と聞く。返事の仕様がないが、結果的には私の在任期間は4年近くとなった。

大統領官邸のキリナーレ宮殿は16世紀末にローマ法王の夏の宮殿として建てられた立派な宮殿で、玄関先にはエジプトから持ち帰ったオベリスクが建っている。その日の午後の信任状奉呈式は思ったより簡素なものだった。平服（ヴェストン・ノワール）であったし、夫人の同行もなかった。東京やロンドンのように馬車の出迎えで宮殿に向かうということも勿論ない。大使館に迎えの車が来て、私は渋谷実公使（儀典長、駐オランダ大使）、農林省から出向の岸宏昭公使と川田司参事官（駐ポーランド大使）を伴い、パトカーの先導で出発。宮殿の入り口にわれわれが到着すると儀仗兵がラッパを奏し、イタリア国旗に向けて直立して敬意を表す。馬に乗ったまま上がれる実にゆったりとした階段を歩いて上がると、2メートル近い長身の大統領府の護衛兵多数が侍立している。その前を通り抜けて、更にいくつもの部屋を抜けて、ゴブラン織で飾られている「ナポレオンの間」で暫く待たされる。

第9代イタリア大統領のルイジ・スカルファロ大統領（1992～99年）は法王を思わせるような荘重な人物で、軍事顧問、外交顧問、大統領警察署長、外務政務次官等を従えて部屋に入って来られて、信任状の奉呈は滞りなく行われた。私は天皇陛下から承った「言上ぶり」を口頭でお伝えした。その後別室の「ステンドグラスの間」で大統領と二人きりの親密な話しとなった。大統領はこの年3月に行われた天皇・皇后両陛下の国賓訪問に強く印象づけられたと述べ、特にピストイアで、求められて即興でピアノを弾かれた皇后陛下には、大変な感銘を受けた様子であった。「日本は西欧化しながらも立派な固有の文化や伝統を守っている」と賛辞を呈した大統領は、私の方をきちっと見ながら「大使、日本の文化をイタリアに持ってくるように、是非大使の個人的な努力をお願いします」と言われた。大きな日本フェスティバルをやってほしいというイタリア内部の連合勢力が根回しをしていたのだろう。しかし大統領の口から言われたことの意味は重い。イタリアの日本文化への期待は私の想像以上に強く広い支持があることが良く分かった。

通常大使は任国に着いて一月から、場合によっては数ヶ月経たないとその国の元首に信任状の奉呈が出来ない。信任状の奉呈が済まないと大使としての公式な活動は出来ない。同時に大使にとってはこの期間が任国の勉強と赴任疲れから休息する貴重な時期になる。私の場合空港到着から24時間そこそこで信任状奉呈が行われたのは、この日クロアチア、コロンビア、モーリタニアの大使の信任状奉呈が予定されていたのに便乗出来たからである。ただ大使着任を急ぐ必要があった翌年1月に予定されていた細川総理のイタリア訪問は、総選挙となりその結果羽田内閣が成立したので実現しなかった。

## 素晴らしい公邸

ローマの大使館はニューヨーク総領事館と比べれば規模も半分くらいで、実質業務を担当する館員が各省庁からの出向者で占められているのはニューヨーク総領事館と同様だった。農林省はローマには国連食料農業機関（FAO）がある関係で岸宏昭公使以下3名、通産省は宮城勉参事官、大蔵省は垣水純一書記官、運輸省は黒川和孝書記官（後に花角英世書記官）、警察庁は鈴木基久書記官、それに湯元正義防衛駐在官などという顔ぶれだった。日本とイタリの間には大きな問題はなく、日本からの来訪者のお世話が大使館の仕事の大きな部分を占めていた。館員は特別な出来事がない時は、それぞれ守備範囲の仕事をやった後は、イタリアの素晴らしさを満喫しているように見えた。私は通常の館務は次席の渋谷実公使（次いで岩田達明公使）や川田司参事官や各省庁からの出向館員に任せて、大使しかできない高いレベルのイタリア朝野との接触に務めた。日本年の成功のためには私が動かないと駄目なことばかりで、館員より何倍も働かざるを得ない状況だった。

4年暮した公邸は市の中心から少し離れたコルティナ・ダンペッツオと呼ばれる住宅地にあった。郊外の丘の上に空母のようにそそり立つ3階建ての南国調の山荘だった。有名な映画監督が郊外の別荘として建てたものだ。温暖な当地の気候を反映して、玄関前にはフェニックスの大樹が茂り、敷地は一万平方メートルの規模があった。全体が下りの谷 になっている庭にはローマ独特の笠松や竜舌蘭、桜や梅のような木が植えられ、葡萄棚のトンネルもある、谷から吹きつける空気は澄んでいて、環境は絶佳《ぜっか》であった。優しい人柄の庭番イジーノ君が一木一草まで丁寧に面倒を見ている。

夏が暑いローマなので、すべての窓に電動式のブラインドが附いている。寝る前にこれをしっかりと閉めてしまうと朝が来ても室内は真っ暗闇である。イタリアの治安が悪いので警戒は厳重を極めていた。すべての部屋の窓には鉄格子がはめてあり、夜は厳重な防犯ベルが仕掛けられてある。問違えると耳を聾するブザーが鳴り、夜半でもすぐに警官が駆け付けて来る。

ローマ大使公邸

内装や調度品は曾ての任地ニューヨークのロココ調の華麗な総領事公邸には遠く及ばないが、歴史ある公館だけあって日本画は質量ともに充実していた。チャンスを生かして私はレセプションの時に使う金の平凡な屏風に換えて古川通泰画伯の太陽と月に山の賑やかな屏風やニューヨークで大人気の日本画の千住博画伯の滝の絵を購入してもらって、公邸の美術品を更に増やした。

公邸は谷に向けて開かれた建物であるので、全ての窓から明るい日差しが差し込む。2階は建物に向かって右半分の公の部分と左半分の私的部分が整然と区分されていて、使い勝手は大変に良かった。庭の一番奥の谷間にはテニスコートが3面ほどあり、天気の良い午後など庭のテニスコートで一汗かくという生活は一生に一度の体験だった。壊れて無残な腹を見せていたプールもその後修復して使えるようにした。館員の家族にも開放し、「日本年」の終わった後のイタリア側関係者を呼んでのプールサイドの打ち上げ会は大成功だった。

イタリアを知らないわれわれに取り得難かったのは長年にわたり歴代の大使に仕込まれたアンジェロという極めて有能なバトラーがいたことである。出発前にローマの大使経験者に挨拶に行くと、アンジェロがいるから大丈夫と異口同音にいわれた。確かに日本人の気質を知り、和食の食材の購入の仕方をコックに教え、和食のサービスも完璧だった。在任中にこのバトラーの任期が来て、可能な限り延長したが、遂に後任を探さざるを得なくなった。アンジェロの子息マッシモは未だ若すぎて、いずれは任すにせよ、暫くプロのバトラーを雇うことにした。公告すると幾人かの応募の中に嘗てヴィスコンティ家のバトラーをしていたと言う恰幅も挙措も堂々としたエンリーコ・ロッリという60歳近い人物が現れた。次席の岩田達明公使が良く調べ面接もして呉れてあった。ルキーノ・ヴィスコンティが死んだのは76年で20年ほど前だから当時30代の彼がどこまで重用されたか真偽のほどは分からなかったが、エンリーコは他の候補と余りにも桁外れに堂々とした人物だった。果たして日本大使公邸のバトラーとしていつまで務まるかおぼつかなかったが、マッシモの教育を何年かやって貰うのも良かろうと考えた。アンジェロもこの配慮を感謝して、この人物を公邸のバトラーとして雇うことにした。96年8月のことだからわれわれは約一年使ったことになる。

流石に多くの使用人を取り仕切ったプロだと感心する点も少なくなく、公邸での接待に威厳が生まれた。半面オペラ、映画演出等の文化面で令名高いミラノの名門、ヴィスコンティ伯爵家のバトラーを務めたという気位の高さは相当のものだった。何かと言うと、自分は伯爵がニューヨークで接待するときには数日前にはニューヨークに飛んですべてのお膳立てをした云々と言う。家内が難儀をしたのは和食の

公邸庭のブドウ棚に孫

サーブの仕方で、いくら教えても彼は自分のやり方の方が「国際的」だと譲らなかった。天地がひっくり返るような話ではないので、堂々たるバトラー振りを買って、我々はローマを離れるまで使ったが、後任により解雇され、予定通りマッシモが戻ってきた。

## イタリア語と格闘しつつ仕事

イタリア人と日本人の間には美意識の高さ、家族の重要性、もの作りの伝統等々共通する点が色々あるが、自国語しか話せない点も実に良く似ている。イタリア人は日本人と同じで英語を話さないし、外国文化をイタリア語に直してしまう。ＡＮＳＡという通信社が外電をすべてイタリア語にして国内に配信するので、イタリアの一般大衆は外国の事情もイタリア語で承知する。テレビも映画も外国物はすべて吹き替えで、音声多重放送もない。テレビで日本の侍やニューヨークの黒人がイタリア語を喋るのは奇妙であるが、考えて見れば日本に暮らす外国人が日本のテレビを見て受ける印象も同じようなものかと想像した。

大統領府や外務省が主催する外交団を招いたレセプションですら要人の挨拶はイタリア語のみであるのには全く閉口した。アングロ・サクソンの国ばかりの在勤から初めて大陸ヨーロッパの勤務で私はまず言葉の点で苦労した。

イタリア語が出来ない大使にとり、イタリアでは情報の入手において言葉では言い得ない辛さがある。まずイタリア語以外の新聞は日刊にせよ週刊にせよ一切存在しない。イタリア語の出来ない日本人の情報へのアクセスは、衛星放送によるＣＮＮ等の外国語テレビ放送とＮＨＫの海外放送の他は半日遅れでオフィスへ配達されるインターナショナル・ヘラルド・トリビューン紙、フィナンシャル・タイムズ紙等の英字紙、そして日本の新聞によることになる。日本語のテレビは夜の8時から早朝までのロンドン発の90％までが子供のための漫画とドラマ等の娯楽番組からなる衛星放送があった。オフィスには外国通信社の英語のニュース・サービスが入っているが、大事件でもないと一刻を争って利用するには不便である。

最大の問題はイタリア発のニュース、つまり大小事件の報道、論評、市井の出来事、国民感情の動き等の把握がイタリア語が堪能でないと困難なことだった。イタリアの政府機関、外務省でもプレス・リリースを出すということがなく、報道官制度も無いようで、報道関係者は事実の確認に信じられない苦労をしている。大使館員はイタリア語の専門官と研究調査員はイタリア語が極めて流暢であったが、在外の任地または本省ポストから始めてイタリアを経験する外務省職員は大使である私を含めて総じてイタリア語が出来ない。これに対して各省庁からの出向者は赴任前に外務省の研修所で一年間イタリア語を学んできているので、むしろイタリア語能力があった。

私は着任後イタリア語の猛勉強を始めた。大使館から公邸に帰る大通りにイタリア語学校を経営しているイアッコヴォーニさんという女の先生を見付けた。この先生は英語が流暢であるが一切使わない主義で、毎週2回朝1時間半の公邸に来てもらってのレッスンは辛かったが、お陰で3ヶ月ほどすると簡単な挨拶や食卓での会話はまずまずという程度まで進歩した。しかし公務が繁忙となり、週2回は1回になり、そのうちに月に2回となり2年たらずで終わってしまった。新しい言葉を習うと弱い第2外国語と混ざるという奇妙な現象は、バンコック在勤時にタイ語を習った時にフランス語と混ざることがあったことで経験済みである。特にイタリア語は同根のラテン系の言葉のフランス語と文法も単語も似ていて混ざるので、私はフランス語を頭の中から完全に追い出すことを意識的に努めた。お陰でイタリア語会話能力は進歩したが、フランス語会話能力は失ってしまった。ただイタリア語の語彙はフランス語とラテン語の語源が共通なものが多く、フランス語の知識は有用だった。

イタリア語を習ったイアッコヴォーニ先生

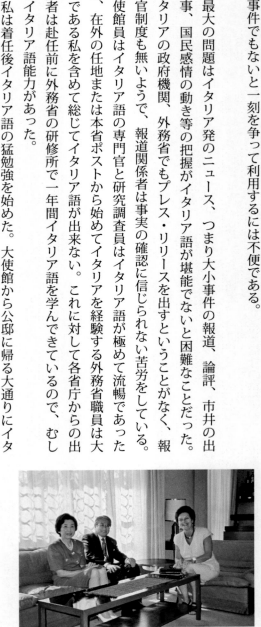

## 複雑なイタリアの政治

イタリアの政治情勢は複雑で変化が激しい。私が着任した時はカルロ・チャンピ氏が首相、それからシルヴィオ・ベルルスコーニ、ランベルト・ディーニ、ロマーノ・プローディ首相と代わった。相手となる外相も5人を数えた。しかしこれを笑えない。日本もその間に細川護熙、羽田孜、村山富市、橋本龍太郎と同じく4代の総理がめまぐるしく代わっている。

その背景にあるものは日本もイタリアも共通している。冷戦時代に親米政権が長期間続き、主要政党は暫時組む相手を広げて行ったこと、その下で諸制度の硬直化と腐敗を招き、さらには利益集団による国富の山分けが恒常化してしまったことが上げられる。グローバリゼーションの進行と経済の停滞から、統治能力が低下し、検察権力の腐敗摘発に国民が歓喜して、これが政治の地盤沈下を加速させたことが指摘される。

政権の安定を図るために日伊両国が試みたことは驚くほど酷似していた。選挙制度の改正である。両国はほぼ同時期に小選挙区、比例代表制併用の制度改革を行った。その結果は政変の連続である。私の在任中2度の総選挙が行われ、不安定な政党間の合従連衡のもとに、まず短期間の右のベルルスコーニ内閣、その間に選挙管理目的のテクノクラート政権であるディーニ内閣を挟んで、次いで旧共産党の流れの左のプローディ内閣を生み出した。イタリア国民の間の「右」と「左」の支持勢力はほぼ拮抗していて、総選挙の際の政党間の連合の組み方の上手下手で選挙結果が大きく左右される。この不安定性はその後も基

ベルルスコーニの山車
ヴィアレッジョ・カーニヴァル

本的に続いている。その背景にはムッソリーニのファシズムを経験したイタリアは二度と独裁者を生み出さないような制度設計をしているという事情がある。日本の制度も衆参両院の同権、参議院の解散のないこと等急激な改革を難しくするという点では両国の制度設計は共通の歴史的背景と政治的な考えが反映されていると言って良いだろう。

上下両院は同等の権限を有するが、首相は大統領が任命する。大統領は選挙でなく、国会議員の合同会議における政治諸勢力のコンセンサスで選ばれる。議会は内閣を不信任出来るが、首相には議会解散権はない。議会が解散される時には上下両院とも選挙になる。ただイタリアは日本や英国のような議院内閣制ではなく、閣僚が必ずしも国会議員である必要はない。大統領は首相の任命に当たり各方面の意見を聞くが、多数党連合が出来る見通しがない時には大統領は、非政治家内閣を作ると言う前提で首相を選ぶ。この融通無碍さは歴史的に独裁制、帝政、貴族政治、民主政治などあらゆる政治形態を経験している歴史に起源があると思う。

ローマの外交団の間で真面目に云われていることは、「絶対にイタリアの政情について本国に予測を送ってはならない」である。必ず間違えるからである。しかし外交官同士の腹を割った意見交換で、私が行うイタリア政情の観察は割合に当たるのである。米国のバーソロミュー大使は、着任後すぐに表敬訪問した私に「日本人のほうが、コンセンサスを重んじ、万事なんとか辻褄をあわせて行こうとするイタリア人を、より良く理解できるかも知れないよ」と冗談を言ったが、確かに日本人とイタリア人はコンセンサス政治の行動パターンが似ているので予想がしやすいのかも知れない。

敢えて言えばイタリアの方が制度改革には大胆といえる。日本が未

ボッシ北部同盟盟主の山車
ヴィアレッジョ・カーニヴァル

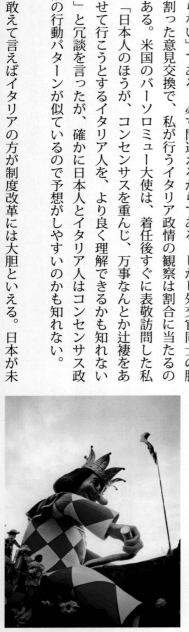

だに選挙制度の中の小選挙区部分を維持しているのに反してイタリアはこれを廃止している。政党政治が行き詰まると非政治家内閣を作り上げる所などは立派である。日本は官僚支配とも言えるが、イタリアの官僚組織でしっかりしているのは財務省、外務省、中央銀行、憲兵と財務警察ぐらいである。ただ官僚が弱体なところを学者が補っている。非政治家内閣に入閣した学者が翌日から閣僚が勤まるのは羨ましい。

日本とイタリアの間で決定的に違うのは、政府、「お上」への信頼の有無である。極端に言えばイタリア人は政府が機能しなくても平ちゃらである。個人主義、縁故主義等により暮すことが出来る。その反面イタリア人の潜在意識の中には、イタリアは文明的にも歴史的にもヨーロッパ世界の中心であったという強烈な自負が潜んでいる。確かに西欧世界の背骨を為すローマ法、キリスト教会などはイタリアが発祥の地である。私の在任中の大きな政治問題は、イタリアが創設される共同通貨ユーロに最初から参加するか、果たして厳しい財政の収斂基準を満足させて参加し得るかだった。ヨーロッパのメディアでも懐疑的な意見が強く、ポルトガル、イタリア、ギリシャ、スペイン（いわゆるＰｉｇｓ）の参加は無理という意見が支配的で、本省も大体その見方だった。

しかしイタリア外務省の高官たちは、第二次大戦後歴史的にイタリアは北のヨーロッパ諸国がまとまらない時にまとめる役割を果たして来たという強い自負を持っている。共同市場創設条約制定の会議がなぜローマで開かれ「ローマ条約」と呼ばれるかと聞く。自国の政治への不信と並んで、ヨーロッパの一員として生きたいという文化的な信条と歴史的な誇りがあると強く感じた。私は大使会議の場で、イタリアは必ずユーロに率先参加すると主張して「身贔屓」とからかわれた。しかしイタリアは最後にユーロ参加のための人頭税まで課し、国民もこれを受け入れて、ユーロの創設時からのメンバーとなった。

## イタリア外務省と外交団とのつき合い

ローマに暮す外国の外交官は情報の入手に苦労している。一番困るのは外務省といえども大臣や次官は勿論、局長クラスも中々大使に会って呉れないのである。日本はサミットの関係もあり、私は希望すれば必ずアポイントメントは取れたが、小国は鼻も引っかけられないと言っても過言ではない。新任のアジアの大使が局長に表敬訪問のアポイントメントを求めたら、「特に用事がないなら、忙しいので表敬はお断りします」と云われたとこぼすのを聞いたことがある。用事はキチンとこなすが、表敬などを受ける余計な時間はないと云う訳であろう。イタリア外務省は驚くべき小人数で仕事をしているから、同情しうるがこれでは外交官の一番の情報ソースである外務省からの情報は入手出来ない。私が表敬訪問した折りに若干シニカルなフェルディナンド・サレオ外務次官は私に「ローマ駐在の大使たちは気の毒だ。ローマは政治都市だから大使は政治家を晩餐に呼びたいだろうが、イタリアの政治家は女優を呼んでいるとでもいわなければ晩餐には来ない。新任の大使にとりイタリア人女優を捕まえることはもっと難しい」とからかった。私が「日本年」企画の中で公邸で着物ファッション・ショーをやったのはこんなことが頭にあったからである。ただそれでも政治家は夫人もほとんど来ず、大成功だったこのショーで一番喜んだのは外交団の仲間と有閑元貴族たちだった。

イタリアが各時代にさまざまな支配者に統治されたと言う複雑な過去から、さまざまの起源の夥しい貴族が存在してきた。彼らはローマ、フィレンツエ、ナポリ等に壮麗な宮殿を建て、郊外にも広大なヴィッラや庭園を残した。実態は不明なところがあるが、私はイタリアの貴族の残した文化財的資産は、英国貴族など足元にも寄れないと感じている。20年代にイタリアは貴族の特権を廃止したが、名前の一部として貴族の称号が認められた。現在でも多くの元貴族が存在していて、屡々《しばしば》社交の席でお目にかかり、親交も出来る。彼らは全て金持ちであるとは言えないが、経営の才能のある家系は、領地のブドウ園で銘酒を作り成功を収めていたり、未だに広大なヴィッラや庭園を所有し、貴重な絵画や豪華な家具で満ちた宮殿や邸宅に住んでいる。こういう旧貴族は政治に関わることなく、優雅な生活を楽しんでいた。面白いことに夫人がアメリカ人というケースが少なくなく、多くの場合夫人が社交的で活発な活躍をしている。我々夫妻も社交的にコロンナ宮殿の持ち主のコロンナ公爵、ワインで大成功を収めているフレスコバルディ侯爵、ローマから40マイル郊外のアルテーナの山上の館に住むボルゲーゼ侯爵とその夫人の画家のニケ等々の魅力的な旧貴族の人たちと楽しい時を過ごした。

イタリア外交官には一騎当千の有能な人物が多く、恐らく外交官の資質は世界でも飛び抜けて高いと思う。縦割り行政の日本から来ると羨ましいのは、外国との関わりを持つイタリアの行政組織（経団連も含め）には外務省から外交顧問が送り込まれ、その人を経由しなければ大使といえどもその省のトップと関わりを持てないというイタリア特有の制度だった。それにより外務省が外国大使の行動を確実に把握することが出来る。最も重要な大統領府には外務省から最も優秀な人物が送り込まれていて任期も長い。在任中最も頼りになったのは大統領府のルイジ・アマズッティ外交顧問であった。

こんな事情もあり、ローマには数カ国の大使から成る非公式なグループが幾つもある。色々な地域から数名の大使がメンバーとなり、回り持ちで月例ランチをやり、情報交換をする。メンバーは国により固定されているのではなく、大使が替わると、自然に後任の大使が続いて入って来ることもあれば、別の国の大使が入ったりする。要するにその大使が経験や判断や情報力に優れているか、感じの良い人物であるかによりグループ入りが決まる。大使として私は他

グループ・オブ８の大使たち

の任地を経験していないから判らないが、どこの任地でも大同小異であるのかも知れない。ただローマの特殊なところは仕事の都合からのグループを作る必要のないことである。前任の渡辺幸治大使が入っていたグループ・オブ8が最有力でローマに16年居る情報通のサウディ・アラビア大使、ベルギー、ブラジル、フィンランド、カナダ、ロシア、豪州、フランス大使等から成っていて、私はすぐにこのグループに入れて貰えた。私はもう一つのグループ・オブ7にも参加した。メンバーはガーナ、チェコ、フィンランド、ポルトガル、ベネゼラ、ジョルダンと日本であった。こういう大使との付き合いは有益でとても面白かった。

特異なことは私が若い頃留学したオックスフォード大学のセント・ピーターズ・ホール（ＳＰＨ）で学んだものが３人も同じ時期にローマの大使になっていたことである。97年の夏にＳＰＨ出身の豪州のスティール大使が「今度ローマに来るフィリピンのバヤ大使もＳＰＨ出身だ」と言う。豪大使公邸で彼がお茶をやってくれて３人のＳＰＨ出身大使が集まった。私は写真を撮ってカレッジに送り学長から「とても嬉しい」という礼状をもらった。渡る世間は割合と狭いものと言おうか。

SPH 卒業の３大使

アジア太平洋経済社会委員会参加のアジア・太平洋の国の大使の集う大きなグループもあったが、それとて何か共通の目的をアジアの国として求めるということは無く、持ち回りで夫人も交えた晩餐会をするだけの社交的なものだった。このグループでイラン大使は酒は飲まない、女性大使とは繋がったテーブルには同席しないことを厳守していて、同僚大使に格好の笑いのネタを提供していた。イランの政治的な立場と、イスラムの戒律を厳守する頑なな態度で、ほとんど相手にされず孤立していた。私はイランに好意的だったので、日本の大使公邸での晩餐会には是非来たいという彼の立場を考えて一寸した工夫をした。他の大使のテーブルとの間に数センチの隙間を置いた彼だけのテーブルを作り、彼のテーブルにはアルコールを出さないようにして上げた。原理、原則が形式的に通ったので、いつも食事となると帰ってしまう彼は珍しく食事に加わった。同僚大使は私の奇策に呆れていたが、外交なんてこんなところもある。なお小国の大使には公邸で20人を超す晩餐会を開くのが難しい国もあるので、私は夫妻の晩餐会だけでなく、配偶者は招かない昼食会という選択肢も持つべきだろうと提案して、早速ニュージーランドの女性大使はグループ会合を昼食会で開いて好評だったし、彼女も大いにハッピーだった。

帰国する半年ぐらい前だったか、小国軽視のイタリアの外務省もアジアの重要性に気づいて、アジア担当の次官補のようなポストが出来た。ガブリエーレ・メネガッティという人物がその職につき、この人と私とはウマが合った。私は率直に外務省の高官とアジアの大使が会えないという問題を提起して、解決策を求めた。彼は行動力もありすぐに外務省内の大きな会議室に全てのアジア大使を招いて、大臣との意見交換の機会を作った。私はアジアの小国の大使から大いに感謝された。私が帰国してしばらくするとこの人が東京にイタリアの大使となって赴任して来た。この人とは私が退官後、２００１年に日本で開かれたイタリア年で一緒に仕事をすることになる。

## ナポリ・サミットー村山総理倒れる

何と言っても重要性と知名度ということでのハイライトは、着任後半年ほどでナポリで開催された主要国サミットである。サミット主催国に駐在する大使の仕事はいわゆるロジに限られ、実質はすべて本省から来る経済担当の外務審議官が取り仕切る。

万事ピアーノ・ピアーノ（ゆっくり、ゆっくり）のイタリア政府の準備振りにはこれで本当にサミットを開催できるかと懸念したが、前の日まで機材やゴミが散乱していたナポリの海岸通りが、当日朝には花を生けた鉢が見事に並ぶゴミ一つない美しい通りに変貌していたのには驚嘆した。

さて村山富市総理は、ナポリ・サミットの始まる直前の6月29日に、羽田連合政権を打倒して、自民党と社会党の連立という大技を使って成立した連立政権の首班になった人である。この人は社会党出身にしては柔軟で、好感度も良く、相当な人物と思った。しかし国際性という見地からすると、外国訪問の経験は殆どなく、外国要人との会談の経験も乏しい人と言われていた。面白いことに参議院副議長として村山氏がカナダへの公式訪問団の団長として極めて珍しい外国訪問の帰途、私はニューヨーク総領事として晩餐会を催している。この晩は公邸でもう一つの議員団のための晩餐会を主催していて、早めに切り上げて市内のレストランで一晩に2つの晩餐会を主催したので、良く記憶している。

考古学博物館を訪ねる村山総理

村山総理一行は政府特別機なのでナポリ空港ではなく、ナポリ近郊のイタリア空軍基地に到着した。空港に着いてみると、赤いカーペットが敷かれているのは良いが、途中に凹みが出来ている。あれは何ですかと聞くと、閲兵を予定していると言う。外務省との事前打ち合わせにそんなことは聞いていないと言うと、「空港司令官が自分の出番を作れ」と言うのでと担当者は頭をかく。「これは大変」社会党の新総理は閲兵のやり方がわかるかと心配になり、イタリア側関係者から即席にどうやるか聞いて、機内に総理をお出迎え早々お知らせした。「ああ、そうかい」と私の説明を聞き流した村山総理は見事に出迎えの儀仗兵を堂々と閲兵されたのには驚嘆した。後で自民党の同行の閣僚に、「感心し、安心した」と言うと、「なーに彼は戦争中、村山二等兵で閲兵は見聞していたのだろう」と冷たい。翌年センチメンタル・ジャーニーでローマに見えたご本人に、公邸で「見事な閲兵に感心しました」と褒めると、村山前総理は「一等兵で何度か閲兵は見て知っていたよ」と言われた。

もう一つの驚きは、村山総理は大変な健啖家で到着後、新政権樹立の仲間のムーミンパパと綽名された武村正義蔵相、橋本龍太郎通産大臣、園田博之官房副長官をナポリの有名レストランにお招きした時に次々に大量に出されるイタリア料理をペロリと皆平らげたのには驚いた。ただサミット開幕前夜の卵城におけるエリツィン大統領歓迎の晩餐会における体調不良は、神経が疲れて「急性腸炎」を起された訳ではない。

早々だがこのエピソードの真相をここに書いておく。その後程なく日本では再び政変があり、一年後に村山氏は既に前総理となられていたが、彼は当時の仲間と一緒にローマにセンチメンタル・ジャーニーに見えた。公邸でお食事を差し上げて、ご本人から聞いたところは、「食前に出たピーチ・ジュースが美味しいので飲みすぎたら気分が悪くなった」由である。私はその場で種明かしをしなかったが、それはジュースではなく、イタリアの有名な食前のカクテルのベリーニでスプマンテとピーチ・ジュースのカクテルであったに違いなく、アルコール度は相当に高い。これを空きっ腹に3杯も飲んだら誰でも気分が悪くなり、ひどく吐いて脱水症になっても不思議ではない。

結局村山総理は若干の事前の二国間首脳会談をやられただけで、サミット全公式会議を河野洋平外相に代理をさせて自分は欠席せざるを得なかった。普通なら政治家の病気は大ニュースとなり致命傷になるのだが、その夜に北朝鮮の金日成主席が死去したので、目立たなかったのは彼の強運といえよう。私もささやかな貢献をしている。報道官の本能から私は直ぐに村山総理を病院に入れる手配をしてメディアから隔離した。総理の入院の記者発表の時間を東京の朝刊に間に合わない時間に設定した。夕刊の時間には大ニュースは金日成の死になっていた。

サミットの始まる前に、村山総理と河野外相を、サン・カルロ劇場前の「カルチョッフォの噴水」にご案内した。実はナポリ市は予算が無いとて、サミット参加国にナポリの遺跡の修復に協力を求めて来た。私はディ・ジャンニ名誉総領事に「安くて、目立つ場所の修復場所」を探してもらったのがこの噴水だった。もう忘れたが数100万円程度の修復費だったから、問題は無いと思った。所が全く驚いたことに外務省も官邸も僅かなお金を出してくれない。仕方なくミラノの日本人商工会議所に無心してやっと修復したが、「日本の広場」と云われるくらい地元で評判になっていた。バッソリーノ市長や地元のイタリア人記者に数百名の市民も大勢集まって来ていて、小生は苦労のし甲斐があったといささか鼻も高かった。アンチ・クライマックスは、イタリア人記者に修復なった噴水の印象を聞かれての村山総理の答えが「暑いな」であったこと。最大の広報は報道する価値のあるものを作ることにあり、この王道で努力したのに、全くやる気を無くす話だった。

しかしナポリ・サミットは総理が入院のまま無事終了し、ベリーニを飲み過ぎた総理も健康を直ぐに回復して帰国された。サミット開催地駐在の大使としては「終わり良ければすべて良し」の心境だった。

## イタリアにおける日本95/96

駐イタリア大使としての私の最大の仕事は、95年から96年に掛けてイタリア27都市で約70の企画を展開した「イタリアにおける日本」年を成功裏に実現したことである。勿論日伊両国の政府と民間企業の絶大な支援と苦労がその背景にある。熱心なイタリア側は別として、募金体制作りや募金活動や名誉総裁の推戴など万事につけ、イタリア的な物事の進め方に振り回され、宮内庁、経団連、国際交流基金との折衝は大変で、本省の斉藤次官始め野村一成欧亜局長（駐独、駐露大使、東宮大夫）、森元誠二西欧一課長（駐スウェーデン大使）は大変苦労された。特にこの大行事を本省側で各方面との連絡を密にして取り仕切った西欧一課の小林敏明事務官の驚異的な活躍は特筆に値する。ローマの大使館側では渋谷実公使、川田司参事官、坂口尚隆書記官がしっかりとサポートしてくれた。在ローマ日本文化会館は「信仰と美：4000年の日本の美術」展や交流基金の企画についてはしっかり仕事をして呉れたが、その他の「イタリアにおける日本95/96」の諸企画とは一線を画する姿勢を維持した。

その中で94年10月にローマ日本文化会館館長に就任された西本晃二東大教授は、積極的な人柄と、大使館の公使という立場もあり、終始私を力強く助けてくださった。異国で孤立無援とも言えるような時に、愚痴を聞いてくれたり、知恵を出してくれたりで、私は西本氏には深く感謝している。

ミラノの日本人商工会議所には大変にお世話になった。会頭の鈴木正隆氏（三井物産）、副会頭の小林元氏（東レ・アルカンタラ）と事務局長の桜井悌二氏（ジェトロ）は「日本年」の意義を良く理解下さり、商工会として募金活動をして、幾つかの企画に支援して頂けたのは有り難かった。傘下の日本企業もさまざまな形で応援してくれた。ここに詳細は書き切れないが、幾人の方の顔を浮かぶし、忘れ得ないイベントが沢山ある。迷走を続けた「日本年」であったがミラノの日本人財界人は終始この行事を支援して下さり、場合よっては渋る本社の説得もしてくれて、私は地獄に仏の心境で心から感謝した。

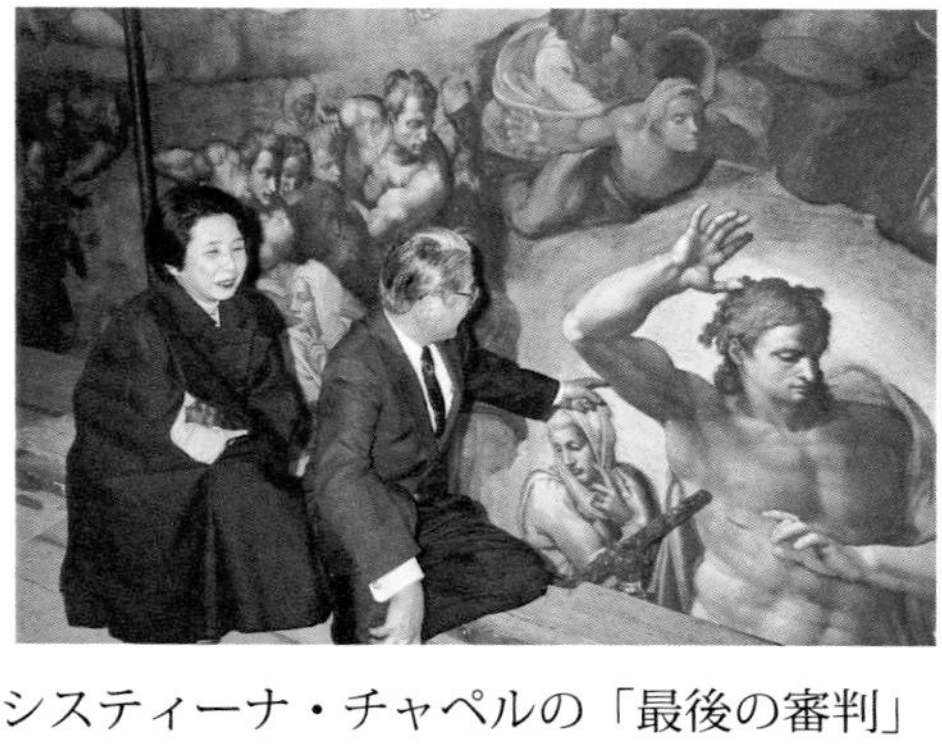
システィーナ・チャペルの「最後の審判」

この行事の発端は80年代の終わりまで遡る。周知の通りイタリアはローマ時代からルネサンスへと輝かしい文化的な資産を有している。世界の文化財の半分はイタリアにあるとさえ言う人もいる。日本人は美術、文学、音楽等あらゆる分野での世界の優れた文化に 大きな関心があり、歴史的に日本は多くの文化財をイタリアから借り受けて、全国各地の美術館や最近は無くなったがデパートの展示場でイタリア美術展が頻繁に開かれて来た。イタリア人の目からすると、日本も優れた文化遺産を持ちながら、それをイタリアに持ってくることが無い。日本と関係の深い文化人や日本に勤務した大使等の間に、文化面ではイタリアから日本への「一方交通」ではないかと不満のマグマが溜まって来た。89年の日伊文化混合委員会でイタリア側から大型の日本美術展の開催の公式要請があり、その後の日本側の対応が生ぬるいとして、遂に伊文化財省は日本への文化財の貸し出しを渋り出した。日本文化展開催問題は日伊間の外交案件になった。

80年代は二国間文化外交の揺籃期で、81～82年にはロンドンで画期的な「江戸」展、88～89年にはワシントンで「大名」展、89年にはブラッセルで「ユーロパリア日本展」という大規模展覧会が開かれた。大型の日本文化展が開かれると、それを中核にさまざまな日本関連のイベントが同時に開催され、日本フェスティバルのようになる。日本が日本文化をイタリアに積極的に持って来ないことを、プライドの高いイタリアが日本のイタリア軽視と捉えたという事情は理解しうる。

兎に角何とか対応しなくてはならないということで日本政府も重い腰を上げて、95年秋にローマで大規模な日本文化展を開くことに踏み切った。ローマでの日本文化展の開催の話が動き出すと同時に、イタリア関係者の間に大規模な日本フェスティバルにするという動きが出てきた。90年に入りある大手不動産会社を後ろ盾にした「ミレニア」社のジュンタ氏が、日本紹介の大イベント「イタリアにおける日本」をやりたいと大変に熱心になり、93年の7月にミレニア社から数10億円規模の大風呂敷の企画案の提示があった。日本側は何とかこれを一桁台にしてもらいたいとの話し合いが持たれていた。私が着任する前に、渡辺前大使とジュンタ氏との間に何度か話し合いの機会が持たれていた。イタリア側には権威あるボローニャ大学のロベルシ・モナコ学長を頭にして熱心な財界人も噛んで、ジュンタ氏が事務局長を務める協会が出来ていた。イタリア政府も「文化展」と一連の日本関連行事を一体化することを認めるようになり、さまざまな機会に日本側に圧力を掛けてきた。とは言いながら、イタリア政府側は、当然のことであるが、資金集めは民間がするとの態度であった。ジュンタ氏に規模の縮小を働き掛けつつ、前任の渡辺大使はモナコ会長と書簡を交換していた。私はこのような「お膳立て」が出来ているところへ着任した訳である。

しかし両国の熱意には大きな温度差があった。私が大使として赴任する前に本省の事務方から日伊間の最大の問題としてブリーフを受けたのがこのジュンタ氏の推進する日本フェスティバルをいかに現実的な規模に引き下げて実現するかということだった。90年代に入ると日本で土地バブルが弾けて、募金には多くの困難が予想されるようになっていた。率直に言って日本側は持て余し気味で、何とか適当に収めて欲しいというのが関係者の正直な気持ちだったと思う。この頃には日本側からイタリア各方面への強い働き掛けで、イタリア側の希望も13億円（200億リラ）まで縮小してきていた。

私はイタリアを知らず、イタリア人を知らず、良くいえば「偏見のない」白紙の状況で、このような状況の中に放り込まれたのである。悲しいかなイタリアは英米とか仏独という主要国ではないので、本国政府と民間関係者からの協力はそう期待出来ないだろうとは判っていた。正直に言ってバブルが弾けて経済が下降局面にある日本側財界の消極的な姿勢と、膨れ上がったイタリア側の期待の間には埋め難いほどの距離があった。着任前私の心の中に何とか適当な形をつけて済ませたいという気持ちが無かったといえば嘘になる。しかし信任状奉呈の折りにスカルファロ大統領から日本文化紹介に大使の「個人的な」努力をして欲しいと求められて、私は腹を固めて、出来る限りのことをして見ようという気持ちになった。しかしこの日がそれから1年半に亘る苦悩の日々の始まりとは露知らなかった。

ただただ熱心なのはイタリア側で、日本側はお世辞にも熱心とは言えないばかりか、経団連事務局を含めどちらかと言えば逃げ腰の人が多かった。その中で浅利慶太、小林陽太郎氏等慶應の同窓生が強く支えてくれた。小林氏は推進委員会の委員長に94年の5月に経団連の欧州委員会の共同委員長となった樋口廣太郎氏の就任を働き掛けてくれた。樋口氏は8月に委員長を引き受けることに同意された。

94年の7月のナポリ・サミットの折の村山・ベルルスコーニ首脳会談では「イタリアにおける日本年」の成功のために協力することが確認され、ジュンタ氏はロベルシ・モナコ学長を連れて、首脳会談の最後の段階で部屋に入ってきて、同学長は総理と外相に直接協力の要請をした。イタリア側は官民打ち合わせて、手を変え品を替えて、日本政府を取り込もうと全力を挙げていた感がある。河野外相はモナコ学長に「英大使を最大限支援する」とまで言われた。

こんな風に雰囲気だけは盛り上がり、「日本年」の準備は進んで行った。美術展を中心とし、これを歌舞伎の全国巡業、佐藤俊一文化交流部長（駐ベルギー大使）の斡旋で実現した若い人向きの坂本龍一のコンサートの二つの大型企画が囲み、更にその外側に多くの自主企画を出来るだけ取り入れるという「三つの同心円」というコンセプトが固まってくる。日本の伝統文化については交流基金が欧州向けに狂言、雅楽などの巡回展をしているので、これをこの期間にイタリアに持て来てもらうには大きな問題はなかった。姉妹都市の縁でいろいろな民間交流の企画も進んで、これらも「日本年」の中に取り入れられた。イタリア各地の美術館などに存在する日本の美術品も活用するべく私も各方面との接触を持った。

イタリア側から日本側に応援体制を作るように求めて来ていたので、私としては「日本年」なる行事の規模や日伊間の役割分担等について誤解が生じないように、文書で確認をしておく必要があった。ジュンタ側とさまざまな話し合いを行った後に、94年の10月の始めに、イタリア側推進委員会モナコ会長と私の間で大きな枠組みについての「了解覚書」が調印された。

本省も極めてショート・ノティスではあったが、皇太子殿下の名誉総裁ご就任と高円宮殿下の開会式ご出席の実現に向けて、ハイレベルで宮内庁の説得に力強く動き出した。95年の1月初めまでは流れとしてはかなり順調に進んでいたといえる。95年の春までに大使館で把握している限り、参加行事の数は40に達していた。

## 伊側スポンサーの破産と阪神・淡路大震災

しかし好事魔多し。日伊両国で予想もしない事態が次々に起り、「日本年」は死産しそうな乱気流に巻き込まれてしまう。94年の末頃にイタリア側では大変なことが起きていた。ミレニア社の後ろ盾のロマニョリ氏の不動産会社が破綻してしまったのである。このためにジュンタ氏の金策が付かなくなった。95年に入ってもジュンタ氏はいろいろな代案を考え、私に「大丈夫だ」を繰り返えすが、全くお金が集まらない。

日本側でも全く予期しない出来事が起った。95年1月17日に阪神・淡路地方を大地震が直撃する。大震災は偶々私が欧州大使会議で帰国の日の朝の出来事で、関係企業の被害は甚大で、また日本の流通の大動脈が分断されて、副次的にも経済に大打撃となった。樋口会長から「大使、この話は延期しましょう」と電話が入る。私は「日本文化展は開催されるし、既に歌舞伎については劇場側に実質的にコミットしている。歌舞伎公演を取りやめるなら、私はイタリアに留まれないし、日本の名誉は地に落ちる」と強硬に反対し、再考をお願いした。やっと3月に予定していた募金の開始を数ヶ月延期し規模も縮小するが、何とか実施することにしてもらい安堵した。若し私があの時東京に居なかったら、恐らく東京サイドは延期で固まってしまい、翻意させることは難しかったのではないかと、思い返しても慄然とする。

イタリア側の募金が難航したのにはほとほと閉口した。日本側の縮小した募金額では歌舞伎と坂本龍一コンサートの二つの企画しか実現出来ないが、この二つの企画についても所謂「オフ・ショア・オン・ショア」の原則で、イタリア到着後の経費はイタリア側の負担となる。また多くの行事はイタリア側の募金がなければ実現出来なかった。95年に入って文字通り何にも動かなくなってしまった。95年の11月からローマで「信仰と美：日本美術　4000年の歴史を辿る」展が開かれるというのに、お金が集まる見込みは全く立たない。ジュンタ氏に募金が出来ないならあなた方は手を引いて欲しいと求めても、「何とかする」の一点張りで埒が明かない。私はローマ赴任直後から勉強し出したイタリア語も少しは出来るようになったので、英語があまり出来ないジュンタ氏にイタリア語も交えて差しで説得したが効果がない。3月初めの会合の最後に私が「私の母が私に人生では敗北を認めることが正しいこともあると言ったこともある」と述べて諦めろと強く勧めるがどうしても言うことを聞いてくれない。

4月に入り私は心配でたまらないので、ジュンタ氏の作った委員会のメンバーでもあったインペラトーリ・メディオ・クレディト・チェントラーレ総裁（日本の輸銀に当たる強力な銀行）に会って相談した。彼は「要するにイタリア人はジュンタ氏を信用していない。今や彼には庇護者が無くなり絶対にお金集めは出来ない。大使自身が日本を代表して、この行事をやりたい。そのために協力して欲しいと言ってくれれば、好意的に応じる人たちを集めましょう」と言って下さる。もう川を渡り始める時に馬を乗り換える訳だが、私はそれ以外に方法はないと判断した。しかしこのことを東京に正直に伝えたら、そもそもこの企画はイタリア側が遣りたいといってきたので始まったのだから、大使がイタリア側にそのような依頼をするのは本末転倒だと言われるのは目に見えていた。寝られない夜が続いた。私は遂に自分の全責任で、東京に事前の了解を取ることなく、親しくなり始めていたフィアット社のウンベルト・アニェリ氏、インペラトーリ総裁たちの仲間に募金を依頼し、事務局は伊日協会のウンベルト・ドナーティ事務局長とサルバトーレ・ダミアニ次長の両氏に務めてもらう腹を固めた。

日本年を担った仲間（前列右からドナーティ氏、西本館長、ダミアニ氏、後列右から私、波岡専門調査員、家内、ダミアニ夫人）

しかし一度モナコ学長と「了解覚書」を交わした以上、相手方が降りることに応じない限り、日本を代表する大使としては軽々に二股膏薬は張れない。4月の始め私は大使館で長時間に亘りジュンタ氏に断念せよと説得したがどうしても応じない。ただ帰りしなに彼は「貴方のお母さんは或いは正しいのかもしれない」とポツリと洩らした。彼が弱気になって来ている感触を掴んだので、私はボローニャに行き、モナコ学長を訪ねて直談判をすることを決意し、アポイントメントを取った。4月20日坂口書記官を連れてボローニャを訪ねた私は、同学長に単刀直入に「私は貴方の名誉が失われることを望まないし、私の名誉が損なわれるのも回避したい」と切り出し、用意して持参した「解約覚書」にサインを求めた。モナコ学長がジュンタ氏とどこまで緊密な関係にあったのかは最後まで判らなかったが、私の言い方が尋常でないので、「大使への友情として」兎に角文書にサインしてもらうことが出来た。ただ同学長は「ミレニアから関係ないことを了承する」趣旨の手紙を取り付けるので、1週間ほどはこの文書は公表しないで欲しいという。

しかしこの文書は相手方の責任者の署名を取ったのだから重要文書である。果たせるかなジュンタ氏の巻き返しがあったのであろう、すぐに翌日にモナコ学長から「私は推進委員会の理事会の承認なしでサインしたので無効だ」と言う電報がきた。私は「貴方は委員長として無条件でサインしたのだからサインは有効である」として取り合わなかった。将に瀬戸際で血路を開いた感じである。

## 新組織作りの荒療治

すぐにインペラトーリ氏やアニェリ氏、それにジュンタ氏に替わる事務方としてドナーティ氏に新しい組織の立ち上げを大車輪で進めて貰うようにお願いした。私自身も各方面に働きかけてお金集めに協力を依頼した。ＹＫＫの吉田忠裕社長、フェラガモの有名なワンダ女社長、ミラノの日本人商工会議所、イタリア・ソニー社等々に具体的にお願いして色よい返事を頂いたことを有り難く思っている。

新体制作りをお願いしたイタリア側の人たちの努力の甲斐があって、95年 7月25日に大使公邸で開いた夕食会に、アニェリ氏、インペラトーリ氏等イタリア財界の大立者10数名を招いて、この場で新しい組織を立ち上げてもらうことが出来た。ドナーティ氏はその組織力を発揮してくれて、公邸に公証人を連れてきて、食事の始まる前に設立文書に一人ずつサインをしてもらった。サインをすると1億リラ出すということである。何と「日本年」が始まる4ヶ月前のことである。

日本側の募金は阪神大震災のためにスタートが遅れて、6月23日に漸く推進委員会を立ち上げて頂けることになった。事務局は電通が努めることになった。樋口廣太郎会長から私に自ら知り合いの企業に募金を頼んで欲しいということで、6月20日から私は一時帰国を認めてもらった。帰国中私は樋口会長を始め、千野よし時大和証券会長、牛尾治朗ウシオ電機会長、荒木浩東電社長、福原義春資生堂社長、石川六郎鹿島建設名誉会長、平山郁夫芸大学長、渡辺允儀典長、角谷清式部官長、斉藤邦彦次官、浅利慶太氏等を精力的に往訪して支援を働き掛けた。東京電力の荒木社長をお訪ねして募金をお願いした。私から2000万円出してもらえないかと依頼すると、その場で「畏まりました」と快諾して下さった時の嬉しさと有り難さは終生忘れ得ない。

工業倶楽部で開かれた6月23日の推進委員会には40社ぐらいの関係者が集まり、無事日本側の推進委員会が発足したので私は本当に安堵した。難しい所も無いではない樋口氏であるが、この人が委員長になって下さらなかったら日本側の募金は無理だったろう。阪神大震災で日本におけるお金集めは3ヶ月遅れたが、実は私にとってこのことはこの上もない幸運だったのである。というのはイタリア側の募金がこの期間全く進まず、ローマの大 使館は何とかしてジュンタ氏に手を引いてもらおうと必死の努力をしていた最中で、日本側の募金が

アニェリ氏の私邸で

予定通り進んでいたら、何と言われたか想像するのも恐ろしい。最終的にアニェリ、インペラトーリ両氏の努力でイタリア側推進委員会が発足したのは、日本に遅れること更に1ヶ月だった。全く綱渡りと云う他ない。

新しく事務方となったドナーティ、ダミアニ両氏の働きは抜群であった。ドナーティ氏は日本に関係のあるイタリアの企業を説得し て募金を行い、ダミアニ氏は広報のプロで、美麗な行事のカタログを作った。イタリア人らしく日伊の著名人に寄稿を依頼して立派な寄稿も掲載されている。ロゴマークは公募する時間もお金もないので、大使館の専門調査員を数年務めてイタリア語にも堪能な芸術家である波岡冬見氏に作って貰った。扇子に水の流れという日本調のなかなかの力作である。ロゴを活用して企画に統一性と説明力を与えるというのは合理的なやり方だった。波岡氏はアップルのファンで、私にこれからはパソコンの時代だからといって、アップルのパソコンを有無を言わさずに買わせて、使い方を教えてくれた。それ以来私はスマートフォーンに至るまで全部アップル製品で統一したＩＴ生活を送り、私の生産性の向上に貢献してくれている。このことについて私は波岡氏に感謝しすぎることはない。

## 公邸が最高に輝いた「開幕レセプション」

「日本年」の開幕を祝う大使公邸でのレセプションはこの公邸が今まで見たことが無い程に光り輝いた瞬間であった。ファンファーニ元首相、中道政界再編の鍵を握ると言 われているマリオ・セーニ議員などの政界要人、募金に応じてくれた多数のイタリア財界人、ローマ歌劇場の支配人、イタリア各地の美術館館長等この公邸が始まって以来恐らく最大級の来客を迎えた。雨を心配してテ

日本年ロゴマーク

ラスにテントを張った。玄関から公邸の入口までにフィアッコレという平皿に松明を焚き、庭の植木にも照明を施した。紆余曲折があったが、開幕行事である「信仰と美：4000年の日本 美術」展には高円宮殿下・同妃殿下がご臨席賜り、このレセプションで見事なイタリア語で挨拶をされたのには感銘を受けた。ソプラノの中丸三千繪さんの独唱で締めくくったこの開幕レセプションは、素晴らしい成功で私は幸運を噛みしめた。

「信仰と美」展は「日本年」の切っ掛けとなった最大の行事で、日伊関係の中でこれだけの規模の美術展が開かれることは空前であり、残念ながら今後もしばらくはないと思われる。この展覧会は西欧の文化が到来する前の日本の土着の美術を対象にして、それを信仰と美という切り口から展開したもので、このコンセプトはイタリア側に出来た元駐日大使と美術専門家などから成る学術委員会のメンバーの慎重な議論の末に生まれたものである。日本側からは奈良国立博物館の薬師如来像、弥生時代の「袈裟襷文銅鐸」等12点の国宝と70点の重要文化財が出展されたが、何といっても最大の特徴は数10体の仏像が展示されたことである。そのうちには全長2・8メートルの金剛力士像の巨像もあるし、顔が三つに分かれている宝誌和尚像もあった。京都国立博物館に寄託されているこの平安時代の木彫像は西欧人の想像力を刺激するものであった。

イタリアは大理石の産地で、ギリシャのブロンズ像を模して世界に誇る大理石像を無数に残している。ルネサンス期でもベルニーニのような優れた芸術家が美しい大理石像を生み出している。しかし木彫は極めて限られていて、日本のような大小さまざまな仏像は全く異質のものである。キオソネ美術館にも木彫の仏像は殆どない。東西の造形の対比が明らかになったという意味で、美術評論家にとっても一般大衆にとっても興味ある展覧会だったと思う。

開幕レセプションの公邸

開会式には日本から高円宮両殿下がご臨席になり、スカルファロ大統領は当初30分位という予定を大幅に延長して長時間興味あり気にご覧になった。キリナーレ宮殿の晩餐会で同大統領が日本の仏像論を論じたのには驚いてしまった。

しかし開幕まではハラハラの連続だった。日本は高温多湿の夏を持つ国で、水に恵まれている。芸術作品も木、紙、絹と痛みやすい素材を使っている。特に乾燥と振動には極めて弱い美術品ばかりである。木彫、漆器、掛け軸、絵巻等は、日の光の下、乾燥した空気の中では棲息できない。湿度と輝度のコントロールされた展示場の中でしか展示できない。この展覧会でも事前に展覧会場の湿度が合意されていたが、何しろ展示場も大きく、仏像も大きい。一般の美術館のように人工的に湿度のコントロールが利かないのである。好天続きで湿度が著しく下がっていた。展示場の湿度のレベルが要求する水準でないとして、文部省の技官は頑として厳重に梱包されてローマに到着した仏像の梱包を解くことに応じない。展覧会の開始の日は刻々と迫る。イタリア外務省の文化担当局長から私に直々に何とか説得して欲しいとの電話が何度も来て、そのトーンは段々と高まってくる。日本側専門家の主張は至極もっともだが、大統領も見えるオープニングの日だけでも開けないかなとも思うが現地大使の力ではどうにもならない。やきもきしたがこの時も最後に幸運がやって来た。天気が崩れて雨模様となり、湿度が段々と年平均レベルまで高まって来て、許容レベルに達したのである。ずらりとメインホールに並んだ巨像の迫力は素晴らしかった。大理石やブロンズ像の照明に長けているイタリア人だけあって、照明は一層仏像を引き立てた。

日本年のレセプションで高円宮殿下がイタリア語で挨拶された

イタリアは地方分権国家で、ローマは首都であるが人口は少ない。来場者総数は4万6373名であったが、ローマで開かれる展覧会でこれほどの入場者を集める展覧会はそうしばしばあることでない。このローマの展示場（パラッツォ・デル・エスポジショーネ）は唯一の大型展示場で、奇しくもムッソリーニ全盛時代の30年に大倉喜七郎男爵の肝いりで開かれた現代日本画展が開かれたところであった。

## 綱渡りで実現した歌舞伎の一カ月イタリア巡業

もう一つの大事業は歌舞伎の一ヵ月イタリア各地巡業である。歌舞伎は先進諸国の首都すべてを訪問しているが、イタリアの首都ローマだけは未だ実現していなかった。私は是非今回実現したいと思い、高校時代からの親友かつ盟友の浅利慶太氏に相談した。「いくらぐらい掛かるかな?」との質問に彼は、頭の中でしばらく考えていたが、「まあ松竹側は一億円というだろうが、９０００万円で出来るだろう」と言う。私はこの数字を頭の中に叩き込んで、松竹の永山武臣会長にお願いに参上した。永山氏は歌舞伎の始めての本格的なイタリア巡業に大いに喜ばれて、即座に富十郎、吉右衛門の座組で60～70人ぐらいの人数でやりましょう。演目は「俊寛」と「釣女」にしましょうと決められた。永山氏から予算はどのくらいあるのですかと聞かれたので、反射的に「８０００万円しかないのですが」と答えた。「そうですか」ということで、これで決まってしまった。

「信仰と美」展

「日本年」全体の実施に付いては、最終段階で興行師とイタリア側推進委員会との間で契約書を作ったが、契約時に何%、到着時に何%と細かく支払い約束が規定され、分厚い契約書が交わされた。

歌舞伎については契約も何もない私と松竹の永山会長との間の口約束で、私は日本と欧米の違いを痛感した。最後のミラノ公演が終っても支払いの話がない。こちらから水を向けると「少し予算が超過したので何とかして欲しい」と言われる。どのくらいですかと聞くと「あと1000万円です」との返事だった。「日本年」は万事切り詰めた運営をしたが、幸いにこの時までには日本側の募金も進み、目標額を1000万円以上超過して集まっていたので、すぐに「結構です」と申し上げた。私は最初に相談した浅利氏が「1億は要らない。9000万円で何とかなる」とした積算の正確さに、流石プロと感心した。

一ヶ月に亘る歌舞伎公演をどう実現するかについて、お金があればすぐに興行師に依頼するところだが、無手勝流の悲しさで、私が奮闘する他ないことになる。ままよと勝手に「ローマ、ミラノ、ナポリの3三都市で公演する。2月はイタリアはまだ寒いから、比較的 暖かい南から北上しよう」と決めた。ナポリは私が大好きな町で、名誉総領事のミケーレ・ディ・ジャンニ氏は敏腕の人物で親しい友人である。ナポリ市長のアントニオ・バッソリーノ氏は、サミットの時に先進国の中で唯一先方の依頼によって痛んだ噴水の修理をしてあげたことで感謝されている。噴水の場所も町の中心のサン・カルロ歌劇場の前の「カルチョッフォの噴水」だったことも何かの縁だ。ナポリで始めるという私の考えにディ・ジャンニ名誉総領事は大喜びで、市長も大変な名誉だと感謝してくれた。サン・カルロ歌劇場の定期公演の中に組み込んでくれることが比較的すんなりと決まった。

当時イタリアの歌劇場はどこも財政難で、渡りに船という面も有ったのだろう。しかし問題は定期公演の切符は殆ど前売りで売れてしまっているので、歌舞伎など興味ないと言って入りが悪かったらどうしようかとも心配したが、他に名案がある訳でなし、ナポリ・サン・カルロ劇場での5回の公演から始めることにして、次はローマの歌劇場と直接に交渉に入った。後でさまざまの難題を突きつけられて往生するが、ここも決まり、最後はミラノとなる。是非スカラ座でと考えていた私は芸術監督のフォンターナ氏や、ミラノ市長、地域経済団体の首脳等を表敬したり、食事に招いたりして下工作をして、スカラ座での歌舞伎公演を推進した。しかしいろいろの経緯があり、スカラ座はオペラ、音楽会、バレーしかやらないと決めた矢先のことで、結果的にはどうしても色よい返事は得られなかった。そのかわりに市の劇場で立派なリリコ劇場と決まった。歌劇場での歌舞伎公演について言うと、歌劇場は馬蹄形で奥行きが深くて、必ずしも歌舞伎公演に向いているとは言えない。また後にローマで起こったように、イタリア各地のオペラ座は厳しい財政難で、歌舞伎公演のためにわざわざ花道を造るために座席の数を減らすのには抵抗があった。

劇場側でも大使が約束しても、若し実現しなければ定期公演に大穴が開いてしまう。私は劇場支配人に、法的には「保証」とはとれないように工夫してはあるが、「必ず実現します」という趣旨の相手を安心させる文書を書いた。勿論本省へは相談せずにである。阪神・淡路の大震災で延期が求められた時に、私は「延期となったら私はイタリアに居れません」といったのは、こういうことがあったからである。大使の信用を賭けたのだから、歌舞伎公演が潰れたら私はイタリアから夜逃げをしなくてはならなかっただろう。

ナポリ、ローマ、ミラノと決まったところでジェノヴァのカルロ・フェリーチェ歌劇場がどうしても来て欲しいと云って来た。乗りかかった船だからと都合をつけて4都市で公演が行われることになった。これで一安心していたところに、ひやっとしたのはローマ歌劇場のヴィドゥッソ支配人から、突然に一方的にキャンセルを言ってきたことである。すぐに飛んで行って話し合うと、花道を作ると座席数が65席減る、すでにオペラに取り換えたという。しばらく連絡を取っていなかったことを悔いたが、真ん中の時期の首都ローマでの公演が抜けては一大事だ。こちらは平静を装って支配人に掛け合い、クールな外交をした。「つまり花道を作らなければいいのでしょう」と聞くと、「そうだ」と云う。その場で「大使としてこの場で花道なしでやると保証しますから引き続きやって下さい」と畳かけた。これには先方も異存を唱えるこ

サン・カルロ歌劇場と
「カルチョッフォの噴水」

とは出来ない。
大使館に取って返し、すぐに松竹の茂木千佳史専務に電話して、経緯を話して、花道なしでいいですねとお願いする。私は出し物の「俊寛」を観ているから花道が無くても何とかなると判断していたが、茂木氏が「判りました、何とかしましょう」と追認してくれた時には本当にホッとした。ローマの歌劇場もなかなか狡くて、その後も支払い額を値切ったり、それが伝わってナポリも値切られたり、素人の悲しさを味わい、随分と悔しい思いをした。それと云うのも日本での募金開始が遅れてお金が集まっていないので、正式に契約が出来ないので、先方も心配なのだ。

95年の6月に入り募金の目処が付いたので、アンドレ・ノイマンという有名な興行師と契約することになった。最初の打ち合わせの時に彼は「どこまで話しが進んでいますか」と聞く。何日にナポリ到着、何日から5公演、それからローマで何公演と全ての日程がすでに確定していることを説明すると、彼は驚嘆して、「興行師に取ってはこの日程を決めるのが仕事 のうちで一番難しいんですが、これを誰がやったのですか?」と聞く。「私が遣りました」と答えると、真面目な顔をして「驚きです。貴方は才能がある。大使を辞めたら是非興行師になりなさい」と奨められた。

イタリア巡業が始まり、一座はナポリに安着する。ナポリでの興行に先だって、松竹の永山会長がバッソリーノ・ナポリ市長に挨拶に行くのに同行したら、市長はまず私だけと話したいと云って、市長室に招き入れ「日本の伝統芸術の歌舞伎のイタリア初公演をわがナポリで始めて下さったことにお礼を述べたい」と言われた。公演は大成功で俊寛が去り行く舟に手を振って「おーい、おーい」と訴える所は水を打ったような静けさだった。翌日の新聞の演劇評に「ナポリは泣いた、心から」という批評が出たときは嬉しかった。凄いと思ったのは永山会長が初日の「釣女」を観て、観客の反応をすぐに察知して、「あれは何山だとか、犬がきた」とか始めの部分は固有名詞や退屈な科白があるのを、大幅にカットして翌日の公演からは引き締まった狂言となったことである。「永山さんだから出来たこと、他の人だったら役者が言うことを聞きませんよ」と団員の人が言っていた。日本文化会館の館長の西本氏の努力でイタリア語字幕があるのでイタリア人の観客も良く理解出来たようだ。ナポリの絶賛はすぐに他の地にも伝わる。結果的にすべて満席で大評判で全公演を終えることが出来た。

肝心のローマ公演には私は政府要人を招待していたのであるが、東京での大使会議にぶつかり一時帰国しなくてはならず、招待客のおもてなしが出来なかったが、家内が私に代わって大役を果たしてくれた。中村富十郎丈は新婚でルンルン気分だった。一座の人たちも舞台のない日はお休みだから、一月近くイタリア各地を楽しまれて、これまた大いに喜ばれた。歌舞伎公演は苦労もしたが、ここまで成功すると苦労はすべて吹き飛んでしまった。

## 「貧乏人のフェスタ」

「日本年」がイタリア朝野へ及ぼしたインパクトには強烈なものがあり、イタリアに一気に日本ブームが起ったと言っても過言ではない。ただなぜか在伊邦人記者による行事についての送稿は殆どなく、残念ながら日本ではこの「日本年」は殆ど知られていない。このお返しとしてイタリア政府が２００１年に日本で行った「イタリア年」は日本に大変なイタリア熱を巻き起こしたので、これについては良く知られているが、その切っ掛けとなった「日本年」もイタリアで似たような反響を巻き起こしていたのである。あえて言うならばこのペアの文化紹介行事によって、日伊関係には画期的な展開がみられたと言っても

ローマ公演の永山夫妻

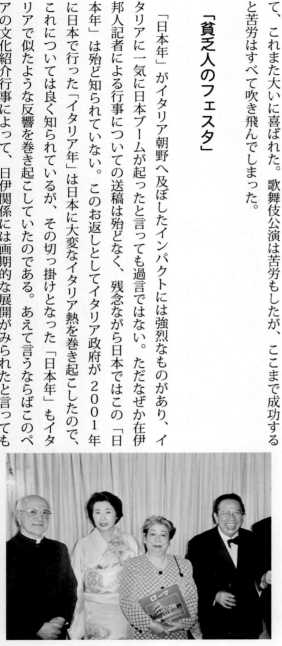

あながち大使の自画自賛ではないと思う。

私は面白がって「貧乏人のフェスタ」をやっていると自嘲的に説明していた。終始極めて限られた予算の中での企画実現で苦労が多かったが、それだけにそれぞれの企画に深い想い出がある。特記しておきたいのは、イタリアの美術館、博物館に収蔵されている日本美術品に活躍してもらって、光を当てることに努力したことである。

ナポリのドゥーカ・ディ・マルティーニ美術館とかジェノヴァのスピノラ宮殿美術館にある伊万里・柿右衛門のコレクションを各地に巡回した。ジェノヴァのキオソネ美術館の浮世絵をローマで展示した。ベネチアの東洋美術館の江戸を切り取ったようなコレクションなどには訪れる人もなく淋しく展示されているが、これに出番を与えることが出来なかったのは残念だった。更にミラノの富裕な商人が19世紀の日本趣味の時代に買い集めた個人収集品が郊外のスフォルツェスコ市立美術館に寄付されている。父親が集めたコレクションも息子は関心なく邪魔物扱いで寄付されたものは日本の美術品に限らず、西欧の古楽器等無数である。保守は行き届かず、日本関係の美術品は地下室に放り込まれているのが現状であった。イブレアの市立美術館に小山真由美さんと云うキュレーターがおられて、地元の博物館に眠る日本美術品の修復などに努力されていた。幸いにもこの方が一夏ミラノの美術館の地下室に積み上げられている日本の美術品の中から、明治初期に輸出された金工細工物を調べて、そのうちの面白いものを集めて「金工展」として開いて下さった。

ＮＥＣイタリアの高野健治ミラノ支店長がアレンジしてくれ

高橋秀画伯等７人の
「イタリア・生活からの形」展

た辛島文雄ジャズ・コンサートや飛び込みで持ち込まれてきた殺陣師の国井正廣氏の一座による世界初と云う殺陣演劇JapanMotion、ナポリ名誉総領事のディ・ジャンニ氏の地震シンポジューム、ローマの高橋秀画伯が在伊の7人の芸術家の作品を展示した「イタリア・生活からの形」展、西本館長の肝いりの「日本図書展」なども 忘れられない。トレヴィのフラッシュ・アート美術館で開かれた濱野年宏画伯の展覧会は、布地へのアクション・ペインティングもあって好評であった。最後に最もお気に入りの企画はニューヨーク時代に知り合った着物メーカー「いちこし」の馬場志信社長に無理にお願いして実現したナポリのカポディモンテ国立美術館での着物ファッション・ショーとその流れのローマの大使 公邸で外交団の友人たちと主要な日本関係者の夫妻を招いてのファッション・ショーである。私のアルバムには仲良しの大使たちが着物を着た美女のモデルに囲まれて世にも幸せそうな顔をしている写真が沢山ある。

公邸着物ファッション・ショー

この文化イベントの事業規模は最終的に総事業費約10億円でそのうち日本側が約6億円負担した。国際交流基金等からの公的助成1・6億円で、民間ベースの推進委員会が集めた一般寄付金は1億 3800 万円だった。残りは自主参加団体の負担金である。イタリア側負担とされる4億円のうちインペラトーリ委員会の募金分は18・6億リラ（約1・4億円）であった。イタリア側推進委員会の募金額が日本側のそれを上回っている。ここに文化国家イタリアの面目が垣間みられると思う。この資金援助で結果的に70

濱野年宏画伯の展覧会

コンドッティ通り

以上の企画がイタリア各地の20都市で実現したのである。

96年の7月に「日本年」が終幕を迎えるに当たって、ドナーティ・ダミアニの仲間は、カンピドリオからコンドッティの一帯を日の丸で埋め尽くしてくれた。カンピドリオの階段に花で大きな日の丸が作られた。こんなに晴れがましい気持ちを持てた日本大使はそう多くはいないだろう。有り難い限りである。

## 新公邸の購入

私はローマ郊外の公邸が頗る気に入っていたが、本省から来た査察使にローマ在住の邦人の誰かが現公邸は車でのアクセスがすこぶる悪く、駐車することも出来ないから、新しい公邸を探すべきという意見を述べたらしい。確かに天皇誕生日のように多くの客が来る時は公邸内に駐車スペースが少なくて、すこぶる混雑して不便である。実際のところローマは政治都市で、閣僚は暇が無く、議員は社交嫌いで、役人は超多忙である。従って天皇誕生日を除いて、ロンドンとかニューヨーク等のように公邸に多くの客が来るレセプションをすることはほとんど無い。昼食会、晩餐会の時に10台の車が来ても公邸内に停められる。ただ在留邦人はこういうローマの社交事情が判らず、他の国の大使館に呼ばれること

カンピドリオの階段の日の丸と私

も無く、本来日本大使公邸と主要国大使公邸を比較できる立場ではない。年に一度のレセプションに呼ばれて不便を感じたとて、そのために公邸を移すことは、公邸に暮らす大使の立場からすると贅沢の極みである。しかし当時の日本はまだ豊かで、外務本省は公邸と事務所を立派にすることに国の威信が掛っているという考えだった様だ。査察師は公邸の買い替えを勧告して、私は否応なく新公邸を物色させられることになった。

沢山の物件を見たが、恐れていたように適当なものは一つもない。因みに米国大使館は目抜きのベネト通りに面しているが、警備が厳重で大勢を招いたレセプションなどやらない。英国大使公邸は素晴らしいヴィッラで、18世紀にローマ法王の愛人だった貴族が建てたものとかで、戦前ドイツ大使公邸であった。確かゲーリングがローマ大使に任命されたが、あんな暑いところにはプールがなければ着任しないと言い張り、立派なプールが造られにもかかわらず、結局彼は赴任しなかったと云われている。庭も広大で建物も立派で素晴らしいこの邸宅はドイツの敗戦と共に没収されていた。偶々《たまたま》イスラエル・ゲリラ組織の「イルグン」が英国のパレスティナ政策に不満でローマの英国大使公邸を爆破してしまった。平身低頭の敗戦国イタリアは、怒った英国の要求を容れて代わりにこの旧ドイツ大使公邸を提供したと言われている。

ロシア大使公邸はジャニコロの丘にある確か元々はイタリア国王の狩り場だった所に今世紀初頭ロシアのプリンスでイタリア好きの人が建てた広大な屋敷で、その広大さは入り口から公邸の玄関まで車で数分という規模である。エジプト大使公邸は、エジプト政府が亡命したイタリア国王を優遇した縁で、サヴォイア王家のローマ邸という広大なものである。フランス大使公邸はサロンの窓をミケランジェロが直したことで有名な16世紀に建てられた華麗なファル

アットリコ邸玄関

ネーゼ宮殿を相互主義で借りている。ブラジル大使公邸はベルニーニ作の「大河の泉」で有名なナボナ広場の右奥の一角を占め、奇跡的に数100万ドルで入手したという荘厳な宮殿である。こういう事情であるから日本は今やG7のメンバーだと胸を張っても、ヨーロッパ列強に比しては新興国家で、しかも敗戦国の悲しさで、日本は完全に出遅れで、これらの国の大使公邸に比肩する様な住居を見付けることは不可能と思われた。

95年春になり最後にたどり着いたのは、バルトロメオ・アットリコ元在京大使のご一家が所有する邸宅だった。戦前ムッソリーニに重用されて駐ドイツ、バチカン大使等を務めた外交官の父侯爵がムッソリーニにもらった土地に建てられている。立地場所が物凄い。コロセオからチルコ・マッシモ沿いに北へFAO事務局のオフィスを過ぎて一旦ローマの城壁の外へ出る。それから左折して少し行ってからポルタ・ラティーナ門をくぐってまた城壁内に戻る。道は細く左側は公園の緑地が続く。200～300メートルの道の右側に5～6軒の豪邸が建ち並ぶ。サウディの武器商人のカショギの家の他は今や全て大使公邸になっている。この土地をアットリコ大使の母の公爵夫人が精魂込めて平らに整地をして松と芝を植え、建物は凝った田舎家風に作ってある。家の玄関から見ると向こうはローマを取り囲む城壁で、家の左正面には15世紀の教会の鐘楼があり、絶好の借景となっている。この教会ではローマ社交界の子女の結婚式が開かれ、アットリコ一家はその邸宅と庭を披露宴に貸し出していた。ローマではアットリコ邸として知らぬもののない邸宅であった。

アットリコ夫人と家内

買収交渉は中々値段で折り合わないで難航したが、96年末に交渉は成立した。住居として長年使われていないために内部はかなり荒れていたので、私は相当の改装費を覚悟しないなら買うべきでないと本省を説得し、本省もこれを理解してくれた。

イタリアでは環境保護の観点から家の外側はそのままにしなければいけない。内部の改装についての私の残した計画は後任者に完全 に変更されて、床は全て大理石張りとなり、何故か問題の出発点の広い駐車場は造られなかった。私は現役中外務省のもろもろの考えが相当に時代離れしていることに懐疑的だったが、公邸の建設では規模が大きすぎるなど誤りを犯している。

ローマ大使新公邸は、私の意に反して購入され、私が考えるようには改装されなかったが、それでも場所は超一流で周囲の環境は絶佳で、世界中の日本大使公邸のうちのベスト5指に入ると思う。いずれ私が外務省で何をしたかは皆忘れ去るだろうが、この公邸の購入者ということで記憶されることになるかも知れない。

## ラテン文化に目を開く

「日本年」がイタリア全土で開かれたこともあり、私たち夫婦はイタリア各地をほぼ隈無く回った。アオスタ州とカラブリア州以外は足を伸ばし、主要な都市には公式訪問を行い、知られたところはほとんど見たと言って良い。その中で私が最も好きなところはナポリである。何であの喧騒で汚い町が好きなのかと言われるが、私はナポリの人間臭さが気に入っていることと、何よりもナポリの名誉総領事のディ・ジャンニ氏が親切で、ナポリの良さを味わせてもらったからである。

カプリには何度も訪れた。短かったがキシサーナ・グランド・ホテルでの夢のような滞在を楽しんだ。レモンの木の下のパオリーナ・レストランで家内の誕生日パーティをやり、ビスマルクの元別荘を買った半分日本人の血が入っているリゴーリさんの海を見下す別荘でのパーティにも何度も招かれた。離任前にディ・ジャンニ氏がカプリの別荘で楽士を入れ、ピッツア窯を作って開いてくれた盛大な送別会は忘れられない思い出である。カプリ島内巡りにはローマ皇帝の別荘や「サン・ミケーレ」の著者アクセル・ムントが海から引き上げたスフィンクス像を飾ったパノラマの海を一望することが出来る別荘や「青の洞窟」等々尽きせぬ楽しみがあった。南イタリアはポンペイやエルコラノのローマ遺跡、世界一の絶景アマルフィ海岸、パエスタムのギリシャ神殿等抗い難い魅力に溢れている。

勿論中部、北部にもベネチア、フィレンツェ、パルマ、ラヴェンナ、アシジ、ピサ等無数の個性豊かな歴史的な景観に充ちた都市があり、ポルトフィーノ、ドロミテなど美しい景色に事欠かない。シチリアにもサルデニアにも、兼轄したマルタやサン・マリノにも見どころは豊富である。これらの場所の素晴らしさを言い尽くすことは不可能だ。

オペラについても楽しい想い出ばかりだ。印象深かったのはナポリ・サミットの時に首脳の代理として夫妻でカセルタ宮殿の晩餐会に出席した時に、邸内の小劇場でチマローザの「宮廷楽師長」を見たことである。大劇場でなく私邸の中の小劇場のオペラは実に素晴らしかった。

歌舞伎公演の関係でサン・カルロ、ローマ、スカラ、ジェノヴァのオペラ・ハウスの総支配人とは昵懇《じっこん》になった。

しかしスカラ座は聖アンブロージョのお祭りの日に当たる初日 の公演には米国とロシアの大使を招くが日本の大使には声が掛らない。親しいイタリア人に文句を言ったら、「貴方は呼べと劇場に求めましたか？」と聞かれた。そこでスカラ座に正面から招いて欲しいと求めるとちゃんと初日のパルコに招待を受けた。「求めよ、さらば与えられん」を地で行くようで、これもイタリア流と感心した。ただ当夜

カプリ島　アクスル・ムンテ

ヴィッラ・チンブローネ

の出し物は、私の嫌いなワーグナーの長大な「ワルキューレ」で閉口した。オペラが深夜に終わってから、向かいの市庁舎で晩餐会が延々と続く。明け方2時ごろになって北部同盟の下院議長のピヴェッティ女史が、「もう耐えられない」と席を立って帰ったので、これ幸とばかりに何人かのものと一緒に席を立った。これも懐かしい想い出である。

ベネチアのフェニーチェ劇場にも行った。余りにも素晴らしい劇場なので、大好きなベッリーニの「新教徒」の切符を無理して入手して、楽しみにしていたら焼けてしまった。マチェラータやペーザロで開催されるオペラ・フェスティバルにも出掛けた。ヴェローナのローマ時代の劇場で開催される野外のフェスティバルも何度か楽しんだ。

シチリア・セリヌンテの神殿

イタリアには日本が生んだ名ソプラノの渡辺葉子さんと名テノール市原多朗氏が本拠を置いておられた。このお二人にはニューヨーク時代から親しくしていて頂いていたので、オペラの本場イタリアでの再会を楽しんだ。同じくニューヨーク時代からの知己の日本研究者のドナルド・キーン先生には谷崎潤一郎のシンポジューム等で何度もお会いした。日本語だけでなくイタリア語も完璧で、オペラ愛好家として普く知られている。キーン先生には退官後も親しくして頂いた。この碩学は2011年に東日本大震災と原子力発電所のメルト・ダウンで日本人が意気消沈していた時に日本国籍を取得して、日本人を励まして下さった。2018年に97歳でこの世を去られたのは悲しい。

ポルトフィーノ全景

ミラノ・スカラ座の初日

96年9月18日に著名なイタリア人ヴァイオリニストのウト・ウギがカンピドリオの丘に隣接する教会で開いたコンサートの折りに庄司紗矢香さんに会った。ウト・ウギが「私のところで勉強している驚異的な日本人の若いヴァイオリニストを紹介したい」と述べて、13歳の彼女はバッハのコンチェルトを繊細に弾いた。3年後の99年のパガニーニ国際コンクールで彼女は日本人として最初の且つ最年少で優勝して、その後国際的な名声を高めた。恐らくカンピドリオの教会内の演奏は彼女が公の場で行った最初の演奏の一つだっただろう。その場には母君も居られて知己となり、その後日本で爆発的な人気を博した彼女の公演にはいつもご招待頂いた。年と共に研究熱心な彼女の繊細で力強い演奏が華麗に進化して行くのを味わうと言う稀有の幸運を頂いている。最近良き伴侶を得た彼女が、益々円熟して世界の最高峰を極めて欲しいと心から願っている。

有名なオペラ歌手とも接点があった。サン・カルロ劇場で「トスカ」が演じられる時に、ナポリのディ・ジャンニ名誉総領事が、自慢の新装の私邸にパヴァロッティ等の出演者を招きたいが、大使の名目で晩餐会をやる形でないと来てくれないという。勿論それに乗った。当夜は70人ぐらいのナポリの貴顕が集まり、パヴァロッティは若い奥さんを連れてご機嫌で、巨体をソファに埋めていた。偶々この日はトスカを歌ったソプラノの名花カヴァイヴァンスカさんの誕生日に当たることを家内は知っていて、お祝いのケーキを用意し、彼女がローソクを吹き消した。悪逆な警視総監

カヴァイヴァンスカさんの誕生日

パヴァロッティ夫妻と私達夫婦

スカルピアを演じたバリトンのホアン・ポンスも来た。オペラの巨人たちの前では指揮者のダニエル・オーレンも小さくなっているようなのが面白かった。興奮したサーバントが1ダースのシャンペングラスをひっくり返して大騒ぎ。96年12月15日の夜のことである。

親友の浅利慶太氏がミラノのスカラ座で彼の演出の「蝶々夫人」を再演した時にミラノの日本人商工会議所がレセプションを開いて下さった。その時に私は「今から半世紀近い前に同じ高等学校の同級生の一人が俺はいつかスカラ座でオペラを演出するぞと言い、もう一人が、じゃその時俺はローマの日本大使でお祝いに駆けつけてやると言ったら、皆夢物語と笑っただろう。でもこれが今夜ここで起きているのです」と挨拶した。本当に人生のドラマは予測も計画もできないが、演じるに値するドラマだと思った。

## 親切なイタリア人

当初全く土地勘もなく言葉も知らない国での勤務だったが、さまざまな人の助けを得て画期的な日本文化行事を実現できた。中でも95年秋からの「イタリアにおける日本年」で伊日協会の事務局を取り仕切っていたウンベルト・ドナーティとサルバトーレ・ダミアニの両氏はわれわれ夫婦を、時間があればヴィアレッジョのカーニバルや、マッサ・カラーラの大理石採掘の現場、各地の中小企業等（バリッラ、パルモ

スカラ座で浅利慶太氏と

ラータ、ファジョリ、マックス・マラ）に案内してくれた。二人の計画でパルマでチーズ作りの現場を見たり、イモラのF1のレースコースをフェラーリで疾走するという経験もできた。彼らの努力でどれだけ広く深くイタリアの事情が理解出来たことだろう。深く感謝している。

日本とイタリアは一度も干戈を交えたことがなく、相互に強い親和性を持っている。日本人とイタリア人は「買う気を起こさせる消費財生産」と言う点では東西の双璧である。地産の食材を使って美味しい料理を作る点でも共通点がある。

アングロ・サクソン文化しか知らなかった私にとりイタリアでの在勤は、私にラテン系の文化に目を開かせてくれた。いい加減で女好きというイタリア人のステレオ・タイプ像を打ち砕いてもくれた。イタリア人は、善かれ悪しかれ、「自然体」というか自分に大変忠実である。美味しいものを食べたい、美しいものを愛する、嫌なことは拒否というこの「自然体」がイタリアの特徴であり、ここからさまざまな誤解が生ずる。自然な共同体である家庭が最重要で、そこではマンマが中心となる。ただ政治でも実生活でも間違ったら平気で改める。「信用できない」と言われる所以でもある。人間的であることは人間好きでもある、だから人に優しい。イタリア人の親切さには驚かされることが多かった。以下に二つほど具体的な例を書いておこう。

ローマから海岸沿いに150キロほど北上したところにアルジェンタリオ岬がある。この地は嘗て天才画家カラヴァッジョがマルタからたどり着いて死んだところである。私は半島を一周し、高いところから別荘地を見ようと思い、「立ち入り禁止」サインを無視して舗装の無い道

熟成させるパルメジャーノ・レジャーノ・チーズ

をゆっくりと昇って行った。坂道は次第に険しくなり、雨で山道が削られ凸凹が出来ていた。車は前に進まないばかりか、ズルズルと滑り後退し始めた。数メーター後ろは目も眩むような断崖絶壁である。最悪の事態が起こるかも知れないと覚悟を固め、家内を下ろした。車が崖から落ちれば即死である。頭の中が白くなった。そこへどこからともなく数人のイタリア人が現れ、車を押してくれた。全くどうしてわれわれの危機的な状況を知ったのか、どこで何をしていた人たちだろうか全く判らない。しかし彼らは車を安全なところに動かすと一言も言わないで去って行った。

94年8月の大雨の深夜、私と家内は、冬はスキー、夏はゴルフと山歩きで有名なイタリア北部の景勝地のマドンナ・ディ・カンピリオに向けて、ブレンタ山中を前任者から買ったマイカーの中古のボルボを走らせていた。狭い道の左側が深い谷間なので、車を道路の右側に寄せて走ったところ、路肩に突出していた岩に前と後ろのタイヤを擦り、右側の前 後のタイヤを同時にパンクさせてしまった。勝手を全く知らない深夜の深山幽谷の中で外は大雨である。傘さえ持っていない。前からも後ろからも全く車が来ない。私はどうしたら良いか判らず途方に暮れた。30分ぐらいすると後ろから来る車のライトがあった。事情を説明すると、20歳ぐらいの若い男の子は嫌な顔もせずに、私を彼の車に乗せてくれて、まず一緒に目指すホテル探しをしてくれた。実は予約してあったホテルはそこから更に10キロ以上先だった。スロンゴ君はその晩そこから更に先の村に住むガールフレンドをデートで訪ねる途中だった。信じられないだろうが彼は一時間以上当然のようにホテル探しに付きあってくれたのである。

マドンナ・ディ・カンピリオ

## 日本とイタリアを結びつけた人たち

マルコ・ポーロに始まり古来多くのイタリア人が日本との絆を深めてきた。明治期に日本政府に招かれたキオソネ、フォンタネージ、ラグーザ、カッペレッティ等の芸術家の貢献は大きい。ただここでは私のイタリア在勤時代にお目に掛かった学識者の世界の方々に限って、この二つの国を結びつけるのに大きく貢献された人達の思い出を記して置きたい。

イタリアではナポリ、ベネチアを始め各地に多くの日本研究者がおられるが、最も存在感があったのはフォスコ・マライーニ先生だった。山岳家でも写真家でもあった先生は戦後再来日し、57年にOre Giapponesiを出版され（この本は59年にMeeting with Japanとして英訳出版された）、イタリアのみならずヨーロッパの日本理解に貢献された。戦前アイヌ研究で日本におられたが、戦中の滞日中にファロのファシスト政権への忠誠を拒否して、収容所入りし抑留生活を余儀なくされた。その折イタリア人を侮辱した官憲に「イタリア魂」を示すために指を詰めた話は良く知られている。血気に溢れた恐ろしい人を想像していた私には、彼は好々爺のように見えた。彼はイタリアで日本を研究する学者の集まりである伊日研究学会の中心におられ、その会合で何度もお目に掛かったが、いつもアクセントのある黒縁の眼鏡の底から暖かい光を感じた。晩年は著名作家となっていて、作家アルベルト・モラビアとの親しい関係でも知られた娘さんのダーチャ・マライーニの父としての方が平均のイタリア人に知られていたかも知れない。97年4月にフィレンツエにフォスコ・マライーニ先生を訪ねた。日本人の夫人と書籍に溢れた大きなお屋敷に住んでおられた。生涯を通じて集めら

フォスコ・マライーニ氏

れた7000冊の膨大な日本についての文献が、フィレンツエに沢山ある図書館の一つに収められることになったことを喜んでおられた。

日本で最も知られたイタリア人であるピッタウ神父がローマにおられたので、極めてしばしばお目に掛かった。多くの日本人がヴァチカン詣でをされ、偉い人も多くローマに見えたので、そのような折には、公邸やレストランにお招きしてお話しすることも多かった。「イタリアにおける日本95/96」の実現に積極的に関わっておられて、私が困難な状態にある時も強く支えてくださったことに心から感謝している。

イタリア各地には、高橋秀（画家）、安田侃（彫刻家）を初め多くの日本人芸術家が制作活動をしていた。日本で最も知られているのは浩瀚な「ローマ人の物語」を執筆している塩野七生女史だろう。私は彼女のローマ史は英国のギボンとドイツのモムゼンのローマ史に勝るとも劣らないと評価している。彼女の著書の結果、日本の知識層のイタリア理解は現代イタリアでなく古代からローマ帝国の方が深くなったと言っても過言ではない。イタリアについて深い理解を持っておられるだけでなく、世界の出来事、日本の状況にも深い関心を持っておられた。執筆の合間を縫ってご一緒に食事を共にするとすこぶる知的な会話が弾んで実に楽しかった。着任間も無く「日本年」のコンセプト作りに、公邸に1ダース近いイタリア通の方々を招いて、明け方1時過ぎまで及ぶ一大ブレーンストーミングの会を開いたときにも参加して下さり、多くの鋭い視点を示されたのは忘れられない。親友の浅利慶太氏と親交があり、ローマ赴任にあたり塩野女史を紹介してくれた外、退官し日本に帰ってからも3人でよく食事を共にして議論を楽しんだ。

ローマには70年代にナポリ東洋大学に招かれ、同大学で長年日本語を教え、多くのイタリア人日本研究者を育てた坂本鉄男先生が住んでおられた。夫人は芸大の声楽科を卒業された音楽家で、オペラに大変造詣の深い方だった。ご夫妻の暖かくて親切なお人柄もあって、私ども夫婦はローマ赴任直後から、坂本夫妻とは家族的な親交が出来ただけでなく、私どものイタリア各地訪問にもしばしば同行してくださった。イタリアについては該博な知識をお持ちで大変に勉強になった。今でも坂本先生は産経新聞にコラムをお持ちでイタリアから健筆を振るっておられるし、電話で長話をする。私も家内も坂本先生ご夫妻のお陰で我々のイタリア在勤が一層豊かなものになったことを深く感謝している。

ナポリ名誉総領事のディ・ジャンニ氏と、ナポリで教鞭をとった坂本先生と大のナポリ好きの私の3人の間には、兄弟のような親しさが生まれた。我々はこれと言うときには同じ図柄のネクタイを締めて、ナポリが取り持った義兄弟の契りを誇示した。

坂本先生とディ・ジャンニ名誉総領事と私は義兄弟の契りで同じネクタイを

## サプライズの勲章授与

イタリア側から積極的な評価をもらえたのは本当に嬉しかった。大きなサプライズはローマを離れる前に叙勲の栄に浴したことである。イタリア政府は大使が2年以上在勤しないと勲章を授与せず、大使が帰国後暫くしてから東京の大使館で授与というケースが多い。ローマでの在勤が3年を越えた大使は、離任の時に外務省の政務次官がランチに招いて労ってくれる。私の時はトイアという女性の政務次官がランチをして下さって、ピタウ神父とか塩野七生女史など私が選んだ親しい友人を20人程招いてくれた。事前に私に一切知らせず、サプライズと言うことで、その席でトイア次官は私に大十字功労勲章を授与してくれた。外務省の経済総局長がサッシュを掛けてくれた。この勲章は日本の民間人では黒沢明監督や石川六郎氏等数少ない人しかもらっていない最高位の勲章である。離任前の現地での叙勲というのは極めて珍しい。

ディーニ外相に離任の挨拶に伺った時には貴大使は「大使のモデルのような活躍」をされたとお褒めを頂き、離任の前日には公邸にプローディ首相から直々の電話があり、「本当に良くやってくれた」、「貴方がいないとイタリアはエンプティになる！」とまでの言葉があった。勿論「外交辞令」であるが、こう言われて嬉しくならない人はいないだろう。

## 退官後も続くイタリアとのご縁

97年8月1日、3年10ケ月に及ぶさまざまな経験を思い出に、私ども夫婦は日本に帰って来た。イタリアは良い任地で駐イタリア大使の平均寿命はせいぜい2年半から3年程度である。恐らく私は戦前戦後を通じて、最長のイタリア在任記録を作ったと思う。そして程なく40年の外交官生活を終えて退官した。しかしイタリアは私を捉えて離さなかった。イタリアとのご縁は退官後ますます深まり続けた。

私は嫌な面も含めてイタリア人が好きになった。また彼らの生活スタイルの魅力も理解できるようになった。経済成長路線をひた走りに走った日本人もバブルが弾けて価値観が一変した。それに伴い90年代に入って日本におけるイタリアのイメージも変わった。「駄目な」イタリアではなく「生活大国」イタリアという肯定的なイタリア観も定着してきたようである。私の在勤はこの転換期に掛っていた。日本は経済的に低迷し、政治外交の時代は終わっていた。代わって文化とか価値観が重要視される時代が来ていた。図らずも私はイタリアで日本を、日本に帰って来てからは日本にイタリアを、理解させる文化交流をやるように運命づけられていた様だ。

日本では女性を先頭に多くの日本人がイタリア・ファッション、ブランド品、イタリア料理に大きな関心を示し始めていた。このような流れの中で、イタリア側関係者の間に成功裏に終わった95〜96年の「日本年」のお返しとして2001年に今度は日本で「イタリア年」を開く機運が急速に盛り上がって行った。イタリア側は「日本年」をやった仲間、即ちトップにフィアット・グループの中心的な人物であるウンベルト・アニェリ氏と同氏を取り巻くフィアット人脈の政治家、財界人が名を連ね、事務的なことは「日本年」の相棒であったウンベルト・ドナーティ氏とサルバトーレ・ダミアニ氏が務めることとなった。

石川六郎氏とアニェリ氏
（後列はドナーティ氏と私）

彼らは「日本におけるイタリア年」のために政府出資の「伊日財団」を法律を通して設立して、ナショナル・プロジェクトとして、2001年から翌年の始めにかけて、日本全国に亘る大規模なプログラムを展開するという野心的な構想を進めた。

イタリア側は日本側の受け皿をしっかり作れる人物として、日伊協会会長で岳父鹿島守之助時代に始まる深いイタリアとのファミリーのご縁を持つ石川六郎鹿島建設最高相談役に白羽の矢を立てた。イタリア側から「日本年」のお返しに日本で「イタリア年」を開催するので支援して欲しいとの要請が来た時に、石川氏は喜んでこれに応じる腹を固められた。事務方の責任者として、先ず話があった同社常任顧問の手島冷志大使は、年齢と夫人の健康問題等があり、自分の代わりに私を推薦して下さった。

帰国してから石川六郎氏を軽井沢の別荘にお訪ねした。昔から良く存じ上げている人だったので、直ぐに核心に触れる話となった。「イタリア年」の事務方の責任者をやって欲しいと言われた。私は「イタリアには世話になったので、頼まれなくてもやるつもりである」とはっきり気持ちを述べた。「それなら私に任せて下さい」と言われ、一瞬どうしようかと思ったが、「お任せします」とその場で即答した。石川氏は外務省に官房長を訪ねて、「英を貰いたい」という仁義を切られた上で、常任顧問の待遇をオファー頂いた。

イタリア側は国家行事であるので在京のイタリア大使館がその取りまとめと推進に当たった。私がローマ在勤時代に特に親しくしていたメネガッティ大使が東京に着任したのは、日伊双方の間の隔意の無い意思疎通の上で極めて幸運であった。イタリア側の事務万端は「日本年」で苦楽を共にし、充分に気心の知れたドナーティ・ダミアニ両氏のコンビで、最高の布陣であった。

日本では主要な文化行事には新聞社、テレビ等特定のメディアが係わるのが普通で、そのメディアは自社主催の行事の広報には力を入れるが、他のメディアの企画については殆ど報道しない。「イタリア年」で膨大な企画が実現するとしても、その全体像については充分に広報されない恐れがある。事前の全体広報を日本側でしっかりやり、この間隙を埋めようと言うことが日本側の協力の主眼であった。

## ヴィーナスが日の丸を抱くロゴの誕生

大イベントの一体性を確保する上で極めて重要なのは統一ロゴである。99年10月ローマで、ドナーティ氏から半ダースほどのロゴの案を示され、そのうちのどれが良いと思うかと聞かれた。私は率直に、いずれも平板でパンチが利かない。イタリアは独創性で知られた国である。流石はイタリア年であるというロゴが望ましいと注文をつけた。彼は一瞬ためらったが、「実は一つ迷っているのがある」と言う。それがあのボッティチェッリの「ヴィーナスの誕生」の絵に描かれたヴィーナスが日本を象徴する太陽を胸に抱くという図案であった。私は直ちに「これだ」と賛意を表した。

ドナーティ氏によると、図柄が余りにも大胆で日本側で不快感を持つ人がいるのではないかという危惧をするものがいてお蔵入りしているという。彼に「本当に大丈夫か」と聞かれて、私は「大丈夫と太鼓判を押すよ。確かにヴィーナスは一寸官能的ではっとさせるが、日本人は直ぐにニヤリとしてこの大胆なイタリア的発想を必ず前向きに受け入れるし、大評判になる」と述べた。これがあのロゴ誕生の瞬間であった。日本で記念切手にもなったあの図案が確定したのである。かく誕生した「イタリア年」ロゴマークは巨大なインパクトを及ぼした。このロゴを見るものは直ちにイタリアと日本を連想し、その後のイタリア主催の公式イベントでもこれに勝るロゴは生まれずに、その後もさまざまなバリエーションが生まれている。「イタリア年」広報の上でこのロゴマークは、明るいイタリアのイメージを日本中に発散させるに役立った。

イタリア年のロゴマーク

イタリア側の熱意は際立っていて、この「日本におけるイタリア」年は2002年まで続き、大成功を収めた。その間日本中で延べ700件の大小さまざまなイヴェントが開催され日本にイタリアブームを巻き起こした。石川六郎氏の全面的なバックアップで設立された日本側推進委員会には、日本の各界のトップの方々70名が名を連ねね、総額約8700万円の募金を行って「イタリア年」広報に当たった。私はその推進委員会の事務総長として石川六郎氏を支えてフル・タイムで関りあった。同時に日伊協会の副会長にも就任した。

私が忘れられないのは皇居と東京駅を繋ぐ「行幸通り」を会場に開催された前夜祭パレード「空の祝祭」である。イタリア側はルミナリエで著名なヴァレリオ・フェスティ氏の企画をイタリア年の発端のイヴェントとしてどうしても行幸通りで開催したいという。陛下のお通り以外いまだ嘗《かつ》ていかなる行事も開かれたことのないこの通りの使用は実のところ完全な無理筋だった。イタリアから来日したヴァッターニ外務次官は私に何とか実現して欲しいと強く懇望される。ローマで親交があり大変にお世話になった人物の要請を断る訳にはいかない。私は急遽このイヴェントを日伊政府間公式行事とするお膳立てをして、宮内庁、警察当局等々関係方面へ働きかけを行った。幸運なことに要所要所にイタリア大好きの友人がいて、開催に漕ぎ着けた。

パーフォーマンスをするイタリア人女性がぶら下がった6個の巨大バルーンが7000人の招待者を含む2万5000人が埋め尽くす行幸通りを45分に亘りパレードする「奇想天外」な前夜祭は、テレビ放映等により一挙に日本中にイタリア年の開始を周知させた。それにしても3月18日の日曜日の夕刻、一発勝負で2億円と仄聞《そくぶん》する資金を使った関係者の情熱には心から敬意を覚えた。

このようにして私の第二の人生は、極く自然に日伊の掛け橋的な存在になって行った。2005年末に石川六郎氏が惜しくも急逝された後、日伊協会の会長となりその財政基盤の一層の強化のため知恵を絞った。2012年80歳を期に退任したが、今でも名誉会長の肩書きを頂戴している。

日伊協会の仕事は私の後半生の中心を占めたが、私は加えて「ヴェルディ協会」、「日伊音楽協会」や「日本オペラ振興会」というイタリアと親密な関係のある団体の役員を務めた。「ヴェルディ協会」は駐伊大使在任中にパルマを公式訪問した折にアミチ・ディ・ヴェルディのドナーティ会長から日本人がそんなにヴェルディのオペ

行幸通りの開幕パレード

ラが好きなら、日本にもヴェルディ協会を作ってはどうですかと勧められたご縁で、オペラ好きな家内がヴェルディ研究家の永竹由幸先生やヴェルディ愛好者の原山道衛、矢成基之氏たちと一緒に創設した協会で、私は黒衣役で応援した。「日伊音楽協会」は伝説的オペラ歌手藤原義江の強い求めで発足した団体で、１９６４年以来今日に至るまで日本のオペラ歌手の登竜門ともいうべき声楽コンクールを主宰して来た。お陰で私は市原多朗、林康子、松本美和子氏等の世界的な名歌手と接点が保て、また多くの中堅歌手や将来有望な新人歌手を知った。イタリアとのご縁が、私と家内の後半生を豊かにして呉れたことを有り難いと思っている。

イタリアとのご縁は切っても切れないので、恐らく終生続くだろう。外交官として一つの国との掛け橋的な役割を果たせれば、もって瞑すべしだと言えよう。

# 第16章　振り返りつつ日本の未来を思う

## 振り返ると　第二の人生のスタート

### 振り返ると

私が外務省に入省した58年から退官した97年に至る40年間は、日本にとって疾風怒濤の時代だった。この時期は45年の冬、信州の疎開先から帰京して目にした一面の焼け野原の日本の冷厳な敗戦の事実から、国民の営々とした努力で経済が次第に発展して、遂には米国との間に深刻な経済摩擦を生み出すに至った驚異的な経済発展の時期と重なっている。日本の外交官が経験するには最も面白く、かつ遣り甲斐のある時期だったとも言える。〈天の時〉を与えられたことに深く感謝している。

40年にわたる私の外交官人生を振り返ってみると、常に働きがいのある場所を与えられてきたことを強く感じる。任地は英国、米国、タイ、イタリアと多彩であった。中国や韓国などの近隣アジアで働く機会を与えられなかった事は残念であるが、公僕であるからには、与えられた仕事をやるしかない。私は自らのために図る事は一切しなかった。正直に言って与えられたポストの中には、気の進まないものも無かった訳ではない。ただ与えられた場所で全力を尽くすことに努め、出来る限り「一任地一仕事」の初心を忘れないで、自分でやらねばならないと思うことに情熱を注いだ積りである。

打ち明けると私は退官後一つのシンクタンクを作り、ここで日本を改革するための活動で余生が送れないかと夢見ていた。残念ながら非力で果たせなかった。その意味では旺盛な執筆活動の傍、岡崎研究所に拠って世に外交に関する卓見を示し続けた故岡崎久彦氏や現在に至るも活発な活動をしている日本国際フォーラムを創設した南東アジア一課長の後任の伊藤憲一氏には敬意を持っている。私の母校慶応大学は「独立自尊」の精神と並んで、もう一つのモットーとして「ペンは剣よりも強し」の哲学を持っている。シンクタンクは作れなかったが、日本の将来に想いを馳せる執筆活動は終生衰えることなく今日に至っている。

## 第二の人生のスタート

私はイタリアとのご縁で、退官後15年に亘り鹿島建設常任顧問として専らイタリアと関係を深める第二の人生を送った。同時にこれもご縁で、在京ライト英国大使の懇望もだし難く、英語を通じて国際理解と友好を深めることを目的とする非営利の組織である日本英語交流連盟（ＥＳＵＪ）を会長として立ち上げた。ライト大使は私の相方として会津のお殿様の末裔の元日航の松平恒忠氏を選んでいた。私は第二の人生でユーモアに富む松平氏と二人三脚で極めて愉快にこの新組織を育てることができたことを幸運に思う。親しかった明石康、牛尾治朗両氏を副会長にお願いし、ＥＳＵＪは松平氏の親友の広瀬公威氏、ニューヨークで親しくなったＯＣＳの野中栄昭氏、テレビ東京の阿部輝彦氏、縣正彦氏等々の志を倶にする多くの楽しい友人を執行部として、英語ディベートの普及と英語での対外発信等の諸活動を続けて来た。

日本英語交流連盟創立記念写真

とりわけ私にとってＥＳＵＪの諸活動を一緒に楽しんだユーモア溢れる故村松増美氏、加藤宮子夫妻、トニー＆スーザン・ミリントン、ラビンダー・マリク氏、セト駐日インド大使、岡田真樹子夫妻のことは忘れられない。

月日の経つのは誠に早いものである。学生時代の友人たち、外務省の先輩や仲間たち、さらに退官後一緒にさまざまなボランティア活動をした友のなかからですら、既に多くの方々が鬼籍に入っている。そう遠からず米寿を迎えるほど馬齢を重ねた身で、私がこの回想録をまとめられたのは本当に嬉しいことである。英語のメモワールも２０２２年末に出版された。将来いつ、誰が、どこでこの回想録を読んで下さるかは見当が付かないが、ここまで読んで下さった将来の読者の忍耐には心から感謝申し上げる。

国際社会の激変はまだまだ終わることなく続いている。残念ながら日本の国力も相対的に低下している。しかし変化し続ける一つの社会として、既に日本が世界の中で最も素晴らしい国の一つになっていることも事実である。日本が国際場裏でどのような地位を占め、どのような役割を果たせるかと言う問題については、これからの日本人が取り組む必要がある。私は楽観主義的な性格もあり、舵取りを間違わねば日本は大丈夫と思っている。

２０１７年１月米国にトランプ大統領が誕生した日に合わせて、私は「トランプ登場で 激変する世界ー自立した日本外交と安全保障戦略」を上梓した。私はこの著書の「はしがき」で「筆者は、外交は基本的に妥協の技術であり、相手を倒したり、寄り切ることでは問題は解決しない。基本的な国益が守れるなら適当に妥協しなければ〈良い循環〉は開けない。日米関係は最重要であるが、米国の利

遂に完成した英語メモワール

益第一主義を前に、日本にはずるずると米国依存を一層進める以外の選択肢はないのか、既成概念に囚われず、自由な眼で観察して意見を出すべきである」と言う趣旨を述べた。この考えは40年に亘る外交官生活で到達した私の基本的な信念である。

私の「自立した日本外交」の究極的な目標は、日本自身がしかるべき戦争抑止力を保持しつつ、非同盟政策を採用することである。ただ外交には断絶があってはならないから、この目標は関係諸国とのさまざまなレベルの不断の意思疎通を通じて実現することが不可欠である。そのような日本の選択肢についての私の考察は、前著の終わりの部分で述べたが、時間の制約から、自分ながら回りくどくて判り難かった。友人たちはもう少しわかりやすく整理する必要があると指摘した。今回本著末尾のエピローグで、私の考えを筋道を追って判り易く述べることが出来て積年の気懸かりを解消し得て嬉しい。

トランプ大統領が齎した国際関係の大変革は見通しの利かない航海を続けている。米中対立の激化は相当期間続くものと予見される。このような状況下で、私は限定的ながら自らの非核の戦争抑止力を保有する日本が非同盟外交政策を採用することは、アジア・太平洋地域の安定に大きな貢献を為し得ると益々確信するに至っている。

この回想録の「はしがき」で述べた元駐日インド大使のアフターブ・セット大使のアドヴァイスに従い、私は私が描く日本外交の未来像を、このメモワールのエピローグとして、以下に述べさせて頂くことにした。

エピローグ—自立した日本外交・安全保障へ向けて

日本国憲法の前文には「日本国民は、恒久の平和を念願し、人間相互の関係を支配する崇高な理想を深く自覚するものであって、平和を愛する諸国民の公正と信義に信頼し、われらの安全と生存を保持しようと決意した」という文言がある。

回顧すると80年に及ばんとする戦後から現在までの日本は、憲法が求めるこの平和主義に基づき、「名誉ある地位」を求める努力を続けて来たと言えるであろう。戦後日本の兵士が一人の外国人の生命をも奪っていないと言う事実は高く評価されて良いし、日本が近隣諸国を含む開発途上国の経済発展に寄与してきたことも積極的な評価に値しよう。ただこの平和外交は、基本的には日米安保条約を通じて米国の軍事力に守られた平和外交であった。

私見であるが、私はこのような日本の戦後の政策が、果たして日本にとって最善の政策だったかどうかは疑わしいと考えている。日本の最近隣の諸国、即ち韓国、北朝鮮、中国並びにロシアと日本との外交関係は正常化されてはいない。日本は国連の常任理事国になることに失敗している。殆ど属国の様に見える米国への依存心が国民の心にどっかりと根を下ろしている。屡々われわれ日本人は、例えアメリカが明白に間違っていても正面切って米国にそう述べる意思を失っているかのように見える。これらの否定的な事象は、日本があの戦争から立ち直り繁栄するために払った代償であった。

しかし日本の長期的な安全の観点から見ると、このような状態が続くことは決して好ましいことではない。われわれは叡知を持ってどうしたら事態が改善するかに思いを巡らせねばならない。私はコップの水がまだ半分あると楽観することも、半分しかなくなったと悲観する議論の何れにも組みしたくない。ただ身の丈に合った政策が何であるかについて考えたいと思う。

日本人は、独立、自主、自助の精神を回復し、日米安保依存の心地よい惰性から脱却し、前向きで合理的な外交・安全保障戦略を模索する努力を怠ってはならない。「戦後最も厳しく複雑な安全保障環境に直面している」といわれる当面は、従来路線から大胆に乖離するような政策転換は、地域の安全環境を危険に曝す恐れがあるので推奨出来ないが、私は、日本にとり最も適当な長期的な安全保障政策とはどのようなもので、どのようにして、日本はその目標に向けて着地する外交を展開出来るかを以下に論じて見たい。

## 1 永遠の日米同盟論には盲点がある

明治開国後日本は英国との同盟で興り、ドイツとの同盟で滅びた。敗戦後から21世紀の今日まで、米国との同盟が日本外交の基軸とされている。日本のいくつかの隣国は現在核兵器を大量に開発、保有しているので、日本国内では一般的に非核国は強力な核大国、すなわち米国の庇護なしには、自国の安全は守れないと考えられている。私はこの考えには、三つの明らかな盲点があると思う。

第1は資本と技術のグローバルな展開が、急速に世界地図を塗り替えたことである。中国等の新興国が着実に経済力を高めているので、21世紀の進行とともに米国の卓越した優越性はいつか失われることは明らかである。特に10億人を超す巨大な人口を持つ中国やインドが経済力をつける結果軍事大国化し、さらにこれら諸国が市場を開放する政策をとれば、その購買力は早晩軍事力や金融力と並ぶパワーの源泉となる。他方米国人は益々「内向き」になり、国内の格差の増大を前に、そのエネルギーを国内の統一に向けつつある。国家安全保障の分野で、米国自身の安全が守られれば良しとする可能性も完全には排除されない。長期的に見ると「要塞化した米国」の考えが、孤立主義のＤＮＡを持つアメリカ人をして、自国の安全さえ確保されれば、他国を守る理由が乏しいと考えさせることもあり得ないことではない。国際関係には「永遠の敵も、永遠の味方もない」

という鉄則を絶対に忘れてはならない。頼れるのは自分の力だけであり、現に日本の近隣諸国を含め世界の殆ど全ての国が「自国第一」主義を追求している。

第2は、核兵器の破壊力の増大に伴い、世界には核戦争の結果何が起こるかについての恐怖が着実に深化している。多くの国が依然核兵器開発に巨額の資金を投じ、理論家や将軍、更には産軍複合体が、さまざまな核戦略を練り上げているが、現実政治においては実際に核兵器を使用する敷居は高くなって来ている。私は核超大国米国のオバマ元大統領の「核の恐怖なき世界」の提唱を軽々に受け取るべきでないと考えている。彼の提案は、核兵器の役割を如何に減らし得るかに付いての真剣かつ現実的な議論を緊急に行うべき十分の理由があることを示している。

国連は２０１７年に核兵器禁止条約（ＴＰＮＷ）の制定会議を開催した。この条約は、核兵器活動への参加を禁じる包括的な規定を定めている。２０２１年1月に必要な50カ国の批准書の寄託を以てこの条約は発効している。

勿論この条約の道義的、政治的な意義は別にして、プーチン大統領の核恫喝に示されるように、世界は依然核戦争の恐怖から免れていない。しかし広島・長崎への不幸な核兵器の使用以降約80年の間、戦術的にも核兵器の使用は抑制されており、核兵器使用の敷居が高くなっているとも見られる。実際問題として米国の政治家が内向きになり、核兵器の使用に消極的になればなるほど、米国の「核の傘」が日本の安全にもつ意味合いは減少する。われわれは日本の現在の安全保障政策には重大なリスクと欠陥が隠れていることを忘れてはならない。

第3は世界には軍事同盟なしに隣国との調和的な関係を維持しようとしている多くの国が存在していることである。スイス連邦の様な伝統的な「永世中立国」に加えて、このような国にスウェーデン、オーストリア、フィンランドやインドがある。現在の二大軍事超大国である米国と中国との間でいずれにも組みしたくないという気持ちは、「グローバルサウス」と呼ばれるASEAN諸国、インド、ラテンアメリカ等で顕著になっている。

数世紀にわたり戦争の絶えなかった欧州では、2022年ロシアのウクライナ侵略の結果、中立の維持は困難と考えて、スェーデンやフィンランドがNATOへ参加したいとする逆流現象が見られるが、若しプーチンの対ウクライナ武断政策が破綻して、彼が国際場裏から退場すれば、事態はまた新たな展開を見せるかもしれない。

ヨーロッパと比較すると、アジアは未だ若い大陸である。私見であるが私はアジアが地政学的にいかなる相互関係の構造を確立することになるかは今後に残された課題であると思っている。われわれはアジア・太平洋地域の地政学的な将来構造の中で、長期的に日本の安全を守るためには同盟政策が唯一の選択肢であるかどうかについては、予断を排して、冷静且つ真剣に思いを巡らすことは賢明であると思う。

## 2 戦争の態様と戦略思想の変化

日本の将来の安全保障政策を考えるに当たり、将来の戦争の態様に関して起こっている巨大な変化について検討することが不可欠である。兵器の発達と多様化から戦争の態様は歴史的に変わり続けている。航空戦の発達で大艦巨砲主義が意味を失った。核兵器搭載ミサイルの出現で、過去数十年軍事戦略は激変した。精緻な核戦略が組み立てられ、また意味を失って行った。超大国がお互いに確実に相手を破壊出来るようになったので(MAD)、理論的に核の先制攻撃に耐えられる信頼性のある第二撃能力が軍事的な安全保障の中核となった。

しかし戦争技術力は常に変化を遂げている。最近では電脳空間の攻撃により、指揮系統を一気に破壊するサイバー戦争、さらには電磁波利用や宇宙空間の利用による武器開発も急速に進んでいる。ドローンやロボット等の新しい無人兵器が更に将来の戦争の形態を複雑化させつつある。ウクライナ戦争はその実験台となっている。高価な空母機動部隊が低廉な兵器で無力化されることもあり得るであろう。既に米国はその可能性を念頭に置いて、その軍事力の展開を分散化する等の対応を始めている。残念ながら人工知能が武器に導入されることは不可避で、その影響は計り知れない。最近では主要国のみならず北朝鮮等の規模の小さな国すら、防御不能のため従来の戦争概念を一変させ得るゲームチェンジャーと呼ばれる極超音速滑空飛行体（ＨＧＶ）を開発しつつある。

各国の最近の戦略思想には幾つかの明白な共通傾向が存在する。一つは所謂「ドメイン」即ち作戦領域の拡大である。軍拡競争は伝統的な軍事活動の領域から、サイバー戦争、情報戦争（あらゆる形態のプロパガンダや影響力の獲得等）及び人工知能の軍事的利用へと拡大している。生物・化学兵器戦争にも備えなければならない。

もう一つの傾向は、戦争における通常のタブーや抑制が失われたことである。中国人民解放軍の二人の戦略家の執筆した「超限戦」（注）がこの傾向を良く例証していた。この書籍は、目標の攻撃に非兵士テロリストが民間航空機を武器として使った２００１年の米国における９・11同時多発テロ活動を予言していたことで有名になった。この書籍は、戦争と非戦争、兵士と非兵士の区別が消滅し、21世紀の戦争においては、「何でも武器になり」、「いかなる分野も戦場になる」ことを明らかにした。今や国家間の争いにおいては何でも起こり得ると仮定したほうが安全である。

（注）喬良、王湘穂著「超限戦」21世紀の新しい戦争

このような状況下で、主要国は新しい戦争戦略を構想し、また新しい形態の武器の開発を行っている。巨大な人口と資金力を有する米国と中国は、武器の多様化のなかで我が道を行くことが出来よう。ロシアは新しい軍事能力を増大させつつ、核兵器を引き続き重視し、必要があればその使用を躊躇しないと公言している。２０１４年ロシアはクリミア半島を併合したが、その際に周到な準備のもとに、種々のサイバー攻撃、特殊部

隊、通常戦力をハイブリッドに組み合わせて目的を達成した。これに反して2022年のロシアのウクライナ侵略のやり方はむしろ古典的であり、われわれに参考となるとは思われない。

今後の防衛力の構築を考慮するに当たり、殆どの国は、伝統的な陸軍、海軍、空軍に加えてミサイル軍、さらには宇宙軍までフルスペックで開発することは資金的に困難である。フルスペックの軍備が可能な国は極めて限られていて、殆どの国は、置かれた地政学的な状況にマッチし、また必要な武器のコスト費用の考慮等から、いずれかの分野に軍事力の比重を高めざるを得ないであろう。

国の中心部が潜在敵国から離れていることは依然として意味を有する。島嶼国家は大陸諸国に比して若干の有利性を持つ。欧亜大陸から隔絶する米国の軍事戦略は、仮想敵国が敷居際に存在する諸国の戦略とは異なるだろう。これからの戦争はその態様において、ますますハイブリッド化し、各国の戦略は不可避的に、置かれた地政学的環境に見合って非対称性を高めるであろう。いまやすべての国が、いかに予想されるハイブリッド戦争に備えるかについて、真剣な検討を行っている。

私は日米安保条約がもろもろの困難を克服して、かくも長期にわたり強固であった理由の一つは日本の防衛費の節約と米国の在日基地利用価値が釣り合っていたからであると考えている。過去においてこれらの基地は米国がその軍事力を朝鮮半島、ベトナム及び中東に展開する上で不可欠であった。日米安保条約の将来を考えるに当たっては、米国の安全にとって在日米軍基地の果たす重要性を見極めねばならない。米国の防衛戦略が変化するにつれ、米国の日本における前方展開基地の有用性も変化するかも知れない。現在のところ在日米軍基地と日米安保条約の米国にとっての重要性は朝鮮半島の安全と困難な台湾問題に密接に関連している。米国の長期的な戦略は、中国の今後の動向とロシアのプーチン戦略の帰結が定かになるまでは、明確にならないであろう。日本の対応も、直近の情勢への対応と、長期的な戦略とを区別して、将来政策の変更が可能なように配慮をしておく必要がある。

## 3 グローバリズムの終焉と国民国家の再生

１９８９年の冷戦終了後グローバリゼーションの時代はそう長く続かなかった。21世紀は２００１年9月11日の狂信的なイスラム・ジハード主義者によるニューヨークのツイン・タワー攻撃で始った。テロリズムは中東諸地域と西欧世界に蔓延した。シリアにおける内戦の継続は法外な数の避難民を生み出した。アメリカ大陸でも貧困な南の住民が富裕な北を目指したので、トランプは移民の入国に強硬に反対した。結果として国境を越えた人の移動の自由は、従来より大幅に制限されるようになった。また資本と技術の自由な移動は、デジタル技術によって自国民を強権的に支配する習近平の強大な独裁国家を生んだことが明白になった。英国は欧州連合から離脱し「グローバル・ブリテン」として生きること目指すことになった。欧州連合は拡大よりも深化を目指したが、内部ではポーランド、ハンガリー等に民族国家意識が復活しているように見える。欧州連合の盟主としてドイツは従来よりも利他的な軍事的、経済的政策を志向しなければ欧州連合は求心力を失う危険がある。従って「ウクライナ」後のドイツの今後の路線には最大の注意を払う必要がある。既にドイツ現政権は防衛予算の飛躍的な拡大を決定し、エネルギー源の多角化、ドイツの経済力を欧州連合加盟国に一層均霑する方向に舵を切っていると見られる。

米国人は世界の警察官の役割から解き放たれることを望み、トランプ大統領は声高に「アメリカ第一」を叫び、既成概念に拘束されない行動を取り、幾つかの大きな国際的な変化を残して去った。

第一は米中関係である。トランプ大統領下の4年間で、ニクソン大統領からオバマ大統領に至る半世紀にわたり米国が追求した相互依存の友好的な米中関係から、敵対的な関係へと基本的な転換を見せた。米中両国は明らかに長きに亘る経済技術的な対立と軍事的な競争の時代に入りつつある。

第二は2018年6月、米国と北朝鮮の最高首脳がシンガポールで会談したことである。米国は平壌に対して持っていた最大の切り札を代償なしに無駄遣いしてしまった。今や北朝鮮は諸制裁の下で貧困化しているとは言え、核保有国である。

第三は米国はシェール石油を開発し自ら世界の有数の石油生産国となることによって、その外交政策における中東の重要性を減少させた。イスラエルがこの地域での米国の最重要なパートナーになった。米国は駐イスラエル大使館をテル・アビブからエルサレムに移した。イスラエルはこの地域の最強国となり、域内のアラブ諸国との関係も改善された。

第四に貿易面では米国は、戦後の多角的で自由な通商貿易政策を放棄した。米国中心の「公正な貿易」を標榜したトランプは、大統領就任と同時に環太平洋パートナー協定（TPP）への参加を取りやめ、日本を大いに失望させた。

バイデン大統領は、トランプの世界保健機構（WHO）や地球温暖化の防止に関するパリ合意からの離脱や同盟国の無視等の明らかな行き過ぎを改めたので、トランプ大統領の世界に及ぼした否定的な遺産の一部は是正された。しかし2024年の大統領選挙を控え、米国が国際的に強い指導力を回復することは望み得ない。

過去20年間世界中でグローバリズムは次第にさまざまなナショナリズムに取って代わられた。グローバリズムへの最後の致命的な一撃は、2020年の冬、新コロナヴィールスCOVID・19によって齎された。コロナ禍が終熄しても、世界大のグローバリズムが復活するとは考えられない。

国際金融面でのドルの支配力は続くと考えられ、いかに中國が強大な経済大国となろうがドルが人民元に取って代わられることはあり得ない。しかし米中対立の激化とロシアへの経済制裁により、ドルの国際金融における地位には劇的な変化が現れ始めている。当面米国内のインフレ抑制のために米国連銀が金利を引き上げたことにより、主要国におけるゼロ金利と言う異常な状況が改善されると同時に、ドルの価値が上昇している。他方人口増加が頭打ちした中国の成長は鈍化し始め、不動産投資に依存した成長は転機に差し掛かっている。世界経済の行方は渾沌として定まらず、世界は政治的な同盟、非同盟という概念を超越して、現状維持に協力的なグループと専制国家グループへと二分化する可能性が高まったように見受けられる。

しかしながら私は強い米国の指導性がないからと言って、世界が龍虎相食むジャングルになるとは限らないと思う。私は二度に及ぶ世界大戦を経験した人類はそこまで愚かではなく、破局を何とか回避する意思が働くと思う。曾て世界が核兵器の「恐怖の均衡」の下で、平和を維持したように、極めて脆弱では有るが「ゲームチェンジャー」の恐怖の均衡によって平和が維持され続けるかも知れないと考える。

２０２２年プーチン大統領は、２０１４年のクリミア併合のように短期に目標を達成出来なかった。ゼレンスキー・ウクライナ大統領が信じられない不屈の抵抗を示した数日の間に、米国が以前のような強い指導力を示した訳でもないにも関わらず、危機感に駆られた諸国はロシアの野望を挫くべく合力した。米国は侵攻開始のずっと以前の時点から、関係国にプーチンの意図に付いてのインテリジェンス情報を提供し、公表した。ドイツを含め欧州連合は急遽団結し、多くの制裁措置を決めた。日本や中立国のスイス連邦、スェーデン等すらも制裁参加に躊躇しなかった。これら諸国は、国際銀行間金融通信協会（ＳＷＩＦＴ）から、ロシア主要銀行を放逐するという金融制裁を含む対ロ制裁措置に踏み切ったが、決定的な効果は現れていない。ウクライナ侵略は恐らくプーチンの壮大な見込み違いに過ぎなかったかも知れない。しかし軍事力の行使により現状を変更しようとする国にとって、ウクライナ情勢の展開の歴史は一つの確実な警告を発している。

その警告は覇権主義的国家が、領域、資源、マーケット、技術等を軍事的ないし他の手段で支配することを求める場合には、必ず対抗勢力が結成されることである。対ロ制裁には、中立国のスエーデン、スイス連邦も参加した。安倍元首相が提唱した「自由で開かれたインド・太平洋（ＦＯＩＰ）」構想は、米国や中国の拡張主義的政策に直面するアジア・太平洋諸国により支持されている。

## ４ 米中関係の帰趨

日本の自主防衛を論じる際には、どうしても太平洋を挟んで対峙するこの二大強国である米中両国間の関係の帰趨についての予想をする必要がある。

中国は悲劇的な１９８９年の天安門事件以降、「愛国主義」と「近代化路線」をひた走ってきたが、その間米国は中国が経済発展を遂げるにつれて、民主化を含め欧米的な穏健化を遂げるとの期待で、敢えて対抗するどころか、むしろこれを支援してきた。私はこの基礎のない米国における楽観的な米中関係の基本認識の背景にはキッシンジャーの間違った日本観が色濃く反映していたと思って来た。キッシンジャーは「日本は軍事大国化の野心を持ち、いずれ米国から離れて独自に行動するであろう。中国と提携して危険な日本を抑えることがアメリカの利益にかなう」という日本人から見ると法外な誤った考えを抱いていた。私は80年代末の駐ニューヨーク総領事の時代に何回か彼と意見を交換したことがあるが、その際、彼が日本の核武装の可能性を固く信じていることに驚いた。冷戦終了後日本のバブル経済が崩壊し日本が経済的に低迷するようになるまで、日本は米国にとり最大の脅威と考えられていたことも忘れてはならない。こういう「日本観」が余りにも長く米国に根強くあったことは日本にとり不幸であった。しかも鄧小平は「韜光養晦」を掲げ、野心を隠して力を蓄える戦略を取ったので、米国朝野に中国の急速な経済発展と軍事力強化に懸念が生じるには長い年月を要した。

１９９７年中国共産党第15回党大会は、２つの重要な国家目標を定めた。第一は２０２１年の共産党創設１００周年記念日までに「小康社会」を築き、第二に中華人民共和国の建国１００周年に当たる２０４９年までに、富裕で強固な社会主義国を建設すると言う目標である。アヘン戦争の国恥を雪ぐと言うこれまでの消極的なスローガンから、積極的で断言的な「中国人民の夢」に転換したのである。２００８年の華々しい北京オリンピックの開催はこれを如実に示した。

２０１２～13年の頃に、中国は秘密裏に国策を、相互に利益を齎すグローバリズムから、世界における中国民族の比肩し得ない地位の追求に変換させたようである。２０１２年以降の南シナ海の島嶼の占拠と基地化と２０１３年からより目立った東シナ海の尖閣諸島への主権主張行動等の現実の対外活動にこの政策が反映されるまで、世界がこれに気付くには若干の時日を要した。アジアインフラ投資銀行（ＡＩＩＢ）は２０１５年に創設された。

２０１７年10月の共産党第19回党大会で、習近平総書記は、中国は21世紀半ばまでに世界最高レベルの経済的、軍事的強国となり国際的影響力を発揮することを公然と強調した。２０１８年３月の全国人民代表大会で、彼は「共産党の指導が中国の特色ある社会主義の最も本質的な特徴である」と述べ、同時に共産党は最高指導者の任期は10年とする不文律を破って、習近平総書記への継続的な権力付与の方針を打ち出した。中国は習長期独裁体制の下で、強国中国建設のための産業政策である「中国産業２０２５」や諸大陸への中国の影響力拡大の方途としての「一帯一路」政策を押し進める方針であることは今や明白である。

このような中国の姿勢に２０１０年代に入り、米国内に対中国不信感は急速に高まって来た。米中の指導者や知識層の中で「ツキディデスの罠」が論じられるようになった。つまり新興勢力中国とこれに不安を持つ米国が衝突する可能性があるという懸念である。2017年末に発表された米国の「国家安全保障戦略」は、中國を米国に脅威を与える競争相手として認めて「公平、相互主義および主権の尊重に基づく関係」を強く求めることを明らかにした。

トランプ大統領は中国の対米貿易黒字削減を要求して関税率の引き上げに踏み切ると共に、曾て日本に対して求めたような中国の構造的、制度的な改善を追求した。中国はこれに報復して主要米国産品への関税を引き上げ、断固として「中国の核心的な利益」は譲らないとした。米中両国は1年半にわたる貿易交渉の結果、2020年1月、両国は「第1段階の」合意に達した。中国は2000億ドルに上る米国の物資とサービスの輸入を約し、米国は中国物資への課税を軽減し、新たな課税を行わないことを約した。両国は更に交渉を続ける予定であったが、COVID・19の突然の発生で中断された。

米国は「中国産業2025」に示されている産業政策に特別な警戒心を持っている。この政策は第五世代情報通信技術（5G）、電気自動車、その他の最先端技術において中国が最高の地位を持つことを目標にしている。米国は中国が5G技術を急速に開発し、全世界に中国技術の5G基礎局が建設されることは、米国への軍事的な脅威となることを恐れている。トランプ政権は、米国の安全保障への脅威という理由で、華為技術社等に的を絞って、米国政府機関にこれらの企業の製品の購入と部品供給を禁止した。

米中間の深刻な亀裂は、自由な世界貿易体制の下で生まれた日本を含むアジアの複雑なサプライチェーン網に悪影響を及ぼしている。5G問題は今後欧州諸国や日本等の第三国産業に米中両超大国の間でいずれを支持するかの立場を選ぶことを余儀なくさせるであろう。バイデン政権は高度の半導体生産技術が中国に流出することを阻止する意向を固め、同盟国に同調を求めている。新コロナヴィールスの蔓延は、意図したことではないが、フェースマスク等の衛生分野において殆どの国がほぼ完全に廉価な中国製品に依存していたという実態を明らかにした。中国を含む諸国間の供給網を如何に再構築するかが難しい問題となった。日本、そして同様にアジア諸国は米中間に微妙なバランスを維持するのに苦労するであろう。

バイデン大統領は２０２２年末に採択した「国家安全保障戦略」で、中国は「国際秩序を改変する意図と能力を持つ唯一の競争相手」との認識を明確にしている。同時に彼は、就任後の２０２１年３月に示した暫定的国家安全保障ガイダンスで述べているように、中国が「気候変動、世界的な保健問題、軍縮、核不拡散」等の分野で米国に協力する期待を示している。台湾についてバイデンは就任式に在米台湾代表を招待したことに見られるように、トランプより台湾との友好的な関係に好意的に見える。ただ台湾を重要な民主主義信奉者で経済安全保障上の重要なパートナーと認識するとは言え、バイデン下の米国が台湾の独立を認めないことは明らかである。最近米国は台湾の現状の武力による変更には、台湾を防衛する姿勢を次第に強めている様に見える。米国内の反中コンセンサスは超党派的で、米中両国間の敵対的な関係は相当に長い期間続くと予想される。

バイデン大統領の対外政策は、軍事力の行使は最後の最後まで控えて、問題を外交的に解決するという伝統的なアプローチである。前任のトランプと違い、ＮＡＴＯ、日本、オーストラリアや韓国等の伝統的な同盟国並びにインド、ＡＳＥＡＮ諸国などとのパートナーシップを重要視する。米、英、豪との軍事的なＡＵＫＵＳ関係と米、日、豪、印四カ国間の「自由で開かれたインド。太平洋（ＦＯＩＰ）」を目指すパートナーシップを強化して、中国とのバランスを回復、維持することに務めている。

他方２０２２年の秋に開催された中国共産党大会で習近平は中国の長期にわたる舵取りを担う最高指導者としてその地位を確立した。ある意味で習近平はこれまでの中国の強圧的な対外政策を変更出来るほどの力を持ったと言える。現在の中国はマクロ経済的に曾てのソ連より強大であるが、中国の指導者は、中国が将来の人口減少傾向、深刻な環境問題、不十分な社会保障制度、巨大な人口の中に存在する富の格差の是正の必要性というハンディキャップを持つことを知悉しているし、ソ連が、米国との無謀とも言える軍拡競争の結果崩壊したことを目の当たりにしている中国が、米国との軍拡競争に慎重であるべき十分の理由がある。

２０２２年末の米国の国家安全保障戦略で述べられているように、習近平の二期目に当たる今後10年が、米中関係にとって「決定的な時期」であることは明らかである。貿易関係に加え気候変動や世界的な保健問題への対処が米中間の当面の合理的なアジェンダ項目であろうが、私はこの10年の間で両国が避けられないのは軍事問題であると予想している。近年の中国の戦略核、中距離ミサイルの開発、配備は際立っていて、従来の米ロ間の協定は現実的な意味を失い、中国の参加が不可欠となっている。若し中国が米国との安定的な関係の樹立を欲するのであれば、中国が曾ての米ソ間のように、核兵器開発の透明性を高め、核兵器の開発、配備の上限設定やその他の軍縮交渉に前向きに臨むことが不可欠であると考える。台湾問題を両国が如何に処理するかは予見し難いが、台湾側の武力侵攻に抵抗する意志が強固であり、中国側が平和的な台湾統合を優先する意思を持つのであれば、米中両国はこの難問を横に置く何らかの知恵を見いだすことは可能であろう。今のところ米中両国間に機微な台湾問題について何らかの妥協が成立するかは予見出来ない。

米中間の競合のコートでボールは明らかに中国側にある。若し中国が攻撃性を減じれば、バイデンの米国は現在の険悪な米中関係を改善する用意があるように見える。私は、中国人は現在の攻撃的な対外政策を継続した時にいかなるリスクに遭遇するかを十分理解出来るだけの分別を持っていると思う。当面世界にとっての最重要案件は、ロシアのウクライナ侵略が何らかの抑制の元に置かれることである。ウクライナ、ロシアの両当事国とそれぞれを支援する米国、中国、欧州の対応が注目される。

ウクライナ問題の帰趨が米中関係にも影響する所が大であるが、私は少なくとも２０２４年の米国大統領選挙後には、米中関係が改善の軌道に乗ることを期待している。若し米中両超大国が正気を保ち合理的に行動し、偶発的な衝突が回避されれば、相当期間の対峙の後、両国が太平洋を分割する形で何らかのデタントに到達する可能性は高い。これは１０年単位の規模で考える問題であるが、論理的に判断すれば、その時期は基本的には中国が大陸間弾道ミサイル（ＩＣＢＭ）や潜水艦搭載弾道ミサイル（ＳＬＢＭ）或いはゲームチェンジャーと言われる極超音速滑空飛行体（ＨＧＶ）の開発、配置に成功して、米国との間に相互確証破壊（ＭＡＤ）状況が出現して、安全保障上の脆弱性から解放され、意味ある戦略兵器削減交渉が実現するようになった時であろう。逆に言うとその時は米国の「核の傘」が無意味になった時でもある。米中間のデタントに併行して東アジアに、新しい地政学的安定状況が生まれて来る可能性がある。

私は長い未来を見通した場合、米中間に緊張を緩和させ、共存する意向が生じる場合には、北東アジアに緩衝地帯が存在する方が、このデタントを一層安定化させると考える。国境が隣接するヨーロッパ諸国と異なり、米中両国は広大な太平洋で隔てられている。私は米中両国共に緩衝地帯の存在を歓迎すると考える。北東アジアに朝鮮半島と日本を含む非核地帯を構築することは現時点では夢物語であろうが、関係国は決して諦めてはならない。日本が米中両国から独立していればいるほど、かかる緩衝地帯の価値は高まり、日本の影響力も上昇するだろう。私はこのような展開の中に日本の将来の外交・安全保障戦略を構想している。

## 5　日中関係の展望

日本と中国の関係は世界でも類例を見ない長期にわたる二国間関係である。

両国の関係は日本による中国文明の包摂の時代から日本による中国侵略まで両極端を往復しているが、

1949年の中国共産党政権の成立以降は濃淡の差はあるが、基本的に友好関係が維持されていると言って良いだろう。日中両国は海を挟み地理的に隣接しているだけでなく、文化的、経済的に切り離せない相互依存性の高い関係を持つ。

長い日中関係を振り返ると、両国は政治的交渉の経験が際立って少ないことに気付く。有史前に遡れば3世紀に白村江における朝鮮・中国連合軍と倭国軍が衝突し日本側は大敗した。今日から振り返れば17世紀に何故豊臣秀吉があのような無益な朝鮮出兵をしたか理解し難い。1894〜95年日本が清国と日清戦争を戦ったのは、朝鮮を中国の支配から分離するためであった。最後に1937〜45年日中両国は運命的な戦争を戦った。

反面奇妙なことは徳川時代の250年に亘り日中は政治交渉関係を持たなかった。それぞれが勝手に通商政策を定め、その下で商売が行なわれていた。清朝末期に西太后の名代として李鴻章と伊藤博文の交渉はあったが、その後は中国内の軍閥の登場で政府間交渉が出来なくなってしまった。蒋介石が中国を代表し得た珍しい時期に日本側は「蒋介石を相手にせず」という拙劣な立場をとった。日中関係のユニークな特徴は際立った軍事偏重と政経分離の歴史と言える。

1978年に日中両国が締結した日中平和友好条約は両国が「平和五原則」と国連憲章の原則に基づいて、紛争の平和的解決、武力や武力による威嚇に訴えないことを約している。余談になるが、この条約の締結に当たり中国側がソ連を念頭に「反覇権条項」の挿入に固執したことは記憶に新しい。現在の中露蜜月関係を見れば、いかに「国家間には永遠の敵も味方もない」ということが真実であるかが判る。

この条約に述べられた諸原則は、日中関係の初心とも綱領とも言える。天安門事件直後ですら日本はサミット参加主要国に対し、中国を孤立させるべきでないと主張し、若干の国内の反対はあったものの1992年に天皇・皇后両陛下の中国訪問を実現させている。確かに天皇訪中を中国が外交的に利用した側面はあるが、私は革命国家中国が、重要な時期に、日本の継続的な権威である天皇家を歓迎したことは、皮肉でもあるが同時に両国関係の機微を示していると思う。

１９７８年条約以降、両国は節目節目に基本原則についてその精緻化を計っているが、具体的な諸問題解決のための実践的な交渉は進んでいるとは言えない。その日中関係は新しい出発点に立っている。一方で中国の側で新しい時期が始まっている。グローバリゼーションの恩恵を十全に享有した中国は、日本を遥かに凌駕し、そう遠くない将来米国に匹敵する超大国にならんとしている。中国人は自国に自信を持ち、どちらかと言うと消極的な「雪恥」への執念を越えて、21世紀半ばに世界に影響を及ぼす一大強国とになるという積極的な方針を追求するに至っている。同時に経済発展の裏のコインとして、中国は低成長下の富の偏在を制度的に抑制すると言う難問に直面している。米国と対立しつつ不動産バブルを回避することはラクダが針の穴を抜けるように困難であろう。中国が、日米関係に楔を入れることは無理としても、日本との関係を安定化させたいと考えても不思議ではない。

他方日本側においてはその国際的な地位の低下が著しい。19世紀末日本は明治維新で他のアジア諸国に先駆けて近代化を成し遂げ、結果的には中国侵略という道を選ぶという選択をした。その中国は過去30～40年に亘り工業化を進めて経済力、軍事力で今や日本を凌駕するに至った。日本はそのような力関係の劇的な変化をどう日本の外交政策に反映させるかという問題に直面している。

この間に日中貿易額は１９７２年の往復11億ドルから２０１８年には３０００億ドルに激増した。日本の輸出総額に占める米国と中国の占める比率は、２０００年のそれぞれ30％、6・3％から２０１０年はそれぞれ15・4％、19・4％へと逆転し、２０１９年にはそれぞれ約20％へと推移した。２０１９年に日本を訪問した中国人観光客数はほぼ１０００万人を数えるに至った。このように日本と中国との間の経済的な関係は極めて深く、緊密である。日本にとり決定的な問題は米国を取るか中国を取るかの二者択一の問題ではなく、いかに米中両国との良好な関係を、二つながらに維持するかなのである。

日本の直面する問題は困難なものであるが、他方米中関係の悪化はある意味で日本に未だ嘗てってない機会を齎している。米国の主敵は中国となり、日本は頼もしい同盟国になっている。日本人はいいとこ取りをするという便宜主義や、米中対立に便乗する機会主義の発想ではなく、日本の内外与件の冷厳な分析の上に、対中新路線を展望できる歴史的な分水嶺に来ているという認識を持たねばならない。

しかしながら、日本が対中関係を発展の軌道に乗せる上での大きな現実的な障害は、今の日本人の心裏に存在する強い「嫌中意識」である。日本は国交正常化に向かう時期においても、1992年の国交樹立以降の時期においても、「過去への反省」もあり、終始親中意識が濃厚であった。しかるに現在の世論調査は80％以上の日本人は中国に対し「嫌悪」感を持つと言う。日本人の意識が戦後の際立った親中から反中に転じたのは偏に中国側の行動による。

中国は、2010年代末頃から、意図的に尖閣諸島周辺で、漁民、民兵、海上警察組織、空軍による挑発的な活動を活発化させた。2010年の中国漁船の日本側巡視船への体当たりの映像放映は国民に衝撃を与えたし、その後の中国公船の尖閣領海等への継続的な入域報道は国民の心理を刺激し続けている。

現在のところ、重要な隣国の国民の民心を掴むと言う情報戦において中国は負け側である。私はその基本的な理由は、中国人が「愛国教育」に災いされ、戦後の日本の諸現実を知悉しないことにあると考える。日米安保条約は存在するが、日本の軍事力は、ベトナム、朝鮮半島または台湾等の東アジア地域における軍事行動に加わらなかった。平和主義が日本に深く浸透し、現代の日本人には対外冒険主義など全く無縁のことである。若し中国が東シナ海の小さな日本の島嶼を占領するようなことがあったら、中国は日本を完全に米国側に押しやるという深刻かつ現実のリスクを冒すことになろう。

同様に日本人も台湾問題の中国にとっての重要性についていささか無神経である。日本が台湾海峡の安全航行を求め、同海峡の平和と安定に関心を持つのは良いが、中国の核心的な関心事項である台湾問題そのものに関るのは全く別のことである。言うまでもなく日本は台湾の独立を支持してはならず、支持するかのように見えるべきでもない。日本が不必要に台湾問題に関れば、中国が日本を敵視すると言う深刻なリスクを冒すことになろう。

日本と中国が英知に恵まれ、上記の運命的なリスクを冒すことがなければ、私は日中関係の将来を徒に悲観的に見る必要はないと思う。長い目で見ると中国国民は日本軍の苛烈な行動への怒りから和解への筋道を、時間を掛けつつ着実に歩んで来ている。１９７２年の国交樹立に当たり、毛沢東主席は配下に「(日本と)喧嘩をすませましたか」と聞いたと伝えられる。私はこの瞬間に中国は「小異を残しつつも大同に付く」ことを選んだのだと思う。日中両国はこれまでに両国間で確認されてきた諸原則を日中両国が将来進むべき道筋の指針とするべきものと確信している。この道筋の上に、80年代に日中不和の原因となった「歴史認識」問題も、戦後50周年に当たる１９９５年の「村山談話」で一応決着を見ている。安倍、菅、岸田首相も基本的にこの路線を踏襲している。

２００８年5月訪日した胡錦涛首席は福田康夫首相との間で日中両国が「戦略的互恵関係」を推進することを両国の共同目標にすることに合意している。(注)

(注)２００８年5月7日発表の「戦略的互恵関係」の包括的推進に関する日中共同声明

両国は首脳、政治家、外交、民間、学会、文化、観光客等あらゆるレベルでもっと接触と交流を積極化する必要がある。私は日中両国が相互認識が改善させる基礎の上に、賢明に設定されたアジェンダに基づいて、両国間の懸案の解決を進める好機が来ることを強く希望している。

## 6　孤高の国日本

日本は中国大陸と海を隔てる島嶼国家であると言う地理的な状況にある。ローマ人と同じく、日本人は古来整備された交通、輸送システムを維持してきた。日本は高度な情報社会の伝統を有する。他方モンスーン圏の社会として米を主食にした。米作においては、地域が同時に田植え、除草、収穫をするという必要があり、「和」を尊ぶ伝統を育む。このような集団主義的な社会では、贅沢は尊敬を受けない。日本では多くのものは満足を得るためには欲望を抑制することを望むと言っても過言でないであろう。これらの理由から日本人はコンセンサスにより決定することが出来るし、出来る限りそうしようと望む。

日本は古来無数の自然災害に見舞われてきた。大小を問わず火山の噴火や地震が引きも切らずに起こった。日本が地球の地表面積に占める比率は４００万分の1であるが、全世界で年間に発生するＭ３以上の地震15万回の実に10分の1が日本周辺で発生していると言われる。更に破壊的な台風が家屋を倒壊させ、洪水を齎した。（注）このような過酷な気象条件が忍耐と諦観の国民性を生んだのは驚きではない。

（注）富田洋「減災学のすすめ」慶大理工学部創設75周年記念寄付講座 ２０１５～17年」

文明的には、サミュエル・ハンチントンが指摘するように、日本文明は独特で、広く共有される可能性のあるイデオロギーも宗教も持たないので、世界で孤立している「家族を持たない文明」である。（注）彼は、同時に日本は危機の際同じ文明の仲間の支援を期待出来ないが、反面しがらみがないので自国の利益を思うままに追求できるとしていることも、日本についての重要な真実である。好むと好まざるとに関らず、日本は一匹狼であるべく運命づけられている。

（注）サミュエル・ハンチントン「文明の衝突と21世紀の日本」58～61ページ、156～158ページ

しかもここ20年で日本経済・社会は世界が想像することもできない巨大な変化を遂げている。変化の中で最も重要なのは人口動態である。日本ほど人口の多寡に影響された国は世界でも少ないであろう。1868年の明治維新の頃の日本の人口は僅か3400万人で、その後爆発した人口はあの戦争の敗戦時1945年でも7200万人だった。戦後人口は増え続け2008年の1億2800万人をピークに達したが、その後出生率は低下し、少子化が急速に進み、人口は減少傾向を続けている。

経済面でも日本の退潮は顕著である。1991～93年に不動産バブルが崩壊し、また米国発の2007年のサブプライム・ローン危機や翌2008年のリーマン・ショックの影響で、21世紀に入り日本経済はデフレーションの道を辿った。安倍政権下のアベノミックスと呼ばれる超金融緩和、財政出動政策にも拘らず経済は極めて緩やかにしか成長していない。

社会面では国民の主要な関心は老後の不安である。人口減少が続く中で、年金制度の安定化と介護制度の改善に高い関心が払われている。日本は、輝かしい発展の時期を終えて、成熟、衰退に向かう動向を辿っている。換言すれば、平均の日本人、特に都市生活者は、その生活水準と利便的なライフ・スタイルに満足しているようである。日本が移民の積極的な受け入れという大胆な政策変更をする見込みは乏しく、日本の人口が減少し続けることは不可避である。国民も日本が再び高い経済発展の軌道に戻ることはあり得ないと諦めている。必然的に日本の対外政策は現状の維持を中心的な関心事項としたものになる。

## 7 意味ある「日本第一」防衛政策実現の戦略

われわれは、平和憲法が求める世界の平和愛好国の公正と信義を無邪気に信頼するのは完全に非現実的であることを理解するに到っている。日米安保条約への依存は永遠に日本の安全を保証しないかもしれない。日本を取り巻く外部環境も完全に変わった。戦争の態様も顕著に変化した。われわれは今や日本の安全保障戦略を、「21世紀においては国家間の競争において何でもあり得る」という前提の下で、組み立てなければならない。すでに日本へのサイバー攻撃は増加の一途を辿っている。

日本が日米安保への全面的に依存することで日本の安全を確保し続けるべきか、またはそれが可能かについて、未だ日本で真剣な公の議論は始ってはいないが、私は、日本人は心の深い底で、国防上の諸問題の抜本的な再検討の寸前に来ていると感じていると思う。

若し我々が日本にとって大胆な新防衛戦略を構築するのであれば、我々は二つの点で決定的に現行の防衛戦略を変革しなければならない。一つは「絶対的な安全保障」の追求から、より現実的な「相対的な安全保障」で満足すべきことである。もう一つは「専守防衛」の考えから戦争を「抑止」するという考えへの転換である。

### (1)「絶対的安全保障」から「相対的安全保障」へ ―核の関連

多くの外国人の評論家は、日本が核兵器の保有に踏み切らねばならなくなると予言してきた。よって日本の将来の防衛戦略のなかで核問題はどのように考えられるかの問題から議論を始めることが不可欠である。

戦後核戦争が起きなかったのは核保有国の間に「相互確証破壊」(ＭＡＤ)の状況が存在したからだと論じられる。日本人は無意識にこの原理が全ての国に当てはまるものだと信じている。私はＭＡＤ原理は超大国が「絶対的安全保障」を追求するから生まれたと考える。

若し日本が「絶対的な安全保障」を求めるとすれば、日本は攻撃国を「第二撃」で破壊し得る軍事的能力を保有しなければならない。その目的のためには日本は核武装するしかない。日本人は１９４５年の広島・長崎の不幸な核兵器使用を体験し、更に２０１１年には、原子力平和利用の上でも、大地震に伴う「想定」を上回った大津波で原子力発電所がメルトダウンし、未曾有の破局を経験する瀬戸際を味わった国民である。これらの不幸な過去の経験から、日本においては核爆発の真の恐ろしさを十分に理解している。日本人の核の選択をしないという意思は強固で、このことは日本の防衛思想において所与の要素である。

しかし日本人が「相当程度の安全保障」を希求するので満足するなら、全く別の姿が浮かんでくる。それは攻撃により蒙った被害に応じる被害を、確実に攻撃者に与える非核の限定的な報復的な軍事力を保持する日本の姿である。日本の地政学的な位置と諸国間の「力の均衡」と言う動態力学を前提とすると、非核の限定的な戦争抑止力を持つことで「限定的ながら」相当程度の安全保障を実現し得ると考える。

### (2)「専守防衛」から戦争抑止力保有への移行

日本の現行憲法の下で、永らく日本は実際に攻撃が起こってからのみこれに対応して自衛するべきものと考えられてきた。自衛隊は飛来するミサイルを全て撃ち落とすものと期待されてきた。これは明白に不可能であるにも関らず、これが国家的原則とされてきて、国民もこの「専守防衛」論の有効性を信じてきたようである。この状況をボクシングに例えれば、相手側のボクサーはあらゆることが許されているのに、日本人ボクサーにはパンチを打つことを自発的に禁じて、ボクシングを戦えというのに等しい。若し負けることを欲するのでなければ、日本人ボクサーを自発的なパンチ禁止の制約から自由にしてやらねばならないことは明らかである。

若し日本が自主防衛戦略を考えるのであれば、先ず日本国民が自らに課した「専守防衛」という牢獄から逃れ出て、日本自身の持つ戦争抑止力に依存するというように考えを改めねばならない。明白な回答は日本が最小限朝鮮半島と中国沿岸部まで到達するクルーズミサイルを保有し、攻撃するものに同等の被害を与える反撃能力を持つことである。

### (3) 費用対効果の考慮

日本の防衛姿勢におけるこの変化は、防衛コスト対潜在的な抑止ベネフィットの観点からも賢明であろう。日本を攻撃する目的で飛来する非核ないし核ミサイルを全て迎撃する防衛能力を保有するためには恐らく天文学的なレベルの防衛予算を必要とするだろう。若し仮に日本がかかる能力を保有しても、迎撃し損なったミサイルが被害をもたらすことを絶対的に排除出来ないであろう。更にサイバー戦争によりこの防衛システムは益々不確実になると見通される。一言で言えば、完全に受け身の防衛姿勢では、例え日本が受け入れられないほど巨額の防衛予算を支出しても、日本が満足すべきレベルの安全保障は得られない。

他方攻撃を抑止するための防衛力構築のコストはそれほど巨額でない筈である。抑止力の世界では若干の不確実性があっても、抑止力として働く。日本が飛来する全てのミサイルを迎撃出来ないように、潜在的攻撃国は、日本列島に点在するミサイル発射機の全てを、先制攻撃で破壊出来ないだろうし、日本が同時に発射する多数のミサイルの全てを撃ち落とすことも出来ないであろう。この僅かにせよ不確実性のマージンが抑止力を発揮するのである。私は日本が中距離ないし長距離のクルーズミサイルと抑止力として開発、保有することに合理性があると考える。高い技術、工業水準を有する日本がこのようなミサイルを開発することは困難ではないだろう。

このような抑止力の有効性は限定的である。しかしそれにも関らず、私はこの政策はコスト・ベネフィットの観点ならびに南北に延びる列島としての日本の地理的な状況に照らせば賢明と信じる。

### （4）既にスタートは切られている

北朝鮮による長距離ミサイルの開発の結果、遂に日本人もこれまで神聖視されてきた日本の防衛力は専守防衛に限定されるべきで有ると言う前提が近視眼的であったことを悟った。２０１３年12月安倍晋三首相によって現実的な防衛思考の重要な端緒が開かれた。安倍政権は日本の最初の「国家安全保障戦略」を閣議決定した。この戦略は日本の防衛力を「予想される脅威」に対応させた。米ソ冷戦時代日本の防衛力は米国の対ソ戦略の一部であった。米国の軍事力を補完するために、北海道に戦車が配置された。日本の軍事力を「予見される日本への脅威」に対応させると言う明快な原則を示した点でこの文書は画期的と言える。今や日本の安全保障戦略の中で、最高の優先度が離島防衛、即ち尖閣諸島を攻撃から有効的に守ることに付与されている。

安倍首相は２０１４年に日本の安全保障法制に一連の改正を行った。その結果日本は特定の状況下で集団的自衛権を発動出来ることになった。自衛隊の指揮体系と構成は統合されつつある。日本の軍事的な攻撃力、とりわけ、日本の領域の外の目標まで到達する中距離ミサイルの開発と所有のための予算も計上されている。第2次安倍政権下の始った国防力の強化に反対する声は意外なほど少なかった。日本国民の防衛意識も合理的な方向に変わりつつあると言って良いだろう。

しかし残念なことにこれらの日本の防衛戦略上の変化は必要に臨み個別的に導入されている。日本人にとり全くと言って良いほど欠けているのは日本の安全保障のための合理的な長期戦略である。

### （5）日本の理想と価値感の問題

２０１３年の国家安全保障戦略は日米安保条約を世界の平和と繁栄のための「国際公共財」と正当化した。不幸にしてトランプ大統領は「米国第一」の国益を実現するのに「取り引き」を選好する姿勢を示したので、絶対に取り引きしない価値があるのかどうかが不明確になった。しかし幸運にもトランプ政権の4年間、日米関係は信じられないほど安定していた。安倍首相がトランプ大統領との間に構築し、維持することに成功した親密な個人的関係のお陰で、日米間に共有されるべき理想について何らの深刻な問題は起こらず、日本人の米国への信頼は揺らがなかった。

バイデン大統領は米国が自由、民主主義、人権および法の尊重等を譲れない価値観とする。これらは日本が重視する価値観と一致する。日本の側でも２０２２年12月、岸田文雄首相は２０１３年の「国家安全保障戦略」を改定した。新国家安全保障戦略は、日本が防衛力を抜本的に増強し、価値観を共有する同盟国と有志国と連携を強化することを明らかにした。その具体的な態様については更に検討が行われるであろうが、私は日本にとりその外交の将来を慎重に検討する貴重な時間的余裕が生まれたと信じている。

## (6) いかに移行を実現するか

私の意見に付いて不必要な懸念が生じないように急いでここに一言付言しておく。現実論として日本が日米同盟から非同盟政策に一気に変わることはあり得ない。同盟関係の突然の変更は、地域の平和を損ねるし、危険に満ちている。

何にも増して、重要な前提は日本国民の間にこの自立と非同盟の政策を受け入れるコンセンサスが生まれることである。それには20年、50年、いやもっと長い時間がかかることも覚悟していなければならない。東アジアの平和は日本が重要なアクターであった過去から続く微妙なパワー・バランスに基づいている。私が提案しているのは現状が、全ての当事者にとって望ましくまた地域に一層の平和と安定をもたらす別の状況に徐々に推移して行くというシナリオである。

このような移行が直線的に進行することはあり得ない。域内情勢の上昇と下降に影響されながら、前進と後退を繰り返しながら進行するであろう。国際的なバランス活動の一参加者として日本は、究極的な外交目標を念頭に置きつつ、東アジア情勢の改善のためのイニシャティブを取らねばならない。現時点で優先されるべきことは、地域内で過度に強圧的になっている中国との間に均衡を回復するために志を共にする諸国と協働することである。

日本は十分の時間を取りつつ、国際的と国内的の２つの併行する面で慎重且つ積極的な努力をしなければならない。私見であるが日本は来るべき数年極めて幸運で好都合な時間に恵まれている。日本はこの貴重な時間を浪費してはならない。

国際的に日本は域内の現状維持に強力な外交的努力が出来る。米中対立が膠着する中、日本は極東において勢力均衡が損なわれないように非軍事的な重みを活かし得る。日本は目立たないようにしかし活発にＴＰＰとＦＯＩＰを推進しなくてはならない。英国がＴＰＰに参加したのは好ましい展開である。中国がＴＰＰ協定に参加したいのなら、より協調的になることを促し得る。日本はＡＳＥＡＮ諸国がＦＯＩＰに関心を持つように説得し得る。更に個人的に私は日本が北方四島の全面返還の夢を捨てればいずれはロシアとの関係を改善出来ると信じる。日韓関係を正常化するために、日本は２０２２年に韓国で尹錫悦大統領が就任した機会を逃すべきでない。

国内において日本はその軍事力を強化しなければならない。この関連で岸田首相が日本の国防戦略と日本の軍事力の内容を透明化することとなる国家安全保障戦略を改定したのは歓迎されるべきである。従来ＧＤＰの１％を越えなかった防衛予算を倍増させる方向性を示したことは喜ばしい。日米同盟が強固なうちに、日本は米国からミサイル開発に必要な技術とサイバー戦争技術を獲得出来るであろう。

諺に「明けない夜はない」と言う。私は米中両国は遅かれ早かれ関係正常化に努めるようになると見通している。私が待ち望んでいるのは日本を取り巻く国際環境の潮流の大きな変化が始るその時である。それまでに日本が限定的ながらも戦争抑止力を強化して置けば、米国、中国、ロシア、韓国を含む全ての関係国が歓迎する中で、日本は非同盟の外交的立場を模索する外交活動を展開出来るであろう。

## (7) 日本の目指す防衛姿勢の好ましい姿

最後に私は日本の究極的な防衛姿勢の好ましい姿を構成する基本的な要素について述べることとしたい。その幾つかは現状から大きく乖離する。20世紀初頭から今日に到るまで日本はいずれかの強力な国家と同盟してきた。中立国家としての経験は皆無である。確かに未知の大海への船出は恐ろしい。それにも関らず私は、惰性から現状に甘んじていることがいつの間にか、現状の基盤を蚕食する危険があると考える。国家安全保障の分野で日本人は余りにも小心で変化を恐れ過ぎる。日本の周辺地域における様々な政治的、軍事的な緊張の結果、遅きに過ぎたとは言え日本は変わり始めた。私は独立非同盟の日本へ向けての道筋は様々な道筋の一つとして日本は十分に検討に値すると考える。

私見であるが以下に述べるような要素が、日本の望ましい防衛姿勢を形作る要素である。

(イ) 日本は現在真に平和愛好国である。日本は国際紛争を軍事手段の脅威や行使によって解決しないとの確立した政策を継続する。

(ロ) 日本は核兵器を製造しない、保有しない、自国領土に持ち込ませないと言う「非核三原則」を堅持する。

(ハ) 専守防衛は戦争抑止能力に基づく防衛に代替されるべきである。日本は自衛隊に、攻撃するものから受けた被害と同等の被害を、攻撃者に与えるに十分な非核の戦争抑止軍事力を追加する。日本はかかる能力によって戦争を抑止するべきである。

(ニ) 日本は米国に在日米国基地から、日本防衛以外の目的で米軍を軍事的活動に出動させることを認めない。若し日本の隣国が日本に対する侵略的な意図を顕著に減少させる時には、これらの基地は撤去することが望ましい。究極的には日本の中立的な地位が国際取り決めで承認される場合には、日米安保条約は終了すべきである。

(ホ) 沿岸国政府が日本の船舶に海洋法条約の下の航行の自由を認める義務を承認する限り、日本は日本の沿岸でかかる義務を相互的に負う。
(ヘ) 日本は積極的に世界の平和と安全を促進しなくてはならない。日本は平和を維持し国連義務の違反を阻止するために、国連決議に従いその軍事力を行使し得る。
(ト) 若し、主要超大国と主要国の間に軍縮を伴うデタントが実現する際には、日本はそのための交渉に積極的に参加しなくてはならない。
(チ) 日本の外交活動は、放置された場合に、軍事的な衝突に繋がるような緊張の緩和のために用いられねばならない。

一言で言えば、上記の安全保障姿勢は日本が米国と次第に一線を画すと言うことである。ただ同盟関係を畳むということは敵対的な関係の始まりを意味しない。この関連で私は、「あの戦争」にも関らず、日本人は歴史的に米国に対して友好的な気持を持ち続けてきたことを強調したい。日本人の米国への友好感情は米国庇護下の戦後の繁栄に依り一層強化された。日本における親米感情は、たとえ同盟が解消されても、むしろ解消されれば一層、維持されることは明らかである。米国は同盟関係が解消されても、日本が米国の最も信頼すべき友邦であり続けることに自信を持つべきである。

同盟政策に慣れ親しんだ日本人にとり、独立、非同盟は未知の海に乗り出すのであるから、多くが躊躇することは容易に想像し得る。私は以下にそれが齎すメリットについて述べて判断に供したい。第一はこの政策は戦後日本を分断してきた左右両勢力の双方に支持可能であり、国論の統一に資することである。第二にこの政策により沖縄、非核問題をめぐる諸困難が止揚されることである。第三は日本の新しい立ち位置は、「グローバル・サウス」と多くの共通点を持ち、日本外交に新展開を齎す潜在性を有することである。最後に言うまでもなく独立精神は戦後80年コスモポリタンな憲法のもとで日本人が失った自国への誇りを取り戻すことを可能にする。

## （8）日本の究極的な安全保障戦略

私は、外交界の先達として米国国務省の初代の政策企画部長を務めたジョージ・ケナンを尊敬している。1947年冷戦が始まったばかりの時点でソ連通の彼が、有名なソ連の「せき止め」を説いたいわゆるX論文で、最後は米国、ソ連いずれの生活が魅力的であるかに帰すると述べたことに、深い感銘を覚えている。そのひそみに倣えば、日本の究極の安全保障は、日本のライフ・スタイルが、他国民に魅力的かどうかにあると思う。

日本は変化に富む四季と美しい景観に恵まれている。日本は安全で自由がある。東京は世界の料理のメッカである。加えて日本には、京都、金沢、仙台、札幌等々の独自の町がある。進んだ交通手段は、日本を訪れるものを、魅力的な景観を持つ独特の場所、地方料理と温泉に連れて行くであろう。日本人は一般的に温和で親切である。日本社会は海外で考えられているより遙かに開放されている。私は自己称賛に陥っているように聞こえるかも知れないが、日本を訪問した観光客は日本の生活で不愉快な経験を持って帰国するものは殆どいないと確信している。

デジタル技術を駆使して、オーウエルが小説「1984年」に描いたような息が詰まる監視が行なわれ、共産党の指示の学習により自由な思考が抑圧されている中国社会に比して、日本は歴史的に観光客に対して心を安らげ、安全で暖かい国だった。現在日本を訪れた外国人旅行客が、家族や国の友人にインターネットで、リアルタイムで日本について報告している。このような情報が集積すれば、日本の隣国に依然存在する日本への偏見や不快感を時と共に溶かして行くであろう。日本の平和外交と日本人のホスピタリティーは、敵対的な感情を中立化する強いソフト・パワーである。日本が悪意ある意向を無力化する友好的なソフト・パワーとある程度の戦争抑止軍事力を組み合わせることによって、究極的に非対称のハイブリッドの競争という戦略で、自国の安全を確保するのは賢明にして自然な戦略である。

## 8　日本の明るい未来のための一歩

私は、外交は基本的に妥協の技術で、関係諸国が適当な時期に良い妥協をすることにより、国際関係に良い循環を作り出すのがその使命だと思っている。そういう観点から以下に日本がどのような妥協に踏み出せるかの例示を考えて見た。

第1は、日本が実効支配しているか他国が実効支配しているかを問わず、係争中の領土問題を実質的に棚上げすることに踏み切ることである。韓国との竹島問題、中国との尖閣諸島を巡る争い、国後、択捉島について日本の立場と歴史的な扱いはそれぞれ異なる。共通しているのは相手方がそれぞれについて領有権を主張していることである。私は日本が一方的にそれぞれの帰属に付いて、国際司法裁判所の決定を尊重すること提案したい。最大の問題は日本が従来の立場を変えて、尖閣諸島が領有権を巡る紛争であることを認めることである。関係相手国が国際司法裁判所への寄託に応じることは望み得ないであろう。しかし全ての国際問題は平和的手段で解決するとの日本の憲法上の立場と合わせると、この宣言は関係国に日本が武力で領土回復を図る懸念を解消させるであろう。

第2は、国後島、択捉島がロシアの実効支配下にあることを認めて、可及的速やかに日露間に平和条約を結ぶことである。歯舞諸島と色丹島についてはロシアが1956年の日ソ共同宣言に従い、その日本への引き渡しを拒んで平和条約締結を無意味にすることはないことを希望する。領土問題がこのように解決した暁には、日露間の経済交流は飛躍的に拡大する潜在性を持っている。

2022年2月のプーチンのウクライナ侵攻の結果、ロシアに対しての国際社会の態度が著しく硬化した結果、当面日本が宥和的な対ロ外交を行い得る余地がなくなった。日本外交の中で対ロ外交の優先度が下がったことは残念である。

第3に、中国に明確な友好関係発展のメッセージを送ることである。具体的には、日本は日本を含む東アジアの非核緩衝地帯創設に賛成の意向を明確化する。中国が日本を軍事的に屈服させる意向を持っているかどうかは不可測であるが、そうと決めつけることは危険である。日本が平和外交路線を歩み続ければ、中国は非核日本が核を保有する中国に攻撃を仕掛けることは全く合理的でないことを理解するであろう。日中両国は偶発的な衝突防止に向けて協力すべきである。日本は中国に対し国防費支出の透明度を高めることを求め、究極的には中国をアジアにおける多角的な軍縮の方向に導くことが重要である。

日本は中国に対し離島防衛の決意を明確にするが、中国を仮想敵国とするような行動、発言は一切行わない。台湾に付いては、50年前の日中国交正常化の時に日本の基本路線は敷かれていることを忘れてはならない。航行の自由について日本は、国際海洋法の権利義務を遵守することを明確にしなければならない。具体的には台湾海峡と南シナ海における航行の自由を求めるが、同時に中国にも東シナ海で同じ権利があることも認める。天安門事件以来共産党の存在理由を強化するために行われているいわゆる「愛国教育」が、未来志向の両国関係の発展を阻害することを中国に対して指摘するのを躊躇してはならない。

第4に、韓国との関係に付いては、日韓両国民は歴史的、民族的、文化的に近接している。家族のない日本文明にとって朝鮮人は唯一の親族である。平均的日本人は韓流映画、K・pop音楽、韓国料理等の韓国文化を歓迎している。1910～46年までの日本の朝鮮併合が、依然として朝鮮人の心に深い傷跡を残していることを忘れてはならない。朝鮮半島にいかなる状況が起きても、日本は内政不干渉を貫くべきで、この民族の新たな恨みを買うのは得策でない。

文在寅大統領の対北朝鮮政策に関しては日本国内にこれを皮肉な目で見る批判が強かった。日本人は戦後唯一取り残された分断国家である韓国が、南北朝鮮の統一を追求することにもっと理解を持つべきである。文前大統領が、過激な司法部門が結果として１９６５年の日韓合意を実質的に無効化するような判決を行うことを抑制することをしなかったのは不幸であった。

しかし韓国が１９６５年の日韓合意を是認しない限り、残念ながら日本には韓国と最小限の接触を維持する以上の選択の余地は存在しない。尹新大統領が国内の反対を押し切って、いわゆる徴用工問題の解決について、日本の立場を容れた解決案を示したことは高く評価される。日本もこれに積極的に応じて近年の不和を解消し、両国関係を前向きなものに転じさせねばならない。

第5に日本は核兵器禁止について大胆な政策転換をしなければならない。日本は核兵器禁止条約（ＴＰＮＷ）を批准すべきである。更に進んで日本は非核国への核攻撃を非合法化するべく一層のイニシャティブを発揮すべきである。日本を含む北東アジア非核感想地帯が創設される場合には、日本は憲法を改正して、核兵器不保有の条項を追加することが出来よう。

第6に、上記のようなイニシャティブを取るのと併行して、日本は可能な限り速やかに非核の自主的な防衛力を強化しなければならない。その規模や装備は、日本への攻撃に当たり攻撃者に同等の規模の被害を与えるレベルに止めることを明確にする。この政策が中国に理解されることを確保するためにも、日本は巡航ミサイルを開発し保持する産業、技術力を保有することが必要である。

第7に、重要な日米間の軍事関係においては、様々な外交努力や手段を尽くして、「核の傘」へ依存する必要性を減じることが望ましい。限られていようが日本は可及的速やかに自前の戦争抑止力を構築するべきであり、安易に「拡大抑止」の名の下に日本の独自性を失うことは回避しなければならない。日本は米国の基本的な国防政策の方向性を注意深く観察する必要が有り、可能な時には、日本、とりわけ沖縄における米国の基地と要員を削減するために米国と緊密な協議を続けなければならない。

最後に、日本がこのような方向に進めるかどうかは、米国と中国の政策に影響されることは避けられない。日本の側では一層独立心を持ち、あらゆるレベルで米国と中国両国と友好的な関係を維持することが肝要である。

## 9 結語 ―日本の意見を主張しよう

日本の文化は相手を思いやることを重要と考える。われわれは曖昧な態度を取り、言葉を濁すことで摩擦を回避すると言う誘惑に駆られる。国際場裏でも日本は言挙げせず、外部世界を所与の前提としてこれへの対応策を考える傾向がある。これは有徳なことであるが、日本が真に自立するためには、日本の意見を明確にして、これを世界に知らしめることが絶対的に必要である。

いずれの国の戦略家たちも、彼らにとって「最悪のシナリオ」が何であるかを考え、これに如何に備えるかを考える。日本の近隣諸国の戦略家にとっての最悪のシナリオは、機会主義的な日本が突然に核兵器を開発所有して、好戦的な対外政策を取ることであろう。われわれは彼らにかかる事態は絶対に起こらないことに確信を持ってもらわねばならない。そのためには何よりも先ず、日本人が将来いかなる方向に進むことを真に欲しているかを明確にし、疑問の余地がないようにしなければならない。近隣国はそれを彼らの国策に反映させることが出来る。日本人が過度に対応的で、曖昧な姿勢を取ることは近隣国に不安の念を持たせる。

日米同盟が当面重要であることは当然であるが、アメリカの「核の傘」の保障を惰性的に当然視することなく、日本人はさまざまな選択肢を考えることを控えてはならない。日本人は全ての卵を日米安保条約と言うバスケットに入れないことが重要である。国家関係においては永遠不変なものは存在しないのであるから、柔軟な思考能力を維持しよう。人も国家も柔軟な思考が出来ることが活力の元となるのである。

歴史は繰り返さないが、歴史から学ばないものは間違いを犯す。この知恵はすべての国の指導者、国民にとって肝に銘じるべきことである。この関連で私が恐れるのは日本人が、簡単に過去を忘れ、一種の記憶喪失症に陥っているかに見えることである。国際関係においてこれは甚だ危険なことである。日本により被害を受けたものの記憶は、与えたものより長く続く。日本人にとって、東アジアの近現代史の理解と記憶は「必須」のことである。

ＣＯＶＩＤ・19の蔓延する前には、外国の旅行者は日本の街々に溢れ、地方の僻地までその眼は及んでいた。英語の諺に「見ることは信じることである」というのがある。隣国の人達が日本をその目で見ることが、彼らの中にある偏見や誤解を解いて行くと信じたい。漸くコロナ禍も終熄の兆しを示している。私は日本自身が素晴らしい国で有り続け、そのように平和に繁栄する日本がこれからも永く、外国からの旅行客に見られ続けることを祈ってペンを置くことにする。

〈書評〉　元駐米大使　藤崎一郎　〈2019年7月「霞関会会報」掲載〉

外交官の自伝、手記を読むのは好きで相当読んできた。惹きつけられるものとそうでないものがある。前者は失敗談を含め赤裸々に自分をさらしているもの、後者は自慢談義である。

これまで一番好きだったのは戦前の東亜局長、シャム大使、ブラジル大使の石射猪太郎の「外交官の一生」（中公文庫）である。ここまで書いていいのかという程率直に書いている。この本で私は城山三郎の「落日燃ゆ」とまったく違う広田弘毅像を知った。

英氏の「回想の外交官生活」は石射本をほうふつとさせる。外交官試験突破に苦しんだという話をここまで正直に書いた先輩はいない。若い事務官の頃の隣の課のこわもての沢木課長との衝突と和解。経済協力局長就任直後に局内及び省内の猛反対を押し切り前任者の方針を覆して ODA の受注企業名を公表した際の苦労。湾岸戦争時、ニューヨーク総領事で日本が貢献するのはイラクの侵略行為に反対だからであって誰が石油を支配するかに関心があるからではないと言って舌禍事件を起こしそうになった話。土井たか子、玉置和郎、渡辺美智雄などの議員との厳しい渡り合い。

外務省の諸先輩も政治家もすべて実名で登場する。手に汗握る逸話の連続である。在職中はほとんど仕事の上で接点がなく、レセプションでにこやかに歓談されている端正な姿を遠望してきただけの私はこんな方だったのかとあらためて感得した。

時代や仕事は違ってもポストは異なっても組織で働くものはきっと似たような難所や修羅場を何度も経験するだろう。英氏はたとえ上や下や外の人とぶっかかっても勇気を持って自分の信念を貫くことこそが結局は悔いを残さないとの指針を示してくれる。もちろん氏の示す道を進むかは個々の判断である。しかし、こういう生き方の外交官があったと知っておくことは意味があると思う。一読をお勧めする。

〈解説〉

# 「独立自尊」の外交官　―英正道大使外交回想録に寄せて

慶應義塾大学教授　細谷雄一

本書の著者の父、英修道は、慶應義塾大学法学部で日本外交史や国際政治学を教え、多くの後進を育ててきた。また第二代の日本国際政治学会理事長を務めた。その子息であり、本書の著者である英正道は、慶應義塾大学経済学部で学び、大学卒業後には外交官試験（外務公務員上級職、その後外務公務員Ⅰ種試験となり、二〇〇〇年度からは国家総合職Ⅰ種試験）に合格した。

本書は、著者自らが「はしがき」で述べるとおり、「敗戦の荒廃からの奇跡的な復興とバブル崩壊に伴う転落という、半世紀余に日本が味わった比類のない栄枯盛衰を、内部からの眼で記述する」内容となっている。すなわち、一外交官の視座からの「戦後史」であると同時に、戦後の日本外交が辿った道のりを追体験する外交回想録である。「40年に亘る外交官人生の中で経験し、感じたことを率直に書いたものである」と著者自らが自負するように、誠実さと、他者に依存せず自らの判断で決断する「独立自尊」の精神こそが、外交官英正道の魅力であり特質でもある。「独立自尊」とは、著者の母校である慶應義塾の創設者である福沢諭吉がもっとも大切にした姿勢であり、精神であった。

私立大学から外交官になることがいかに難しかったか、著者の記述を通じて伝わってくる。すなわち、「結果的に私学から合格者が出ることは極めて稀で、明治三〇年代に慶應出身者が外交官試験に合格しているが、それ以降私の知る限り慶應から外交官試験の合格者はいなかった。」だから「率直に言って極めて無謀な試みだった」

という。

外交官試験の受験を控えていた学生時代、後に中曽根康弘首相の秘書官を務める長谷川和年とたまたま軽井沢の温泉で遭遇した。入省年次が一期上となる長谷川はそのときに、「僕が外交官試験のために使ったプリントを上げる」と、親切にも英青年を励ました。英は回想録の中で、「長谷川氏のアドバイスがなかったら、或いは私は外交官試験に合格することはなかったかもしれない」と記している。最終的に努力を重ねて、英は一九五八年にこの難関の試験に合格し、外務省に入省することになった。

人と人の繋がりが、著者の人生を大きく左右してきたことを、本書を読みながら繰り返し感じた。たとえば、慶應義塾高校時代からの親しい友人である、劇団四季を立ち上げた演出家の浅利慶太や、富士ゼロックス初代社長となる小林陽太郎との交友は、しばしば外交官としての英大使の仕事を支えてきた。それは言い換えれば、明るく前向きで社交的な性格の英大使が、多くの人に愛されてきた証左であろう。

たとえば、外務事務次官となった村田良平は、しばしば英と困難な仕事に取り組んでいるが、自らの回顧録の中で英のことを、「温和さと積極性を兼ね備えている」人物として高く評価している（村田良平『村田良平回想録　下巻　―祖国の再生を次世代に託して』ミネルヴァ書房、二〇〇八年、二〇六頁）。

一九五八年四月に外務省に入省した著者は、五カ月後の九月に羽田を出発して、イギリスに向かう。オクスフォード大学で学ぶためである。本書におけるオクスフォード留学時代の著者の文章は、青春時代の清冽さと躍動感で溢れている。

それは、まだ大英帝国の威光が輝いており、三年前まで戦争の英雄であるウィンストン・チャーチルが首相を務めていた時代であった。オクスフォードやケンブリッジの学生生活の中心は、学寮（カレッジ）である。セント・ピーターズ・ホール（ＳＰＨ）に日本人として最初に入った著者は、寄宿舎でイギリス人の若者たちとの共同生活をはじめる。通常は排他的な性質を持つイギリスにおけるクラブに日本人が加えてもらうのは、容易ではない。だが著者は、偶然と努力が織り交ざった結果、このクラブに加入し、なんと会長に就いてしまった。私立大学から外交官を志したのも、また日本人としてイギリス人のクラブに入って会長に就くのも、著者にとってはいずれも同様に、新しいフロンティアへの魅力的な冒険であったのかもしれない。

オクスフォード大学留学時代の多忙な時間のなかで、英は当時の駐英大使大野勝巳の長女順子と結婚する。おそらくは大野大使から将来が嘱望されていたこととあわせて、社交的で快活な英は女性から魅力的に映っていたのかもしれない。

他方でこの時代のイギリスでは、「まだ戦争の爪痕」が残っていて、いかに日本人が冷たい眼で見られていたのかについて、著者の岳父である大野大使がその回顧録で記している。すなわち、「ロンドンに着いた当時は、イギリスの日本を見る眼は冷たくて、どこへ行っても日本人とわかければソッポを向かれたものである。」(大野勝巳『霞ヶ関外交』日本経済新聞社、一九七八年、一〇二頁)だからこそ、オクスフォードのクラブでイギリス人たちの上に立って会長となっていたこの若き日本人外交官の英の姿を、ロンドンにおいて大野大使は心強く感じたのではないか。戦後の日本外交は、新しい発想ができる、新しい世代の外交官たちが担っていかなければならない。

留学を終えた後に、ロンドンの大野大使の下で外交官生活をはじめた著者は、その後本省に戻って経済協力局政策課に配属される。英はその後、外交官として多くの時間を援助政策、とりわけ東南アジアや中東などの途上国との関係に費やすこととなった。その間一九七五年のサイゴン陥落時の地域担当課長であった英の一連の体験には迫力がある。英は中曽根政権下の一九八六年にはこの経済協力局の局長となる。

著者の外交官としての活動時期は、ちょうど日本がＯＤＡ政策を拡大していく時期と重なる。それについて著者自らが、本書の中で、「80年代の終わりにＯＤＡは聖域と言われるほどの重要な日本の国策となった」と記している。それは、英が局長として、援助額としてアメリカを追い越して、世界におけるトップドナーとなるレールを引いたからゆえの、自負であろう。平和国家として、安全保障政策における制約がある日本にとって、ＯＤＡ政策は自国の安全と国際的な信頼を獲得するために、不可欠なツールとなっていたのだ。

その後、湾岸戦争時のニューヨーク総領事として、さらには外務報道官として、国際社会における日本のプレゼンスを示す上で英は重要な役割を担っていた。それは、バブル経済により日本経済がかつてないほど大きな存在感を示す時代であると同時に、それゆえに国際社会から厳しい批判や困難な摩擦を生み出した時期でもあった。そのような時期に、英の誠実にして、卓越したコミュニケーション能力は、日本外交にとっての大きなアセットとなっていた。欧米の手厳しいメディアの質問にも怯むことなく、堂々と誠実さと誇りを持って日本の立場を説明する。その姿は、オクスフォード留学時代のクラブの会長としての経験がその基礎となっていたのではないだろうか。少なくとも、直接に敗戦の屈辱を経験した岳父の大野大使の世代とは、異なるかたちで日本の国際貢献や責任を感じていたのであろう。

夕方となり、太陽の光が軟らかくまた優しくなるように、最後の赴任先となるイタリア大使としての著者の職務は、友情、文化、芸術といった優雅な薫りに包まれていた。慶應義塾高校の頃から文化や芸術に造詣が深かった英は、学生時代からの盟友である演出家浅利慶太らの助言や助力を得ながら、イタリアにおける日本文化の魅力を伝える重要な責務を担った。それは外交官としての卓越したコミュニケーション能力と、文化や芸術などへの敬意を失わない幅広い教養とが融合したことによって、可能となったのではないだろうか。

本書を読み、著者の四〇年間の外交官生活において一貫して見られることは、つねに自らの考える信念や規範に誠実であったことだ。それゆえに、それが正しくないと思ったときには、高い地位にある与党の国会議員に対しても、遠慮なく厳しい言葉で圧力を拒絶する。それゆえ著者は、国会を担当する官房総括審議官のポストが内示されたときに驚いた。というのも、「私はいわゆる揉み手が出来ない人間で国会対策には全く向いていないと思う」からだ。「言うべきことはいつも『歯に衣を着せないで』主張したので、しばしば『国会の先生方』と衝突した」という。

それによってもしかしたら、人事で不遇を得たこともあるかもしれない。だが、そのような「国際信用と国際信義」を外交の要諦と考える立場は、外務省の先輩であり、戦後初期に首相を務めた吉田茂が繰り返し強調していたことであった。吉田は、「国際信用に関連して重要なことは、正義に則って外交を行うということである」という（吉田茂『回想十年1』中公文庫、三二一頁）。小手先で短期的な利益を求めても、それは長期的には国益を傷つけることになるであろう。

本書の第16章は、「振り返りつつ日本の未来を思う」と題して、それまでの外交官人生を回想する他の章とは異なり、今後の日本外交への提言を中心に綴っている。そのなかで、おそらく論争になりそうなのは、次の一文である。「私は日本は米国との善隣友好関係は維持しつつも、暫時自前の限られた抑止力を強化することにより、究極的には非同盟の立場を取ることが適当と考えるに至った。」このように、「非同盟の立場」を主張して、日米同盟の解消まで視野に入れることは、著者のような局長や主要国大使を経験した元外交官の発言としては、やや異色ともいえる。

私自身は国際政治学者として、日本の将来にとって日米同盟の維持がきわめて重要だと考え、著者とは異なり

「非同盟の立場」を日本が選択するという主張とはやや異なる立場を取っている。他方、著者は日本が過度に対米依存を続けてきたことで、自主独立の精神を大きく損なってきたことに問題意識を持ち、むしろより自主的な外交を強化することが健全な日米関係の発展に資すると論じる。この点には私も、共感する部分が大きい。

それはまた、戦後日本を代表する親米的で現実主義的な国際政治学者であった高坂正堯京都大学教授が湾岸戦争の頃に警鐘を鳴らしていたことでもあった。高坂は、「自分の安全を自分で守るという自治」を放棄した日本人の依存心を批判して、「それから私は卒業しなければならぬのであります」と述べた。そして、自分で責任ある決断をし、行動をしなければ、道徳的な構造が朽ち果てると警告した（五百旗頭真「高坂正堯の戦後日本」五百旗頭真・中西寛『高坂正堯と戦後日本』中央公論新社、二〇一六年、二二頁）。英が抱えている問題意識は、おそらくは高坂がかつて警鐘を鳴らしたものと近いのではないか。奇しくも高坂は英より一歳年少で、ほぼ同世代である。二人とも、湾岸戦争とバブルの時代に、日本の中で何か、精神的、道徳的な退廃が進んでいることに、危惧を感じていたのかもしれない。

英正道大使の外交官としての立場は、誠実さをつねに擁護すると同時に、自らの頭で考えて、他者に依存せずに自らの判断で決断し、対決も辞さない毅然たる態度を示すものであった。それは、英の母校の創設者、福沢諭吉が「独立自尊」として表現した精神ではなかろうか。そうだとすれば、慶應義塾大学出身の外交官、英正道大使は、「独立自尊」の外交官とも呼べるであろう。読者諸賢には、そのような精神を本書を読むことを通じてぜひとも吸収して欲しいと願っている。

## 付属1　人名別索引（アイウエオ順）

### ア行

**カ行**

## サ行

**タ行**

**ナ行**



**ハ行**

**マ行**

**ヤ行**



**ラ行**



**ワ行**

# 付属2　事項別索引（アイウエオ順）

## ア行

**カ行**

**サ行**

**ナ行**



**ハ行**

**マ行**



**ヤ行**



**ラ行**

**英　正道**（はなぶさ・まさみち）

1933年東京生まれ。慶應義塾大学を卒業後、1958年に外務省入省。経済協力局長、外務報道官、ニューヨーク総領事、駐イタリア大使を務め、1997年に退官した。鹿島建設常任顧問の後、日伊協会、英語交流連盟等の非営利活動に携わった。

著　書　に「Trade Problems between Japan and Western Europe 」(1979年)、「君は自分の国を作れるか 憲法前文試案」(2001年)、「新平和憲法のすすめ そして日本はどこへ」(2015年)、「トランプ登場で激変する世界 自立した日本外交と安全保障戦略」(2017年)、「回想の外交官生活」（2019）がある。

「Seeking an Honoured Place in the World - *A Memoir of a Japanese diplomat*」 *1945-97* (2022).

---

**最終版　回想の外交官生活**

2023年7月1日

著　者　　英　正道

発行者　　武津文雄

発行所　　グッドタイム出版

〒104--0061 東京都中央区銀座7-13-6　サガミビル2F

編集室　〒297-0002 千葉県茂原市千町3522-16

Email　fuka777@me.com　　電話0475-44-5414

ISBN　9784908993169